Flemming / Einblicke in den deutschen Literaturbarock

DEUTSCHE STUDIEN

Gegründet von Willi Flemming und Kurt Wagner †
Herausgegeben von Willi Flemming und Walter Johannes Schröder

Band 26

Einblicke in den deutschen Literaturbarock

Willi Flemming

1975

Verlag Anton Hain · Meisenheim am Glan

© 1975 Verlag Anton Hain KG – Meisenheim am Glan
Herstellung: Verlag Anton Hain KG – Meisenheim am Glan
Printed in Germany
ISBN   3-445-01225-3

*Dem Andenken an meine liebe Frau
und eifrige Mitarbeiterin
Auguste Flemming geb. Fennel*

INHALT

Was meint "barock"?

Wie die Bezeichung "gotisch" mußte auch "barock" sich von einem Ekelnamen zu einem wissenschaftlichen Terminus durchringen. Während bei "gotisch" die ursprüngliche Meinung "barbarisch" ganz verklungen ist, hat "barock" noch immer nicht ganz den Beigeschmack des wulstig Überladenen, willkürlich Aufgezäumten und aufdringlich Schwülstigen verloren. Als scheltende Verdammung verwendete dieses Eigenschaftswort der Rationalismus, seit Gottsched als literarische Abwertung, und gleichzeitig der Klassizismus für die Ornamentik. Je mehr die Antike als absolute Norm verblaßte und bloß als geschichtliche Periode angesehen wurde, erhielt auch "barock" einen anderen Inhalt. Der seit etwa 1840 sich durchsetzende Historismus fixierte mit dieser Benennung eine Etappe und zwar das Endstadium der Renaissance. Diese galt nun als maß- und richtunggebend, und der Barock bezeichnete ihren Zerfall, war also wiederum abgewertet als Erstarrung. Dazu verengte sich der Kreis von Beobachtungen; der Blick haftete nun hauptsächlich an der Architektur und etwas noch an der Plastik. Jakob Burckhardt erwähnt in seinem "Cicerone" (1855) Barockes lediglich als Gegenbeispiel. In dem Maße, wie das neugegründete Kaisertum nach repräsentativen Bauwerken verlangte, wurden Bauformen des Barock mitverwendet. So lenkte sich der Blick auf den Bestand und auf die Eigenart der vorhandenen Denkmäler. Die Bezeichnung "barock" avancierte nun zum Namen einer Epoche. Das Adjektiv stieg empor zum großgeschriebenen Substantiv: der Barock. Es lohnte sich, dieses Zeitalter zu erschließen in sorgfältiger und wissenschaftlicher Entdeckerfreude. Als markantes Zeugnis dafür ragen die drei Bände von Cornelius Gurlitt hervor, der als Kunsthistoriker an der Technischen Hochschule in Dresden wirkte: "Geschichte des Barockstiles in Italien (1887), des Barock und Rokoko in Frankreich (1888) und in Deutschland (1889)". Gleichzeitig (1888) verfolgte Heinrich Wölfflin in seinem ersten großen Buch "Renaissance und Barock" die Auflösung des Renaissancestiles und die Entstehung des Barocks in Italien. Der Schritt von dem Bereich der Architektur zu den anderen Künsten vollzog der Österreicher Alois Riegl, der besonders in Michelangelo und Corregio die Begründer des neuen Stiles sah. Allerdings geschah dies nur in seinen Vorlesungen, die erst 1908 posthum herausgegeben wurden. Darin wird der Barock als selbständige Epoche mit einer geschichtlichen umgrenzten Stilwelt deutlich herausgestellt und anerkannt. Dazu trugen die zahlreichen, sich drängenden Monographien über Rubens, Rembrandt und Velasquez wesentlich bei, auch die Entdeckung der Eigenleistung von Bernini, Borromini. Abschließend und für die breite Öffentlichkeit stellte Max Semrau, damals noch Privatdozent in Breslau, 1902 "die Kunst der Barockzeit und des Rokoko" in Europa zusammenfassend dar. Die Einschätzung als Epoche hatte sich durchgesetzt, der Stil der Künste wurde als repräsentativ für jenes Zeitalter empfunden, obschon noch nicht herausgearbeitet. Das Einzelheitliche herrscht durchweg vor. Deshalb fand dieses nützliche Buch bei den Literaturhistorikern keinerlei Beachtung. Für diese standen überhaupt sowohl Kunst- wie Musikwissenschaft außerhalb des Interessenkreises. Noch 1906 nannte Paul Stachel seine aufschlußreiche Untersuchung "Seneca und das deutsche Renaissancedrama im 16. und 17. Jahrhundert", die so Wichtiges über Gryphius und Lohenstein zu bieten hat. Der positivistische Historismus bannte den Blick auf den einzelnen Mann und sein Werk. Die Zeit nach 1648 galt seit Scherer als trüber Übergang zu dem danach anhebenden Aufstieg zum Gipfel der Klassik.

Erst das Erscheinen der "Kunstgeschichtlichen Grundbegriffe" (1915) von Heinrich Wölfflin ließ aufhorchen. Hier war die Antithese Klassik und Barock schematisiert als dialektischer Pendelschlag der geschichtlichen Entwicklung und durch fünf Begriffspaare eindeutig gekennzeichnet. Bereits 1916 suchte Fritz Strich (Muncker-Festschrift) den "lyrischen Stil des 17. Jahrhunderts" als barock auszuweisen. Gleich der erste Band der "Deutschen Vierteljahresschrift" enthielt die aufregende Studie von Herbert Cysarz "Vom Geist des deutschen Literaturbarock" (1923). Daneben hatte Josef Nadler im dritten Band seiner "Literaturgeschichte der deutschen Stämme und Landschaften" (1918) neben Schlesien die bayrisch-österreichische Kulturlandschaft als erfüllt von barocker Spielkunst geschildert. Cysarz war dann bestrebt, 1924 die "deutsche Barockdichtung" als Einheit in Geist und Form zu beleuchten. Gleichzeitig (Euphorion 24) deklarierte Artur Hübscher "Barock als Gestaltung antithetischen Lebensgefühls". So einseitig dies auch war, es war doch ein deutliches Anzeichen dafür, daß nunmehr Barock als selbständige Epoche allgemein aufgefaßt wurde. Zugleich war überhaupt eine neue Einstellung zu bemerken, die sich bewußt und energisch abhob von jener der vorhergehenden Generationen. Sie waren der Ansicht, daß Wissenschaft sich im Konstatieren von Tatbeständen erschöpfe, daß darstellerisch lediglich Wissenschaft zu vermitteln sei, damit der Leser darüber orientiert werde. Unbefriedigt von diesem Betrieb, der mit den äußeren Hülsen, mit dem Zusammentragen von Stoff, mit bloßem Bescheidwissen sich begnügte, suchten die jungen Kräfte um 1920 nach dem Eigentlichen, nach dem im Werk pulsenden Leben. Zu der neuen Einstellung des Verstehenwollens verband sich eine andere Perspektive, die sich abwandte vom Dogma des totalitären Kausalismus, welches so lange das Denken des positivistischen Historismus beherrscht hatte. Überall spürte man lebendige Wechselwirkung, pulsendes Leben. Ihm nachzuspüren, es aufleuchten zu lassen und dadurch den ganzen Zeitraum zu erhellen, das lockte, ja verführte zu Übersteigerungen aus innerer Anteilnahme.

Ein Drang zur Synthese lenkte den Blick auf die geistigen Gemeinsamkeiten in den verschiedenen Künsten. Eine Begeisterung für diese
neu entdeckte Epoche erfüllte die eben sich durchsetzende junge Gene-
ration und verband sich mit dem Expressionismus, der in den gleichen
Jahren seinen Höhepunkt erreichte. Dadurch wurde das Menschliche als
Grundlage stark beachtet, die Gehalte geistesgeschichtlich gedeutet.
Eine erste Zusammenschau bot 1926 Emil Ermatinger in seinem Buch
"Barock und Rokoko in der deutschen Dichtung", die er als Antithese
von asketischer Weltflucht und sinnlicher Weltfreude auf eine gar zu
kurze Formel brachte. Auch die Kunsthistoriker halfen von ihrer Seite
bei der Erfassung dieses Zeitalters. Im "Handbuch der Kunstgeschichte"
erschienen von Martin Wackernagel "Die Baukunst des 17. und 18. Jahrhunderts in den germanischen Ländern" (1915) und von E.A.Brinckmann
über die "Barockskulptur in den romantischen Ländern" (1919). Große
Verbreitung fand Wilhelm Pinders Bildband "Deutscher Barock" 1923
in den "Blauen Büchern" mit seiner wichtigen Einführung.

Solche leicht greifbare Bereitstellung von kunstgeschichtlichem
Material war besonders begrüßenswert bei der oft peinlichen Unkenntnis der Literaturhistoriker. Die ahnungslose Übernahme der "Grundbegriffe" Wölfflins verwirrte jedoch mehr als sie nützte. Denn man er-
kannte nicht, daß sie hauptsächlich auf Beobachtungen an Werken der
Zeichnung, Graphik und Malerei beruhten und folglich nicht mechanisch
auf Sprachkunstwerke anzuwenden seien, etwa auf die deutsche Lyrik
des 17. Jahrhunderts. Das Wort "malerisch" wurde einfach mit vagen
Assoziationen im Leser verquickt und impressionistisch oder lieber noch
expressionistisch als charakteristischer Wesenszug verkündet. Was
Wölfflin meinte, wird am Gegenbegriff "zeichnerisch" oder "linear"
deutlich. Der Renaissancekünstler umriß jeden Gegenstand deutlich durch
eine Konturlinie. Leon Battista Alberti, der florentiner Theoretiker der
Frührenaissance, stellte als eine der kategorischen Forderungen der
Malerei (De pictura) finitio, Umriß auf. Dessen pastoses Verreiben in
der Ölmalerei, oder Aussparen in Graphik und Zeichnung ist dagegen im
Barock üblich. Von hierher läßt sich nicht nur Wölfflins fünftes Merkmal
"Klarheit" wie auch "offene" Form verstehen. Grade das "Atektonische",
welches "ins Fließende" das "Starre" auflöste, hat nicht endendes Miß-
deuten veranlaßt, während es doch auf einen Formwillen zum Dynamischen hindeutet, im Gegensatz zum Streben nach statistischer Festigkeit
und Ruhe. Der Literaturforschung fehlte eben das Jahrzehnte während
Erschließen des Materials wie bei den Kunsthistorikern; staunend stand
man vor etwas noch nicht Überblickbarem, das immerhin irgendwie
menschlich erregte. Wie sollte dies erfaßt werden? Mit so abgenutzten
Schlagworten wie realistisch oder naturalistisch ließ sich ebenfalls nichts
ausrichten, denn sie bezeichnen Einstellungen von Autoren des späteren

19. Jahrhunderts, zu welchem Stilmittel von ganz anderer Struktur und Funktion gehören als im Barock.

Rasch erwies sich das Vorläufige, ja Voreilige jener ersten Ansätze. Schon die fünf Begriffspaare Wölfflins mahnten, daß man nicht bei einer einfachen Formel hängen bleiben durfte. Es galt Material herbeizuschaffen und aufzuarbeiten, es jedoch nicht allein formalistisch zu registrieren, vielmehr als Lebensäußerung eines Zeitalters zu verstehen und zu verdeutlichen. Der Aufschwung der Psychologie und besonders der Soziologie wirkte mit zur Erweiterung des Gesichts- und Problemkreises. Gegenüber dem einseitigen Interesse des früheren positivistischen Historismus an Stoff und Quelle wurde nun das Geistige betont, ja "Geistesgeschichte" geradezu zum Kampfruf der jungen Forschergeneration. Daß sich dieser Blick gar leicht auf das bloß Ideengeschichtliche verengte, ließ bemerken, daß man sich dabei oft zu rasch und zu weit vom eigentlichen Kunstwerk entfernte. Die spezifisch dichterische Gestaltung wurde allmählich wieder mit philologischer Genauigkeit untersucht. Stets aber blieb der Blick in der neuen Richtung, gelenkt auf die Epoche als eigenartiges Gefüge, als Zeitalter. Nur schrittweise kann man in differenzierender Analyse den weiten Bereich des Dichtungsbarocks erforschen und in seine Komponenten aufgliedern.

Die Deutung des Menschen im 17. Jahrhundert

Einen Zeitraum als geistigen Kosmos zu beschreiben, dürfte durch Darstellung einer "Weltanschauung" selten befriedigend gelingen. Nur zu oft stehen sich gleichzeitig mehrere Systeme von ausgesprochen verschiedener Prägung fremd, ja feindlich gegenüber. Wie Epikuräertum und Stoizismus können sie trotzdem echte Kinder derselben Epoche sein. Alle Weltanschauung ist eben nur denkerischer Oberbau, bei dem auch die Eigenart des Konstrukteurs ein gewichtiges Wort mitspricht. Verschieden wird daher die Kuppel gewölbt werden über derselben Tragfläche. Diese jedoch liegt im Unterbewußtsein gemeinsam zugrunde als letzte, allgemeinste Gegebenheit. Das wäre dann ein seelischer Komplex, eine eigentümliche Lagerung und Schichtung der psychischen Kräfte.

Deren Auswirkung wird sich vornehmlich verraten in der Art und Weise, wie der Mensch seine eigene Existenz erlebt. Das Bild des Menschen steht im Drama leibhaftig da, wird im Roman eingehend betrachtet, spricht in der Lyrik sich als Seelenzustand direkt aus. Derlei Zeugnisse werden also Material ersten Ranges abgeben. Hinzugezogen werden können auch die Aussagen der poetischen Wörterbücher. Jedoch sind ihre Verfasser von geringem Rang, nehmen immerhin an der produktiven Dichtung Anteil[1]. Auch theoretische Darlegungen, zumal der praktischen Philosophie und Morallehre, sind nicht zu übersehen. Weil bei ihnen aber das unmittelbare Erleben denkerisch verarbeitet, nach weltanschaulichen Gesichtspunkten systematisiert ist, muß es erst wieder aus solchen rationalen Bedeutungszusammenhängen gelöst und auf den psychologischen Gehalt zurückgeführt werden. Dann finden wir sowohl in dieser vorwiegend denkerischen Anlayse als auch in jener poetischen Darstellung des Menschen einer Zeit letztlich dasjenige gespiegelt, was das Fundament einer geistesgeschichtlichen Epoche ausmacht und sie als eigentümliches, in sich geschlossenes Gebilde von jeder anderen wesenhaft abhebt. Ein so gewecktes Verständnis vermag auch in den übrigen Künsten verwandtes Leben zu spüren und findet zumal im Standbild und Porträt das gleiche Menschenbild verkörpert, mithin seine Deutung bestätigt.

Als Methode soll nicht die freie Schau verwendet werden, welche nur den Wert einer subjektiven Impression hätte. Vielmehr soll die Art zu reagieren, wie das 17. Jahrhundert selbst sie auffaßte, objektiv beschrieben werden. Die Ordnung erfolgt nach Grundrichtungen der Reaktion, nicht nach einzelnen Eigenschaften. So entsteht kein Homun-

---

1   Die Diss. von Eva Lüders, Köln 1934, berücksichtigt neben einigen Dichtern nur acht Poetiken von denen drei die Bezeichnung "Poet. Lexicon" tragen.

culus, der etwa Anspruch macht, als ewig gleiches Schema des "Barockmenschen" zu gelten. Noch weniger maßen wir uns an, aus der gesellschaftlichen Schichtung oder aus dem Wirtschaftssystem einen dadurch erzeugten Normaltypus abzuleiten und auf ein Schlagwort (etwa
"höfisch") zu reduzieren. Vielmehr läßt sich hoffen, daß sich bei unserm interpretierenden Vorgehen ein dem vollen Reichtum des Materials gemeinsames Strukturgesetz abzeichnen wird. Es wird sonach
eine Dimensionierung der seelischen Belange erstrebt, eine Analyse
der konstitutiven Kräfte im Innern des Menschen unternommen und ihr
systematisches Zusammenwirken zu ertasten versucht.

Wir wenden unsere Aufmerksamkeit zunächst der Grundeinstellung
zum Dasein zu. Damit erhalten wir den achsialen Bezug aller Verhaltensweisen. Am deutlichsten wird die Eigentümlichkeit des Barocks am
Gegensatz zu der uns geläufigen unserer Klassik. Sie finden wir in Goethes Iphigenie am reinsten verkörpert. In ruhender Haltung, ähnlich
wie Feuerbach sie gemalt, steht sie vor unserer Seele. Vom Ausguck
aus schweifen ihre Augen über das murmelnde Meer, am dampfenden
Horizonte das Land der Griechen suchend. Die Wogen rollen heran und
tragen die Ereignisse des Lebens zu ihr hin; Leid und Qual bringen sie,
Gefahr für ihre innere Harmonie. Doch fest verankert bleibt ihr Selbst
im gottgegebenen Schwerpunkt; von diesem aus wölbt sie ihr Leben um
sich. Ihre anverwandelnde Kraft formt nach innerem Gesetz den andringenden Stoff in konzentrischen Schalen. "Selbstbildung" nannte Goethe
diese ruhevolle Tätigkeit schöpferischer Lebensgestaltung. Kontemplativ ist diese Seele zum Leben eingestellt.

Der griechischen Priesterin finden wir Lohensteins Karthagerin
Sophonisbe diametral entgegengesetzt. In steter Bewegung jagt sie
immer neuen Zielen nach. Bald zückt sie den Dolch, um der Rettung
ihres Landes die eigenen Kinder zum Opfer zu bringen, bald befreit sie
den Gatten aus des Kerkers Ketten; dann wieder kirrt sie mit allen
Schlichen weiblicher Schlauheit Masinissa; oder leert schließlich den
Giftbecher im Kreise ihres Hofstaates. Immer tritt sie aktiv dem Leben gegenüber. Daher steht sie zwar im Vordergrund, doch nie für sich
allein, sondern braucht eine bewegte Umgebung, die ihr entweder als
Folie oder als Gegner dient. Während Iphigenie segnend und lösend auf
die Menschen strahlt, wirkt Sophonisbe sengend und bindend.

Auf demselben Unterschied der Einstellung ruht ja auch der funda-
mentale Gegensatz von 'Wilhelm Meister' zum 'Simplizissimus'. Gläubig läßt Goethes Held sich von den Mächten des Lebens leiten und er-
ziehen. Grimmelshausen dagegen zeigt, wie es den Menschen launisch
auf und nieder wirft, bis er ihm enttäuscht Valet sagt und Einsiedler
wird. In der 'Asiatischen Banise' wie im katholischen Ordensdrama
hetzt Ereignis auf Ereignis. Jedoch sind es nur vielfältige Meilensteine

des Lebenskampfes, keine Stufen einer Entwicklung. Keiner vermag sich zu symbolischer Bedeutsamkeit zu vergeistigen wie in Goethes Seelendramen oder den Entwicklungsromanen. Es bleibt objekthafter Widerstand dem Helden gegenüber von starrer Sachhaftigkeit, ein ewiges Draußen für die Menschenseele, die sich mit seiner Überwindung abmüht. Diese Auffassung verleiht dem Leben den Eindruck des Ruckhaften. Der Zufall stellt dem Menschen unerwartete Fallen, nicht folgt aus der Eigenart des Helden notwendig sein ihm gemäßes Schicksal.

Aus der sachhaften Starrheit des Ereignisses ergibt sich auch seine Unabänderlichkeit. Das bedeutet für den Menschen einen Kampf auf Leben und Tod. Er vermag daraus nicht das ihm Zuträgliche zu ziehen, wie die Biene in Hagedorns graziösem Rokokogedicht. Er muß über diese unerweichbare Klippe sich im ganzen hinwegzuschwingen suchen oder daran zerschellen. "Wir werden entweder untergehn, oder dies Riff mit Glück umsegeln", sagt Vondels Luzifer so bezeichnend. Allgemein empfindet man die Lebenssituation als recht hart, fühlt sich hineingestellt in immer neue Not und Bedrängnis. So klagt Andreas Gryphius: "In meiner Blüt', im Frühling zarter Tage/Hat mich der grimme Tod verwaiset und die Nacht/Der Traurigkeit umüllt; mich hat die herbe Macht der Seuchen ausgezehrt, ich schmacht' in steter Plage. " Und wie verwandt sind die Kindheitseindrücke des jungen Simplicius! Feuer, Plünderung, Mord und Seuchen werden fast alltägliche Dinge. Da muß man sich zusammenreißen, denn man fühlt sich bedroht vom andringenden Leben. Dies wird gern unter dem Bild des stürmenden Meeres, der anrollenden Wogen gesehen, dem der Mensch als Steuermann im kleinen Boot zu trotzen hat. Wie anders ist Goethes Verhalten, sein vertrauensvolles Anverwandeln immer neuen Lebensstoffes und dessen geistige Durchleuchtung. Gewiß bleibt der Barockmensch trotz aller Bedrängung aktiv, läßt sich nicht zurückscheuchen und kennt keine Flucht. Lohenstein charakterisiert ihn als einen Mann, "welcher das Steuerruder nicht aus der Hand fallen, noch selbes der Höflichkeit der Wellen überläßt, sondern des Ungewitters Meister zu werden sich bemüht". Bereits Opitz schrieb: "ein weiser Mannesmut will über Unglück siegen, /Begehrt den Feind zu sehn". Das Ich in seiner willensmäßigen Aktivität sucht sich durchzusetzen, den Kampf zu bestehen. Darin besteht also die Situation des Lebens. Joh. Rist seufzt: "So ist nur dies ganze Leben... stetem Kampf und Streit ergeben", und Männling nennt es einen "Cirkel voll gedrungener Noth". Diese Abwehr oder Bezwingung nimmt den Menschen natürlich vollständig in Anspruch, bindet ihn an den Augenblick. Daher vermag er nur das nächste Ziel ins Auge zu fassen. Nach diesem strebt er mit aller Kraft, und es ist ihm schlechterdings ungmöglich, nach vorgefaßtem Plan sich sein Leben zu zimmern. Darum kann es nicht verwundern, wenn die Lebensführung in diesem Zeitraum etwas

Gestücktes bekommt. So sehen wir ja auch Sophonisbe in jedem Akt einem anderen Ziel nachjagen, wohingegen Iphigenie gerade dadurch die Lösung des Konfliktes herbeiführt, daß sie all den Verlockungen der Weltklugheit zum Trotz ihrer edlen Art treu bleibt. Auch die wirklichen Lebensläufe jener Epoche zeigen diesen punktuellen Charakter. Von den Condottieri des Dreißigjährigen Krieges will ich absehen, aber Opitz ist von seinen Bearbeitern im 19. Jahrhundert viel Übles nachgesagt worden: Als Stellenjäger und Gesinnungslumpen hat man ihn verlästert. Dennoch fand keiner seiner näheren oder ferneren Zeitgenossen nach dieser Richtung einen Fehl an ihm. Die Wahrheit dürfte darin zu finden sein, daß ihn ein berechtigter Ehrgeiz, sich durchzusetzen, leitete, und zwar nicht mit üblen Schlichen, sondern mit den ihm eigenen Gaben geschickter Menschenbehandlung und gewandten Stilisierungsvermögens. So endete schließlich der Poeta Opitz in der Sinekure eines Kgl. polnischen Hofhistoriographen, der Regimentsmusterschreiber Grimmelshausen als Amtmann des Straßburger Bischofs.

Dementsprechend ist auch die Handlung der Dramen angelegt. Vergeblich habe ich mich lange bemüht, ihren Verlauf in Kurven darzustellen. Was jedoch der Eigentümlichkeit eines Goetheschen Seelendramas gemäß und von dort abgenommen war, wollte sich schlechterdings weder auf die Erzeugnisse eines Gryphius und Lohenstein, noch auf jene Vondels übertragen lassen. Die Eigentümlichkeit der Handlungsführung ließ sich nur so fassen, daß die Szenen als Punkte angeordnet wurden. Wohl stehen diese nicht isoliert nebeneinander, jedoch ist die Art, wie sie gegenseitig in Beziehung gesetzt erscheinen, eben nicht die einer kontinuierlichen Seelenentwicklung.

Das ganze Jahrhundert hindurch bleibt die Lebensstimmung düster. Gern wird als Sinnbild angesehen, daß die ersten Laute des Kindes ein Greinen sind. "Alsbald ein neues Kind/Die erste Luft empfindt, / So hebt es an zu weinen;/Die Sonne muß ihm scheinen/Den viermal zehnten Tag, /Eh' als es lachen mag. /O Welt, bei deinen Sachen/Ist Weinen mehr als Lachen" (Logau). Nicht anders empfindet man auch noch am Ende des Jahrhunderts, obschon damals viele der unmittelbarsten Schäden behoben waren. Noch Abschatz schreibt eine Arie mit dem Thema: "Das Leben verschwindet/In Trauern und Leid" mit der Schlußstrophe: "Wer Hoffnung empfindet, /Hegt Schatten und Dunst... Das Leben entschwindet/Wie Schatten und Dunst. " Man pflegt deshalb von Pessimismus zu sprechen, doch sollte man mit solchen der Zeit fremden Begriffen vorsichtig sein. So gewiß die Erde als Jammertal und das Leben als Elend beklagt wird, so werden daraus doch nicht jene Folgerungen gezogen, die den typischen Pessimismus kennzeichnen.

Die punktuelle Ereignishaftigkeit des Lebens wird noch dadurch gesteigert, daß eine Neigung, ja Sucht zur Personifizierung besteht. Überall sucht und findet man den persönlichen Feind, den neidischen Verleumder, den boshaften Intriganten. Gegen ihn entlädt sich die ganze Wut des Beleidigten, Überfallenen, jedenfalls stets Angegriffenen. Daher geschieht die Wertung aller Begebenheiten im Leben lediglich unter dem Gesichtspunkt des p e r s ö n l i c h e n E r f o l g e s. Wäre das innere Reifen Sinn und Zweck des Menschendaseins, wie es der Klassiker verkündet, dann hätte das Geschehen auch eigene Bedeutsamkeit. Und noch am Leid reift da die Seele! Erlebt man aber so punktuell und personalistisch den einzelnen Widerstand als fremd und feindlich, dann zählt nur der Triumph des Ich. Deshalb ergötzte sich das vulgäre Publikum des 17. Jahrhunderts am Schelmenroman und Hanswurstspiel, bei denen ja der arme Teufel sich listig und skrupellos durchschlug. Dem Bürgertum boten Christian Weises "politische" Romane und Dramen erwünschte Beispiele dafür, wie man auf praktische Art Karriere macht. Die vornehme Gesellschaft erfreute der höfische Roman, bei dem der aristokratische Held alle Gefahren glänzend überstand. Die Tragödie feierte den starken Geist, der sein Ich gegen eine Welt bis in den Tod trotzig behauptet.

Nicht schwächliche Resignation erfüllt diese Figuren als L e b e n s - g e f ü h l, im Gegenteil. Zwar auch wiederum kein kampffroher Lebensmut, jedoch eine rasch leidenschaftlich aufbrausende Gegenwehr. Wie die Gewaltnaturen rücksichtslos Tat auf Tat häufen, drängt es die zahlreichen Märtyrer der Ordensdramen zur Bestehung von Folter und Tod. Nicht minder energisch gebärden sie sich als ihre Peiniger, wenn auch nach anderer Richtung. Beschaulichkeit ist auch ihnen kein Ziel des Lebens. Sucht einmal jemand schon die Einsamkeit, so verharrt er so wenig wie Simplizius in diesem Zustand; ja ein Alexius benutzt sie nur dazu, um sich die Krankheitskeime zu erringen, an denen er vor des Vaters Tür verendet. Dieser Aktivismus ist kein frohes Spiel, sondern atemraubender Kampf. Zu unmittelbarster Anschaulichkeit bringt diese Art des Lebensgefühles jene immer wiederkehrende Metapher vom Schwimmer oder Schiff inmitten des wogenden Meeres, oder wie es Gryphius in das große Bild kleidet: "Wir schweben auf der See; / Doch wenn die grimme Flut den Kahn bald in die Höh', / Bald in den Abgrund reißt und in den Hafen rücket (d. h. zurückwirft), / Wird an der rauhen Klipp' (selbst) ein großes Schiff zustücket" (Leo Armin, III, V. 29 ff.). Ein verwandtes Erlebnis faßt ja auch Paul Fleming in ein prächtiges Sonett. In all dem Krachen des berstenden Schiffes jedoch - "vor, um und hinter mir war nichts als e i n e Not" - fand er als Beharrendes: "Ich aber war mir gleich. " Das Ich bewährt sich im Durchstehn.

Das I c h g e f ü h l erweist sich also aufs engste mit dem Lebensgefühl verknüpft. Gegenüber den unbeständigen, stets wechselnden Erscheinungen des Lebens verkörpert das Ich das Feste und Gegebene. Erhobenen Hauptes schreitet es vorwärts, tritt dem Leben entgegen. Selbst die Komödie verspottet besonders gern diese Herrennaturen mit der Konquistadorgeste. So schafft ja schon am Anfang der Epoche Herzog Heinrich Julius den Vincentius Ladislaus und am Ende steht Christian Reuters Schelmuffski, von Horribilicribrifax und den köstlichen Typen Rettenbachers zu schweigen. Was bei all solchen Maulhelden bloße Aufgeblasenheit und Renommisterei ist, begegnet bei den heroischen Gestalten als gesteigertes Ichbewußtsein und hochgemutes Herrentum; unvergeßlich zusammengefaßt in Schlüters Reiterstandbild des Großen Kurfürsten. Als Gegenstück nach der moralisch unwerten Seite treffen wir auf die so häufig verwendete Gestalt des Tyrannen. Soll es doch keineswegs pathologisch wirken, wenn Lohensteins Nero mit folgender Prahlrede beginnt:

> So ists's! Die Sonn erstarrt für unsres Hauptes Glantz,
> Die Welt für unser Macht. Des Ninus Sieges-Krantz
> Verwelkt für unserm Ruhm; Cyaxarens Gelücke
> Muß für des Kaysers Sieg den Krebsgang gehn zurücke,
> Und Nerons Blitzen sängt der Griechen Lorbern weg.
> Rom schätzt sich selbst zu tieff für unsrer Thaten Zweck;
> Die Erde ist zu klein zum Schauplatz unsrer Werke.

An Gewaltnaturen hat es ja damals auch der Wirklichkeit nicht gemangelt, nur daß die Umstände sie stärker einengten als ihre Eben- und Vorbilder in der Literatur. Diesen Despoten genügt schon die vagste Verdächtigung, der Schatten einer Rivalität, das leise Aufdämmern einer Angst, um den Dolch dem leibhaftigen Bruder in das Herz zu bohren, den besten Freund dem Meuchelmörder preiszugeben, gar dem eigenen Sohn den Giftbecher zu kredenzen. Alle Bande des Blutes wie des Herzzens zerreißen wie Zunder, wenn das herrische Ich sich bedroht fühlt. Mit dem Nimbus orientalischer Absolutheit will es sich umgeben, sklavischen Kadavergehorsam und byzantinische Beweihräucherung verlangt es von allen. Daher bekämpft im Ordensdrama ein Tyrann wie Maxentius das Christentum oder ein Holofernes das Judenvolk nicht um einer anderen Weltanschauung willen, von einer Idee aus, sondern sucht jene zu vernichten als eine seiner Macht gefährliche Gewalt, welche sich ihm nicht beugen, ja seinen Glanz auslöschen will.

Aber selbst der heros christianus ist kein geduldiges Lamm. Gewiß gibt er sein Ich Gott hin; doch löscht er in ihm nicht sich aus; nein, er füllt sich gerade mit der Kraft des Ewigen. Als dessen Gesandter und Streiter tritt er dem Heidentum entgegen. Nicht als menschlicher Dulder, sondern als Gottes Soldet zieht der Märtyrer energisch zu Feld für seine Kirche und deren Reich. Laut ruft er sein Bekenntnis dem Tyrannen ins Gesicht, besteht dessen grausame Folger und erringt durch seinen unerschrockenen Tod den Siegeskranz. Er behauptet damit nicht allein sein Ich, sondern erhöht es. Der Tod vernichtet ihn nicht, sondern verewigt ihn. Ein unvergängliches Ich wird dem Blutzeugen ge-

schenkt, und als Geist erscheint er drohend seinem Peiniger als Ver-
künder der göttlichen Strafe.

So richtet sich alle Aktivität des Menschen auf E r h ö h u n g s e i -
n e s I c h. Mit Szepter und Krone verewigt der Maler Deutschlands Se-
renissimi, als Imperator und Triumphator setzt Schlüter August den
Starken oder Brandenburgs Kurfürsten auf das massige Pferd. Die Allongeperücke endlich nähert auch den kahlen Schädel des Beamten oder
Gelehrten dem Zeus von Otricoli an. Ja selbst der Märtyrer bekommt
sein Marterwerkzeug wie einen Ehrenstab in die Hand, und der Gebie-
tergeste steht die seine des bezwungenen Schmerzes gegenüber. Zere-
monielles Gebaren erhöht die Würde, ausgedehntes Titelwesen unterstreicht die Bedeutung, Floskel und Tropus verkündet die Wichtigkeit
des Ich. Daher dies Streben und Gieren nach der Erhöhung des Pre-
stiges. Auch die Heldentaten haben nur den Wert eines Sockels für das
Ich. Und diesem kommt Amt und Beruf zugute: Weil man so angeredet
wird, ist man etwas, nicht etwa umgekehrt. Weithin sichtbar muß alles
sein, was die Menschen voneinander abhebt. Selbst noch der Engelsturz
muß Vondes Luzifer die brausende Folie seines Falles leihen: "... Wenn
ich nur falle mit der Krone / Auf meinem Haupt, das Szepter in der
Faust, / Mit dieser Ehrenschleppe von Vertrauten / Und Tausenden von
unserer Partei. D e r F a l l bringt Ruhm und unverwelklich Lob. Viel
lieber in dem niedern Reich der Erste / Als in dem sel'gen Licht der
Zweite sein." (Übersetzung von Seydewitz, Inselbücherei, S. 18). - Paul
Fleming tröstete auf dem Sterbebett noch das stolze Bewußtsein: "Mein
Schall flog überweit, kein Landsmann sang mir gleich... Man wird mich
nennen hören, / biß daß die letzte Glut dies alles wird verstören." Unermüdlich variiert die Zeit des Horaz exegi monumentum.

Dieses Ichgefühl ist offenbar durchaus p e r s o n a l i s t i s c h orientiert. Es bejaht das Ich als solches in seiner empirischen Gegebenheit,
in seinem ganzen Umfange. Aber mehr noch, es wird als eigentlicher
Zweck gesetzt. Gründet doch ein Descartes seine gesamte Erkenntnis-
theorie eben darauf: cogito ergo (!) sum! Alles Tun und Treiben der
Menschen, aber auch alles Geschehen in der Welt ist gerichtet auf das
Einzelich. Dieses steht demnach nicht empfangend dem Nichtich gegenüber, sondern auswählend und erraffend das, was ihm nützt und
dienlich ist. Unter diesem Gesichtswinkel ordnet es die Erscheinungen
der Wirklichkeit zu Systemen. Auch hier verliert das Ich nie seine Her-
rengebärde, kennt nicht Hingabe und Ehrfurcht vor dem, was außer und
unter uns. Der Einzelne repräsentiert und unterstreicht mit allen Mitteln sein Ich und macht es sichtbar. Dennoch gilt von ihm, was Faust
gerade im Hinblick auf die Allongeperücke sagt: Er bleibt am Ende, was
er ist. Hängen doch alle Auszeichnungen, Titel, Rang und Orden von der
Anerkennung der Gesellschaft, der Umgebung ab; sie sind lediglich ver-
liehen, geliehen, nicht sein eigen.

Wechselseitig finden wir also Ich und Gesellschaft miteinander verknüpft. Es ist doch höchst bezeichnend, daß das Geltungsbedürfnis wesentlich nach der quantitativen Seite hin sich auslebt. Es entscheidet der Mehrbesitz an Titel, Hofgunst, Wissen, Geld; also ein Haben, kein wirkliches Sein. Man braucht die Menge der anderen, nur jedoch zum eigenen Nutzen. Das Bewußtsein genossenschaftlicher Verbundenheit, in welchem das Volkslied des 15. Jahrhunderts wurzelte, ist längst geschwunden. Nicht das gemeinschaftliche Leben und Streben sucht man, sondern die Resonanz. Vom äußerlichen Glanz des Prunkkleides bis zur rollenden Entladung des innerlichsten Affektes, immer braucht man ein Publikum. Selbst der Monolog im Drama setzt noch ein lauschendes Theater voraus. Während er einer Iphigenie innere Sammlung bedeutet auf den göttlichen Kern in der Menschenbrust, zeigt Lehrhaftigkeit und Rhetorik ihn im 17. Jahrhundert als Ansprache an die Zuhörer. Auch in der Lyrik herrscht dieselbe Einstellung vor. Entweder redet der Verfasser lehrhaft dozierend oder rhetorisch begeisternd zur Menge; oder er trägt im erlesenen Kreise der Gesellschaft die philosophischen oder galanten Früchte seiner Mußestunden sorglich nuanciert vor. Weil der Autor so selten "Stimmungen" im heutigen Sinn aus seiner Brust hervorholt, erscheint uns jene Poesie so "gemacht" und unerlebt. Gleitet der Lyriker leicht in die Didaktik ab, so verfällt der Dramatiker dem Massenspektakel, dem bloßen Lärm- und Schaustück, der Romanschreiber der Häufung von Kuriositäten. Immer bleibt das Ich des Dichters mit dem Publikum verkettet.

Auch von der anderen Seite her bestätigt sich die untrennbare Wechselbezüglichkeit zwischen Individualität und Gesellschaft. Das 17. Jahrhundert bringt ja in großer Zahl sowohl die weltlichen "Gesellschaften", deren bekannteste sicher die "Fruchtbringende Gesellschaft" war, hervor, als auch die schier unabsehbare Reihe religiöser Gemeinschaften. Für deren Entstehen genügt der bloße Hinweis auf die eifrige Agitation des Jesuitenordens nicht. Dieser verstand nur den Drang der Zeit und wußte ihn klug zu nutzen und zu leiten. Immer sind es gemeinsame ideelle Güter, um die man sich schart, welche man pflegt bei den Zusammenkünften, sei es in der Marianischen Kongregation oder im pansophischen Zirkel Lausitzer Adliger. Der Mensch fühlt sich dabei gehoben durch die Resonanz gleichgerichteter Genossen. Auch bei den großen Prozessionen schreitet er selbstbewußt im Marschtritt des großen Zuges. Selbst der Hof mit seinen Festen kam nicht ohne die Teilnahme der Massen aus. Fühlte sich der Fürst doch als Landesvater, und so wurden zumal in den zahlreichen kleinen Residenzen Mitteldeutschlands schon die Geburtstage des Herrscherpaares als Feier des ganzen Territorialstaates begangen.

Für einen absoluten Subjektivismus bleibt der Einzelne schlechterdings etwas Besonderes, ein Einziger. Die Eigentümlichkeit des Ein-

zelnen im 17. Jahrhundert dagegen beruht gerade auf seiner Verwandtschaft mit den anderen. Deshalb läßt sich eben dadurch beschreiben,
daß sie den Vergleich mit dem anderen, eine Abweichung oder Übereinstimmung mit dem Arttypus herausfordert. Es vermag ja auch eine
Buche nur dann in ihrer individuellen Erscheinung gefaßt zu werden,
wenn wir sie von anderen Exemplaren ihrer Gattung abheben. Damit
haben wir bereits jenes Wort gebraucht, das dem Ichbewußtsein des 17.
Jahrhunderts seine spezifische Färbung verleiht: als Individualität
erlebt sich der Mensch. Eine Distanz zu den anderen ist damit verbunden, und doch braucht man sie. Jedes Alleinsein wird als bedrückend
empfunden, wirkt erschreckend. Da klagt Andreas Gryphius: "Ich trage
nun allein den Jammer, den ich trage." Schwingt hier vorwiegend die
persönliche Bedrängnis mit? Hatte er doch mit fünf Jahren den Vater,
mit zwölf auch die Mutter verloren und war dann durch die Kriegsnöte
seit seinem 15. Lebensjahr von einer Schule zur anderen zunächst in
Schlesien getrieben worden, hatte in Danzig, schließlich in Holland sein
Studium abgeschlossen. Davon sprach jenes Sonett, aus welchem diese
Zeile stammt. Aber wir finden auch in anderen Sonetten des Dichters
das Alleinsein als tiefe innere Not, sehr im Gegensatz etwa zu Mörike
oder auch zu Goethes: "Selig, wer sich vor der Welt ohne Haß ver-
schließt." Wie schmerzlich klingt dagegen selbst in der äußeren Ruhe
der Leydener Zeit: "Ich finde mich allein und leb in Einsamkeit." So
ist das Ichbewußtsein stark, aber schmerzhaft. Das individuelle Sosein
gilt als Grundtatsache; aber das Ich vermag sich dabei nicht zu begnügen; es setzt sich nicht als höchsten Wert und Ziel. Das vereinsamte
Ich erschauert und Gryphius malt die Situation schauerlich aus, steigert
sie ins Symbolische:
    "In dieser Einsamkeit der mehr denn öden Wüsten
    Gestreckt auf wildes Kraut, an die bemooste See
    Beschau ich jenes Thal und dieser Felsen Höh,
    Auf welchen Eulen nur und stille Vögel nisten."
Das Ergebnis aber heißt:
    "... Betracht' ich, wie der Mensch in Eitelkeit vergeh',
    Wie auf nicht festem Grund all unser Hoffen steh' --"
So also erlebt das Ich die Grundsituation seiner Existenz.
    Eine neue Stufe des Selbstbewußtseins wird darin erklommen, wel-
che bislang so noch nicht vorhanden war. Die Renaissance hatte wohl den
Menschen als Individuum entdeckt. Mit der Freude am Einzelnen
vertiefte sie sich in alle Sonderheit und fand das Vielfältige doch zu-
sammenspielend zu einer Einheit, zu einem untrennbaren Komplex. Dieser Sonderung begegnete die Reformation. Auf der einen Seite betonte
sie diese, indem sie der Einzelseele alle Verantwortung vor Gott auf-
lud und sie einsam und allein dem Absoluten gegenüberstellte. Damit
zugleich verkündete sie die Gleichwertigkeit aller Seelen vor Gott und

seinem Gericht. So schuf sie auf der anderen Seite wieder eine Gleich-
stellung. Gerade diese erlebten die Zeitgenossen besonders stark, so
daß jene Ausdeutungen in das sozial-wirtschaftliche Gebiet stattfanden,
wie sie etwa die Täufer- und Bauernbewegung propagierte. Kant hat für
das ethische Gebiet diese formale Gleichheit betont und den juristischen
Terminus der "persona" dafür benutzt. Damit läßt sich am adäquate-
sten die Auffassung des Menschen im Deutschland des 16. Jahrhunderts
umschreiben. In dem charakteristischen Motiv dieses Jahrhunderts, dem
vom "Verlorenen Sohn", gärt das Gefühl der Eigenheit in dem Urlaub
begehrenden jungen Menschen. Sein Gelüste, sich als Individuum schrankenlos auszutoben, führt jedoch zum Bankrott. Reuig kehrt er zurück
zur Ordnung des bürgerlichen Lebens, dessen objektive Werte allein
Berechtigung besaßen. Er als Individuum hatte noch kein Recht auf Anerkennung. Im 17. Jahrhundert wandelt sich das Motiv zum Usurpator.
Schon bei Heinrich Julius verteidigt Nero nicht nur sein Erbrecht, das
der Vater dem "ungeratenen Sohne" nehmen will, nein, aktiv setzt er
sich durch Mord und Verbrechen in Besitz des Thrones, ähnlich dem Perseus bei Rist. Er lebt damit seine Sonderheit ebenso trotzig aus, obwohl
sie moralisch schlecht ist, wie Papinian seine ethisch hochwertige. Daß
Gryphius überhaupt eine solche Gestalt als aktives Gegenstück zum dul-
denden Märtyrer zu schaffen vermochte, zeigt am schlagendsten, wie
stark sich Bild und Auffassung des Menschen gewandelt haben.

Individuelles Sosein verbindet sich demnach mit dem Gefühl einer
Gewichtigkeit, um die Individualität dem 17. Jahrhundert als ein bedeut-
sames Gut erscheinen zu lassen.

Dennoch überwertet man sein Ich nicht. Man weiß um die Gebrechlichkeit des Menschen, um die Gefährdung seiner Existenz. Alleinsein gilt immer als notvoll. Auch die Natur vermag nicht zu lindern,
trösten oder helfen. Ja für Gryphius steigert sie nur das Bewußtsein der Verlassenheit, und er malt die zugehörige Landschaft mit
Staffage in seinem Sonet anschaulich-schauerlich aus: "In dieser Einsamkeit der mehr denn öden Wüsten / Gestreckt auf wildes Kraut,
an die bemoose See...". Wohin er blickt, alles mahnt nur daran,
"wie der Mensch in Eitelkeit vergeh' / Wie auf nicht festem Grund
all unser Hoffen steh'". Doch ist dies nicht das Resultat, bei welchem man müde resigniert. Am Ende steht die Erkenntnis, "daß alles
ohn' ein Geist, den Gott selbst hält, muß wanken". Das Ich wird damit
aufgerufen, Halt bei Gott zu suchen. Für sich allein ist es schwach, ohnmächtig, ja bedroht; es braucht Stütze, festen Halt. Aber das läßt sich
finden, eben in der Güte Gottes. Seine Gnadenhand gilt es zu ergreifen,
sich von ihr halten, ja emporheben zu lassen. Damit erhält das Ich nun
Gewicht, Bedeutung, Kraft. Ebenso endet Paul Fleming sein Sonett "Neuer Vorsatz", nachdem er der Welt abgesagt hat, mit dem Aufschwung:
"von itzt an schwing ich mich / Frei, ledig, los, hoch über mich und dich"

(Welt). Denn nun erreicht er den Anschluß an Gott als höchstes Gut: "Das höchste Gut erfüllet mich mit sich / Macht hoch, macht reich. Ich bin nun nicht mehr ich. / Trutz dem, das mich in mich zurücke reißet".

Wir treffen damit auf die typisch barocke Ichsteigerung und deren Behauptung. Das individuelle Ich muß zu einem Geltungsich erhöht werden, und dieses gilt es zu behaupten. Dazu gehört, es den anderen gegenüber zu betonen, ihre Anerkennung zu erlangen, also sich durchzusetzen. Ausdrücklich verlangt Gracians Handorakel (Nr. 122), man solle "im Reden und Tun etwas Imponierendes haben; dadurch setzt man sich allerorts bald in Ansehen und hat die Achtung gleich von vornherein gewonnen. Es zeigt sich in allem, im Umgange, im Reden, im Blick, in den Gesten, sogar im Gange". Aber es müsse sich freihalten von jeglicher Affektation (Nr. 123). "Der Kluge wird nie seine eigenen Vorzüge zu kennen scheinen", eben um sicher "zum Ziel des Beifalls" zu gelangen. Schließlich wird als höchstes Resultat "die Posaune des Ruhmes jenes Unsterblichkeit verkünden" (Nr. 162). Die Maler und selbst die Plastiker führen das höchst effektvoll aus (Abbildungen in meiner ' Barockkultur', z. B. des Hugenottenbrunnens in Erlangen (Abb. 246), die Apotheose des Prinz Eugen (Abb. 8)). Sich imposant in Szene zu setzen, verlangt auch "zu prunken verstehen" (Nr. 277). Aber das darf kein blinder Hang sein, nein: "es gehört Kunst zum prunken", und vor allem die rechte Gelegenheit gilt es zu benutzen, denn "nicht jeder Tag wird einer des Triumphes sein". Es gerät schlecht, wenn es zur Unzeit kommt. " So ist höchste Achtsamkeit vonnöten, droht stete Gefährdung.

Jedoch nicht nur nach außen hat das Geltungs-Ich stete Aufmerksamkeit zu richten, auch von innen her wird es bedroht. Denn das Versagen, ein Absinken zu einem Minder-Ich, das lauert und kann in jedem Augenblick eintreten. Deshalb wird das Geltungs-Ich so krampfhaft meist betont. Momente der Schwäche lassen sich nicht übersehen und mischen Angst und Unsicherheit als dunkle Folie dem betonten Selbstbewußtsein bei. Dies trägt man zur Schau vor den anderen, man besitzt es nicht als selbstverständliches Beruhen im Zentrum seiner Wesenheit, wie es dem Menschen der Klassik zugehört. Goethes Lebenssicherheit ist dem Barockmenschen ganz fremd; er steht in steter Kämpferstellung, höchst labil, und fühlt sich ständig bedroht. So legt sich eine trennende Distanz um sein Ich und isoliert es sowohl von der Außenwelt, von der Natur, als auch von den Mitmenschen. Dennoch vermag er sie keinesfalls zu entbehren. Er braucht sie, genauer: ihre Zustimmung, ihren Beifall. Sein barock gesteigertes Geltungs-Ich präsentiert sich vor der Gesellschaft und ist bereit, jedem dasselbe zu gewähren. Die bildende Kunst drapiert darum ihre Porträts und Standbilder mit Mänteln und Requisiten, mit römischem Kostüm, ja mit Imperatorhaltung, und monumentalisiert schließlich den Fürsten im Reiterstandbild. Wie anders dagegen sah Tischbein Goethe in der Campagna. Er malt den Wanderer gelöst, seelenvoll saugt das Auge die Außendinge in sich. Introvertiert ist dieses Ich gerichtet, wohingegen der barocke Reiter extravertiert, willensgestrafft vorwärtssprengt. Nach innen führt Goethe sein Erlebnis: "lösest endlich auch einmal / Meine Seele ganz". Paul Fleming beginnt sein Sonett "An sich" mit der Aufforderung: "Sei dennoch unverzagt, gib dennoch unverloren". In einer Daseinssituation voll Unsicherheit und Vergänglichkeit bleibt ihm nichts als sein Ich: "sein Unglück und sein Glücke / Ist ihm ein jeder selbst". Das Sonett endet mit der Erkenntnis: "Wer sein selbst Meister ist und sich beherrschen kann / Dem ist die weite Welt und alles untertan." Damit wird Ziel und Richtung der Lebensenergie deutlich: Das barocke Ich will sich zur Geltung bringen, der Mensch der deutschen Klassik sich bilden zur humanen Persönlichkeit. Das beifallslüsterne Ich im Barock reckt sich auf, will den anderen imponieren. Voll schwerer Würde betont und bekräftigt es sich, und nur zu nahe liegt die Gefahr des Posierens. Uns Heutigen klingt komisch, wenn Nero mit den Worten auftritt: "So ist' s! Die Sonn' erstaunt für unsres Hauses Glantz / Die Welt für unsrer Macht... Und Nerons Blitzen sengt der Griechen Lorbeer weg ... Die Erde ist zu klein zum Schauplatz unsrer Werke." Durch solch Bramarbasieren wollte Lohenstein wohl die Hybris des Kaisers seinem Publikum einprägen, jedoch ihn als gefährlichen Machtmenschen, nicht als lächerlichen Aufschneider charakterisieren.

In dem steten Repräsentieren und Imponieren allein besteht noch nicht die volle Gespanntheit des barocken Geltungs-Ichs. Hier ist eine Gerichtetheit auf das Transsubjektive, gesteigert auf das Transzendente maßgebend. Dem entgegen zieht es die Aufmerksamkeit hinein in das Getriebe seines Innern. So ergibt sich eine ungemeine Labilität. Es erscheint uns der Mensch des 17. Jahrhunderts gekennzeichnet durch eine unruhige Stößigkeit, erschüttert durch jähe Ausbrüche. Wir sehen steile Aufschwünge gefolgt von plötzlichem Absturz; rasch schlägt der Rausch in Ernüchterung um, folgt dem Auftrumpfen der Zusammenbruch. Da gibt es keine Entfaltung und Reifung. Für innerseelische Läuterung ist keine Ruhe vorhanden. In Drama wie Roman kennzeichnet die Figuren wie die Handlung des Jähe, Ruckhafte, der Schicksalswechsel. Das E m o t i o n a l e bildet eben die Aktionsebene des Seelenlebens, und man weiß darum. Das Ich steht auch in Distanz seinen innerseelischen Vorgängen gegenüber, beobachtet sie bei sich und den anderen. Es deutet sein Innenleben einseitig von dieser Seite her. In Drama wie Roman, selbst im Lyrischen finden wir alles Seelische auf diese Ebene projiziert und die Figuren vorwiegend und bewußt aus dieser Sicht gezeichnet und gewertet. Alles Handeln liegt im E m o t i o n a l e n , die Gemütsbewegungen machen den Inhalt aus. Leidenschaft treibt Sophonisbe; deren dunkler Fluch erlischt an Iphigenie. War bei Ariost wie den deutschen Erzählern des 16. Jahrhunderts die Handlung ein bunter Strauß farbensatter Ereignisse, so malt Tasso die Gefühle und Triebe. Daß Shakespeare eine Leidenschaft in den Mittelpunkt des Dramas rückt, wurde seit langem betont. Corneille wie Vondel vertreten in theoretischen Auslassungen denselben Standpunkt. Aristoteles' Lehre von der Katharsis wird allgemein als Heilung des Menschen von den vorgeführten Leidenschaften aufgefaßt. Wie Montaigne und Charron, Bacon und Hobbes, Guevara und Gracian, lehren in Deutschland Thomasius und Christian Weise, wie man seine Leidenschaften bezähmen kann. Selbst die großen Philosophen wie Descartes und Spinoza bauen ihr ganzes System auf dieser Basis, dieser Überzeugung vom M e n s c h e n a l s e i n e m A f f e k t w e s e n.

Als lebendige Energie wird der Mensch erlebt. So berührt bereits am "Amandis" aller ritterlichen Vermummung zum Trotz die heftige Triebhaftigkeit und Begehrlichkeit der Frauen als herausfallend und neu. Die Schäferdichtung pflegt die zarten Regungen, und der heroische Roman schildert die hochgehenden Wogen der Affekte wie das Drama. 'Cardenio und Celinde' von Gryphius gibt nicht nur die Geschichte von zwei "unglücklich Verliebten" wie 'Romeo und Julia', sondern enthält eine ganze Musterkarte der verschiedenen Sorten Liebe. Von der alten Kupplerin über die heißblütige Buhlerin Celinde bis zur entsagenden Olympie sind die Frauen abgewandelt. Die Handlung zeigt uns diese alle zu einem wirren Knäuel verschlungen. Von dieser Begierden "toller Qual" "unsinnig" "gerissen", gepeitscht (V, 68) rast der Mensch in den Pfuhl des tiefsten Abgrundes hinein (III, 78). Bis zum Selbstmord geht Celindes Verlangen nach dem jungen Studenten, der sie nach dem ersten Rausch schon verließ und dessen stets entschwindendes Bild selbst ihrem Schlafe die Ruhe raubt. So richtet ihr brennendes Verlangen sie zugrunde: "ein zagend Hertze schmacht' / in hart entbrannter Glut, und die geschwächten Sinnen / empfinden nach und nach, wie Kraft und Geist zerrinnen" (II, 76 ff.). Cardenio gesteht von sich schließlich zerknirscht: "ich, der voll toller Lüste / mit so viel Blut befleckt, / mit Lastern scheitelab bis auf den Fuß bedeckt" (V, 229 ff.).

Bis zum Rand geladen scheint die Seele des Barockmenschen mit Explosivstoff, ein geringfügiger Anstoß genügt, eine gewaltige Explosion auszulösen. Nicht etwa nur minderwertige Subjekte r e a g i e r e n so leicht und hemmungslos, nein alle. Und zwar geschieht die Art und Weise ihrer Gegenüßerung durchaus aktiv. Kein Betrachten, nicht empfindsam in sich hineinleben, sondern mit der Tat antworten, mit Ausfall und Angriff, nicht mit Verteidigung oder gar Rückzug. Selbst stärkster Kummer vermag sie nicht zu lähmen. Theodosia ('Leo Armenius') verzehrt sich nicht in der Klage um den ermordeten Gemahl. Als die Verschwörer ihr gegenübertreten, findet sie rasch die Energie, mit ihnen über ihr frevelhaftes Tun mutig abzurechnen. Celinde richtet den Dolch gegen die eigene Brust, und bei Lohensteins Frauen scheint der Selbstmord als letzte Tat und Ausweg geradezu obligat. Bis zum äußersten stößt das Gefühl stets vor; erst im

Extrem findet es Ruhe, löst sich die innere Spannung. Als Cardenio hört, daß sein Nebenbuhler ihn nur durch List ausgestochen und Olympie zur Ehe gezwungen, lauert er ihm sofort mit dem Degen zur letzten Abrechnung auf. So ganz erfüllt ihn der Affekt der Rache, daß seine Brunst für Celinde daran erlischt. Explosiv und stoßhaft entlädt sich die Brust. In wilder Jagd schießen Empfindungen, Überlegungen, Entschlüsse durch den Kopf dieser Menschen. Wie eine Rakete rauscht die Leidenschaft auf, zerplatzt, verpufft. Kurz ist der Weg vom Trieb zur Tat, ruhige Stetigkeit des Fühlens, Wollens, Denkens fehlt. Auf den Ausbruch aber folgt die Leere und der Umbruch, das Pendel schwingt zur entgegengesetzten Seite zurück. Der Impulsivität fällt die Konsequenz zum Opfer. An Tolstois 'Macht der Finsternis' gemahnt die jähe und absolute Sinneswendung der beiden Verblendeten bei Gryphius, die Buhlerin wählt sogar das Kloster. Treffend charakterisiert Cardenio sein Erlebnis als "Schlag" (V, 234).

Besonders lebt das Ordensdrama von solchen jähen Bekehrungen. Da können sich etwa die japanischen Herrscher gar nicht genugtun in Grausamkeiten gegen die jesuitischen Missionare, und plötzlich kommt der Umschwung. Aus dem gottlosen Verfolger wird ein ebenso eifriger Verteidiger und Verbreiter des Christentums, der Feind der Kirche wird zum Märtyrer, der voller Begierde nach der Bluttaufe strebt. Nirgends ein Mittelmaß, keinerlei Lauheit begegnet. Alles ist aufs äußerste gespannt, schlägt von einem Extrem ins andere und überspringt dabei die Zwischenstufen. Aus dem schlimmsten Sünder wird der größte Heilige. Die Gestalt der Maria Magdalena begegnet deshalb so oft, weil hier die jüdische Dirne zum Gefäß der göttlichen Gnade wird.

Spinoza wird von der allgemeinen Überzeugung der Barockzeit getragen, wenn er betont, wie gewaltig die Macht der Leidenschaften sei und daß wir keine absolute Gewalt über sie besitzen. Er weiß, daß der Affekt nur durch einen anderen, stärkeren verdrängt werden kann. Dies geschieht dann aber rasch und gründlich. So findet Cardenio bei Celinde Ersatz, und diese vergißt in seinem Arm, daß es derselbe ist, der eben erst ihren früheren Liebhaber durchrannte. Das Abrupte der Lebensführung findet in dieser Basierung auf der Leidenschaft ebenso seine Erklärung, wie das Verfolgen von Teil- und Streckenzielen.

Durch die vorwiegenden Affekte wird also die Struktur der Individualität bestimmt. Daher erscheint uns die P e r s o n e n z e i c h n u n g des Barock auffallend einfach, sei es selbst bei Shakespeare oder Cervantes, gar nicht zu reden von Corneille etwa oder dem deutschen Roman, auch Grimmelshausen. Versuchen wir eine solche dichterische Gestalt wiederzugeben, so müssen wir immer zu ihrem Handeln, ihren Entschließungen sowie Taten greifen. Dagegen will eine "Charakteristik" mit der Analyse der einzelnen Eigenschaften nicht recht gelingen. So lebensvoll und geschlossen ein Macbeth wirkt, er ist k e i n "C h a r a k t e r", weder in

dem moralisch wertenden Sinne, noch in dem konstatierend-beschreiben-
den; er "hat" nicht diesen Charakter als eine Summe von einzelnen Be-
schaffenheiten. Es ist überhaupt nichts Festes, Stabiles vorhanden, sondern ein Bewegtes, ein Kraftzentrum in ständiger Aktion. Man bringt daher eine ganz inadäquate Auffassung vom Menschen etwa an Molières Gei-
zigen, wenn man ihm einen Widerspruch im Charakter vorwirft. Diese
Figur besitzt gar nicht zwei sich ausschließende "Eigenschaften", sondern Geiz und Liebe sind zwei Affekte, die ihn treiben. Nicht aus dem
Widerstreit im Charakter wollte Molière eine "Charakterkomödie" im
modernen Sinne aufbauen, sondern durch sein Tun den Alten ad absurdum
führen. Daher "charakterisiert" eine so urwüchsige epische Begabung
wie Grimmelshausen seine Figuren nicht, sondern setzt sie in Bewegung,
zeigt sie in Handlung. Deswegen finden wir in Roman wie Drama keine
"Entwicklung" der Charaktere, sondern eine feste Gesinnung, individuelle Grundstimmung, eindeutige Gerichtetheit.
Der Held bewährt sich und bezwingt die Welt oder behauptet sein Ich gegen sie, ja steigert es noch. Catharina von Georgien wird nicht als lamm-
fromm Ertragende gestaltet, sie wird beflügelt und gestärkt von dem Ein-
satzwillen für Gott und ihr Land; sie führt das Streitgespräch mit Abas in
steigender Erregung, denn der amor dei ist ein Affekt, obschon der höchste. Er steigert das Menschen Mögliche zum Äußersten. Die Märtyrer-
krone ist der Lohn, eine Aufnahme im Himmlischen. Keine Entelechie
wirkt und wickelt sich in eingeborener Notwendigkeit zur organischen Gestalt der Persönlichkeit aus, wie es das Wunschbild der Klassik war.
Nicht Läuterung kann das Ergebnis des Lebens ausmachen, nicht Vollendung seine Krone sein; Leidenschaft versprüht rauschend und rausch-
haft, steigert das Ichgefühl zum Taumel der Kraft und unüberwindbarer
Gewalt.

Ganz Entsprechendes enthüllt auch das wirkliche Leben der Dichter. Ebenso wie vom Romantiker muß man selbst bei den bedeutendsten
Poeten dieses Säkulums konstatieren, daß sie keine Entwicklung
zeigen. Nach juvenilem Lernen und Probieren erlangen sie meist rasch
die ihnen zugemessene Gewandtheit der Form und Eigenart in Fühlen und
Glauben. Ihre dichterische Individualität ist damit fertig geprägt. Während nun beim Klassiker erst das geistige Reifen einsetzt und die wach-
senden Ringe der Persönlichkeit sich in der fortlaufenden großen Konfession der Werke ausdrücken, bleibt Mensch wie Gedicht des Barock-
poeten "sich gleich". Den reifen Sonetten eines Paul Fleming merkt man
es nicht an, daß sie von einem jungen Manne Ende der Zwanziger geschrieben wurden; als Fünfziger hätte er auch nichts anderes nach Gehalt, nichts besseres in der Form geben können. Daß Opitz ungefähr im
selben Alter "fertig" war, ist ja bekannt. Ein von den Klassikern abge-
nommenes Entwicklungsschema an Poeten des 17. Jahrhunderts heran-
zutragen, versagt durchweg. Was sich nur noch konstatieren läßt, ist in

den meisten Fällen eine Mechanisierung, ein Fortmachen in der bekannten Art, oft ein Zurücksinken, also Verfall.

Hängt dies mehr mit der Individualität zusammen, so die folgende Beobachtung wesentlich mit dem Emotionalen. Es drängt sich nämlich die P r o d u k t i o n auf wenige Jahre zusammen. Ganz e r u p t i v wird eine Garbe von Werken herausgeschleudert. Außer dem Papinian entstammen beispielsweise alle Dramen eines Gryphius den Jahren 1646-49, eines Lohenstein dem Anfang der 60er, eines Hallmann dem Beginn der 70er Jahre. Allein die Last des Amtes dafür verantwortlich zu machen, befriedigt angesichts Goethes nicht. Würde es uns für die Lyrik weniger erstaunen, so gilt es doch auch für die Epik, man denke an Grimmelshausen, und gerade bei ihm erschrickt man fast über das Andersartige und Verschiedenwertige der ganz unmittelbar sich folgenden, ja vielleicht nebeneinanderstehenden Werke. So entspricht offenbar die seelische Struktur der Figuren der Poesie jener der Poeten, die sie hervorbrachten.

Fern liegt es der Zeit, die Leidenschaften als solche zu verfemen, noch aber sie gar zu verherrlichen. Sie sind die gewaltigen Triebkräfte der Natur, ohne welche es überhaupt nicht geht. "Von den Leidenschaften allein hängt alles Gute und Übel in diesem Leben ab", setzt Descartes als Inhalt über das Schlußkapitel seines "Traktates über die Leidenschaften". Diejenigen, welche am stärksten sich durch sie erschüttern lassen, werden die Süßigkeit des Lebens am meisten genießen, meint sogar dieser Philosoph (Ausg. der philos. Bibliothek, S. 110). Selbsterkenntnis ohne Affekt bliebe totes Wissen, läge unfruchtbar und bewegte keine Seele.

Bildreich verstärkt Lohenstein diese Ansicht, "unser Leben würde ein rechtes Ebenbild des Toten Meeres abgeben..., wenn uns die Gemütsregungen nicht von der erbärmlichen Schlafsucht aufmunterten." Auch Christian Weise rühmt den "Affekt, welcher in allen Scenen gleichsam das Leben ausmacht". In den "Heldenbriefen" läßt Lohenstein Philipp II. an die Eboli schreiben: "Es schäumt und stürmt das Meer nicht mit so tollen Wellen / Als meine Seele fühlt Bewegungen in ihr." Ein so gelehrter Mediziner wie der Professor Albert Kyper in Leyden bespricht in seiner "Anthropologia" (1660) die Frage der gemäßesten Bezeichnung und entscheidet sich für "affectus", weil sie das Herz affizieren. Selbst der Jesuitendramatiker spricht gern vom "cor procellosum". Daß die Affekte das Blut in Wallung bringen, weiß man allgemein, und der Poet tut sich etwas darauf zugute, recht eindrucksvoll ihre körperliche Auswirkung auszumalen: Ohnmacht, Weinen, Toben und Wahnsinn. Gracian warnt (Nr. 287): "Kaum wird sich das Blut voll erhitzt haben, so wird man blutig zu Werke gehn." Der Schauspieler exzelliert in rasch aufbrechender Erregung, in tobendem Ausbruch, jähem Umschlag oder Zusammenbruch. In der Poetik wird geraten: "Man lasse die Affecte konträr auf einander folgen, daß die Zuschauer in immerwährender Veränderung (= Aufregung) gehalten werden." Tatsächlich führen Schilderungen stets zu schneller Steigerung, zu Überschwang und plötzlichem Umschwung. Man pflegt die Leidenschaften im Anschluß von Thomas Aquinus stets in Gegensatzpaaren aufzuzählen, also als Wohlgefallen, Zuneigung (amor) und Abneigung (odium), als Begierde (desiderium) und Meiden (fuga), als Genuß (delectatio) und Betrübnis (tristitia), sie gehören dem appetitus concespirabilis, dem Besitzstreben an, sind auf bloßen Sinnengenuß gerichtet. Die andern sind irascibilis und äußern sich noch aggressiver. Neben der Wut (ira) sind es Hoffnung (spes), die in Verzweiflung (desperatio) umzuschlagen droht, und Waghalsigkeit (audacia), die in Furcht (metus) leicht verfällt. Weil der Mensch sich von solchen Gemütserregungen plötzlich überfallen und aus der Bahn geworfen fühlt, wollen manche sie als Pasturbationes verfehmden. Aber das findet Kyper (S. 633) ungerecht; sie brauchen nicht maßlos zu sein, so leicht sie auch dazu neigen. Vielmehr findet er wie die meisten seiner Zeitgenossen ihre unentbehrliche Triebkraft als ein "Mittelding", weder an sich gut noch böse: "affectus in homine conseantur liberi, et boni vel mali moraliter, quod de brutorum affectus dici nequit" (634). Darin eben besteht gegenüber der blinden Triebhaftigkeit der Tiere die Freiheit des Menschen, daß er Distanz zu ihnen suchen kann und halten muß. Zwar ist das ihm erschwert, weil in ihm zahlreichere und heftigere Affekte wirken und Körper und Seele empfindlicher seien. So ist es doppelt notwendig, auch seiner Gesundheit wegen "affectus moderari et secundum rationis dictamen compescere" (634).

Damit begegnen wir einer weiteren starken Spannung im Innenleben des Menschen der Barockzeit. Sind die Affekte nach Platons Bild auch die unentbehrlichen Rosse vor dem Rennwagen, so gilt es doch, sie zu zähmen und zu zügeln, sie zu "gubernieren", wie Christian Weise sagt. Er erkennt an, sie helfen uns, daß wir des Lebens Süßigkeit empfinden, jedoch mahnt er zugleich, weil "sie die Menschen auch in die Sauschwemme" zu reiten drohen. Lenker des Gespannes sollte die stets wache Vernunft sein. Das ganze philosophische Erbe schwingt bei diesem Begriff mit. Aristoteles herrscht deutlich vor. Die Seele als Substanz ist einheitlich, besitzt aber verschiedene Äußerungsweisen (actus). Die übliche Dreiteilung nennt als dritten Bereich den der Vernunft. Man stellt ihn gegenüber dem Sensitiven, dessen Sitz das Herz sei. Im Gehirn dagegen wird das Vernünftige zentralisiert; seine Eigenheit ist Spontaneität, im Unterschied zum Sensitiven. Denn dessen stärkste Art, die Affekte, sind trotz ihres gewaltigen Einflusses auf die Menschen bloß passiones. Als solche sind sie blind, wogegen die Vernunft als das "Auge der Seele" gepriesen wird. Einprägsam formulierte Lohenstein wieder in seinem Arminiusroman: "in der Schiffahrt des menschlichen Lebens sollten von Rechtswegen die Vernunft der Steuermann, die Gemüths-Regungen Ruderknechte sein". Der Vernunft werden meist drei Fähigkeiten oder Vermögen zuerteilt. Als deren erste behandelt man "voluntas". Diese Einstufung

des Willens trennt den Barock prinzipiell von der Überzeugung der Renaissance. Auch Lohenstein zieht dem "Verstand" und dem "Gedächtnis"
als wichtigste der "Kräfte" der Vernunft den "Willen" vor. Er sei
"frei" geboren und "keinem Zwange unterworfen, sondern vielmehr ein
Beherrscher unsers Tuns". Er besitze Gewalt über die Gmütsregungen
und könne ihnen "die Eigenschaft der Tugend oder des Lasters" geben.
Allerdings ist der Mensch des Jahrhunderts wegen seiner Ichbetonung in
Gefahr, in egoistisch-brutalen Machtwillen abzuleiten. "Wenn die Vernunft ihm nicht vorgehet und Vorsicht (= die göttliche Vorsehung) ihn bei
Hand nimmt, so stolpert er über seine eigenen Füße." Dringend braucht
man also die Abklärung ins Geistige als Vernunftwille. Als solcher frei
wählend gilt er nun als wichtigste der "Kräfte" der Vernunft. Damit unterscheidet sich das 17. Jahrhundert nicht nur vom 18. Jahrhundert mit
dem Primat der Ratio, sondern auch von der Einstufung in der Renaissance, welche das Willensleben als natürliche Triebhaftigkeit einordnete
in ihre Gesamtauffassung vom Menschen als einem irdischen Geschöpf.
Der Vernunftwille des 17. Jahrhunderts ragt als Prinzip des Geistes hinein in eine andersgeartete Körperlichkeit und ihren Mechanismus. Gerade
was Spinoza in seiner Ethica (5. Teil Reclam S. 348) dem Descartes als
rätselhaft vorwirft, wie er sich nämlich Körper und Geist koordiniert
vorstelle, das eben war jenes unbeweisbare Axiom, das als weltanschau-
liches Postulat jedem System des Barock zugrunde liegt. "Er hat aber
den Geist so verschieden vom Körper aufgefaßt, daß er weder von dieser
Vereinigung, noch vom Geiste selbst eine besondere Ursache angeben
konnte, sondern genötigt war, auf die Ursache des ganzen Universums,
d. h. auf Gott zurückzugehen." Dasselbe jedoch tut Spinoza, bloß auf an-
derem Wege. Bezeichnend ist, daß er die neuen Kräfte wegen ihrer
Schöpferkraft "actiones" nennt, während man sie sonst auch als intellektuelle Affekte bezeichnet. Sie entstammen der Vernunft, die sich entweder
kontemplativ als einsehend und erkennend zeige oder aktiv als verwirk-
lichend. Der Ausdruck appetitus rationalis darf nicht darüber täuschen,
daß er dem appetitus naturalis und sensitivus nicht gleichgeartet, daß er
nicht natürlicher, sondern metaphysischer Herkunft ist. Durch das vernünftige Begehren (voluntas) ist der Mensch einerseits mit Gott verbunden und andererseits zum Herrn über das Triebhaft=Tierische in ihm
selbst wie außer ihm gesetzt. Wundervoll wird gerade von Spinoza der
platonische Eros in diesen Affekt der Affekte umgedeutet, in den Amor
dei intellectualis.

Eben dieser Begriff ist so aufschlußreich, zeigt er doch, wie selbst
einer so kontemplativen Natur der Primat des Willens und des Aktiven
eigentlich selbstverständlich war. Dem Hellenen dagegen lag auch für
seine Ethik im Erkennen die letzte Voraussetzung. Im Gegensatz zur Renaissance ist man im 17. Jahrhundert durchgehends überzeugt von der
Kraft und Freiheit des Vernunftwillens. Noch Christian Weise nennt als

einen der drei klügsten Leute jenen, der seine Affekte beherrscht. Den
Tyrannen pflegt Drama wie Roman stets durch brutale Affekthaftigkeit
zu charakterisieren, womit Willensschwäche verbunden ist. Wie das den
Menschen hin und her reißt und innerlich zermürbt, malt Gryphius bei
Abas aus gegenüber der Catharina von Georgien. Damit wird in dieser
Tragödie die Grundposition der Menschendarstellung und -wertung besonders deutlich. Stark sind die Leidenschaften, doch vermag der Wille
sie zu lenken, durch andere zu verdrängen, in höhere zu sublimieren,
sie zu zügeln, ja zu unterdrücken. Aus Gott selbst strömt ihm die Kraft
hinein in seine Kreatürlichkeit. Die Wahl ist sein, er hat sich zu entscheiden, ob er sich von den Leidenschaften zu irdischem Glück und Genuß treiben läßt oder ewigen Gütern nachstrebt, die ihm die Vernunft
zeigt.

Damit geht k e i n Z w i e s p a l t durch die Seele des Barockmenschen.
Wenn auch gerüttelt von brennenden Leidenschaften, ist er keine proble-
matische Natur; davor bewahrt ihn der Primat des Willens. Allerdings
lastet dadurch auf ihm eine ungemeine Verantwortlichkeit. Der erste
Reyen in Gryphs ' Leo Armenius' gibt dieser Empfindung bezeichnenden
Ausdruck. Die Bedeutsamkeit der menschlichen Zunge wird darin behandelt. Während die Strophe sie als das Verlautbarungsmittel innerer
Entscheidung wuchtig preist: "durch Reden herrschen wir", "des Menschen Leben selbst beruht auf seiner Zungen", malt die Gegenstrophe,
wie sein Tod und Verderben auch von ihr ausgeht, wenn sie ungebändigt
der Leidenschaft folgt. Der Abgesang endlich mahnt zur Überlegung und
betont in immer neuen Antithesen die Wahlfreiheit und die Verantwortlichkeit des Menschen. Den Kampf der Vernunft mit den Leidenschaften
hat Lohenstein im Reyen nach dem dritten Akt der ' Sophonisbe' reizvoll
vorgeführt. Neid stachelt die Eifersucht zu bösem Tun, Narrheit bläst
ihr noch zu, so daß sie Wahngebilde sieht. Diese, als lebende Bilder
vorgeführt, werden von der Vernunft auf ihre harmlose, wirkliche Gestalt zurückgeführt. Immer wieder handeln die allegorischen Zwischenspiele des Barockdramas von der Wahl zwischen Tugend oder Wollust,
Rache oder Verzeihung und ähnlichen Gegensätzen. Treten sie nicht als
Personifikationen schaubar auf, so werden Szenen aus der Mythologie
benutzt, die dasselbe besagen. Nie aber ist der Mensch als zerrissen
und also bloß leidend aufgefaßt. Allerdings befindet sich der Wille bei
so hohem Einsatz in steter Bereitschaft, in unruhiger Spannung.

Am ergreifendsten und unmittelbarsten spricht sich diese S p a n -
n u n g der barocken Seele in Giordano Bruno' s ' Eroici furori' (übersetzt von Kuhlenbeck, Leipzig 1898) aus. Wie der erste Dialog die äußere Welt erlebt, nämlich ganz als Gegensätzlichkeit, spiegelt sich darin
nur die Antithetik der inneren. Von ihren Neigungen und Trieben wird
die Seele hin- und hergerissen. Nirgends kann sie in reiner Lust aus-
ruhen, denn stets schmeckt sie Bitterkeit ihr beigemischt und alles

schlägt in sein Gegenteil um, ja selbst der Gegensatz hat keinen Bestand, sondern ruft neuen Gegensatz hervor. Trotzdem findet der heroische Schwärmer sein Inneres nicht zerspalten oder zerrissen, sondern es zittert unter der ungeheuren Spannung dieser Polarität (S. 60). "Heut muß ich hoffnungslos zum Hades schweben / und morgen wieder um den Himmel werben, / Und Himmel ist wie Hölle mir versperrt, / weil hier- und dorthin mich der Zwiespalt zerrt! / und keine Ruhepause läßt die Pein" (S. 61). Welch Gegensatz zu dem hochgemuten Vertrauen auf Menschenkraft und Wissen in der Renaissance bedeutet dieser Gemütszustand: "Bald sieht er sich tief erniedrigt in der Betrachtung des hohen Gegenstandes seiner Erkenntnis und im Gefühle der Schwäche seiner Erkenntniskraft; bald wieder fühlt er sich erhoben durch die Begeisterung seines heroischen Strebens, das über alle ihm gesetzten Grenzen hinausgeht. Sein Vernunfttrieb erschwingt wohl die höchsten Höhen, wenn er schrankenlos Zahl auf Zahl und Raum auf Raum fügen kann, indes im Gegenteile sein Anschauungsvermögen, wie von einem Bleigewicht gefesselt, nicht folgen kann und ihn wieder zur Tiefe zieht. So zwischen Steigen und Fallen dauernd wechselnd, fühlt er den unerträglichsten Zwiespalt in seiner Seele. Die Sinnlichkeit spornt ihn in entgegengesetzter Richtung, wie die Vernunft ihn zügelt, und umgekehrt" (S. 62). Aber die Kraft des Willens steuert mit fester Hand durch die Wogen der Affekte, so rühmt der dritte Dialog, und der vierte preist die Macht der Vernunft, welche die Affekte mit sich reißt. Diese liefern gleichsam nur den Dampf, den Antrieb für die Seele. Beide ergänzen sich, denn wie der Wille erregt und geleitet wird von der Erkenntnis, wird ihrerseits diese durch den Willen belebt und gebildet (2. Teil, 3. Disk.). Erkenntnis aber bedeutet die Vereinigung unserer Vernunft mittels einer erhabenen Idee mit dem göttlichen Geist (S. 80). Echt barock berührt es, wie die ruhende Schau des platonischen Eros sich transformiert in das motorische Drängen der "heldischen Schwärmerei", die begeistert von der göttlichen Güte und Schönheit, sich zu deren Urquell aufschwingt auf den Fittichen des Willens, der die Form seines niederen Wesens abstreift (S. 86). Da aber der menschliche Geist die ganze Wahrheit erfassen will, muß er stets weiter sehnen und streben (S. 93-98). -

Ebenso fern wie von naturalistischer Getriebenheit steht das 17. Jahrhundert der Anschauung der griechischen Stoa von der Absolutheit des Willens. Seit Justus Lipsius hat sich ein spezifisch christlicher Stoizismus (zuerst 1582) in Holland und Deutschland entwickelt, der gerade von den schlesischen Dichtern aufgenommen wurde. Er fußt auf der Überzeugung, daß der Wille nicht aus sich als bloßes seelisches Vermögen alles vermag, sondern Hilfe von oben brauche. Die G n a d e erst, der Einstrom des Geistes, läßt ihn den Sieg erringen. So hatte ja auch die Kirche um die Wende zum 17. Jahrhundert noch einmal betont, daß die Gnade den freien Willen nicht vernichte, vielmehr dieser ohne jene nicht zu wirken vermag. Damit war die Ansicht der Jesuiten, wie sie Molina 1588 in seinem Buch ' De concordia liberi arbitrii et gratiae' vertreten hatte, durchgedrungen, und die Pelagianische Überwertung ebenso energisch wie die calvinistische Prädestination als Unterschätzung abgewiesen. Doch war mit dieser dogmatischen Festlegung für das Gefühl der Laien dieser Streit noch nicht abgeschlossen, flammte vielmehr durch Pascals Popularisierung um die Mitte des Jahrhunderts von frischem lebhaft auf. Dies beweist, wie lebendig das Erleben dieses Gefühlskomplexes bei weiten Kreisen noch war. Zwar wurde einzig für das Drama Racines das jansenistische Überwiegen des Schicksalhaften fruchtbar; die Heldin als die Gefangene und Gehetzte ihrer Leidenschaft findet sich im deutschen Drama nicht. Gerade Gryphs ' Cardenio' zeigt ja das Eingreifen des göttlichen Mitleids in das Schicksal der beiden durch ihre Leidenschaft Umnebelten, damit sie nicht blindlings in den Abgrund laufen (III, V.68-80). Für den demütigen Menschen ist Gottes Wille entscheidend: "Gott hat vor mich gewählet" (V. 89). Wir können seinen Willen zwar nicht voll verstehen, doch hilft der Glaube, daß nichts von ohngefähr geschieht (V. 92). Wo Menschenzuspruch nicht helfen kann, greift von ihm gesandt ein Geist, ein Gespenst direkt in das Leben ein, warnt ein Schutzengel, wie in Bidermanns Cenodoxus, oder rüttelt ein Traumgesicht drohend den Verblendeten. Doch bedeutet auch im Jesuitendrama dieses ständige Eingreifen der überirdischen Gnade keine Beschränkung des Individuums. Immer muß der Mensch noch von sich aus diese Gnade ergreifen, und während bei Cardenio und Celinde völlige Sinnesänderung eintritt, schüttelt der Doktor von Paris das unbequeme Gefühl ab. Oft erscheint auch der Geist eines der auf sein Geheiß Ermordeten dem Tyrannen, der schließlich noch in Reue sich bekehrt. Gerade für die kirchlichen Stoffe des Ordensdramas bringt die Stellungnahme zur Gnade den Konflikt hervor und entscheidet die Katastrophe. Denn gelingt es der göttlichen Mahnung, die oft direkt als allegorische Gestalt der "gratia divina" auftritt, nicht mehr, einen Julian oder Maxentius aufzuhalten, so schmettert den Verblendeten sein rasender Lauf rasch in den ewigen Abgrund. Überall braucht der Mensch die himmliche Gnade, und die Kirche vermittelt sie, das ist theologisches Dogma und pastoraler Grundsatz der Jesuiten. Mit bloßem Zurückschauen, ja selbst Bereuen ist nichts getan. Fehlt die Gnade, so vernichten den Frevler die Gewissensqualen, strafen ihn mit Wahnsinn, treiben ihn zum Selbstmord. Nur verblendet durch seine Leidenschaft wähnt der Mensch sich als frei im Sinne despotischer Willkür. Stets tritt das Geistige als Absolutes, Objektives seinem Willen fordernd entgegen. Aber dieses eben entbindet erst die volle innere Kraft, gibt ihr erst die rechte Freiheit zum Wirken. Trotz aller Ablehnung des Kirchlich-Dogmatischen baut ja auch Spinoza sein ganzes System auf der Grundüberzeugung auf, daß des Menschen geistige Liebe zu Gott nur ein Teil von dessen unendlicher Liebe sei, womit Gott sich selbst liebt (Ethik S. 379). Sofern unser Geist erkenne, habe er an Gott teil, sei eine ewige Daseinsform des Denkens (S. 386). Dies sei der höchste Zustand und je mehr Vollkommenheit ein Ding habe, desto aktiver sei es (S. 385). So wurzelt selbst dieser vielbeschriene "Atheismus" in Gott und empfindet seinen Fatalismus durchaus aktiv.

Aber die Überzeugung von der Vorbestimmtheit gehört eben auch untrennbar dazu, bei Spinoza wie bei den Zeitgenossen. Das Schicksalsgefühl ist im ganzen Jahrhundert stark ausgeprägt und bildet ein Gegengewicht zu dem selbstbewußten Ich. Es geht eben nicht ohne die göttliche Gnade. Daher nimmt bereits der Frühbarock an den Schelmenromanen vor allem diese grundsätzliche Änderung vor, daß man nun die Ereignisse als Fügungen Gottes zeichnet. Das liegt gewiß an der missionarischen Tendenz der katholischen Übersetzer; beweist aber, wie fern ihr Fühlen der renaissancehaften Unbekümmertheit der spanischen Verfasser des 16. Jahrhunderts stand. Natürlich tat der große Krieg das Seine, um den Menschen sich als Spielball eines unberechenbaren Schicksals empfinden zu lassen. Opitz in der Theorie, das ganze Drama in Wirklichkeit zeigte ebenso wie der Roman das ungeahnt hereinbrechende Verhängnis. Vom Fall großer Persönlichkeiten schütterte die Zeit. Die unentrinnbare Abhängigkeit des Untertanen im absolutistischen Polizeistaat ergänzte gleichsam die Kriegserlebnisse. Selbst jene beneideten Besitzer der unumschränkten Gewalt, die Könige und Großen, sinken zu sehen, gab der Epoche den stärksten Eindruck von der Unbeständigkeit des Lebens und der Gewalt des Schicksals. Unvermutet braust es heran und prasselt auf die Menschen nieder, ähnlich impulsiv wie jene, und schlägt sie mit unwiderstehlicher, radikaler Wucht. Was es bringt, entzieht sich menschlicher Berechnung wie Beeinflussung. Als transzendente objektive Gewalt wird es also erlebt, die aber Gott unterstellt ist. In der Ausdeutung im einzelnen differieren zwar die verschiedenen Weltanschauungen. Das Gefühl jedoch beugt sich überall gleichmäßig vor dem Übermächtigen, glaubt nicht, es trotzend wie ein Cesare Borgia noch fast sterbend meistern zu können. Mit eigentümlicher Realistik nimmt man die Situation als eine gegebene Tatsache hin. Macbeth so wenig wie Sophonisbe verzweifeln, als ihnen der Geist den Untergang prophezeit. Keineswegs lassen sie nun etwa passiv alles Verhängte gelähmt über sich kommen, noch suchen sie titanisch zu trotzen oder listig zu entweichen; nein, aktiv wird die neue Gegebenheit ergriffen und entschlossen das Befohlene vollzogen. "Nur Mut, denn Zagheit kann den Untergang nicht fristen", ruft Sophonisbe. Wie Macbeth macht sie sich den Tod beherzt zu eigen und schafft ihrem Leben den heroischen Abschluß. Fern liegt es ihr, Masinissa zu fluchen, weil er ihr das Gift schickt. Sie erkennt, daß ihm keine andere Wahl blieb und dankt ihm, daß er ihr auf diese Weise den Schwur hält, sie nicht lebend in die Hände der Römer fallen zu lassen. Sie trinkt den Becher und erfüllt, "was das Verhängnis will und Masinissa schafft" als Werkzeug der Götter. So bewährt sich selbst diese Frau als ein wahrer "Heldengeist, der dem Verhängnisse die Spitze selber weist". Ihr Leben wie ihr Tod konnte deshalb als erhebend empfunden werden, weil hier Ichbewußtsein und Schicksalsgefühl, Lebensaktivität und Todesmut im starken Willensmenschen sich verbunden zeigt. "Ich aber war mir gleich: Zum Leben frisch und froh, / Zum Sterben auch nicht faul", so formuliert es Paul Fleming. Sein Reiselied aber findet den sprechendsten Ausdruck für die innere Haltung dem Geschickten gegenüber: "unverdrossen". "Hat Er es denn beschlossen, so will ich unverdrossen / in mein Verhängnis gehn." Das umschreibt die typische Handlung der barocken Tragödie, die Fortsetzung aber den Inhalt des höfischen Romanes: "Kein Unfall unter allen / soll mir zu harte fallen, / ich will ihn überstehn."

Wieder tritt damit das Fühlen des Barockmenschen zu dem der Renaissance, aber auch der Klassik in Gegensatz. Diese beiden Epochen schöpfen aus sich selbst Kraft zur Erlösung, sei es als bloße vitale Auslösung für das Individuum, sei es als innerseelische Erhobenheit zum Kosmischen, wie es der Persönlichkeit entspricht. Immanent liegt die erlösende Kraft im Menschen, tritt als Selbsterlösung in das Bewußtsein. Eines solchen Erlebens war das 17. Jahrhundert nicht fähig. Seiner leidenschaftbeschwerten, ich-verhafteten Seele muß aus einem objektiven Jenseits sich eine übergewaltige Macht zuneigen, wie auf all den Bildern sich die Gestalten der christlichen oder heidnischen Mythologie von oben her herabbewegen. So entspringt sogar die vielfältige Verwendung von Flug- und Schwebemaschinen in Drama wie Oper noch der seelischen Struktur dieser so eigenwüchsigen Zeit.

Magie also heißt der Weg, auf dem der Verkehr des Menschen mit Gott vor sich geht. Zu schwer umklammert die Kreatürlichkeit den Menschen, als daß sein religiöses Fühlen sich in mystischem Auftrieb in das Jenseits emporschwingen könnte. Sein Affekt und Wille betet das Heilige auf die Erde hernieder, ganz so wie Bernini die Ekstase der Hl. Theresia plastisch darstellt. Daher verwundert es nicht, die schwarze Magie immer wieder im ernsthaften Drama als eine Wirklichkeit dargestellt und verwendet zu sehen. Die weiße Magie finden wir von Angelus Silesius in immer neuen Wendungen schlagend formuliert: Auf dem Willen basiert auch für ihn alle Kraft: "Mensch, alles, was du willst, ist schon zuvor in dir, / Es lieget nur an dem, daß du' s nicht wirkst herfür." Die Einswerdung mit Gott als die Erlösung aber findet jene eigenartige Formulierung: "Ich bin so groß als Gott, Er ist als ich so klein, / Er kann nicht über mich, ich unter Ihm nicht sein." - "Ich weiß, daß ohne mich Gott nicht ein Nu kann leben, / Werd ich zunicht,

Er muß vor Not den Geist aufgeben. " Daß dies keine wirklich mystische Haltung, noch gar eigene Erfahrung ist, liegt auf der Hand.

Die Gottheit, die aus den Wolken dabei zu dem Menschen spricht, wird durchaus als n u m i n o s e M a c h t empfunden, welche in unnahbarer Majestät jenseits der Welt thront. Vor ihrem Winke zerbricht der eisernste Eigensinn. Wahrhaft als numen neigt sie sich herab, und noch wenn sie dem in Leidenschaft Verirrten das Todeslos zuwirft, erkennt dieser dankbar ihre Gnade, die ihm Gelegenheit zur Sühne eröffnet. "Peream eruentus; sola mors misero est salus", damit büßt Demetrius bei Rettenbacher seine Schuld. Es ist also wieder eine ganz und gar magische Art, sich den doch stets fremden, transzendenten T o d, den Gesandten des jenseitigen Gottes, zu eigen zu machen. Nie ist der T o d ja individuell notwendig, noch bloß mechanisches Naturgesetz, sondern Ausfluß der göttlichen Allgewalt. Der Wille des Menschen fesselt ihn, gestaltet sich daraus den wirksamen Abschluß, benutzt ihn als Sprungbrett zur Icherhöhung und Verewigung kraft eines heroischen Sterbens.

Eng zusammen hängt mit dieser Art des religiösen Fühlens der allgemein verbreitete W u n d e r g l a u b e[2], den man von je für das 17. Jahrhundert bezeichnend gefunden hat. Das allgemeine Verlangen nach Zeichen und Exempeln wird eben von dieser Art des Gefühles getragen. Es brauchte ein absolut transzendentes Jenseits, welches sich dem Menschen zu manifestieren vermochte. Dazu dienen zunächst die Träume. In allen Kreisen und Schichten ist man überzeugt, daß in ihnen ein "visum" enthalten sein kann. Sogar der gelehrte Mediziner Albert Kyper handelt in seiner "Anthropologie" ernsthaft und ausführlich von ihnen (623 ff.). Man kennt die Berichte über vordeutende Träume aus Antike und Gegenwart, zitiert Aristoteles und andere Gewährsmänner. Legt man sich auch die Entstehung des Träumens a causis naturalibus klar, zieht zur Erklärung das Temperament und die Säfte herbei und beachtet auch, wie mancherlei vom Tageserleben sich spiegelt, jedoch selbst der Gelehrte gesteht zu, daß sich in ihnen auch Bedeutungsvolles offenbaren kann. Das Entscheidende liege darin, daß dieses ins Bewußtsein dringt (venire ad mentem). Dies könne geschehen "aliquando significatione tantum, aliquando significatione et repraesentatione", also als reine Offenbarung, wie sie etwa im Alten Testament berichtet wird. ("Gott sprach zu ihm im Traum") oder eben vermischt mit Erinnerungsbildern. Solch übernatürliche Träume (supernaturalia somnia) können nach Kyper divina sein, sie kommen von Gott oder guten Engeln, aber sie können auch daemonica oder diabolica sein. In der Malerei werden gern dergleichen visionäre Erscheinungen dargestellt, auf der Bühne sichtbar vorgeführt. Das Reich der Geister wird wohl geordnet katalo-

---

2 Ausführlich in Flemming: Dt.Kultur im Zeitalter des Barock, S.231 ff. 2.Aufl. 1960 S.277 ff.

gisiert; das der bösen besonders ausgemalt. Der Mensch vermag mit
ihm zu verkehren. Nicht nur auf dem Theater wird das Zitieren von Dämonen mit allem Raffinement dargestellt; wiederkehrende Verstorbene
spuken als Gespenster. Magier und Hexen treiben ihr Wesen. Zauber-
sprüche und -tränke, kugelfest machende Zeichen und Worte als Amulett
werden gut bezahlt. Beängstigung ist der allgemeine Untergrund. Man
glaubte sich auch in der Wirklichkeit von deren Tücken bedroht. Hexen-
prozesse sind traurige Zeugen von diesen Auswüchsen des Wunderglau-
bens; selbst ein Spee und Thomasius bekämpfen nicht deren Existenz,
sondern nur die Form des Prozeßverfahrens oder der Ausmalung. Von
Andreas Gryphius war handschriftlich eine Darlegung "de spectris" vorhanden, die nach seiner Verwendung solcher Erscheinungen im Drama
alles andere als eine Vorwegnahme der rationalistischen Gegengründe
eines Balthasar Bekker enthalten haben wird. Neben dem Glauben an
Zauberer und Hexen ist jener an den Einfluß der Gestirne allgemein
verbreitet und lebt noch ganz lebendig bei Leibniz und Thomasius. Das
Einmalige des Individuums findet sich hier verbunden mit dem Schauer
vor transzendenten, objektiven Mächten, durch welche wiederum eine
Einordnung in den Makrokosmos geschieht. Dieses Abhängigkeitsgefühl
nimmt jedoch nicht die Form eines passiven Fatalismus an. Sondern
nicht ungeschickt verbindet man, wie schon Paracelsus und die Spiri-
tualisten der Renaissance, die Einflüsse der Gestirne speziell mit dem
emotionalen Komplex der Menschenseele. Diesem eigentlichen Nähr-
boden des Okkultismus steht die Vernunft, der Geist frei und aktiv gegenüber. Ihn vermögen sie nicht zu zwingen, obwohl sie seine Leidenschaften und Triebe geneigt machen.

So hält sich selbst das Erleben des Transzendenten offensichtlich
in der Sphäre des Emotionalen. Aber auch die Erlebnisse des Willens
stellen eigentlich keine wahrhaft autonomen Entscheidungen dar; vielmehr handelt es sich durchschnittlich nach unserer heutigen Systemati-
sierung um Willensgefühle. Die Ziele, welche dabei gesetzt werden,
stehen zwar in Widerspruch zu jenen des Trieblebens, jedoch lediglich
in Richtungsgegensatz. Das E m o t i o n a l e darf somit als B a s i s d e s
S e e l e n l e b e n s i m 1 7 . J a h r h u n d e r t angesprochen werden. -

Sogar die r a t i o n a l e n Abläufe müssen sich eine dementsprechen-
de Umstimmung gefallen lassen, wollen sie aktiv in das Leben eingreifen. Denn es fehlt natürlich dieser Epoche so wenig wie irgendeiner anderen an Vorhandensein und Tätigkeit des V e r s t a n d e s . Nur seine
Rolle ist verschieden gemäß der Lagerung der einzelnen seelischen
Sphären. Im Jahrhundert der Aufklärung mußte eben alles die Sprache
der ratio sprechen, auch das Emotionale; daher berühren uns die Aufzeichnungen der Empfindsamkeit oft geradezu als Gefühlsrationalismus.
Im 17. Jahrhundert mußte umgekehrt selbst das rationale Denken sich
in das Emotionelle transponieren, um verstanden zu werden. Sogar Spi-

noza erlebt oder benennt doch wenigstens den letzten Erkenntnisdrang im Menschen höchst affektiv als amor dei!

Demgemäß sehen wir denn auch in Drama und Roman des 17. Jahrhunderts den Menschen stets aus der Wallung handeln; der Affekt überrennt ihn; erst allmählich kommt er zur Besinnung, meist sogar nicht einmal aus eigener Kraft, sondern durch Zuspruch. Der Römer Scipio stellt geradezu die Stimme der Vernunft in der 'Sophonisbe' dar, der die brodelnde Leidenschaft des Masinissa dadurch bekämpft, daß er sie kühl und skeptisch analysiert. Er rettet diesen nicht allein vor dem Selbstmord über den Tod der Geliebten, sondern zerstreut auch dessen Gefühl, daran schuldig zu sein. Ein Meisterstück des Streites zwischen Trieb und Vernunft enthält beider Zwiegespräch im vierten Akt. Dem Landsmann Othellos - in seinem Reiche "blühet nichts, was nicht feurig ist" (IV, 310) - stellt Scipio sich bewußt gegenüber: "Ich bin ein Mensch wie du, doch der Begierden Herr" (IV, 304). Also immer noch von der Seite des Emotionalen, von den Affekten her wird die Überlegenheit gefaßt; nicht etwa in der Begabung mit größerem oder schärferem Verstand gefunden. Dem klugen und klaren Zuspruch gelingt es, des Lybiers Liebesrausch zu dämpfen; und so siegt schließlich die Staatsräson über die Liebe. Der Verstand spielt dabei lediglich die Rolle des Mittels; er bleibt stets Diener des Willens, und darum kommt er auch immer hinterdrein gehinkt. Seinem Wesen nach ist der Barockmensch kein Verstandesmensch, der vorher sorgfältig prüft und wägt. Vom Affekt getrieben, greift er unbedacht zu: Epimetheus. Daher begegnet in den nicht seltenen Verschwörungsszenen nie ein genaueres Ausspinnen des Planes. Sein Ziel wird angegeben, aber die Einzelheiten der Durchführung, ihre Chancen und die Gefahren findet man nicht sonderlich genau behandelt. Bezeichnenderweise genügen in Gryphs 'Leo Armenius' von 200 Versen (160-360) 30 (295-328) zur Mitteilung der notwendigen Dispositionen. Die wenigen Einwände, die erhoben werden, sind rasch beiseite geschoben (312-318); vorher sogar kam es zu heftigem Zusammenstoß zwischen einem bedenklichen Frager (4. Verschworener, V. 187-201) und dem Schürer der Unternehmung. Dieser (Crambe) erlegt zwar, wie er geschworen, den Tyrannen, jedoch den Plan diktiert nicht er. Keineswegs fehlt solchen Menschen etwa der Intellekt, aber er behält eine stets dienende Stelle. Durch diese Art, wie er in den geistigen Kosmos eingeordnet steht, wird seine Wirkung bestimmt. Wohl benutzt man seine diskursive Fähigkeit zum Klären. Besonders im Reflexionsmonolog wird die Leidenschaft analysiert, der Trieb durchschaut und dadurch deren Hitze abgekühlt, ihre Stoßkraft gebrochen. Dabei wird das bisher verfolgte Ziel als unwertig erkannt. So kommt es zur Änderung der Richtung für den Willen. Die Pflicht wird jetzt erst in ihrer Dringlichkeit und Verbindlichkeit deutlich. Aber immer von neuem brodelt es empor aus dem triebhaften Abgrund. Nicht der Verstand als solcher siegt. Aus ihm geschieht eben keine Zielsetzung; die Einsicht vermag wohl Raum zu schaffen für ein neues Ziel; dieses setzt die Vernunft, ergreift der Wille, verwirklicht die Tat. Den Aufklärer erlöst die abstrakte Erkenntnis, der klare Begriff, denn er ist auf die Wahrheit gerichtet, die sich im Begriff verfestigt. Ein "Ideendrama" hat der Barock nicht geahnt. Gegen Nathan den Weisen steht Papinian der Großmütige, der Bekenner und Verteidiger des gottgesetzten Rechtes! Die Gesinnung humaner Toleranz wird bei Lessing verbreitet; ihre Kenntnis zu vermitteln, ist Zweck der Handlung, und der Verstand ist das eigentliche Mittel: Er klärt die böse Voreingenommenheit auf, bekämpft die bornierte Leidenschaft; er beweist das Prinzip. Papinian sucht weder dem Kaiser dessen Unrecht zu beweisen, denn das fühlt jener selbst; noch etwa die Abgesandten des Heeres über das Verbrecherische ihres Verlangens aufzuklären, an ihrer Spitze das Reich an sich reißen zu sollen; denn auch sie wissen, daß dies Hochverrat und Revolution bedeutet. Nein, Papian braucht weder E r kenntnis für sich noch sucht er sie den andern zu vermitteln; er bietet vielmehr B e kenntnis, gefüllt mit der ganzen Wucht edler Überzeugung und verhaltener Leidenschaft! Darum bleibt uns auch der erhabene Held von Gryphs Stück in der Erinnerung: die Gestalt; von Lessing die Lehre, die Gesinnung! Wo der Freund im Barock dem Freunde rät, will er ihm helfen zu richtiger T a t. Durch den zergliedernden Intellekt strebt er dessen Willen zu befreien und zu richten auf einen würdigen Gegenstand. Er möchte ihn also zur Verwirklichung hinreißen; nicht aber ihm die Richtigkeit eines Satzes beweisen, ihn aufklären und überzeugen. Am seltsamsten kontrastiert ja bei Spinoza Inhalt und Form. "More geometrico" kann man keine metaphysischen Überzeugungen "beweisen"! Glaubenssätze sind schließlich auch Descartes' ideae innatae, zu deren Erläuterung der Verstand nur d i e n t !

Gerade in den Schlagzeilen der Streitgesärche erweist das Barockdrama die Richtigkeit solcher Deutung. Was gegeneinanderprallt, ist Überzeugung; zugeschliffen jedoch wird deren Formulierung durch den Verstand. Die Formulierung also, nicht der Urgrund mutet intellektualistisch an. Jedoch rationalistisch ist ihre Quelle keineswegs; durchaus emotional bleibt ihre Basis im Gegensatz zur aufklärerischen Verständigkeit. Schon die metaphorische Ausdrucksweise des Kunstdramas wie der naive Schwulst der Komödianten verrät das andersgeartete innere Schwingen, das zugrunde liegt gegenüber dem 18. Jahrhundert. Allerdings macht die platte Prosa des volkstümlichen Stückes der Sachsen einen schmächtigeren Eindruck[3].

---

3 Günther Müller: Geschichte des deutschen Liedes, S. 16, beobachtet bei dem Gesellschaftslied Regnards Ähnliches.

Auch bei dem Entscheidungsmonolog des Masinissa bringt der Verstand zwar schließlich die Leidenschaft für Sophonisbe zum Schweigen, doch nicht aus kühler Erkenntnis beschließt er den Tod der immer noch Geliebten, sondern weil sein Selbsterhaltungstrieb diesen Weg ergreift. Sein Wille folglich, nicht sein Intellekt gibt den Ausschlag. Daher werden alle entscheidenden Wendungen der Handlung als Ausfluß einer Erleuchtung dargestellt, nicht als selbstverständliche Äußerung oder Folge eines gegebenen Charakters. Die göttliche Gnade schenkt eben weniger die Einsicht als die Sicht des neuen, wahren Zieles. Dieses kann auch der Verstand bejahen, und zwar dadurch, daß er es erläutert und damit in seiner ganzen Wichtigkeit enthüllt. Was für die Vernunft antreibt, ist nicht das Wissen um ihre Wahrheit, die Erkenntnis ihrer Richtigkeit, sondern die Liebe zu Gott. Keine cognitio dei, sondern ein amor dei, der als intellectualis eben für Spinoza charakteristisch ist. Wenn man den Barock als Vorbereitung und Auftakt des Rationalismus hinstellt, so verkennt man vollständig sein Wesen.

Apfelbach[4] hat die begriffliche Klärung geschaffen durch die Trennung zwischen e f f e k t i v e m und speziellem Intellekt. Die wirksame Intellektualität ist nämlich gar keine Einheit, sondern eine zusammengesetzte Größe. Außer dem diskursiven Verstand spielt die Emotionsfähigkeit dabei eine wichtige Rolle; und da diese groß ist beim Barockmenschen, und er außerdem zum Assoziieren und Kombinieren rasch bei der Hand ist, so macht sie seine e f f e k t i v e I n t e l l e k t u a l i t ä t deutlich bemerkbar.

Auch das G e d ä c h t n i s hilft dabei mit, und dieses finden wir stark entwickelt. Es spielt bei allem Tun, selbst beim Produzieren eine große Rolle. Die Schule und sogar Comenius legt ein (nach unserem heutigen Geschmack) erstaunlich großes Gewicht auf Einprägen und Behalten. Die Fülle des Einzelwissens füllt nicht nur die zahlreichen Anmerkungen am Ende vieler Stücke, sie dringt ja bekanntlich in den Roman ein und schwellt ihn gewaltig auf. Gedächtnisstoff bleibt das jedoch alles, selbst bei einem so gewaltigen Könner wie Lohenstein. Starr und sachhaft wird vom Autor Angelesenes hingesetzt und vom Publikum ebenso aufgenommen. Das macht die vielgerühmte "Erfahrung" aus, nach der man strebte. Daher bekommt die Technik in den Künsten so hohe Bedeutung. Auch in der Literatur hält man Produzieren für Unsinn, wenn man nicht vorher die Regeln gelernt, Beispiele gesammelt, Vorbilder sich eingeprägt hat. Daher die zahlreichen handschriftlichen Exzerptensammlungen, aber auch die vielen gedruckten Florilegien und Reimlexika, die doch nicht nur ohnmächtige Dichterlinge verschämt benutzten. In den Gedichten der Begabten trifft man durchaus sorgfältig Angelesenes, das Prunkstück ist, nicht unwillkürlicher Nachklang.

4 Apfelbach: Aufbau des Charakters. S. 111 ff.

Dementsprechend teilt das 17. Jahrhundert mit Vives die anima rationalis in drei Funktionen, und die memoria steht dabei gleichwertig neben der voluntas und der intelligentia. Diese als spezielle Intellektualität ist jenen aber nicht etwa zum Meister bestellt, sondern eher ihnen untergeordnet. Die Setzung ist selbst bei den Philosophen das Grundlegende, die Analyse nur das Mittel der Erklärung. More geometrico verdeckt man also nur - die Tatsache, daß man in Wirklichkeit vorwiegend noch mit "Denkgefühlen" arbeitet. Dementsprechend muß das Bedürfnis nach durchgehender Gesetzlichkeit recht gering genannt werden. Einzelerkenntnisse wie Einzelwissen reihen sich merkwürdig abgehackt aneinander, was gerade bei Spinoza besonders ins Auge fällt. Die analytische Methode vermag nicht das Band um alles zu schlingen, wie im 18. Jahrhundert die kausal-logische. Die eigentlich schöpferische Erkenntnis fließt ja bei Descartes wie auch bei Spinoza aus der Intuitio.

Diese aber gehört der Vernunft, dem geist-göttlichen Prinzip an. Daher findet der Barockmensch sich in Konflikt gestellt zwischen seiner Begierde und den göttlichen Forderungen. Seine Seele wird nicht gespalten und zerrissen von den Leidenschaften und den Denkoperationen, von Trieb und Rechnung. Vielmehr lenkt seine Individualität den Menschen entweder auf den Genuß hin, den seine Leidenschaft ihm als lockendes Gut vorgaukelt, oder aber auf die von Gott gesetzten Werte, die Tugenden. An ihnen schäumt wie an Felsen die Leidenschaft auf, sucht den Willen um sie herum oder darüber hinweg in ihre Richtung zu reißen. Verstand und Gewissen sind dem Menschen dagegen als Hilfe gegeben, weiß Cardenio (V. 367 ff.).

Zielsetzung ist die eigentliche Leistung der Vernunft im 17. Jahrhundert, sie ist also stets "praktisch". Daher erscheint der spezifische Denkstil der ganzen Epoche teleologisch, zielstrebig. Getragen von den Willensimpulsen tritt der Drang zur Einheit stark hervor. Jedoch strebt man kaum nach innerer Einheitlichkeit. Herder und Goethe erlebten ja erst organische Kontinuität. Im 17. Jahrhundert dagegen greift ein starrer Systemzwang herrisch eine Fülle von Teilen zusammen, ordnet sie durch eine oft pedantische Disposition. All die zahlreichen, dickleibigen Kompendien machen den Eindruck äußerlicher Sammelwerke. Denn nicht von Ursachen steigt man auf zu Folgen, läßt genetisch das Wirkliche erstehn. Nein, man steckt ihm Ziele, schafft Ordnung durch Richtung; das leistet denkerisch die Deduktion, für das Leben die Moral. Die ganze Anthropologie wird in deren Dienst gestellt. "Die Weisheit aber dient ja vorzüglich dazu", sagt Descartes (Leidenschaften, S. 110), "daß sie lehrt, sich so zum Herrn der Leidenschaften zu machen und sie mit soviel Geschick zu leiten, daß die Übel, welche sie bringen, sich leicht ertragen lassen, und daß man aus ihnen allen Freude ziehen kann". Doch wird die Ethik deshalb nicht ganz ins innerseelische Gebiet verlegt. "Es hilft nicht, daß man kämpff und ringe;/das E n d e krönet alle Dinge" (Cath. v. Georg. IV, V. 529 f.). Das Ziel und seine Erreichung ist das Entscheidende. "Man fragt nicht, obs gescheh, / Nur ob man, wenns geschehn, auch durch die Finger seh" (Cath. v. Georg. V, V. 319 f.). Gracian findet im "Handorakel" dafür das bezeichnende Bild (Nr. 59): "Daher soll man auf das Ende bedacht sein und seine Sorgfalt mehr auf ein glückliches Abgehen als auf den Beifall beim Auftreten richten... Das so übliche Beifallklatschen beim Auftreten ist nicht die Hauptsache, es wird allen zuteil, sondern das allgemeine Gefühl, das sich bei unserm Abtreten äußert. Denn die Zurückgewünschten sind selten. " Aufs äußerste zugespitzt heißt es (Nr. 110): "Man wisse selbst aus seinem Ende sich einen Triumph zu bereiten. " Der große Dramatiker des Jesuitenordens, Jacob Bidermann, nutzt das im 'Doctor von Paris' höchst wirksam, um die geltungssüchtige Heuchelei des Cenodoxus auf den Gipfel zu treiben. Wie lassen sich Bruno und seine Gefährten von den weisen Sentenzen des Kranken imponieren, und wie gewaltig wirkt dagegen dann das göttliche Gericht und die Verdammung des Verstorbenen als das eigentliche, erschreckende Ende! Dabei wird deutlich, wie sachhaft und juristisch stets geurteilt und gerichtet wird, die Werte sind eben ganz transzendent fundiert. Die von den Jesuiten so subtil ausgebaute Kasuistik wächst offenbar auf solchem Boden. Sie darf demnach nicht als bedenkliche Sonderart oder gar als Entartung angesprochen werden, vielmehr ist sie repräsentativ für das Fühlen der Epoche.

Solche Orientierung am Endresultat vermeidet eine voluntaristische Überspitzung. Es genügt hier der gute Wille allein nicht. Die Tat beweist und ihr Erfolg erst rechtfertigt. Das gilt für das Leben wie für die Kunst. Obligat ist die Vorbildlichkeit der Helden in Roman wie Drama; unsträflich sind sie, folgen dem Vernunftwillen und demonstrieren den Sieg der moralischen Werte. Tatkräftig kämpfen sie für diese und suchen sie zu verwirklichen oder sterben als Bekenner mutig, nicht leidend für ihre Überzeugung. Solch Fühlen mußte gegen den Amadis und seine Genußauffassung sich ablehnend verhalten, seine Figuren als unmoralisch verwerfen. Den keuschen Joseph stellt Zesen und Grimmelshausen dagegen; Buchholtz sogar den gottesfürchtigen Herkules. Man scheute sich nicht, die Lustspiele des Terenz zu "christianisieren" und die naiven Derbheiten des Schelmenromans auszumerzen. Ein Abbild der moralischen Welt soll das Kunstwerk, ein Vorbild des aus Tugend und Vernunft lebenden Menschen der Held bieten. Aber kein gefühliges Sentiment genügt, Taten entscheiden; Untat und Sünde sind noch gewaltige Tatsächlichkeiten. Eine unromantische Kühle herrscht da und harte S a c h l i c h k e i t. "Was ich nicht selbst gewehrt, das hab ich selbst getan", bekennt Cardenio (V, 380) und weiß: "Der Mensch fällt nur durch sich" (V, 375). S c h u l d ist nicht so sehr eine bloße Stimmung,

sondern ein angerichteter Schaden. Diesen gleicht die S t r a f e dadurch
aus, daß sie ihrerseits etwas nimmt. Das Verblassen irdischen Glanzes, der Verlust des Reiches ist noch nicht das Schlimmste. Geblendet
wird ein Belisar aus seinem Palast verjagt und hockt um Almosen bettelnd an der Straße. Der verblendete Tyrann, der die Stimme der göttlichen Vernunft nicht hörte, verfällt in Wahnsinn wie Chach Abas. Doch
selbst der Verlust des Lebens stellt noch nicht die letzte Staffel dar.
Bei den Jesuiten, die ja die Lehre vom ewigen Gericht intensiv ausgebaut und gesteigert hatten, wird die jactura animae vorgeführt, die ewige Verdammnis; am packendsten in Bidermanns 'Doktor von Paris'.
Auf solche Weise wird die feste Ordnung wiederhergestellt, wird den
ewigen Geboten die schuldige Achtung und Anerkennung gezollt. Uner-
bittlichkeit und Kälte kommt dadurch in die dramatische Handlung. Es
gibt kein Markten, da es sich um transzendente Sachwerte handelt, auf
Heller und Pfennig will die Schuld beglichen sein, oft mit dem Leben.
Grausam erscheinen uns die Strafen, nicht nur bei einem so begeister-
ten Juristen wie Heinrich Julius von Braunschweig, sondern auch im
zeitgenössischen Recht. Man will ja nicht bessern und bekehren, sondern abschrecken und abzahlen. Damit verleiht aber auch der S ü h n e -
tod das Gefühl der Leistung, bedeutet eine rechtschaffene Entsühnung.
So greift Sophonisbe zum Gift, Kleopatra zu den Vipern, und vollziehen
an sich selbst die Strafe. Vom Makel ihres Tuns und dessen bösem Resultat befreien sie sich damit. Zugleich bedeutet diese Willenskraft
letzte Steigerung ihrer Aktivität und ihres Ich. Es stirbt Sophonisbe in
dem Bewußtsein, daß "ein behertzter Tod löscht alle Flecken aus / Ja /
Ruhm und Lorbern ziern der Tugend Asch' und Grauß".

Auch die ethischen Werte werden nicht durch kühle Reflexion begriffen, sondern durch Tat ergriffen. Wie die theoretische Vernunft mit
Denkgefühlen, arbeitet die praktische mit Willensgefühlen. Nie jedoch
sind die Ziele den Figuren eingeboren, durch ihre Entwicklung geboten.
Da eine solche nicht vorgeführt noch erstrebt wird, erscheinen sie stets
außer den Menschen stehend, als vergängliche Güter oder ewige Werte.
Erst der Trieb oder der Wille bemächtigt sich ihrer. Der nach Heiligung Strebende ist von seinem Ideal ebenso ekstatisch erfüllt, wie der
Sinnenmensch von seinen Begierden. Eine Leidenschaft des Geistes
treibt diese Figuren des Ordensdramas, daß sie kämpfen, leiden, sterben für ihren Glauben; nicht aber doktrinär ihn den anderen beweisen
und aufreden wollen. Mit derselben Ausschließlichkeit fordern sie die
Krone des Märtyrers, den Purpurmantel des Leidens, den Ruhm und
Lohn des ewigen Lebens, wie jene andern den Genuß der Wollust, irdischen Glanz, Macht und Glück.

Von Epicharis muß man gestehen, daß sie direkt besessen ist von
der fixen Idee, das Vaterland von dem Tyrannen Nero zu befreien. Nicht
eigentlich will sie das ethische Gut der Freiheit dem Volke gewinnen,

als sich den Ruhm der Befreierin erkämpfen. Nur durch List und Verschlagenheit vermag sie als Weib zu wirken; alle Mittel sind ihr recht, sofern sie zum Erfolg führen. Zäh und unbeugsam trägt sie das Unglück, noch im Kerker bleibt sie die dämonische Anstifterin der Männer; ja in der Marter kann man sie nur einer Giftschlange vergleichen, die ungebrochen dem Tyrannen mit scharfem Biß schwärende Wunden beibringt. Doch selbst Gryphs Papinian, das leuchtendste Beispiel des Gerechten, ist kein öder Tugendbold, kein geduldiges Opferlamm. Aufrecht und edel in einer Atmosphäre augendienerischer Höflinge und intriganter Streber, wurzelt er einsam in Frömmigkeit und Rechtsgefühl. Gott gehorsamer als dem Fürsten, weigert er sich, den raschen Brudermord des Kaisers zu beschönigen. Auf keine verstehende Entschuldigung läßt er sich ein; unverdreht benennt er den Tatbestand mit rechtem Namen. Wenn auch als der Ältere dem jungen Herrscher gegenüber stets mahnend, bleibt er doch unerbittlich: durch offene Anerkenntnis des Frevels solle der Gerechtigkeit Genüge geschehen. Davon läßt er nichts abdingen, weder durch Schmeicheln, Versprechen noch Drohen. Selbst Verleumdung und Amtsentsetzung, ja der Tod des eigenen Sohnes vor seinen Augen machen ihn nicht wanken; desto fester nur verwurzelt er sich in seiner Pflicht. Als Vertreter des Geistes steht er dem eigenmächtigen Affektmenschen gegenüber, zwar voll Würde und Gehaltenheit, doch nicht als weiser Erzieher oder schlau lenkender Beichtiger. Ganz erfüllt von der Wucht ethischen Gebotes ist auch er aktiver Willensmensch, impulsiv schwillt das Pathos seiner Rede. Selbst die Vernunft oder das Vermögen zu Ideen vermag also einzig auf dem Boden des Emotionalen Wurzeln zu schlagen. Sucht der Herrscher durch Gewalt und schließlich durch den Tod seine Macht und damit sein Ich durchzusetzen, so behauptet Papinian ihm gegenüber seine Seele und ihr gutes Gewissen, und sein Wille zwingt dem Tod den Ruhmeskranz ab. -

Papinian verkörpert den i d e a l e n S e e l e n z u s t a n d des barocken Helden. Schon der Titel des Stückes drückt dies aus, ' g r o ß m ü t h i g e r Rechtsgelehrter oder sterbender Aemilius Paulus Papinianus'. Auch Lohenstein verleiht seinem Romanhelden dieses auszeichnende Prädikat "großmüthiger Feldherr Arminius". Es handelt sich bei diesem Terminus um die Verdeutschung von 'magnanimitas': der hohe Sinn. Die standhafte Haltung beruht auf dieser Gesinnung. Die magnanimitas ist die eigentliche virtus heroica. Aus ihr folgt der energische Einsatz, jenes unbrechbare Weiterkämpfen und Durchstehn, aller Marter zum Trotz[5]. Den eigentlichen Halt aber findet man an Gott: "Du weißt, daß ich durch mich nichts kann vollbringen; Ich weiß, daß Du durch mich kannst alles tun; Drum bitt' ich, Herr, laß meiner Faust gelingen Was Du befiehlst,

---

5 Kampf mit dem Tod, Abb. 22 in Flemming: Dt. Kultur des Barocks. 2. Aufl. außerdem Abb. 13 (Herkules) Abb. 14 Jupiter (affekt).

bis daß mein Fleisch wird ruhn" (A. Gryphius). Letztlich geht es um den
Einsatz für Gott gemäß seinen Weisungen und Ordnungen. Dadurch ist
der Idealmensch wahrhaft frei und, wie Gryphius sagt, "durch keine
Macht zu binden. / Er reißt die Schranken durch, in die ihn Fleisch und
Not / Und Sterben pochen will; und pocht den blassen Tod." Ja der Tod
wird ihm zum Sprungbrett in die Ewigkeit. Den Mitmenschen gegenüber
gehört zum Ideal die Leutseligkeit, die generositas, die großzügig
den anderen hilft. Am rührendsten gestaltet Gryphius dies im Abschied
der Königin Katharina von ihren Hofdamen. Descartes lehnte die Sache
und nicht nur die Bezeichnung magnanimitas ab (Leidsch. § 161, S. 87),
offenbar, weil sie ihm das weltmännisch-aristokratische der Haltung
nicht anschaulich genug betonte. Er setzt einseitig als Ideal nur die 'gé-
nérosité' (§ 153, S. 81 f.)[6]. Sie basiert auf der Überzeugung, daß dem
Menschen "nichts so eigen ist als diese Macht über seinen Willen", sowie darauf, "daß er in sich den festen und beharrlichen Entschluß fühlt,
einen guten Gebrauch von diesem zu machen". Hieraus folgt, wie der
nächste Artikel formuliert, die Hochachtung vor dem anderen, welcher
ebenfalls diese Geistesfreiheit zu erringen imstande ist. So entsteht
eine von aller gesellschaftlichen Klassifikation unabhängige geistige
humanitas. Kein Wissen, sondern eine seelische Haltung trägt diese
neue Stimmung. Daß sie nicht weltfremde Sehnsucht blieb, beweist etwa
das ganze Wirken eines so vornehmen Menschen wie Ludwigs von An-
halt-Cöthen. Seine Gründung, die Fruchtbringende Gesellschaft, bedeutet den Ansatz zur Verwirklichung. Gegen den älteren Humanismus hebt
sich dieses Ideal ab durch die soziale Art, wie es erscheint; es soll und
will Träger einer neuen aristokratisch-säkular gerichteten Gesellschaft
sein; Sitte und Benehmen gehören durchaus dazu. Damit war es auch
von der rein ethisch gemeinten Haltung der constantia geschieden, die
der christliche Stoizismus gegen Ende des 16. Jahrhunderts wieder so
stark betont hatte. Beide Seiten hat wohl Spinoza am deutlichsten gesehen und doch ihre Zusammengehörigkeit unterstrichen. Daß er sie
als fortitudo umfaßt, hebt den aktiven Charakter gegenüber der stoi-
schen Standhaftigkeit deutlich hervor. Für die auf die eigene Sache be-
zogene Wirkung wählt er treffend "animositas"; "Seelenstärke", so
könnten wir es deutsch wiedergeben. Durch Maßhalten, Nüchternheit,
Geistesgegenwart in Gefahren dokumentiert sie sich. Hatte sich Spinoza
im kleinen Tractat (Ausg. von Scharrschmidt, 1869, S. 61) zunächst noch
an Descartes' Ausdruck gehalten, so wird in der Ethik (III, 59, Anm. ;
S. 222) die Generositas allein als Richtung auf die Außenwelt definiert.

---

6 Den Unterschied zwischen magnanimitas und generositas machen die beiden Reiter-
   denkmäler anschaulich: Schlüters Großer Kurfürst von Brandenburg und Girardous Ludwig
   XIV., auf dessen Statue von Coyzevox gegenüber Friedrich I. König von Preußen. In
   meiner Barockkultur, 1. Aufl., Abb. 20, 21, 22, 23.

Sie tritt als Leutseligkeit (modestia), Milde und ähnliche soziale Tugenden des praktischen Verhaltens in die Erscheinung. Auch Descartes hatte (§ 156, S. 83) verkündigt, daß bei solcher seelischen Haltung Zorn und Empfindlichkeit gegen die Mitmenschen keinen Boden finden, vielmehr "anderen wohlzutun ihnen über alles geht und sie ihren eigenen Vorteil zurückstellen; so sind sie immer höflich, gefällig, dienstbereit gegen jedermann". Fern liegen ihnen Habgier, Eifersucht und Neid; auf große Taten sinnt solche Seele, doch ohne Unmögliches unternehmen zu wollen. Denn sie besitzen Selbsterkenntnis, die sie vor Überhebung ebenso bewahrt wie vor Unterschätzung. Selbstachtung fließt aus ihrem Freiheitsbewußtsein und schenkt ihnen echte Demut (§ 155, S. 81). Bei jeder dieser Formulierungen spüren wir, wie die Brust des Autors sich höher hebt und seine Augen glänzen. Hier wird das Ideal einer Epoche verkündet: das starke Gemüt. Die Dichter besonders gestalten es leibhaft, im Roman und vor allem im Drama. Neben Gryphs 'Papinian' tritt Vondels 'Palamedes', Corneilles 'Nicomède', und bei Shakespeare sei vor allem an Edgar im 'Lear' erinnert. Lohensteins Seneca in der 'Epicharis' zeigt gemäß der historischen Überlieferung vorwiegend stoische Züge. Überhaupt beleuchtet das Drama auch bei den Jesuiten meist die heroische Seite, also die animositas, so daß wirklich das Epitheton "großmütig" am Platze ist.

Wie anders schaut dieses Ideal aus als das der schönen Seele unserer Klassik. Gegenüber Feuerbachs Iphigenie tritt wiederum Schlüters Berliner Reiterstandbild des Großen Kurfürsten vor unseren Blick. Nicht Draperie, sondern innere Begeisterung des Künstlers schuf diesen Schwung der Umrisse, die in der aufsteigenden Bewegung der Sockelfiguren mächtige Unterstützung finden. Die gebändigten Leidenschaften sind es, welche diesem Fürsten mit dem großgeschnittenen Herrscherprofil dienen. Der animositas des Kopfes verbindet sich die generositas der Haltung zu eindrucksvollster Verkörperung des barocken Menschenideals.

Im Roman überwiegt eher die generositas. So lehrt ja auch Christian Thomasius die "Höflichkeit" als eine mit der Hofkultur zusammenhängende "Manierlichkeit" und bewahrt ihr den Hauch des Weltmännischen, Humanen und Aristokratischen. Auch bei Gracian merkt man noch die Abstammung vom "Hofmann" Castigliones. Erst spät wird er den Deutschen bekannt, zuerst 1676 durch Lohenstein, 1686 durch eine Übersetzung des "Handorakels" aus dem Französischen. So gierig der Politico (1640) in seinem Machtstreben alle Mittel einsetzt, um in listenreichem Kampf eine herrschende Stellung zu gewinnen, er bleibt doch in der Sphäre der höfischen Gesellschaft und ihrer Formen. Deren geschickte Handhabung geschieht jedoch aus der Skepsis des Desengaño. Zur bloßen Fassade ist das einstige Ideal geworden, ähnlich wie der Schelmenroman den Hidalgo ironisiert. Den Deutschen hatten die vielen

Bücher von Ägidius Albertinus die entscheidenden Anregungen gebracht. Das aufstrebende Bürgertum beleuchtet das Ideal des honneste homme, wie Farets klassische Schrift (1630) ihn beschrieb, natürlich nicht von der heroischen, sondern von der praktischen Seite; gutes Benehmen und kluge Taktik stehen für die "politische" Bildung im Vordergrund. So finden wir es in den vielgelesenen Schriften von Christian Weise oder Bessel. Das.Moralische bleibt aber immer das Fundament, und wenn die Nüchternheit auch vorherrscht, die intellektuelle Formulierung alles kahl erscheinen läßt und immer der Alltag mit seiner Nützlichkeit regiert, es wird kein brutaler Macchiavellismus gepredigt. Auch Gracian lag derartiges fern. Die barocke Aktivität forderte eben Durchführung bis in die Einzelheiten des täglichen Lebens. Selbst der Verfasser des 'Discreto' statuiert als Ideal den Heros, der zugleich Heiliger ist und nennt die Tugend das Fundament der Lebenspraxis. Sogar in der "preud'homie" eines Charron steckt mehr als der Ausdruck vermuten läßt[7] Selbst hier kehrt dieselbe seelische Grundhaltung wieder, jene feste, unerschütterliche Disposition des Willens, den Gesetzen der Vernunft und Natur gehorsam zu leben. An all diesen Versuchen weist schon das Suchen nach entsprechender Benennung auf das Gefühl des Eigenen, Zeitentsprechenden, aber auch "Säkularen" hin: eine "reine" praktische Vernunft bahnt sich an, welche bereits von dem Priester (!) Charron als grundsätzlich unabhängig von der Religion empfunden wird[8]. Trotzdem finden wir ihn wie Gracian oder Thomasius tief und ehrlich überzeugt, daß zu dieser sittlich-bürgerlichen Rechtschaffenheit noch wahre Frömmigkeit sich gesellen muß, wenn man sich in Besitz völliger Weisheit setzen will. Auch Spinoza (Ethik 5. Buch, §41, S. 386) erklärt Seelenstärke und Edelmut für das Wichtigste, einmal schon praktisch um des bloßen Nutzens willen, dann aber verankerte er diese seelische Haltung metaphysisch in der Ewigkeit des Geistes. Er sogar begreift Frömmigkeit und Religion mit darunter. So ist überall Psychologie und Ethik eng verbunden; über die Praxis wölbt sich die Metaphysik. Das Vereinende bleibt aber immer die Individualität mit der magischen Kraft ihres Willens. Auch der Welt als dem gewaltigen Nicht-Ich gegenüber bleibt diese Grundeinstellung entscheidend. Dies warnt vor der vorschnellen Annahme, schon dem Ansatz der Aufklärung zu begegnen. Es ist wohl die Vorstufe dorthin, aber auch nur für Sachsen, nicht aber für die nördlichen Hansestädte, noch für den Rhein oder Württemberg.

Das Weltgefühl, dessen Betrachtung wir uns nunmehr zuwenden, bildet ja den Wurzelboden jeder denkerischen Deutung, macht also das Gemeinsame all der verschiedenen weltanschaulichen Systeme aus. Sein eigenes Bild spiegelt sich dem Menschen im Universum ab, analog sei-

7   Wilhelm Dilthey: Schriften, Bd. 2 S. 266.
8   Überweg Heinze: Bd. 3, 12. Auflage. S. 167.

nem eigenen Innern deutet er das Außen. Der Konzeption der Persönlichkeit als Mikrokosmos bei unseren Klassikern entspricht eine Welt als Makrokosmos; beide sind Ausstrahlungen, Entfaltungen eines in sich ruhenden, schöpferischen Wesenskernes. Raumhaft war also die Schau von Mensch, Leben, Welt; und das Ideal war die ausgewogene Harmonie, seeliges Ruhen in sich selbst. Doch die barocke Seele schwang in heftiger Leidenschaft von einem Extrem ins andere. Ihr war die Z e i t darum die gemäße A p p e r z e p t i o n s f o r m f ü r d a s W e l t g e s c h e h e n. So hatte sich seit Kepler ja das ganze Weltall in Bewegung gesetzt, nicht nur die Erde, auch das Sonnensystem; und die Ellipse repräsentierte die Bahn, nicht mehr der Kreis. Aber auch der Blutkreislauf wurde entdeckt und die psychischen Vorgänge dementsprechend als Abläufe konstruiert. Mag uns heute die von Descartes noch ausgebaute Lehre von den Lebensgeistern als Nervenfluidum lächerlich erscheinen, so offenbart sich darin doch der D y n a m i s m u s als Erklärungsprinzip der Naturdeutung ganz schlagend. Aus den Bewegungsgesetzen erstand ja die moderne Physik überhaupt. Ihre Anwendung und Veranschaulichung bildet die M e c h a n i k , und sie interessiert gerade diese Epoche sehr stark. Hinter all den spielerischen Maschinen, die man nun konstruierte, steckt eben derselbe gefühlsmäßige Impuls!

Kraft und Bewegung also erlebte man überall, im eigenen Innern wie im Weltgeschehen. Gemessen aber wird deren Ablauf als Zeit. Das aufblühende Uhrmachergewerbe lieferte nun die zierliche Taschenuhr, die kostbaren Pendulen bis hin zu jenen noch heute erstaunlichen Weltuhren, welche zu Tag, Monat, Jahr auch den Umlauf der Gestirne anzeigen. Dem teleologischen Empfinden erschien nicht das ewige Sein in gleichdrehendem Kreise, sondern das fortschießende Vorbei. Verschwinden sah man, was eben noch war; Tod erwartete den Lebenden; auf dem Vergehen, nicht auf dem Werden ruhte der Blick. "Was steht, kann plötzlich sich verlenken / Und sich und dich in Ach und herbes Trauren senken. / Wir treten alle schon die raue Todtenbahn. / Was itzund herrlich blüht, wird auf die Nacht erbleichen", singt Gryphius (Lyr. Ged. S. 137). Seit Opitz' Vorrede zu den 'Trojanerinnen' wird die Theorie des Dramas nicht müde, gerade diese Gattung für die Darstellung des erschütternden Erlebnisses der V e r g ä n g l i c h k e i t in Anspruch zu nehmen. In den Stücken selbst wird dies in immer neuen Bildern ausgesprochen, man denke an den prächtig ausgeführten Vergleich mit den Rosen in Gryphs 'Catharina von Georgien' (I, 302 ff.) oder an den zweiten Reyen desselben Stückes und an das allegorische Zwischenspiel im 'Cardenio'. Nicht die Enttäuschung des Kindes spricht sich so aus, sondern das reife Wissen des Mannes, den die ersten silbernen Fäden mahnen. Das Weltgesetz reckt sich auf in fürchterlicher Erhabenheit, sein Schauer streift die im Liebeswahn Verstrickten wie Cardenio und Celinde und bekehrt sie. In die brausende Lebensfreude ruft der Tod unvermutet seine düstere Botschaft. Besonders im Jesuitendrama tritt mors persönlich auf. Auch die bildenden Künste werden nicht müde, immer von neuem das gewaltige Thema abzuwandeln; und was man da an Grabdenkmälern unberühmter Meister trifft, erstaunt nicht nur durch die Fülle der Einfälle, auch durch den Ernst der Durchführung. Das ist nicht die Morosität einzelner, sondern das Erschauern einer Epoche in tiefster Seele.

Das Ich steht bang all diesem gegenüber. Aller Besitz, Rang und Ruhm, Ehre und Ansehen verweht, Palast und Hütte verfallen, Königszepter und Wanderstab zerbrechen; ja auch dieser Körper ist nur ein geliehen Fleischgewand, ein "Leichnam" (Cardenio I, 530 f.). Immer von neuem umkreist das Gefühl dieses entsetzliche Nein, das da zu dem Ichgefühl und seinem Machtbewußtsein gesprochen wird. "De weerelt is maer roock met al haer ydelheden, / Een oggenblick, een uiet. De mensch, die hier beneden / Jet zekers zoeckt, is blint. Wat baet een hantvol tijt?" mahnt Vondels Maria Stuart (IV). Dennoch bleibt die Aktivität des Barockmenschen "unverzagt". Entweder setzt er dem Schrekken vor dem "ich war" die Hoffnung, ja die Tat des "ich werde sein" entgegen. Oder aber mit energischem "noch bin ich" gibt er den Kampf "unverloren", wenn ihm auch alles wie trockener Strandsand aus den Fingern rinnt. "Mein sind die Jahre nicht, die mir die Zeit genommen;/ Mein sind die Jahre nicht, die etwa möchten kommen; / Der A u g e n b l i c k ist mein, und nehm' ich den in Acht; / So ist der mein, der Jahr und Ewigkeit gemacht." (Gryph, Lyr. Ged. 389). Ist das nicht gewaltige Tatkraft, die noch mit so kurzem Ansprung den Himmel sich herabzureißen getreut? Und so schließt dann auch das allegorische Zwischenspiel des Cardenio (III, Reyen), in dem die Zeit die vier Epochen des Menschenlebens vorführt, mit der Mahnung: "Kein höher Schatz ist in der großen Welt, / Als nur die Zeit; wer die nach Würden hält, / Wer die recht braucht, trotzt Tod und Noth und Neid / Und baut ihm selbst den Thron zur Ewigkeit." Geladen mit der ganzen blutvollen Vitalität des Barockmenschen ist also dieses E r l e b e n d e r A k t u a l i t ä t. Keine müde Resignation läßt passiv alles vergleiten und fortrasen, sondern ergreift den Augenblick mit beiden Händen und nutzt ihn.

So erlebt man nicht das Vergehen als letzten Sinn und eigentliches Wesen dieser Welt, sondern nur die Vergänglichkeit als Eigenschaft von allem Existierenden; der Tod steht nicht als Zweck und Ziel am Ende des Lebens, nein, nur als schwarzer Hintergrund hinter allem feurigen Genießen. Ein dunkler Himmel mahnt, der goldigen Sonnenstrahlen sich doppelt und augenblicklich zu erfreuen. Überall sieht man diesen Kontrast als den zugehörigen mahnenden Schatten. So wird alles Sein in Bewegung gesetzt, als Moment gesehen, ähnlich wie das Unendlichkleine in der anschwellenden Summe bei der Infinitesimalrechnung, die ja gerade damals sich herausbildete. Das Gefühl nimmt also ü b e r a l l d e n

Umbruch wahr, nicht einseitig das Verwesen. Dies drückt sich nun aus durch den Gegensatz. Nicht allein das flimmernde Schwarzweiß eines Rembrandt beruht darauf, auch in der Architektur herrscht überall dieses Prinzip der Kontrastierung. In der Dichtersprache bedient man sich der Antithesen, welche wegen ihrer intellektuellen Deutlichkeit leicht zu der irrtümlichen Deutung verleiten, als ob ein antithetisches Grundgefühl[9] die Welt als Polarität erlebte. Aber das hieße etwas gänzlich anderes. Dann standen nämlich als Urgegebenheiten zwei Pole da und dazwischen spönne sich das Leben. Der Barockmensch empfindet jedoch nicht dies Strömen, sondern ein Auftürmen und Umschlagen von Wellen als den Ablauf des Lebens wie der Welt. Deswegen ist sein Weltbild auch nicht auf einen urtümlichen und echten Dualismus gestellt wie bei Zoroaster oder den Manichäern. Bei Spinoza ist ja die eine Substanz das schlechthin Existierende, Gott; in ihr sind erst enthalten die beiden gegensätzlichen Attribute, Ausdehnung und Denken. Aus diesen entwickelt sich die Welt der Körper und die des Geistes. Beide vereinigen sich erst wieder im erkennenden Menschen. Von diesem war ja Descartes' sum cogitans gleichsam als Spiegelbild der Konzeption Spinozas ausgegangen. Die Aktivität des Ich also leistet die Verklammerung der kontrastdurchfurchten Wirklichkeit, sei es in religiöser Ekstase, theosophischer Schau, philosophischer Erkenntnis oder in der Tat, selbst im künstlerischen Schaffen. Letztlich schafft der Wille weniger eine Synthese als ein System, das hart und nicht ohne Gewaltsamkeit Ordnung schafft unter den vielen disparaten Einzelheiten. –

Die Art, wie das 17. Jahrhundert die Welt deutet, erscheint demnach wiederum vorwiegend emotional gefärbt. Auffallend stark ist das Vorstellungsleben daran beteiligt, welches zu der so allverbreiteten allegorischen Einkleidung führt. Ein Rest "mythologischen Denkens" lebt darin noch fort. Oft möchte man von metaphorischem Denken sprechen. Denn die Metapher verblaßte dieser Epoche noch nicht zu bloß ästhetischem Spiel, zu leerer Formel und beiläufiger Dekoration. In ihr glimmt noch ein Funke magischer Zauberkraft. Es handelt sich dabei also nicht um eine stilistische Kuriosität, sondern um eine eigentümliche Weise, sich mit der Welt auseinanderzusetzen. Mehrere Faktoren wirken dabei zusammen, welche wir einzeln auf ihre Art und Leistung hin betrachten müssen.

Hatten wir die Gefühle kennengelernt, die bei der Konzeption der Welt als Gesamtheit tätig sind, so müssen wir jetzt vor allem fragen, wie die Rezeption der Wirklichkeit geschieht. Dabei fällt sofort der Eifer

9 So Hübscher: Euphor. Bd. 24. S. 524 ff.

auf, mit dem das 17. Jahrhundert bestrebt ist, sich der Außenwelt mit allen Sinnen zu bemächtigen. Zu ganzen Bergen wird der von überall herbeigeschleppte Stoff aufgehäuft. Eine kindische Freude an allerhand Kuriositäten verraten die fürstlichen Kunstkammern. Begehrend tritt der Mensch der Natur gegenüber. Im Genuß macht er sich den schönen Sinnenschein zu eigen. Eindringliche Tatsächlichkeit überrascht nicht nur etwa bei Grimmelshausen, und läßt sich mit dem Hinweis auf die bäuerische Unverbrauchtheit beiseiteschieben. Stets mustert das Auge scharf die Eigentümlichkeiten der Erscheinungen und tut sich etwas zugute, sie eindringlich wiederzugeben. Wie genau beschreibt Vondel Marias Aussehn auf dem letzten Gang oder Ursula bei der Ankunft im römischen Lager zu Köln. Drama wie Roman können sich nicht genug tun in detaillierter Ausmalung von Zeremonien, fremden Bräuchen, kriegerischen Zurüstungen, aber auch der Folterungen und Hinrichtungen. Nicht ohne Pedanterie werden alle Teile getreulich besehen und beschrieben. Das geschieht nicht etwa aus Hingabe; eine analysierende Beobachtung ist nie Selbstzweck. Deswegen vermeidet man am besten, von "naturalistischen" Darstellungen zu sprechen. Immer handelt es sich nur um exakt gesehene Einzelheiten; aber sie stehen in fremdem Zusammenhang. Wie die intellektuelle Zergliederung stets im Dienst der Vernunft bleibt, so ist die deskriptive Zerlegung der Wirklichkeit nur Mittel eines freischaltenden Ich, das eine neue Natur aufbaut.

Die P h a n t a s i e arbeitet vorwiegend kombinatorisch, setzt mosaikhaft ihre Gebilde aus Einzelheiten zusammen, welche ihr die Erfahrung liefert. Einen herrischen Systemwillen finden wir am Werke, dem geduldiges Bilden und organisches Erwachsenlassen unbekannt, ja unmöglich ist. Gefühle und Vorstellungen werden wie vom Magier in den Dramen zur körperlichen Erscheinung gezwungen; das Unfaßbare wird realisiert. Die Phantasie ist also durchaus sensorisch gerichtet. Der Barockmensch ist eben Empfindungs-, nicht Gefühlsmensch! Der Uppigkeit der Phantasie dient das leichte Reagieren auf Sinneseindrücke, eine Empfänglichkeit und Freude an deren Fülle und Gewicht. So erstaunt wohl zunächst ein Rausch von Farben oder Klangmassen. Doch haben sie nie Selbstzweck. Sie entsprechen der Emotionalität des Ich. Aber sie sind von Vernunft und Willen dirigiert, sie dienen dem Sinn, also einem geistigen Ziel. Andererseits wird dieses nicht kahl verstandesmäßig konstatiert. Vielmehr wird es seiner Jenseitigkeit enthoben, indem es versinnlicht wird, während die dabei verwendete Stofflichkeit ihre tote Massigkeit verliert. So erhält das Kunstwerk Gleichnischarakter, die Sprache der Künste ist stets irgendwie Metaphorik. Für unsere heutige Gewohnheit und Geschmacksrichtung belastet das den Genuß zumal der Dichtungen durch vielerlei Allegorik.

Nichts ist für die barocke Phantasiebetätigung so aufschlußreich wie die geistlichen Übungen eines Ignatius von Loyola. Das dunkle Zim-

mer der ersten Woche konzentriert den Jünger ganz auf die innere Welt
der Vorstellungen. Sie dürfen nicht in gefühlvolle Verschwommenheit
sich genüßlerisch auflösen, sondern der Wille hat sie in die harten Kon-
turen sinnlicher Anschauung zu bannen. Doch darf auch kein nur visuel-
les Ausmalen der Hölle erfolgen, sondern es muß jedes von der Einbildungskraft geformte Bild mit dem auf seinen Gehalt abgestimmten Gefühl begleitet werden. Dieses steigert sich zum Affekt, so daß der
Mensch von tiefem Grauen und bangendem Erschauern durchrüttelt wird.
Der Schrecken der Hölle steht in grausiger Deutlichkeit vor, ja in seinem Gemüt. Nicht in lockerem Reigen schwingen sich also die Vorstellungen in freiem Spiel, sondern auf ein außerhalb ihrer liegendes Ziel
treibt sie ein herrischer Wille. Kein gewachsenes Symbol, sondern die
gesetzte, ja gemachte Allegorie ist das Ergebnis. Nicht etwa nur bei
der Ordensdichtung spüren wir dieses Training der Versinnlichung; der
ganzen Epoche gehört sie zu eigen.

Sie arbeitet keineswegs nur mit visuellen Eindrücken, wenn schon
diese wegen ihrer Präzision und starken Eindringlichkeit besonders auf-
fallen. Bild und Vergleich vollziehen die Umsetzung des Gefühles in
Sprache. Doch ist nicht sinnenhafte Deutlichkeit der Zweck, wie etwa
bei dem durch Italien visuell erzogenen Goethe. Den unter der Anschaulichkeit liegenden Grund des Emotionalen will man treffen. Dazu hilft
kein Ausspinnen, sondern der Affekt bricht sich gleichsam in einem
vielfach facettierten Prisma. Damit wird die sinnliche Gegebenheit ihres
Daseinsgewichtes entladen und zum allegorischen Kleid des Gefühles
gemacht. "Brecht Himmel! Sternen kracht! Sprützt schwefel-blaue
Flammen! / Ihr Lichter jener Welt fallt! Klippen stürtzt zusammen /
Und werft den Grund der hart befleckten Erden ein!" (Papinian II, V.
205 ff.). Die innerlich so rasch und weit ausschwingende Seele des Barockmenschen kann nicht geruhsam wie Brockes und die Aufklärung malen und auspinseln; in Bewegung setzt sie alles Gesehene. Jede Seite bei
Grimmelshausen bietet Belege dafür. Darum werden, wie nie vorher
und kaum je nachher, alle Sinnesempfindungen herangezogen. Eine Reiz-
barkeit der Eindrucksnerven fällt auf, die mitunter neurasthenisch an-
mutet. Trotzdem registriert man nicht hingegeben die inneren Sensatio-
nen, wie es Art der Impressionisten war. Der Wille richtet stets das
geistige Ziel, den Gehalt auf und treibt die Sinne an, diesen zu veran-
schaulichen. Gerade für den Deutschen ist die häufige Verwendung von
akustischen Wahrnehmungen bezeichnend. Wieder überwiegen die hefti-
gen und bewegten Eindrücke: "Reißt Erden! Himmel kracht! rast Zwir-
belwind' und sauset! / Ihr steile Klippen springt! Getrotzte Wellen brau-
set!" (Papinian V, V.399 f.). Aber auch Geruch und Geschmack werden
in weitem Maße verwendet. Besonders die sogenannte "zweite schlesische Schule" brilliert nach dieser Seite. Doch selbst das vielgebrauchte:
"die Erden stinkt mich an" (z.B. Cardenio II, V.45) ist ganz sinnenhaft-

tatsächlich gemeint. Vieles ist uns heut nicht nachfühlbar, da wir weder so viele noch so starke Gewürze wie jene Epoche verwenden. Wer von uns hat als Arzenei noch die pulverisierte Wurzel der Aloe geschmeckt, um "die bittere Aloe des Schmerzes" anschaulich zu erleben?

Am bedenklichsten fiel stets der Hang zum Grausigen auf. Sexualpathologische Ausdeutung ist dafür besonders beliebt. Nun gehört ja zum Barockmenschen zweifelsohne eine starke Sexualität. Die vollsaftige Vitalität und die jähe Leidenschaftlichkeit verbinden sich mit dem Aktivismus und der Willenhaftigkeit zu brutalem Begehren und prassendem Genießen. Machtstreben und Besitzgier werden allerdings durch die Moralität gemäßigt zur gesellschaftlichen Form der Galanterie. Was die Hochzeitscarmina selbst der Dichter an Deutlichkeit bringen, ist bekannt. Die teleologische Gerichtetheit dem Leben gegenüber konnte vom vitalen Zweck eben nicht absehen. Die sensorische Einkleidung und Verdeutlichung tat noch das ihre hinzu. Dem Jesuitendrama merkt man die Verdrängung der Sexualität wohl an. Das Motiv der beharrlichen Jungfräulichkeit zeigt stets die Steigerung zu ekstatischer Himmelssehnsucht auf der einen Seite, auf der anderen das Umschlagen in Haß und Vernichtungswillen, der sich in der Ersinnung unerhörter Qualen nicht genug tun kann.

Eine große Rolle spielt die Sensorik und Detaillust bei der Ausmalung des Schauerlichen und Grausigen. Man muß bedenken, an wieviel der Bürger durch die öffentlichen Exekutionen schon gewöhnt war, wie der Krieg noch verheerend einwirkte, um das Wühlen in Wunden und Martern, das Ausmalen von Grab und Verwesung zu verstehen. Gefühl und Phantasie drängen zum Extrem; stets aber steht das Leben und die pralle Vitalität dabei, um das Todesgrausen erst als Kontrast recht fruchtbar zu machen. Solche Ereignisse wie die beiden letzten Akte der 'Epicharis', oder das Blutbad in der 'Banise' sind eben nur als Ekstase zu werten. Weder Verfasser noch Publikum standen ihnen als kühl betrachtender Augenmensch distanziert gegenüber, sondern ihre Leidenschaftlichkeit wirbelte sie hinein in einen Taumel von Haß und Blut und Schmerz. Der Wille des Ich besiegte selbst die tätlichen Grausamkeiten: heroische Aktivität triumphiert. Das ist das zugrunde liegende Erlebnis bei solchen scheinbaren Sadismen. —

Man könnte in der M o d e noch einmal die ganze Eigenart barocken Menschentums anschaulich zusammengefaßt erblicken. Daß die Mode überhaupt eine so große Rolle spielt, daß das Alamodische zum Schlagwort wird und den entscheidenden Kulturkampf entfesselt, zeigt, wie das Ich auf die anderen Menschen sich angewiesen weiß. Aber nicht als einer in der Masse, wie im 16. Jahrhundert, sondern als ein einzelner vor dem Forum der anderen. Ihr Beifall, Ihre Achtung wird erstrebt. Dazu genügt nicht der individuell geartete Seinsbestand, sondern ein erhöhtes Geltungs-Ich, das sich durch Ausstattung betont. Zunächst gibt es sich entsprechend der Kriegszeiten ein martialisches Aussehen mit Degen, Federhut und Stulpenstiefeln. Jedoch werden diese durch Spitzen verbrämt, wie der Hut durch die kostbare Hutschnur elegant umgestaltet. Der Spitzenkragen betont noch das Gesellschaftliche, ebenso die gelockten Haare und die rasch wechselnde Barttracht. Die Betonung des Geltungs-Ichs und seiner Neigung zum Prunk kommt durch die Übernahme der Hoftracht des Sonnenkönigs mit dem langschößigen Tressenrock und der Allongeperücke noch verstärkt zum Ausdruck. Der Aktivismus und der Drang zur Steigerung liegt dem zugrunde. Der Degen wird als zugehörig beibehalten. Er repräsentiert die Reputation, den empfindlichen Ehrbegriff. Er ist eng verknüpft mit dem Selbstbehauptungswillen, aber auch mit der leicht reizbaren Emotionalität. Sie bildet die Aktionsebene für das Seelenleben. Wir fanden selbst Moral- und Intellektualität emotional gefärbt zu Willens- und Denkgefühlen, recht im Unterschied zur Aufklärung. So ist ja auch die Freude am Modischen und seiner Wandlung emotional. Aber besonders wichtig ist, daß damit sich die Sensorik verbindet. Alle Sinnesgenüsse macht das barocke Ich sich dienstbar, steigert dadurch den Selbstgenuß und die Selbstbetonung. Die Farbenfreude zumal nach der Rot-Braun-Skala findet sich in der Kleidung wie Wohnung. Die Gerüche werden sorgsam beachtet und wirksam verwendet. Die großen Feste schwelgen in Farbe und Bewegung, erhalten durch Feuerwerk neue Effekte. Nicht vergessen seien die stundenlangen Festmähler mit den vielerlei verzierten Speisen, ja ganzen nur für das Auge bestimmten Schaustücken. Musik gehört überall dazu und gipfelt in den großen Kirchenkonzerten und Opernaufführungen. Sie zeigen gesteigerte, idealisierte Gestalten wie die Gemälde und Denkmäler, die Schloß- und Kirchenbauten. Sie verherrlichen den Geltungsdrang des Bauherrn wie den Gestaltungswillen des Architekten und verwirklichen den von beiden so ersehnten Ruhm. Aber "der Wunsch nach Ruhm entspringt dem Werte", weiß Gracian (Handorakel Nr. 10). Dieser erst erhöht das beifallslüsterne Ich zum würdevollen Geltungs-Ich. So angeschlossen an die Transzendenz mit ihrer ewigen Ordnung tritt es vor das Forum der Gesellschaft, um sich von ihr als vollwertig anerkennen und zurechnen zu lassen. Er bleibt also Individuum und wurzelt nicht in der Gesellschaft primär, wie etwa der Handwerker und Stadtbürger des 16. Jahrhunderts sich eingegliedert fühlte in den genossenschaftlich aufgebauten Lebensverband. Im 17. Jahrhundert vermag das Ich zwar noch nicht selbstgenügsam die Unendlichkeit des Innenlebens zu genießen und leidet unter der Einsamkeit, aber es ist eben nicht wesenhaft höfisch gebunden, jedoch umgrenzt das Gesellschaftliche seinen Lebensbereich. Es bedeutet ihm gleichsam die Dekoration der Bühne, auf der er agiert. Er empfindet eben die ganze Lebenssituation als Schauspiel. Bezeichnend heißt es in Lohensteins Widmung des "Ibrahim Sultan": "weil die ganze Welt ein Schauplatz, die Menschen die Spielenden, der Himmel den urteilenden Zuschauer vorstellet". Auch Gryphius formulierte: "Der Mensch, das Spiel der Zeit, spielt, weil er allhie lebt, Im Schauplatz dieser Welt. " So fühlt jedes Geltungs-Ich eine bestimmte Rolle sich zugeteilt, und diese gilt es gut zu spielen, ja effektvoll zu steigern und imposant zu Ende zu führen. Grade auf den guten Abgang kommt alles an, auf den Nachruhm. Selbst Vondel formulierte und so stand es über der Tür des Amsterdamer Theaters: "de wereld is een schouwtoneel, elk spelt zijn rol en krijgt zijn deel". So dürfte es nicht falsch sein, wenn wir den Menschen des 17. Jahrhunderts in einer schauspielerischen Haltung, seine Werke, zumal die Statuen, auch die Gemälde, ja selbst die Bauten von einer gewissen Theatralik belebt empfinden und dadurch eigentümlich charakterisiert in Erinnerung behalten. Das eben unterscheidet letztlich die Sophonisbe Lohensteins von Goethes Iphigenie.

Erweiternde Umarbeitung von "die Auffassung des Menschen im 17. Jahrhundert" in Deutscher Vierteljahrsschrift für Literaturwissenschaft und Geistesgeschichte Jahrg. 6, Heft 2, 1928.

Die Fuge als epochales Kompositionsprinzip
des deutschen Barock

Den Stil bezeichnet Friedrich Hebbel als "Physiognomie des Geistes". Das ist ebenso kurz wie prägnant, keineswegs eng, sondern umfassend. Le stile c'est l'homme heftet den Blick einseitig an den Autor; aber er steht nicht isoliert. Abgesehen von den Einwirkungen der Zeitgenossen, steht jder Dichter im umgreifenden Zusammenhang seiner Epoche. Auch sie besitzt ihre Individualität; ihr Geist prägt einen nur ihr eigenen Stil. Wie aber erfassen wir diesen?

Gewiß, der Geist einer Epoche ist nicht gegeben; aber ist das denn etwa die Persönlichkeit eines Dichters? Beide sind nicht gegeben, vielmehr aufgegeben! Hier setzt eben das Erforschen an. Beide jedoch, Epoche wie Persönlichkeit, muß man als Substrat voraussetzen für die Einheitlichkeit der Äußerungen, die wir als "Stil" bezeichnen.

Die Dichtwerke einer Epoche zeigen eine Familienähnlichkeit, aller individuellen Sonderheit zum Trotz, die auffällt. Die hier greifbare Äußerungsweise gilt es zu erfassen und in ihrer Zusammenstimmung zu verstehen. Dabei sollte man sich nicht allein auf die Versprachlichung beschränken, sondern die ganze Art, zu sehen, zu erleben, zu denken, einbeziehen. Dann erhielte man die Perspektive, unter welcher der Dichter damals Mensch, Leben, Welt erfuhr und eben davon Zeugnis ablegte. Sinn und Absicht seiner Schöpfungen würden sich uns da öffnen und Verständnis ermöglichen. Die einzelnen leicht greifbaren Formzüge der Dichtungen bergen in sich Leitlinien, die zu einem gemeinsamen "Augenpunkte", wie es die alte Lehre von der Perspektive nannte, hinführen. Die Achse, die von dort zum Betrachter führt, ist das Kunstwollen. In ihm konkretisiert sich, was als urtümliches Drängen und Sehnen aus dem Wesenhaften quillt. Diesem zunächst steht auf dem Wege zur Verkörperung, also noch vor der Versprachlichung, die Schicht des Inhaltlichen. Es handelt sich da um eine Vergeistigung vom Gehalt her. Hier geschieht eine Ausgliederung, deren Teile doch in einem Ganzheitsbezug verbleiben. Denn jedes Kunstwerk will Einheit, Zusammenstimmung, gemeinsame Bezogenheit seiner Teile. Von hier her betrachtet ist es Komposition; gleichviel ob mit größerer oder geringerer Bewußtheit geleistet.

Gerade die Art dieser Einheitsbildung ist in den einzelnen Epochen stark verschieden. Jedes Zeitalter besitzt sein besonderes Kompositionsprinzip. Es scheint mir viel zu fundamental zu sein, um von den Zeitgenossen bewußt formuliert werden zu können. Was die Theoretiker und Programme meist nur zu geben vermögen, sind einzelne Handgriffe. Darüber waltet ein Umgreifendes, von letztem Müssen Veranlaßtes, das wir erst aus der Sicht großen historischen Abstands zu überblicken vermögen.

Wenn ich nun an dem Demonstrationsbeispiel des 17. Jahrhunderts für Deutschland eine Bezeichnung wähle, welche die Epoche auch verwendet, so soll das keine Abhängigkeit oder gar Entlehnung behaupten, nämlich der Dichtung von der Musik. Denn ich finde ein typisch barockes Kompositionsprinzip greifbar in der F u g e [1]).

Worin besteht eigentlich die Eigenart der Fuge? Ein später Zeitgenosse (Joh. Gottfr. Walther, Misical. Lexikon oder Musical. Bibliothek, Leipzig 1732) definiert sie als "ein künstlich Stücke, da eine Stimme der andern, gleichsam fliehend, mit einerley Themate, in verschiedenem Tone nacheilet". Unter Berufung auf Joh. Mattheson betont er, daß sie hauptsächlich "in einer gewissen (= bestimmten) Wiederholung und künstlichen Vertheilung einer eintzigen fest-fürgesetzten Clausul" besteht. Das Thema macht also den Grundgedanken aus, wird zum Gehalt des Werkes. Ehern hält der Barockmusiker an diesem fest; er verarbeitet es, indem es abwechselnd sofort von allen Stimmen aufgenommen ("beantwortet") wird, das ergibt einen ersten Teil, die "expositio". Danach wird es in mehreren "Durchführungen" von verschiedenen Seiten beleuchtet. Stets bleibt das einfach gewählte Thema erhalten und erweist sich als die einzige Triebkraft, deren innere Zielstrebigkeit das Ganze des Kunstwerks zur Entfaltung bringt. Selbst die kurzen Überleitungen von einem Teil (Durchführung) zum nächsten sollen aus dem Thema und seinem musikalischen Material in irgendwelcher Weise abgeleitet sein. Die einzelnen Teile stehen untereinander in Beziehung oft in kontrastierter Gegensetzung durch die darin verwendete Tonart. Entsteht dadurch der Eindruck lebhafter Bewegung, so nimmt die Steigerung gegen Ende zu. Nunmehr wartet die einzelne Stimme nicht, um der Vorgängerin zu antworten, erregt ruft sie ihren Part. Aus dieser Ballung der "Engführung" erhebt sich dann das Thema, von allen vereint vorgetragen und bestätigt, voll Wucht und Glanz. Es ist, als ob es nun Komponist, Ausführende und Zuhörer in seiner vollen Bedeutsamkeit durchlebt, erkannt und sich zu eigen gemacht hätten.

Verdeutlichen wir uns das eben so abstrakt Gesagte an der kleinen, aber leicht überschaubaren Fuge in g-Moll aus dem I. Teil des 'Wohltemperierten Klaviers' von Joh. Seb. Bach. Sie hat folgendes Thema:

Übrigens ist dieses Thema nur hinsichtlich seiner rhythmischen Ausgestaltung eigentlich von Bach, seinem melodischen Bestande nach ge-

---

1 Jos. Müller-Blattau: Geschichte der Fuge. Kassel 1. Auflage 1923, 2. Auflage 1956.

hört es zu jenen, die "Gemeingut der Tonsetzer" jener Zeit waren²). Es ist deutlich dynamisch und durch seine Zweiteiligkeit in sich bewegt; es ist nicht rein linear gebaut, sondern harmonisch fundiert. Vier Stimmen führen es in verschiedenen Tonarten durch vier Teile. Der Alt beginnt mit dem Thema, dann tragen es nacheinander Sopran, Baß, Tenor vor, während die anderen Stimmen es kontrapunktierend beleuchten. In dieser "Expositio" bleiben sie in recht enger Beziehung zum Thema, entnehmen ihr Material größtenteils der Weiterbildung des zweiten Thementeils oder der freien und kontrahierten Umkehrung des ganzen Themas. Diese beiden so gewonnenen Motivtypen werden für den weiteren Verlauf höchst wichtig. Im 8. Takt beendet eine Kadenz auf D (Sekundaria der älteren Kompositionslehre) diese erste Durchführung (Exposition). Nach kurzem modulatorischen Zwischenspiel beginnt mit dem 12. Takt die zweite Durchführung. Wieder bringt der Alt das Thema, und zwar in der parallelen Durtonart (D-Dur). Bald sekundiert ihm der Baß, rasch folgt Sopran, wiederum Baß, schließlich Alt. Diese "Engführung" macht den Eindruck lebhafter Steigerung, das musikalische Geschehen wird eindringlicher, es scheinen sich die Stimmen mit Affekt das Thema anzueignen. Ein knappes Zwischenspiel von nur einem Takt leitet zur dritten Durchführung, die auf die Unterdominante (c-Moll) beginnt. Baß, Sopran, Alt beteiligen sich in unmittelbarer Aufeinanderfolge und die lebhaft figurierenden Stimmen verstärken den Eindruck der Intensivierung. Das folgende Zwischenspiel wirkt aufgeregt, seine verstärkte Bewegung setzt die Steigerung der zweiten Durchführung lebhafter fort und intensiviert das musikalische Geschehen. Die Grundebene der Tonika (g-Moll) wird angestrebt und im Takt 28 erreicht. In dem nun anhebenden letzten Teil rufen in affektstarker Engführung Sopran, Tenor, Baß das Thema. Jetzt nimmt nicht wie im ersten Teil eine Stimme nach der andern besonnen das Thema auf, nicht wie im zweiten Teil künden sie es mit Nachdruck im Kontrapunkt der Gegenstimmen, noch wie im dritten Teil eindringlich, aber doch mehr kontemplativ. Nein, jetzt fällt ekstatisch nach wenigen Tönen schon die nächste ein. Keine begleitet mehr die andere, jede posaunt nur noch den Themenkopf. Da endet diese leidenschaftliche Ballung die Tenorstimme, die sich unmittelbar der ihr den Weg bahnenden Altstimme anschließt. Sie hebt das Thema in unzerstückelter Schönheit empor. Nun vereinen sich sämtliche Stimmen und tragen in gleichmäßig breitem Schreiten das nach allen Seiten durchlebte Thema würdig vor. Verehrend lassen sie es in seiner Grundgegebenheit in gesteigertem Glanz erstrahlen. Grade diese letztliche Bestätigung ist ein Wesensmerkmal fugalen Gestaltens.

Ganz das gleiche Kompositionsprinzip durchwaltet aber auch ein Sonett von Andreas G r y p h i u s 'Über die Geburt Jesu', das sich in der

---

2 Schering Musikal. Bildung ... 1911. S. 77.

Ausgabe Leyden 1643 zuerst findet. Die "Christnacht" stellt das Thema: es ist wie das der g-Moll-Fuge zweiteilig, geistig und visuell: "lichte Nacht". Diese antithetische Spannung liefert die Bewegung. Sie wird außerdem noch deutlich unterstützt durch den Kontrast von a (Nacht) und i (licht) mit den kombinierten ai und oi (freudenreiche). Gilt die Nach Nacht als Symbol der Dunkelheit, des Unheimlichen, Bedrohlichen, so erfüllt Licht die Christnacht, himmlisches Licht. Mit dem Staunen hebt die erste Halbzeile an: "Nacht, mehr denn lichte Nacht". Wie bei der Expositio der Fuge wird nichts Neues weiter gesagt, sondern dies Thema erst visuell, dann geistig bekräftigt, stets in Ausrufungssätzen, und so das erste Quartett gefüllt. Das zweite Quartett behandelt wie eine zweite Durchführung die Bedeutsamkeit: "o freudenreiche Nacht". Als dritte Durchführung kündet das erste Terzett die Menschwerdung als das Ereignis dieser Nacht. ("Der Zeit und Nächte schuf, ist diese Nacht ankommen.") Das letzte Terzett häuft wie eine Engführung zunächst die nächtlichen Dunkelheiten von Jammer, Sünde, Grab. Gegen sie strahlt dann in erlösendem Glanze die lichte Nacht der Geburt Jesu, wobei die beiden Halbzeilen des Anfangs umgestellt werden, so daß das Ganze mit der ersten Halbzeile ("Nacht, mehr denn lichte Nacht") in feierlichem Preisen gipfelt.

Wenn man das Sonett laut liest, so wird man unwillkürlich mit hineingezogen in eine Bewegung, die sich steigert an Wucht und geistiger Bedeutsamkeit. Hier handelt es sich nicht um ein rhetorisches Kunstwerk. Nein, echte Ergriffenheit des Autors fand gemäße Gestalt.

Gewiß ist das nicht die Art Goethescher Erlebnisdichtung. Aber daß Gryphius hier echte innerliche Beteiligung ausspricht, eben in der Art seiner Zeit und Geistigkeit, das spürt man doch, sobald das Gefühl erster Fremdheit überwunden ist. Es handelt sich um mehr als eine zufällige Analogie mit der Fuge oder eine willkürliche Hineindeutung. Vielmehr waltet hier eine innere Notwendigkeit, eine sinnvolle Abfolge. Das wird greifbar an einem anderen Sonett von Andreas Gryphius, dem wenig beachteten 'Einsamkeit' (Buch IV, Nr. 6)[3].

Die Situation der Einsamkeit fühlt das erste Quartett. Die Bedeutsamkeit, weit über das nur Malerische hinaus, betont gleich die erste Zeile durch die Formulierung "mehr denn öden Wüsten". Das Beschauen ("beschau ich") bringt dem Dichter seine Verlassenheit zu vollem Bewußtsein. Die bedrohlichen Eindrücke der äußeren Situation führen im zweiten Quartett zur meditierenden Betrachtung ("betracht' ich"), zur geistigen Einsicht in die Ohnmacht, die vanitas ("wie der Mensch in Eitelkeit vergeh'"). Daraufhin wird im ersten Terzett das Gemüt mit schreckhaften "Gedanken" erfüllt und gepeinigt. Sie werden

---

3 Tübinger Ausgabe Bd. I (1963), S. 68 (Buch 2, Nr. 6) falls dort fehlen, Angabe nach "Palm" (Bibliothek des Lit. Ver. Stuttgart 1886).

erregt von einzelnen herumliegenden Gegenständen, die nun mahnende
Zeugen der Vergänglichkeit werden. Im zweiten Terzett zieht der Autor
aus dieser beängstigenden Not seiner existentiellen Einsamkeit die tröstende Erkenntnis: "Daß alles, ohn' ein Geist, den Gott selbst hält, muß
wanken". Nicht Verlassensein von Gott, sondern Gewiesensein auf Gott
als Zuflucht, Einsamkeit zu Gott ist Ergebnis und Aufhöhung des Themas.

In paradigmatischer Deutlichkeit zeigt das Sonett, was innerlich
im Dichter vor sich ging. Das ist sehr dankenswert; denn die metaphorische Ausdrucksweise verdeckt uns Heutigen nur zu sehr das darin
schwingende seelisch-geistige Leben, ganz so wie es die schweren Stoffe
der zeitgenössischen Kostüme mit den natürlichen Körperformen tun.
Diese Vorliebe für das Bildliche weist uns darauf hin, daß der Barockmensch rasch und energisch auf alle sinnlichen Eindrücke reagiert. Sie
stehen am Anfang. Aber nicht als Gegebenheiten der Natur bekommen
sie Selbstwert und Eigenleben. Nein, sie werden Sprungbrett ins Geistige. So verweilt in unserem Sonett der Dichter nicht bei dem Befund der
Landschaft, die ja eine "Ideallandschaft" ist. Darauf wies bereits in der
ersten Zeile die Formulierung "mehr denn öde" hin. Im Visuellen steckt
zugleich etwas Geistiges. So geht das zweite Quartett vom Beschauen
zur Betrachtung über. Nicht um den Autor handelt es sich, um dessen
subjektive Empfindungen, sondern um den Menschen schlechthin und
seine haltlose Verlassenheit (vanitas). Aufgrund dieser geistigen Bedeutsamkeit arbeitet es im Gemüt ("Mut") des Autors weiter. Seine "Gedanken" verknüpfen sich Gegenständen, die nun allegorische Prägnanz
und Gewichtigkeit erhalten. Auch die beiden Daten der Landschaft, die
Ruinenreste und das öde Land sind nicht als Naturgegebenheit wahr- und
hingenommen, sondern erst jetzt erwähnt und also bewußt ausgewählt
zur Veranschaulichung, sie dienen wie die Angaben im Anfang als Sprungbrett für das Ich des Autors, das erst jetzt sich zu nennen wagt, aber
gleich in einer Aktivität ("schön und fruchtbar mir"), die sich den geistigen Gehalt aneignet. Damit kommt ein innerer Vorgang zu seinem Ziel,
wird "fruchtbar". Hier findet das von seiner "Einsamkeit" erschreckte
Ich die Rettung, indem es die helfende Hand Gottes ergreift, sich von ihr
halten, ja emporheben läßt. Dies eben ist aber die Grundsituation des
barocken Ichs überhaupt. Es ruht nicht in sich wie etwa das Goethes,
getragen vom Vertrauen, Entelechie zu sein mit einem göttlichen Fun-
ken begabt. Dagegen ist das barocke Ich stets von Minderwertigkeits-
gefühlen bedroht und bedrängt, über dieses Ich hinaus möchte es sich
zu einem imposanten Geltungs-Ich emporschrauben. Das vermag es,
wenn es sich anschließt an die ewigen Güter und Werte, wenn es Gottes
Hand faßt und sich zum summum bonum emporschwingt. So sind die beiden Sonette, die wir eben heranzogen, vom gleichen Grunderlebnis ge-
speist, jedes handelt von einem der beiden Pole: von der Bedrohtheit

des Ichs und von Gottes Gnade, die ihm die rettende Hand bietet. Gryphius wird uns so als einer der großen Repräsentanten seiner Epoche deutlich; kein Wunder, daß auch das spezielle Kompositionsprinzip des Zeitalters die Inhaltsbildung bei ihm so deutlich durchformt.

Hat sich erst einmal unser Blick und Empfinden für diese Struktur geschärft, so ist es leicht, sie in anderen Sonetten wiederzufinden. Natürlich ist eine gewisse Variationsbreite stets vorhanden. Es handelt sich ja um kein starres Schema, das etwa aus der Vierteiligkeit des Baus beim Sonett herrührt, sondern um ein lebendiges Prinzip aus innerer Sinnhaltigkeit.

Sogar scheinbare Naturstimmungen sehen bei Gryphius so anders aus als später bei Goethe, bei Mörike oder Storm. Selbst in dem Sonett 'Abend" herrscht nicht die Empfindung des Gelösten, nein des Verbleichens und Vergehens: "wie ist die Zeit vertan!" So erhält die erste Halbzeile thematisches Gewicht: "Der schnelle Tag ist hin." Diese Empfindung vertieft sich im zweiten Quartett zu der mahnenden Einsicht: es wird alles: "ich, du und was man hat und was man sieht, hinfahren". Aus solcher Not schreit im ersten Terzett das Ich nun zu Gott auf und bittet im zweiten Terzett: "Und wenn der letzte Tag wird mit mir Abend machen. So reiß mich aus dem Tal der Finsternis zu Dir!" Analog wird beim 'Morgen' Morgenröte und Sonnenaufgang nicht beschrieben, sondern zum Thema: Erleuchten. Nicht einzelne Naturdaten wie etwa: "man sieht der Strahlen Pracht Nun blinckern auf der See" werden allegorisiert. Aber sie erhalten zugleich geistige Bedeutsamkeit. "Der sich jetzt beugt vor Deinen Füßen" bittet: "Vertreib die dicke Nacht, die meine Seel umgibt" ... und steigert sich bis zum Flehen: "und wenn mein End'... bricht ein, Daß ich dich, mein Sonn', mein Licht mög ewig schauen!" Hier verrät sich kein mangelndes Naturgefühl, sondern eine andere Art und Richtung des Erlebens schlechthin. Ebenfalls kann man dem Sonett 'An die Sternen' (Son. II, Nr. 36, S. 53) wiederum ganz gewiß nicht ein wirklich persönliches Empfinden, eine Verbundenheit mit den Sternen absprechen: "Ihr Lichter, die ich nicht auf Erden satt kann schauen". Aber wieder wird keine Gesamtstimmung dargeboten noch ein Gefühlsablauf ausgedrückt wie etwa in dem schönen Gedicht von Matthias Claudius 'Die Sternseherin Liese'. Bei Gryphius werden die Sterne zum Thema, das im ersten Quartett in variierenden Umschreibungen (Fackeln, Diamante, Blumen) verdeutlicht wird. Das zweite Quartett verehrt sie als von Gott geschaffene und gesetzte Wächter, wobei dreimal Gott selbst genannt wird. Voll Liebe gesteht dann im ersten Terzett der Dichter: "wie manche schöne Nacht Hab ich, indem ich euch betrachtete, gewacht?" Im zweiten Terzett erfolgt nun der Aufschwung ins Transzendente, die Sehnsucht: "Euch, derer Liebe mir steckt Hertz und Geister an".

Es dürfte nun wohl offenkundig geworden sein, daß es sich bei den Sonetten von Gryphius um kein äußeres Schema handelt, womöglich um eine Altersmanier, sondern um innere Nötigung, die aus der Art des Erlebens stammt, grade dann, wenn es persönlich, tief und echt ist.

Der zweite große Sonettist des Jahrhunderts, Paul Fleming, ist Gryphius nahe verwandt in ernster Lebensauffassung, in geistiger Gerichtetheit überhaupt. Kein Wunder, daß auch er das Thematische in der Präzision des Erlebnisses und fugale Durchführung zeigt. Das tut sich schon in der Betitelung kund. 'Neuer Vorsatz', diese Überschrift bezeichnet das Ziel, die Pointe (Palm Buch 1, Nr.11). Der "Vorsatz" besteht in der Abwendung von der eitlen Welt und der Hinwendung zum wahren, höchsten Gut, zu Gott. Dies wird nun aber nicht moralisch besprochen, sondern aktiv gefaßt als Abwendung und ausgestaltet als Absage. Das Thema lautet, wie die erste Halbzeile es formuliert: "Welt gute Nacht". Es wird zweiteilig gefaßt: Welt und die Abwendung des Ichs von ihr. Das erste Quartett enthält nichts als die Absage an die Welt. Das zweite Quartett geht weiter und beleuchtet die Wendung: hin zu Gott und ab von der Welt. Das steigert sich affekthaft im ersten Terzett: "Hin, Welt du Dunst! Von itzt an schwing ich mich Frei, ledig, los, hoch über mich und dich Und alles, das, was hoch heißt und dich heißet." Von dem, was das Ich nun erreicht, dem höchsten Gut, spricht begeistert das zweite Terzett und schließt auftrumpfend: "Trutz dem, das mich in mich zurücke reißet." also ein letzter Fußtritt der Welt, deren Schwergewicht doch immer noch als bedrohlich empfunden wird. Es bleibt eben ein "Vorsatz", eine Willensanstrengung des Ichs, das auch hier wieder die göttliche Hand ergreift und sich dadurch emporschwingen will: "Ich bin nun nicht mehr Ich." Überall macht sich geistesgeschichtlich natürlich der christliche Stoizismus bemerklich, was ja in diesem Sonett direkt die Formulierung "höchstes Gut" verrät. Diesem Gedankenkreis entstammt auch das Sonett 'An sich' (2.Buch, Nr.48, S.61). Es klärt die Weisung: "Sei dennoch unverzagt." So lautet die erste Halbzeile und das Thema. Die Durchführung im ersten Quartett betont das "Dennoch", wohingegen die des zweiten Quartett das "Unverzagt" religiös vertieft, indem die providentia als Grund und Sinn angedeutet wird. Sie wird also auch hier als Überzeugung sichtbar. "Nimm dein Verhängnis an." So bekannte er ja auch in seinem Reiselied: "Hat er es denn beschlossen, So will ich unverdrossen In mein Verhängnis gehn." Das zweite Quartett bringt also die geistige Vertiefung. Aus ihr zieht das erste Terzett die Erkenntnis, daß es auf den einzelnen und seine Entscheidung ankommt; er soll ja "alles für erkoren" halten. Das zweite Terzett endet mit Lehre und Mahnung ("an sich"), Meister seiner selbst zu sein. Ein solcher eben kann erst mit Recht "unverzagt" sein.

Bereits diese beide Proben lassen den individuellen Unterschied zwischen Paul Fleming und Andreas Gryphius deutlich erkennen, die

Verschiedenheit in Ton und Temperament. Dem schwermütig-nachdenklichen Gryphius entspricht die sonore, ja dunkle Lautfarbe; gemäß der zuversichtlichen Art klingt die Stimme Paul Flemmings metallischer. Energischer geht der lyrische Vollzug [ich möchte diesen Terminus statt dem von Petsch vorgeschlagenen 'lyrischen Vorgang' empfehlen] vor sich. Dennoch ist die Art des Erlebens, das innerliche Verarbeiten des Anlasses sowie die dem entsprechende Ausbildung des Inhalts Gryphius verwandt: sie zeigt die gleiche geistige Präzisierung zu einem Thema und dessen fugale Durchführung als Kompositionsprinzip. Jedesmal handelte es sich um solche Gedichte, die der tiefsten Überzeugung des Dichters entstammten. Man könnte zur Erhärtung noch ein Beispiel heranziehen, dessen biographischer Anlaß sich fassen läßt. Das ist bei beiden das Erleben der Seenot, des Schiffbruches. Was Gryphius auf der Fahrt von Danzig nach Holland 1938 durchmachte, faßte er später in dem Sonett 'Andenken eines auf der See ausgestandenen gefährlichen Sturms' (II. Buch, Nr. 26, S. 107). Die erste Halbzeile bringt wieder das Thema: "O Gott! was rauhe Not!" Das erste Quartett malt die Not durch das stürmische Meer, das zweite durch die Bewegungen des Schiffes. In gesteigerter Erregung zählt das erste Terzett die Verheerungen an Bord auf. Nach einer Engführung hilft aus der persönlich empfundenen Not ("Todt war ich vor dem Tod") Gott, dem der Dichter "lebend und errettet Lob kann singen". Die Zuspitzung auf denselben Schluß als Pointe drückt Paul Fleming gleich in der Überschrift aus (I. Buch, Nr. 19). Sie ist lang, gibt ein Zitat aus Augustin inter bracchia Salvatoris mei et vivere volo et mori cupio. Wie Olearius berichtet, liegen die Ereignisse vom 15. November 1636 auf dem Kaspischen Meer zugrunde. Hier handelt es sich um das Überbordfallen und Versinken, um die sich steigernde Not, da das Schiff mit seinen eigenen Schäden zu kämpfen hat. Aber der stoische Gleichmut hilft, der sich auf das Gottvertrauen stützt: "denn mein Erlöser trug mich allzeit auf den Armen". Nicht die Rettung als reales Geschehen wird zusammen mit einem Bericht über den Sturm geschildert, nein allein auf das geistige Verarbeiten, auf das persönliche Verhalten kommt es an. Das Versinken ins Bodenlose ist das eigentliche Thema, dem im Schluß das Getragenwerden, nicht durch das Wasser, sondern durch das religiöse Vertrauen, entgegensteht. Jedoch auffallenderweise wird dies nicht als Gefühlserguß gegeben, nicht stimmungshaft gefaßt, sondern als Erkenntnis präzisiert eben in Zusammenhang mit dem Zitat der Überschrift. Das Ich des Dichters hat somit den Anschluß an Gott gefunden. Solcher Aneignungsvorgang kann natürlich auch im Weltlichen geschehen. Es wird dann die Verehrte sein. Das wäre nur eine Ausrichtung auf eine Schlußpointe. Dafür, daß sich bei den vielen weltlichen Sonetten Paul Flemings auch leicht deutliche Beispiele für thematische Zuspitzung und fugale Durchführung finden, sei noch ein Hinweis gegeben. Das Sonett 'An Dulcamaren' (Palm 3. Buch, Nr. 71) lebt

von der Antithese der ersten Zeiel "ich ohne Haß dich ... lieben", ergänzt durch "Du Bittersüße". Das erste Quartett enthält als echte Expositio nichts weiteres, als was das Thema besagt. Liegt hier der Akzent
auf dem Du, so verlegt das zweite Quartett ihn auf das Ich. Das erste
Terzett betrachtet die Wechselbeziehung "ich wie Du". Im letzten Terzett wird die volle Größe und Gefährlichkeit dieser Liebesperversion
deutlich: "Ich muß zugrunde gehen Durch dich gehaßtes Lieb, durch dich,
geliebter Haß."

Gewiß ist das Sonett in seiner ganzen Geschichte verknüpft mit der
reflektierenden Einstellung und neigt zur Stellung eines Themas. Jedoch
die fugale Durchführung ist damit nicht gegeben und tatsächlich nicht
vorhanden. Als Opitz diese Form einbürgert und die europäische Tradition damit nach Deutschland leitet, verwendet er noch nicht das fugale
Kompositionsprinzip. Er fand es eben nirgends vor. Was er im 'Bloem-
Hof' las, besaß den üblichen pyramidischen Bau mit dem starken Einschnitt nach den beiden Quartetten, und seine Übersetzung bildete das
getreulich nach[4]). Nicht anders hält es Grotius, von dem er zwei Sonette
bei Wahrung der Architektur übertrug. Aller Vorbild war ja Petrarca,
und in der Tat herrscht bei ihm die Statik. Sehr häufig stehen die beiden
Quartette den beiden Terzetten gegenüber. Dabei können aber auch die
einzelnen Strophen stärkere Individualität erhalten, jedoch ohne den Einschnitt in der Mitte des Gedichts zu verwischen. Diese Einteilung besitzt
auch jenes Sonett, das der Schlesier direkt "auß dem Italienischen
Petrarchae" (A. Nr. 20) übernahm. Die weiteren, dem Italienischen ent-
nommenen Sonette, entstammen der Gambara. Sie ist begeisterte Schüle-
rin von Petrarca und dementsprechend auch seiner Architektonik[5]). Nicht
anders verhält es sich mit Ronsard und seiner Nachbildung durch Opitz
(A. Nr. 15 und 96, auch Nr. 68). Wie gewandt versteht sich der jugendliche
Poet sich an die Originale anzuschmiegen! Da erstaunt nicht, daß seine
Versuche die bewährte und einleuchtende pyramidische Architektur übernehmen (ganz eindeutig A. Nr. 64 und 82). Es beginnen sich jedoch Auf-
lockerungen einzustellen. So knüpft das Hochzeitssonett an seinen Ju-
gendfreund Michael Starcke (A. Nr. 139) an die Komposition einer kleinen Gruppe bei Petrarca an, die das Schlußterzett abhebt vom ganzen
übrigen Bestand. Das kommt der Neigung entgegen, die Schlußpointe
zu einer Sentenz, einem Moralsatz zu erweitern, wofür eine Zeile, selbst
ein Reimpaar zu eng wird. Hierher gehört das Lob auf den Turm des
Straßburger Münsters (Nr. 46), das vielleicht schon am Ende der jugendlichen Produktion steht. Bei dem Preissonett auf den 'Wolffsbrunnen bey
Heidelberg' (A. Nr. 95) bringt das zweite Quartett schon eine Steigerung.

4 Ausgabe von A hrsg. von Georg Witkowski. Halle, Neudrucke 189/92, S. XXV f.
5 Günther Weydt: Euphorion Bd. 50 (1956), S. 1-26; auch Walter Mönch: Das Sonett
    (1955), bes. S. 64 f., Petrarca.

Wenn die Bevorzugung des Quells durch den Landesherrn auch dessen
Würde vermehrt, so bildet das nicht die Pointe des Sonetts, sondern
diese wird als Gipfel der Klimax in der Moral gefunden (Z. 13 und 14).
Als Überleitung bringt dazwischen das erste Terzett die Umstellung auf
das Allegorische des landschaftlichen Bestandes. Damit beginnt sich
die statische Architektur in Bewegung zu setzen, eine Dynamik deutet
sich an. Das Streben nach geistiger Erkenntnis als "Nutzen", richtiger
als Lebenshilfe scheint die eigentlich treibende Kraft zum strenger thematisch gefaßten Thema und zu dessen fugaler Durchführung zu sein.
So preist der reife Opitz nunmehr die Schönheit der Verehrten als Wegweiser und beflügelnde Kraft zur göttlichen Schönheit, neuplatonischen
Gedanken folgend. Das Thema wird sofort als Willensentschluß formuliert: "Ich will dies halbe Mich, was wir den Körper nennen, ... verzeh-
ren durch die Glut, ... (um in) den Himmel einzugehen." Die Expositio
verdeutlicht dies durch die mythologische Parallele des Herkules ("Alk-
menen Sohn"). Das zweite Quartett nennt dann das Ziel, nach dem sein
"Geist beginnt zu rennen", es ist "ein viel besser", ja eigentlich das
höchste "Gut" (summum bonum). Das erste Terzett bittet die Verehrte,
ihn mit ihrer "Augen Brunst" zu entzünden, so daß er (zweites Terzett
mit der Engführung) "ledig, frei und los" zum "Himmel fliegen kann",
um der ewigen Schönheit ansichtig zu werden. So finden wir Opitz als
Wegbereiter des Barocks auch in dieser Richtung, und darin beruht ja
seine große historische Wichtigkeit und Wirkung. Seine spezielle poetische Begabung und melodiöse Gewandtheit kommt der Entwicklung arti-
stischer Verantwortlichkeit und Bemühung in Deutschland auch noch hinsichtlich des Alexandriners zugute. Nicht daß er ihn einführte, sondern
wie er ihn dabei sofort metrisierte, ist entscheidend. Das Beispiel der
Holländer, zumal von Heinsius, leitete ihn, und so gelang ihm der Ein-
klang mit der natürlichen akzentuierenden Betonung der deutschen Sprache. Worauf es besonders ankam, war die Auflockerung des starren
Schemas der klassizistischen Symmetrie. Diese bestand einmal in der
Zweizeiligkeit, die bei freier Verwendung (in den Sylvae) zum Reimpaar
führt, sowie in der Gleichschenkligkeit der Zeile infolge der Zäsur in
der Mitte. Dagegen auch die Zäsur nach der dritten Silbe zu benutzen,
darin ist später Andreas Gryphius besonders geschickt, der noch stärker aufspaltet, etwa "Sie, dennoch sie, mein Licht!" (Palm V.Buch, Nr.
69). Das andere ist die Verselbständigung der Halbverse, ihr Zusam-
menschluß zu Ketten, die nicht mit dem Versende schließen. Besonders
für Engführungen ist solch ein Verlassen klassizistischen Gleichmaßes
sehr notwendig. Aus dem Abschiedssonett von Opitz an Flavie, das alle
Naturdinge aufruft, sei noch als Beispiel das letzte Terzett zitiert:
>   "So bitt ich Himmel, Lüft, Wind, Hügel, Hainen, Wälder,
>   Wein, Brunnen, Wüstenei, Saat, Höhlen, Steine, Felder
>   Und Felsen: sagt es ihr, sagt, sagt es ihr für mich."

Kann man am Sonett das fugale Kompositionsprinzip auch am greifbarsten wahrnehmen, so ist es doch keineswegs auf dieses beschränkt. Auch im Strophenlied noch wird es fühlbar, nicht zuletzt in der geistlichen Dichtung. Gryphius behandelt sein Grunderlebnis "Vanitas mundi" auch im Strophenlied (Oden 1. Bch. Nr. V). Das Thema formuliert die Anfangsstrophe: "Was ist die Welt", mit der schließlichen Antwort: "Ein leichter Wind". Als erste Durchführung vergleicht er das Vergebliche in des Menschen Mühen mit der rasch welkenden Blume; die zweite mit dem Seidenwurm, die dritte mit der Modeblume, die prangenden Tulpe. Steigerung und Intensivierung führt in Strophe 5-6 schließlich zu der schmerzhaften Erkenntnis des ganzen Lebens als "eitel Weh". Die letzte Strophe weist zu Gott als einzigem Halt und vollendet damit positiv die Erkenntnis von der Nichtigkeit der Welt.

Paul Gerhardt neigt ebenfalls dazu, thematisch sein Erleben zu verdichten und es fugal zu entfalten. Dabei schließen sich jedesmal mehrere Strophen zu Gruppen zusammen. Sein Adventslied variiert keineswegs den preisenden Hosiannaruf nach Matth. 21, 8. In erster Besinnung fragt sich der Fromme: "Wie soll ich Dich empfangen." Zweiteilig stellt sich wieder das Thema in der antithetischen Spannung: ich will empfangen - Dich. Die Expositio umfaßt Strophe 1 und 2 und verdeutlich das Ich mit "mein Herze", das Dich durch die doppelte Anrufung Jesu und seine Bedeutung für das Ich durch "meiner Seelen Zier". Die zweite Durchführung bringt in Strophe 3-5 die Begründung und geistige Vertiefung: Christus bringt das Heil (Str. 3) und rettet den Menschen (Str. 4) aus Liebe (Str. 5). In der dritten Durchführung (Str. 6-9) geschieht die Aneignung im Herzen (Str. 6), das ihn aufnimmt voll Hingabe (Str. 7) und getrost (Str. 8) sich auf ihn verläßt (Str. 9). In der Schlußstrophe (10) bittet in Sehnsucht und Ergebenheit das offenstehende Herz, "Ach komm...", es ist nun bereit zum Empfang.

Es kann das Thema sich zur direkten Mahnung: "Gib dich zufrieden" (Ps. 37, 7) konkretisieren. Die 15 Strophen schließen sich aber trotz des steten Kehrreims als Schlußzeile ("Gib dich zufrieden") keineswegs gegeneinander ab und stehen gleichwertig wie Perlen nebeneinander; nein, sie schließen sich deutlich zusammen, und zwar wiederum zu drei Gruppen. Enthält die erste Strophe das Thema, so setzt danach die geistige Vertiefung und Begründung ein: in Gott wird nun die unruhige Seele stille. Er ist voll Trost (Str. 2), Mitleid (Str. 3) und Treue (Str. 4), er erhört "des Herzens stilles Klagen" (Str. 5). Daraus folgt die Haltung des Frommen (Str. 6-11). Er sei unverzagt (Str. 6), ohne Sorgen (Str. 7), voll Vertrauen (Str. 8) und Zuversicht (Str. 9), geduldig (Str. 10) und beständig (Str. 11). Das Resultat faßt der Schlußteil (Str. 12-15) zusammen. Gläubiges Zufriedensein erhebt über alle Plagen (Str. 12) und Leiden (Str. 13) und führt über den Tod als Erlöser (Str. 14) zum ewigen Frieden (Str. 15). So endet mit einem letzten Aufschwung auch dieses scheinbar lehrhafte Lied. Selbst in dem so undogmatischen 'Sommersang' läßt sich das fugale Kompositionsprinzip entdecken. Die erste Strophe formuliert ja wieder thematisch: "Geh aus, mein Herz und suche Freud", und so bringt dann die erste Durchführung in einzelnen Genrebildchen "Gottes Gaben" als objektive Gegebenheiten (Str. 2-7). Durch sie wird das Ich schrittweise deutlich aktiviert (Str. 8): "Ich selbsten kann und mag nicht ruhn; ... Ich singe mit... aus meinem Herzen..." Das vorherige Beschauen verinnerlicht und vertieft sich zum Bedenken (Str. 9: "denk ich"), das den Blick sehnsüchtig zum Himmel (Str. 9) und auf das Jenseits lenkt (Str. 10-12). Die drei letzten Strophen schwingen sich im Gebet empor: "Gib, daß der Sommer Deiner Gnad in meiner Seele früh und spat Viel Glaubensfrüchte ziehe" (Str. 13), so daß das Ich als "guter Baum" und "schöne Blum" erfunden (Str. 14) und zur Ewigkeit erwählt werde (Str. 15).

Auch bei den kleinen Poeten findet sich der gleiche typische Ablauf des lyrischen Vollzugs. Der Anlaß besitzt persönliche Aktualität, das Ich ist beteiligt, und die Expositio behandelt die Anfangssituation prägnant und deutlich. Dann tritt der Gehalt ins Bewußtsein, der dem bedrängten Ich Halt zu geben mächtig ist. In der Welt des Geistigen, Transsubjektiven, wird ein objektives Gut, eine Heilstatsache sichtbar und in ihrer Bedeutsamkeit betrachtet (2. Durchführung). In steigender Erregung ergreift die Seele diese Hilfe (3. Durchführung) und schwingt sich daran am Schlusse auf, empor: das bedrängte Ich erhöht sich zum Geltungs-Ich und findet somit die Antwort auf die Ausgangsfrage, jubelt den vollen Gehalt des Themas.

Joh. Rist ist zwar recht breit im Ausmalen, ja selbst Bereden; so werden seine Durchführungen oft langatmig, dennoch zeichnet sich das eben beschriebene Kompositionsschema merkbar ab. Werfen wir einen Blick auf das bekannte Lied von der Ewigkeit, das bezeichnenderweise als 'Betrachtung der unendlichen Ewigkeit' betitelt ist. Die Anfangszeile enthält das Thema: "O Ewigkeit, du Donner-Wort", das nun die ersten drei Strophen als Expositio hinsichtlich der unendlichen Dauer ausführen. Dann malt die zweite Durchführung die ewige Pein recht lang (Str. 4-12) aus. Erregt und erregend warnt und mahnt die dritte Durchführung (Str. 13-15): "Wach auf, o Mensch vom Sündenschlaf" (Str. 13), "Laß doch die Wollust dieser Welt" (Str. 14), "laß ab", sonst droht "der Höllen Pein" (Str. 15). So in seiner Bedeutsamkeit durchgearbeitet dröhnt als Abschluß die Anfangsstrophe mit dem neuen tröstlichen Endreimpaar.

Bei Titz oder bei Tscherning lassen sich Beispiele unschwer finden. Selbst dessen kurze sieben Strophen von "Überwinde dich selbst" zeigen diese typische Disposition. Das Thema (Str. 1) lautet: "Der Mensch muß immer kriegen (Kriegführen) (Z. 1)... Muß sich in sich besiegen" (Z. 4). Als Expositio zählt die zweite Strophe die Laster auf. Darauf weisen die nächsten beiden (Str. 3 und 4) auf "Gott" und "seines Geistes

Schwerdt" als Hilfe. Dann wird ermahnt: "An diesem Streit und Siegen
Hangt unsrer Seelen Heil" (Str. 5) und ermuntert: "Du hast Zeit anzu-
fangen" (Str. 6). Der Schluß ruft energisch auf: "Heb' auf das alte Wesen"
(Str. 7), also verwirkliche in dir die Selbstüberwindung.

Sogar im Allerweltlichsten, noch im jubelnden Kußlied von Caspar
S t i e l e r findet sich die fugale Durchführung. Das Thema lautet: "Ich
habe gewonnen, ich werde geküsset" (Str. I, Z. 3). Ins Mythologische erhoben, jubelt die zweite Strophe: "Ich fühle der Seligen spielende Freud!
Es flammen die Lippen." Die dritte Strophe führt zur Geliebten. Die
vierte leitet den Erfolg von seiner Poesie her: "Die Zeilen, die süßen".
Die Pointe der Schlußzeile triumphiert: "Nun steht mein Lorbeer mit
Myrten geziert." Selbst in dem schnörkeligen Schema der Arie der Spätzeit klingt noch das fugale Kompositionsprinzip nach. Denn bei der
Dacapo-Form steht ja die erste Zeile in sich geschlossen da und hat
thematische Bedeutung. Der Zusammenhang der einzelnen Teile ähnelt
den Durchführungen. Das abschließende Reimpaar antwortet, meist poin-
tiert, dem Anfang und vertieft so dessen Thema.

Jedoch nicht allein im Bereich des Lyrischen begegnen wir der fugalen Behandlung, auch im D r a m a t i s c h e n entdecken wir s e i n Walten.
Natürlich werden es Monologe sein, die zu einem Thema präsiziert sind
und dieses nun in mehreren Stufen durcharbeiten. Zahlreiche Belege bietet wiederum Andreas G r y p h i u s . Bei der 'Catharina von Georgien'
zeigt bereits der Eingangsprolog diese Gliederung. Die mit der Wolkenmaschine herabgekommene Ewigkeit spricht die Zuschauer als die Repräsentanten der Menschen an mit der Aufforderung: "Mich sucht" (V. 3),
und zwar in dieser Situation, "wo alles bricht und fällt" und verstärkt
die Mahnung: "Ihr Blinden! Ach! wo denckt ihr mich zu finden!" (V. 5).
Die erste Durchführung (V. 9-34) zeigt das törichte Irren und Rasen. Die
Menschen suchen in verkehrter Richtung, eben hier auf der Erde. Ein
Selbstzitat wird benutzt aus dem Sonett 'Alles ist eitel'. So ist das Ergebnis: der Sarg. Diesem gleichsam objektiv Gegenständlichen, als dem
warnenden Tatbestand, stellt der nächste Teil (V. 35-60) die im Subjektiven liegenden Triebkräfte zur Seite, die Ruhmsucht, den Ehrgeiz, die
Geldgier, den Schönheitsgenuß und den Machtdrang. Die dritte Durchführung drängt zur Besinnung (V. 61-80): erkennt das Eitle des Besitzes,
das Vergängliche des Irdischen und steigert in großen Antithesen wie eine Engführung Irdisches gegen Himmlisches, Vergänglichkeit gegen
Ewigkeit. So wurde klar, "was Ewig euch ergetzen und verletzen kann"
(V. 80). Am Beispiel der Titelheldin als der ihr Folgenden wird dann
die Weisung formuliert: "Verlacht mit ihr, was hier vergeht" (V. 86).

Nachdem in dem großen Dialog mit Imanculi (IV, 3) die Königin statt
der ihr angetragenen Krone Persiens die Dornenkrone des Blutzeugen
gewählt hat, bringt sie diese Entscheidung Gott als ihr Opfer dar. Das
Thema lautet (V. 269): "nimm an, was ich nun dir zum Opfer sol vergis-

sen", ihr Blut. Das Dramatische macht sich in diesen Strophen in der
Weise bemerkbar, daß in den Durchführungen diese Hingabe sich durch-
zukämpfen hat. Da ist zunächst das verständliche leibliche Schaudern,
das aus dem Gegensatz von Fleisch und Geist herrührt. Hier wird der
Tod als Bedrohung empfunden. In der zweiten Durchführung wird der Tod
als Wirklichkeit angenommen, wird er auf geistiger Ebene als Wert er-
kannt, als erstrebter Eingang zum ewigen Leben bejaht. In der dritten
Durchführung rafft sich die Betende auf, den Martertod als unausweich-
bare Gewißheit zu bestehen und fleht um Kraft zur Beständigkeit. In der
Schlußstrophe steigert sich die Hingabe zur Todesbegeisterung, der
Affekt des amor dei bricht durch, Catharina "fühlr erfüllt ihr langes
Sehnen".

Jedoch nicht nur die Königin als das leuchtende Vorbild, auch ihr
Gegenspieler Schah Abas erhält seinen großen Monolog in II,4, und dieser ist ebenfalls wie eine Fuge gebaut. Thema und Exposition umfassen
die Verse 183-199. Es handelt sich um die Not: "o grausamster Verlust,
den je dis Hertz erlid!" (V.184). Der Kummer (die aegritudo als Affekt)
äußert sich in sechs gleichgebauten Ausrufsätzen. Diesen stehen als
Expositio Fragesätze entgegen. Sie kommen aus der entgegengesetzten
Perspektive, nämlich auf den Schah hin, nicht auf Catharina hin wie vorher. Jetzt erfüllt den König das Erschrecken (metus) als Affekt, ein Gefühl der Blamage. die nun folgende Durchführung (V.199-222) quillt aus
dem Affekt des Zornes (ira). Wieder folgen sich Ausrufsätze, die neuen
Krieg und schreckliche Zerstörungen androhen. Fragesätze mit Selbst-
vorwürfen unterbrechen dies "rasen". Aber der zurückgestaute Affekt
bricht gesteigert durch, nun als Rachelust. Wie ein Zwischenspiel mutet
neues Gefühlsumschlagen (223-28) an, in welchem Catharina das Recht
zur Gegenwehr zugestanden wird. Damit ist der Blick wieder auf die
Königin gerichtet. Nun folgt eine neue Durchführung, die ganz erfüllt
ist von der Großmut. "Der Grimm, der heiße Zorn verschwind't"; Abas
will beweisen, daß er "selbst sein Meister sey" (V.244). Er rafft sich
auf zu der Geste: "geh hin", die als Anapher fünf Sätze beginnt. Doch
plötzlich wendet sich wieder die Blickrichtung, und die letzte Durchführung (ab V.249) steht nun ganz unter diesem Gegeneinander der beiden
Perspektiven, die wie zwei Feinde sich entgegen wirken und in sich stei-
gernden Antithesen gegeneinander kämpfen. Der große Vergleich vom
Schiff im Seesturm faßt die ganze "Noth" zusammen. In hastender Engführung (V.269) drängen sich antithetisch die streitenden Affekte. Nun
ist sich Abas klar über seine Lage, die er in drei Zeilen abschließend
zusammenfaßt (V.270-72). Es ist der Zwiespalt, der eben den sach- und
moralgerechten Entschluß nicht zu fassen vermag. Dieser Zwiespalt
ist nicht nur das Gegenbeispiel zu Catharinas Entschlossenheit und Beständigkeit, er wird dem Tyrannen zum Schicksal und verursacht seinen
Untergang, wie die Schlußszene verkündet. Der König bleibt verstrickt

im Machtwahn und fällt der Vergänglichkeit, die Vernichtung anheim. Offenbar interessiert nicht das Psychologische an sich als seelisches Geschehen, sondern die Haltung aufgrund der Entscheidung für Werte, echte oder falsche. Deshalb kann sich der Gegenstand des Monologs zum Thema präzisieren und in mehreren Durchführungen nach der objektiven wie subjektiven Seite hin betrachten, bedenken und erfassen lassen. Auch die anderen Dramen von Gryphius bieten weitere Beispiele. Da wäre etwa der Monolog des Cardenio (III,V.145-176), der an ein Absagesonett erinnert. Das Thema lautet: "Ich bin nicht ferner Dein!" Nach dem Verbrennen der Briefe und Andenken kommt er zu der Erkenntnis, daß was ihn hielt, nur sein "eigen Wahn" und "Brunst" gewesen sei. Auch der große Eingangsmonolog des Papinian zeigt die typische Disposition. Das Thema ist die Gefährdung dessen, der "über alle steigt".

Das fugale Kompositionsprinzip reicht noch über die Gedankenführung in Monologen hinaus. Bereits der Untertitel der 'Catharina' formuliert den Gehalt des "Trauer-Spiels" als Thema: "Bewehrte Beständigkeit". Wie die Beständigkeit der Königin sich bis zum letzten Hauch bewährt und wie zum Kontrast die Unbeständigkeit den Schah zu Übeltaten führt und letztlich zugrunde richtet, das zeigt die Handlung. Ihr Bau entspricht keineswegs dem Schema des Klassizismus, wie es noch Gustav Freytag aufstellte. Da stieg die Handlung ja in Stufen zum dritten Akt empor, um sich dann zum Abstieg zu wenden. Bei Gryphius bringt der dritte Akt der "Catharina' zunächst einen Nachtrag der Vorgeschichte in schleppender Länge (392 Verse). Ist das nun ein Versagen des Dramatikers gegenüber dem überreichen historischen Stoff? Darauf folgt ein weit kürzerer Teil (65 Zeilen), in welchen der König nun endlich den Blutbefehl gibt. Dies geschieht aber wieder erst nach langem Schwanken zwischen Liebe und Rache, deren Wühlen in Chahs Seele in sieben Strophen fugiert durchgeführt wird (Z. 393-448). Damit wird an jenen Monolog (II,4) des vorigen Aktes angeknüpft, welcher die Unbeständigkeit des Fürsten als Haltung vorführte. Offenbar ist also diese Szene (III,2) als eine weitere Durchführung des Abas-Themas gemeint, und für die vorhergehende Szene (III,1) gilt dasselbe. Denn bei genauerem Hinsehen ergibt sich, daß ihre Funktion über die Nachtragung des Stoffes hinaus darin besteht, des Abas macchiavellistisch-gewissenlose Machtpolitik gegenüber Georgien zu enthüllen, und zwar unter der Perspektive der "Angst", die Catharinas "Geist beschweret" (V.53). So wirkt dieser Teil ebenfalls als Durchführung nämlich des Catharina-Themas. Damit ergibt sich der dritte Akt als erneute Durchführung der großen Doppelfuge, deren erste Durchführung den ersten (Catharina) und zweiten Akt (Abas) umfaßte. Der vierte Akt enthält die dramatische Steigerung und Höhe. Die Königin beherrscht ihn, und im großen Streitgespräch mit dem Abgesandten des Schahs (Imanculi) fällt die Entscheidung. Sie ist nicht neu und bringt keine Wendung, sie bestätigt nur, was am Ende des ersten Aktes schon feststand. Dieser Akt entspricht demnach einer dritten Durchführung. Nicht das pyramidische Bauschema des Klassizismus also liegt als Kompositionsprinzip dieser Tragödie von Andreas Gryphius zugrunde, sondern dynamisch wird wie bei der Fuge das im Titel formulierte Thema in drei Durchführungen zum katastrophalen Schluß gebracht.

Dagegen finden wir bei Corneilles Märtyrerdrama deutlich das Pyramidenschema als Bauprinzip der Handlung. Zwar ist Polyeucte während des ganzen dritten Aktes abwesend, jedoch seine Tat, die berichtet wird (III,2) zwingt alle zur Stellungnahme und zu neuen Entscheidungen. Durch das Umwerfen des Götterbildes und die Störung der Opferhandlung hat Polyeucte seine Verurteilung zum Tod herauf beschworen, nur Widerruf kann ihn retten. Daß er dazu nicht zu bringen ist, füllt den vierten Akt, wie der zweite die Annahme des Christentums und den Entschluß zur Bekennertat brachte. Die konsequente Fügung der Szenen besticht den Leser, es waltet überall Kausalzusammenhang. Bei Gryphius hingegen bestimmt der Idealnexus die Zuordnung der Szenen wie überhaupt deren Gestaltung und die ganze Auswahl aus dem historischen Stoff. Dem entspricht genau die vorwiegend ideologische Betrachtung der Naturvorgänge und Deutung des Weltsinns bei dem Deutschen. Es herrscht eben im deutschen Barock eine andere Einstellung als in Frankreich im selben Jahrhundert, und deswegen auch ein anderes Kunstwollen und Gestalten. Dabei kannte Gryphius Werke von Corneille, und bereits im Vorwort zu seinem Erstling, dem 'Leo Armenius', nimmt er direkt Stellung gegen den 'Polyeucte'. Nicht also Unfähigkeit, nein Absicht ist der Grund seiner so verschiedenen Handlungsführung.

Daß die auffallende Ähnlichkeit mit dem Bau der Fuge bei der 'Catharina' kein Zufall ist, beweist auch das Drama 'Cardenio und Celinde'. Es steht nach Komposition und Ausarbeit zeitlich der eben besprochenen Tragödie nahe. Wie schon die Vorrede betont, liegt dem Dichter ein ganz bestimmtes Thema am Herzen: die Abwendung vom "Wahn" der sexuellen Leidenschaft. Sie erfolgt im vierten Akt plötzlich durch das schreckhafte Erlebnis mit dem Gespenst (IV,4) und dem schließlich sprechenden Leichnam (IV,6). Der dritte Akt dagegen hat wieder nur wenige (drei) Szenen und bringt eine selbständige Durchführung des Themas. Er ist zweiteilig und enthält als wichtigste Szene (III,3) jene, in der Cardenio alle Liebesandenken verbrennt und dadurch absagt allem "eigen Wahn und itzt verfluchte Brunst" (V.1047). Die beiden Szenen vorher verdeutlichen das gleiche Thema: Olympie bekennt sich zu ihrem Mann (Lysander), der sie durch List erworben, während sie Cardenio liebte und begehrte. Aber sie nahm das als "des Himmels Schluß" und zwang sich, "für Gottes Rath die stolzen Knie zu neigen". Die Absage gegen alle Leidenschaft bildet den Maßstab und gibt die Richtlinie für die Perspektive der Handlung. Denn im ersten Akt wollte Cardenio zwar die Universitätsstadt (Bologna) verlassen und damit auch Celinde, aber zugleich sich an Lysander rächen und den von einer Reise zurückkehrenden erstechen. Der fünfte Akt bringt das Bekenntnis der beiden Gewandelten und ihr geändertes Leben, also den Vollzug ihrer Abwendung vom Wahn. Wieder durchwaltet hier das fugale Kompositionsprinzip den Bau der Handlung. Der dritte Akt als zweite Durchführung vertieft die geistige Bedeutsamkeit, der vierte als dritte Durchführung zeigt die Entscheidungen der Hauptfiguren und wirkt handlungsmäßig am lebhaftesten.

Auch noch im letzten Drama Gryphius' entdecken wir leicht das fugale Bauprinzip. Zwar ist die Zahl der Figuren größer und ihre Verflechtung komplizierter. Doch das Thema ist klar: die Großmut (magnanimitas) Papinians, des unentwegten Vertreters des Rechtes als der von Gott gesetzten und geforderten Ordnung des Lebens. Dafür wird er zum Blutzeugen. Wieder enthält der vierte Akt die vielfältigen Entscheidungen Papinians, der fünfte seinen Tod und vorher den seines Sohnes sowie den Wahnsinn als Strafe des Tyrannen. Der dritte Akt ist hauptsächlich gefüllt mit dem Fall und der Bestrafung des Intriganten (Laetus), der als macchiavellistischer Karrieremacher Gegenbeispiel zu Papinian ist. Von diesem handelt nur eine Szene (III, 6), in welcher er sich weigert, den Affektmord des Herrschers (Bassian) zu beschönigen und zu decken. Hier wird also wieder um das Thema, und zwar in zweiter Durchführung auf sein ethisches Fundament hin verdeutlicht und handlungsmäßig an Beispiel und Gegenbeispiel (Laetus) vorgeführt.

Verkörperte der 'Papinian' das Berufsethos des neuen Standes der Staatsbeamten, deren pflichttreuer Einsatz Deutschland neu aufbaute, so entsprang der 'Carolus Stuardus' ganz spontan echter Anteilnahme Gryphius'. Er ist ganz erfüllt von Ethos und Empörung des christlichen Staatsmannes und Juristen an dem Verbrechen, das die Hinrichtung eines angestammten Souveräns für einen überzeugten Vertreter des Gottesgnadentums bedeutete. Daher lautet der Titel auch: 'Ermordete Majestät oder Carolus Stuardus, König von Groß Britanien', schon in der Handschrift von 1650. Das Thema ist wieder voll antithetischer Zweigliedrigkeit, und darin liegt zugleich die dramatische Spannung, aber auch die ideelle Bedeutsamkeit des Gehaltes. So wird zunächst die historische Situation dargeboten: die Vorbereitung zur Hinrichtung und dagegen die edle Haltung des Königs. Die Zeichnung der Gegenposition verleitet den Dichter zu langem Ausspinnen, weil ja eine grundandere Auffassung von Staatsordnung zu verdeutlichen und zu diskutieren ist. Deshalb wird auch der dritte Akt jedem Fortgang des Geschehens entzogen und der staatsrechtlichen Diskussion preisgegeben. Der vierte Akt ist ganz durch Karls innere Bereitschaft, seine Haltung und Gesinnung ausgefüllt. Wiederum wird damit eine dritte Durchführung des Themas geboten. Die Katastrophe des letzten Akts führt das heroische Sterben des Königs in wirklicher Majestät vor Augen. Trotzdem die Umarbeitung eine äußerliche Erweiterung bringt und wohl mehr durch die neuen Tatsachen veranlaßt wurde, bleibt auch für sie als inneres Kompositionsprinzip die Perspektive gemäß dem Thema und dessen fugale Durchführung bestehen.

Wie anders packte 150 Jahre später S c h i l l e r den verwandten Stoff der Maria Stuart an. Als Handlung erleben wir im ersten Akt die Verkündung des Todesspruches und dessen kämpferische Diskussion (I, 6). Für seinen dritten Akt erfand der Dichter die Begegnung der beiden Königinnen und gestaltete daraus Höhepunkt und jähen Umschwung zu Ende des Aktes. Er sah Maria nicht als Märtyrerin, die ihre opfermutige Haltung zu behaupten und zu bewähren hat; vielmehr ringt in ihrem Innern der Sühnewille mit dem natürlichen Lebenstrieb und Liebessehnen des Weibes. Wie die ethische Kraft im Menschen siegt, das durchklingt das Ganze als Gehalt und gibt das Ziel der Handlung. Dabei wurde der 2. und 4. Akt allein dem Gegenspiel vorbehalten, wo es um die Unterzeichnung des Urteils durch Elisabeth geht. So entspricht auch Aufstieg und Abstieg der Handlung streng und sinngemäß dem pyramidischen Bau.

Den 2. und 4. Akt verwendet dagegen Hollands großer Dramatiker V o n d e l allein für seine Heldin, und zwar in beiden Märtyrertragödien (De Maeghden 1638 und Maria Stuart 1646), die Gryphius offensichtlich gekannt hat[6]). Stets wird hier auch der Tod im letzten Akt lediglich ausführlich berichtet. Es fehlt die Zuspitzung auf ein bestimmtes Thema, da das Geschehen selbst, als Martyrium gefaßt, schon genügend Gewicht und Bedeutsamkeit besitzt. Deshalb genügt für die Fügung der Szenen der Realnexus. Anders dagegen ist Vondels berühmtestes Stück der "Gijsbrecht van Aemstel" (1937) gebaut, mit dem das Amsterdamer Nationaltheater eingeweiht wurde. Es richtet sich ganz nach dem pyramidischen Schema des Klassizismus. Der dritte Akt bringt den Botenbericht von der Überrumpelung der Stadt und damit die entscheidende Wendung, zu der die ersten beiden Akte hinführten und die nun für die beiden folgenden maßgebend wird. Ungeachtet mancher Nachwirkungen in Einzelheiten hat also Vondel auf das fugale Kompositionsprinzip von Gryphius keinen Einfluß ausgeübt.

Auch nicht in dem ersten Stück des Schlesiers. Die 1645 vollendete Tragödie 'Leo Armenius' erhält bereits den kennzeichnenden Untertitel 'oder Fürsten-Mord'. Er erinnert an jenen vom Stuartdrama. Es handelt sich um dasselbe Grundproblem, das die Zeitgenossen so aufregte, um das Recht des Widerstandes gegen den Herrscher und seine Gewaltmaßnahmen. Wir fühlen die sachliche Wichtigkeit und die persönliche Bedeutsamkeit des Problems nach und wir sehen bei Gryphius: vom ersten bis zum letzten Drama kreist sein Erleben, Durchdenken und auch wohl Verhalten und Handeln um das Problem des christlichen Staatsmannes, ringt er mit der Spannung zwischen Staatsnotwendigkeit und persönlicher

---

6   Über Gryphius und Vondel: Andreas Gryphius und die Bühne. S. 278-84, und meine Abhandlung, Neophilologus Bd. 14 (1928).

christlicher Frömmigkeit. So verändert er auch die Gestalt des byzantinischen Kaisers gegenüber der Quelle und stellt sich bewußt in Gegensatz zum Jesuitendrama von Joseph Simon. Dort triumphierte die Kirche über den ketzerischen Tyrann, den Bilderstürmer; hier verursacht ein Fürst durch Nachgiebigkeit gegenüber der Gattin und in Rücksicht auf das das Weihnachtsfest seinen Fall, er wird von den Verschwörern bei der Christmette erstochen. Das Thema ist also wiederum antithetisch: die Verschwörer mit ihrem Haupt, dem Feldherrn und Mitregenten Michael Balbus auf der einen Seite gegenüber dem Kaiser mit seinen beiden Räten und der Kaiserin Theodosia auf der andern. Die Szenen der ersten beiden Akte scheinen nach dem Realnexus gefügt und bringen in rascher Folge den Entschluß der Verschwörer zur Ermordnung, die Entlarvung und Gefangennahme Michaels (1. Akt). Die Aburteilung wird mit dem Ringen um Aufschub der Exekution dem zweiten Akt vorbehalten und schließlich von Theodosia auch Leo abgebeten. Doch dann geht es nicht in diesem frischen Tempo vorwärts. Die nächsten beiden Akte bilden einen zweiten Teil, der weit schwächer wirkt. Der dritte Akt ist lyrisch-betrachtsam, dem Kaiser gewidmet und wird durch die kündende Geistererscheinung nur theatralisch belebt. Jetzt waltet deutlich der Idealnexus und vertieft das Thema des absoluten Herrschertums mit aller seiner inneren und äußeren Not, Gefahr, ja Tragik. Das ist alles andere als ein Höhepunkt, sondern die uns schon vertraute zweite geistig vertiefende Durchführung, die der schwere Lebensernst und das düstere Schicksalsgefühl des Dichters dem Leser darbietet, um ihm "die Vergänglichkeit menschlicher Sachen...vorzustellen" (Vorwort). Der vierte Akt enthält keinen Fortschritt des Geschehens als Konsequenz des vorigen, er ist ähnlich gestimmt. Die eine Hälfte füllt die Geisterbeschwörung beim Zauberer mit der Vorhersage der Zukunft, die anderen beiden Szenen zeigen die Verschworenen wie zu Anfang (I, 1), deren fruchtloser Streit sich schließlich durch einen Brief Michaels zum Entschluß sofortigen Vorgebens wendet. Die Ausführung ist zu Beginn des letzten Aktes geschehen und wird zunächst berichtet. Es bleibt nun Theodosia als Hauptfigur mit ihrer Klage und Anklage, die als dritte Durchführung des Themas wirkt und gemeint ist. Die hier verwendeten Argumente erinnern an die des Carolus Stuardus.

Daß Gryphius eine solche Fügung der Handlung aus innerem Drange verlieh und nicht einem fremden Meister dabei folgte, mag ein Seitenblick auf das ihn anregende Stück erhärten. Joseph S i m o n hat die Figur der Kaiserin Theodosia überhaupt nicht. Michael steht weit mehr im Vordergrund und die Vorbereitung des Sturzes wird als treibendes Geschehen vorgeführt. Den dritten Akt füllt der Versuch einer Ermordung des Kaisers bei einem Theaterspiel, in welchem Michael Balbus die Hauptrolle spielt, jedoch von den Wachen gehindert wird. Dies wirkt als Höhepunkt des Geschehens und seine Festnahme und Entlarvung als Wende. Der vierte Akt bringt die Gerichtsverhandlung und den Aufschub der Exekution auf die Mahnung seiner Gattin, welche ein Ephebe überbringt (IV, 2)[7]. Zudem verrät die ganze Anlage dieses Stückes, daß es für die damals schon veraltete Simultanbühne bestimmt war, wohingegen Gryphius von Anfang an die moderne Verwandlungsbühne mit Kulissen vor Augen stand[8].

Auch die Märtyrertragödie des französischen Jesuiten Nicolaus Causinus gehört noch zur älteren Art[9]. Gryphius hat die 'Felicitas' übersetzt, anscheinend in jungen Jahren (zwischen 1634 und 36 etwa), erhielt er doch ein Exemplar der Tragoediae sacrae (Paris 1620) als Prämie wohl auch für Leistungen auf der Schulbühne in Fraustadt geschenkt, nach seinem Besitzvermerk 1634. Da ist der Realnexus entscheidend und werden die einzelnen Schritte des Geschehens nacheinander vorgeführt. Im zweiten Akt versucht Kaiser Marc Aurel, Felicitas und ihre sieben Söhne vom christlichen Glauben bei Androhung der Marter abzubringen; aber sie alle weisen das energisch von sich. Im dritten Akt werden sie der Reihe nach gefoltert; aber sie ertragen alles, ohne abzuschwören. Diese Leistung wird als Höhepunkt empfunden. Eine Wende fehlt allerdings. Der vierte Akt bringt als Folgerung zuerst den Beschluß der Bösen, sie nun hinzurichten, danach die Tröstung der Frommen durch den Bischof. Den letzten Akt füllt das Sterben der Kinder vor den Augen der Mutter. Welch anderer Bau, aber auch welch verschiedene Auffassung von dramatischer Handlung überhaupt gegenüber Gryphius!

Das Stück, das mit den statischen Bauformen des Klassizismus schlechterdings gar nicht zu bewältigen war, ist das "Schertz-Spiel" 'Horribilicribrifax'. Der Komödie gemäß arbeitet Gryphius mit dem Kontrast von Schein und Sein, erhebt ihn zugleich zum ethischen Prinzip und gelangt von da zu einem exakten Thema, zur falschen und richtigen Liebeswahl. Der Text trägt mit Recht die Überschrift: "Wehlende Liebhaber". Denn Horribili ist keineswegs die Hauptfigur und Träger einer durchgehenden Handlung. Das Ende bringt nicht weniger als sieben Paare. Im Schlußwort des Pagen Florentin werden die beiden Richtwerte formuliert: "Sophiae großmüthige Keuschheit und Coelestinen beständige Anmuth". Jedoch liefert weder das Schicksal der einen noch das der anderen den roten Faden der Handlung. Was vorgeführt wird, sind ständige Prüfungen, welche die Personen wägen und entlarven. Bloß mit Kontrast und Parallele kommt man dabei nicht aus. Das läßt sich allein

7 Joseph Simon, vgl. Willi Harring, Andreas Gryphius und das Drama der Jesuiten, 1907. Textabdruck dort ab S. 74; die Stelle IV. Akt, 2. Szene. S. 113.
8 Vgl. mein Buch Andreas Gryphius und die Bühne, 1921, S. 286-92, und Geschichte des Jesuitentheaters. S. 44 ff.
9 Causinus: Andreas Gryphius und die Bühne, 292-302, und Geschichte des Jesuitentheaters. S. 49.

durch ein fugales Komponieren fassen. Nicht Ungeschick und Prinzipien-
reiterei, sondern Spaß am Ausgestalten führte dem Dichter die Felder
und verführte ihn zu mancherlei Verschnörkelung. Der erste Akt bringt
das Thema: Wahl zur Heirat. Im zweiten Akt trifft man die falsche Wahl
als erste Durchführung. Die zweite Durchführung füllt den dritten Akt
mit Zögern und Danebentappen, also keine Spur von Höhe und Wendepunkt. Die nächste Durchführung (4.Akt) führt zu Berichtigungen (jedoch
nicht als logische Folge vom 3.Akt), so daß im letzten Akt es zu dem
Massenergebnis als endgültiger Festlegung kommt.

Auch in seinem Mischspiel: 'Das verliebte Gespenst und die geliebte
Dornrose' behandelt Gryphius ein Thema: "Wunder treuer Liebe". So
wird diese Verschränkung der beiden Stücke nicht äußerlich als Abwechslung zwischen höfischer und bäurischer Lebensart vorgenommen,
sondern auch fugal in Bezug gesetzt.

Bei Lohenstein macht sich in der 'Epicharis' fugale Behandlung
bemerkbar. Den Stoff liefert die aufgedeckte Verschwörung gegen Nero,
das Interesse liegt auf der Haltung der Verschwörer. Jeder der letzten
drei Akte bringt Folterungen und jedesmal erweist sich Epicharis mit
ihrem leidenschaftlichen Haß gegen die Tyrannen als vorbildlich standhaft. Zur geistigen Vertiefung wird die Person des Philosophen Seneca
herangezogen und sein Freitod im fünften Akt überstrahlt und deutet den
Selbstmord der andern, auch der Epicharis. So steht hier ein spezielles
Thema zur Behandlung und darum wirkt das ganze Geschehen in dreima-
liger Wiederholung, das keine Steigerung mehr gestattet und keinerlei
Wendung verwertet, als eine fugale Durchführung. Im übrigen jedoch
richtet sich Lohensteins künstlerische Absicht auf pyramidischen Bau.
Obgleich er im Vorwort zu seinem dramatischen Erstling gesteht, "in
einem und dem andern einen fürtrefflichen Lands-Mann zu einem Weg-
Weiser zu haben", zeigt doch bereits der 'Ibrahim Bassa' deutlich den
dritten Akt als Höhepunkt, nämlich der Not, und bringt die unerwartete
Wendung zum Guten. Zwar erwirken die Intriganten im vierten Akt erneut einen Todesbefehl, also eine Wendung zum Schlimmen, aber baulich
wird damit eine Parallele zum zweiten Akt hergestellt. Sehr bezeichnend
ist auch der dritte Akt der "Cleopatra' erfüllt durch Plan und Ausführung des Scheintodes der Titelfigur und das Sterben des Antonius ist als
Wendepunkt angeschlossen. Bei Shakespeare geschieht dies beides bekanntlich im vierten Akt. Nicht weniger deutlich wird in der 'Sophonisbe'
der dritte Akt mit allen Mitteln der Theatralik als Höhepunkt durch die
feierliche Vermählung mit Masinissa hervorgehoben (III,2) und unmittelbar mit der Wende durch das Eingreifen der Römer (III,3) verknüpft.
Doch darf das nicht etwa als Nachahmung der Franzosen gewertet werden. Denn im gleichnamigen Stück von Pierre Corneille (Druck 1633)
hat als Gipfelszene (III,6) die große Auseinandersetzung von Sophonisbe
mit ihrem früheren Gatten Syphax zu gelten, worin zugleich die Wendung

liegt, in dem eifersüchtigen Haß des Verschmähten, der die Römer nun zum Eingreifen bewegt. Bei strenger Beachtung des Kausalnexus ist die Handlung ins Seelische verlegt, wie das auch schon Mairet (Druck 1635) tat. Er formte eine Liebestragödie von Sophonisbe und Masinissa, deren Höhepunkt (III,3) in einer großen Liebesszene der beiden besteht, während die Wendung zum Böden in IV,1 erfolgt. Die Vermählung wird auch hier nicht vorgeführt und als im Zwischenakt vollzogen gedacht. Das beweist nicht nur die Selbständigkeit Lohensteins sondern auch seine eigene Perspektive überhaupt. Es ist das Walten des "Verhängnisses", das ihn bewegt und das er verschaulichen will. So erhält die Tatsächlichkeit des Geschehens und damit der Realnexus ein besonderes Gewicht. Der Idealnexus fehlt nicht, doch wird er von den "Reyen" versinnlicht. Sie nun bieten Gelegenheit zu fugaler Komposition. Der Mensch in stetiger Bedrohtheit durch die Affekte, in seinem Hingewiesensein auf den Vernunftwillen als alleinige Hilfe und Rettung, das gibt in vielfachen Durchführungen das stete Thema der Reyen. Hier wird thematische Zuspitzung obligat und fugale Behandlung in mehreren Durchführungen häufig. Üblich ist die Einkleidung als Streitgespräch der allegorischen Figuren. Das kann darüber täuschen, daß die Führung der Gedanken nicht logisch vorwärtsstrebt, sondern das Thema immer von neuem durchführt und mit einer Steigerung am Ende abschließt. So ist es bereits im ersten Stück, etwa im "Reien der Begihrde, der Vernunft, des Menschen", der schließlich entscheidet (Ibrahim Bassa II). Ganz analog, nur etwas reicher ausgestattet, ist es noch in der 'Sophonisbe', etwa im Reyen III, dem Streit zwischen Eifersucht und Vernunft unter Heranziehung von Neid und Narrheit.

Neben dem Zwischenspiel, das den Chor im Zwischenakt immer mehr verdrängt, steht das selbständige Festspiel. Seine Figuren sind oft Allegorien und seine Handlung verschaulicht ein bestimmtes Thema. Da liegt eine lockere, fugale Komposition näher als ein streng kausaler Geschehensverlauf. Sehr deutlich ist dies der Fall in Harsdörffers allegorischer Liedoper 'Seelewig'. Das Geschehen ist mehr angedeutet als ausgeführt. Es wird als Falle im zweiten Akt vorbereitet und erst im dritten und letzten Akt ausgeführt: im schäferlichen Blindekuhspiel läßt sich Trügewald, ein "Satyrus oder Waldgeist", erhaschen und will die schöne Schäferin fortlocken und überwältigen. Aber Herzigilda und Gewissulda laufen "herzu, reißen der Seelewig das Band vom Gesicht und verjagten Trügewalt und die Hirten". So wird das Thema von der leichten Verführbarkeit der Menschenseele in jedem Akt von neuem verschaulicht, also in fugaler Durchführung vorgeführt, nicht aber eine Intrige in kausaler Folgerichtigkeit spannend aufgebaut. Aus lyrisch-didaktischer, nicht aus dramatischer Einstellung wurde hier gestaltet. Den Gehalt spricht der Refrain vom Chor der Hirten am Ende des ersten Aktes aus: "es wenden und blenden die trügliche Tück'", und jener vom

Nymphenchor am Schluß des zweiten: "So die flüchtig Eitelkeit hinterläßt nur eitel Leid". Bei den Opern begnügt man sich meist mit schlichtem Ablauf, wenn auch eine Intrige das Geschehen in Gang setzt und hält. Kunstvoll pyramidischer Bau wird nicht erstrebt. Jedoch kann bisweilen der Gehalt betont werden. Dadurch erhalten die Akte eine stärkere innere Beziehung und macht sich eine fugale Zusammenstimmung bemerkbar. So etwa bei dem 'Daniel' von A n t o n   U l r i c h . Alles führt auf den letzten (dritten) Akt mit dem Effekt der Löwengrube hin. Der zweite Akt bereitet vor, indem er Daniels großzügiges Verhalten gegen den Landvogt Neglisar und dessen boshaft-intriganten Undank gegen jenen beleuchtet. Das immer wieder durchgeführte Thema ist eben Daniels Gottesfurcht, der er unbeirrt folgt. In der letzten Steigerung - der Löwengrube (III, 10) - greifen Gottes Engel ein, und am Schluß wiederholt der Chor den Gehalt: "Gott hilft mächtig aus der Not / Gott erweist Wunderding'."

Abschließend sei noch ein Blick auf J o h . R i s t geworfen. Sein allegorisches Mahnstück 'Friedewünschendes Teutschland' (1647) besitzt drei Akte, aber das nach dem zweiten stehende Zwischenspiel hat drei längere Szenen, so daß es wie ein selbständiger Akt wirkt. Es dient dem Gehalt und zeigt wie Sausewind voll echt barocker Geltungssucht zunächst mit seinen Studienkenntnissen prahlt, sich dann von Mars verführen läßt, bis schließlich Merkur ihm das böse Ende dieser Gaukelbilder vorführt und ihn bekehrt. Teutschland ist vom selben alamodischen Geltungswahn verblendet und dieses Thema wird in den beiden ersten Akten durchgeführt, und zwar in drei Etappen. Im ersten Akt verschmäht sie die vier alten deutschen Helden und ihr Mahnen, ja sie vertreibt sogar brutal den Frieden. Die erste Hälfte des zweiten Aktes zeigt ihr Gelage mit den vier fremden alamode-Kavalieren; nach Zwischenmusik geschieht der Überfall von Mars auf die Schlafende und deren Beraubung durch die vier Kavaliere. So wird in drei Durchführungen "von der großen Unbesonnenheit, Stolz und Frechheit" Teuschlands gehandelt, wie es ein Text zur Zwischenmusik nach dem ersten Akt formulieren sollte. Der dritte und letzte Akt ist wiederum dreiteilig. Das Thema ist Teuschlands Not. Zunächst (III, 1 und 2) wird das arme Bettelweib durch Mars mit Hunger und Pest mißhandelt. Eine Steigerung (III, 3) bedeutet Ratio Status mit seiner Quacksalberei. Wende der Not bringt die vierte Szene mit der Sinnesänderung, das Gericht Gottes endet das Ganze. Es ist deutlich, daß Beraubung und Gefangennahme Teutschlands in der letzten Szene des zweiten Aktes der Höhepunkt des Baues ist, da ja die Not sich in III, 1-3 steigert und das Zwischenspiel nicht ablenken, sondern vertiefen soll. Aus der thematischen Deutlichkeit des Gehaltes und um der mahnenden Eindringlichkeit willen wird die unheilbringende Überheblichkeit, der Alamodewahn bei Teutschland und bei Sausewind (im Zwischenspiel) in mehrfachen Durchführungen verschaulicht. Dieser geistigen Dynamik entspricht die fugale Komposition bei der Handlung.

Epische Gestaltungsweise, so dürfte man vermuten, wird am wenigsten zu fugaler Komposition neigen; noch dazu bei den so umfangreichen Barockromanen. Aber wird die Betonung des Gehaltes nicht ähnlich wie beim Drama zu einer Thematik führen, und könnten von da aus etwa auch eine fugale Abwandlung und verschiedene Durchführungen erfolgen?

Die fortreißende Kraft epischer Phantasie darf uns nicht vergessen lassen, daß G r i m m e l s h a u s e n sich als Volkserzieher fühlte und den 'Abenteuerlichen Simplicius Simplicissimus' aus der Perspektive eines Gehalts schrieb. Die Reimvorrede zum 6. Buch sagt das Lebensgefühl direkt aus, und auf den Holzschnitten der dritten Auflage kehrt ständig als Devise der Spruch wieder: "Der Wahn betreugt". So wird das Thema formuliert, das den Sinn gibt für alles, "was er Merck- und Denckwürdiges gesehen, gelernet, gepracticiret und hin und wieder mit vielfältiger Leibs und Lebens-Gefahr ausgestanden", wie es auf dem Titelblatt heißt. Damit wird nicht nachträglich die Ausgeburt wuchernder Erzählfreude ummäntelt; nein, von Anfang an lag der Lebensernst zugrunde. Das Fundament läßt schon der Name des Helden erkennen. Nicht der Dümmling eines Märchens ist gemeint, sondern ein Mensch mit natürlicher Frömmigkeit wird erstrebt, der schlicht aus dem Glauben lebt, der ohne dogmatische Einseitigkeit "weder Petrisch noch Paulisch" fanatisiert ist "sondern simpliciter glaube". Aber Simplicius wird nicht als Held oder Ideal hingestellt, sondern als "seltsamer Vagant", der "abenteuerlich" allerhand Geschehnisse durchmacht. Er durchläuft keine Entwicklung, erlangt keine Reifung, sondern wir sehen ihn in verschiedenen Haltungen in und zum Leben. Ihn treibt der "Wahn", das Bedürfnis der Selbsterhöhung. Es läßt ihn aufsteigen, eine Höhe erreichen, auf welche sofort ein Umschwung des Schicksals erfolgt und ihn in die Tiefe reißt. Ihn "betrügt" also dieser Wahn, und zwar stets von neuem. Schließlich erkennt er die Eitelkeit alles Irdischen und wendet in jäher Schroffheit sich von der Welt ab. Das ist das innere Ordnungsprinzip und seine Durchführung zeigt fugalen Charakter. Nicht die Bücher teilen statisch das Geschehen ein. Das Schicksal trifft Simplicius wie einzelne Wogen, die ihn auf und niederwerfen, stets im typischen Umbruch. Er erscheint dabei in verschiedener Haltung und Kostümierung, als staunendes Kind und als Dümmling, als Narr und als Soldat, als Modekavalier und als Marodeur, als der Herre Hauptmann und als Einsiedel und schließlich im zugesetzten 6. Buch als reisender Pilger und als Robinson. Aber das alles sind nur Durchführungen des gleichen Themas, zeigen ihn getrieben vom Wahn und betrogen vom Leben. Selbst die Lebensbeichte der Courasche besteht nicht in bloßer Reihung von Abenteuern noch in bloß abschüssiger Bahn; auch hier läßt sich ein unwillkürlich fugales Komponieren spüren.

Gegenüber der vorwärtsdrängenden Erzählweise Grimmelshausens macht Heinrich Anselm v o n Z i g l e r vom echt epischen Darstellungs-

mittel des rückgreifenden Berichtes ausgedehnten Gebrauch. Das entspricht der Absicht des Verfassers, der nicht nur eine "Helden- und
Liebes-Geschicht" geben, sondern zugleich auch die Neugier am Exotischen befriedigen wollte. So heißt der Untertitel "blutiges doch muthi-
ges Pegu". Diese Formulierung enthält zugleich schon das Thema des
Ganzen: blutig doch mutig! Das Antithetische darin verkörpert sich in
den beiden Hauptfiguren und Gegnern, im grausamen Tyrannen Chaumig-
rem und im heldenhaften Prinzen Balacin. So werden immer wieder blutige Greueltaten geschildert und ihnen unverzagter Großmut einer Hel-
denseele gegenübergestellt. Es ist aber nicht Balacin allein. Besonders
bezeichnend ist das zweite der drei Bücher komponiert. Dort bildet den
Kern der ergreifende Bericht über den Untergang von Pegu und den Märtyrertod ihres Königs Xemindo, des Vaters der Banise. Das ist keine
Episode oder nur ein wissenswertes Stück der Vorgeschichte, sondern
eine neue Durchführung, sozusagen in Moll. Das Buch endet mit Chaumigrems Feldzug gegen Liam und dem Brand von Odia. Immer wieder
wird an markanter Stelle der Gehalt ausgesprochen: "O wunderliches
verhängniß! O veränderliches glück!" (195). Das echt barocke stürmische Aufundab des Geschehens steigert sich noch im 3. Buch bis zum
brausenden Schlußeffekt. Die große Abschiedsrede der todbereiten Banise enthält alle die Vorstellungen und Formulierungen des Stoizismus,
und dann folgt unmittelbar Chaumigrems Ende durch Balacin, wie er
"sich in dem häuffigen blute brüllende herum weltzen, und mit ach und
weh seinen schwartzen Geist der flammenden hölle zuschicken muste".
So wird wie am Ende der Fuge des Thema in abschließender Klarheit
und Größe vorgeführt.

Die Romane eines Anton Ulrich von Braunschweig sind wie die gewaltigen Gesamtanlagen von Schloß und Garten mit Nebengebäuden genau
geplant. Die Perspektive durch alle Wechselfälle des launischen "Glükkes" (fortuna) lenkt auf die wachsame Providentia Gottes hin, die alle
Verwicklungen schließlich löst. Das Vertrauen auf den "gütigen Himmel"
tröstet die Bedrängten; der "Großmut" gibt Haltung und Festigkeit, so
daß er die turmhohen Wogen der Gefahr "bekriegt und besiegt". Man hat
die "Kombinatorik" bestaunt, die so viele Liebespaare verschränkt. Es
sind nicht beliebig eingesprengte Novellen, sondern ein fugales Abwan-
deln des Themas. Auf Verhalten und Gesinnung kommt es an, daraus ergibt sich das spezielle Thema, das nun in verschiedenen Paaren durchgeführt sich darbietet.

So bestätigen diese repräsentativen Werke barocker Erzählkunst
das Walten fugaler Komposition als Neigung oder Trieb aus barocker
Wesensart.

Nicht nur in der Literatur ist das fugale Kompositionsprinzip wirksam, es läßt sich auch im weiten Bereich der bildenden Kunst
deutlich spüren. Eindeutig und auffallend finde ich es schon in einem

mythologischen Gemälde von Hans Rottenhammer (seit 1606 in Augsburg tätig,[10] 1625) walten, das deshalb als Leitbeispiel kurz besprochen sei Diana mit ihren Nymphen findet sich von Aktäon beobachtet. Das Thema ist das Aufschrecken der Frauenkörper aus der Ruhe. Auf ihnen liegt das Licht, wohingegen der Jüngling im Halbschatten des Laubes über der Grotte rechts im Mittelgrund, nur mit Kopf und linkem Arm angedeutet, liegt. Die Dreiergruppe vorn links mit der Göttin gibt die erste Durchführung, die beiden Nymphen rechts nehmen das Thema in Gegenbewegung (gleichsam in Moll) auf. Zwischen diesen beiden Gruppen findet sich vor der Grotte im Mittelpunkt wieder eine aufschreckende Dreiergruppe und im Hintergrund schließt eine Dreiergruppe die Komposition, zu welcher eine Nymphe als Überleitung führt. Dadurch wird die diagonale Bewegung in die Tiefe betont und gelenkt, die zugleich dem Oberkörper der Diana parallel läuft und dadurch diesen und seinen Bewegungszug betont. Durch die dunkle Folie des Laubes und seiner Verteilung erhalten die nackten Gestalten Leuchtkraft und werden ihre Linienzüge unterstützt. So kommt die lebendige Dynamik der Komposition zu voller Entfaltung.

Bereits Wölfflin hatte am figurenreichen Historienbild den Unterschied der Einheitsbildung klar gemacht, der die Regentenstücke eines Franz Hals mit der additiven Reihung der Figuren scharf gegen Rembrandts Gruppenbildung abhebt, wobei malerisch der Halbschatten als Vereinheitlichungsmittel besonders benutzt wird. Dabei wirkt jedoch auch der thematische Sinnzusammenhang mit. Wie dieser äußere Bewegung hervorbringt und motiviert, kann man leicht am bekannten Auszug der Schützengilde beobachten, etwa im Gegensatz zu Cornelis Ketel[11]. Eben das Aufbrechen bildet das Thema, das nun mehrere Gruppen "durchführen"! In gleicher Weise unterscheiden sich auch die "Anatomien" dieser beiden Künstler oder die von Thomas de Keyser[12]. Sehr instruktiv sind schließlich Rembrandts Umzeichnungen von Leonardos Abendmahl, die so viel dramatischer wirken, weil vier Gruppen die Erregung der Jünger durchführen[13]. Die so beliebten Reitergefechte erhalten ihre aufgeregte Dynamik nicht allein von den zuckenden Lichtakzenten oder den gereckten Armen und wilden Bewegungen der Pferde. Darin waltet zugleich etwas Thematisches mit seinen mehrfachen Aufnahmen und abgewandelten Durchführungen. Meist ist es das feindliche Zusammenprallen zweier Gegner, häufig der Kontrast des Pistolenschusses auf den bedrohenden Säbelhieb, verstärkt durch die gegensätzliche Farbe

10 Rottenhammer: Willi Drost: Barocke Malerei in den germanischen Ländern, Handbuch der Kunstgeschichte, 1918, Abb.196, S.262.
11 Cornelis Ketel: Abb.115, S.160 in Rich.Hamann: Rembrandt. 2.Auflage. Potsdam.
12 Thomas de Keyser: ebd. Abb.93. S.132.
13 Ebd. Abb.110. S.154.

der Pferde, braun hinter teilweise beleuchtetem Grau. Matthias Scheits
oder Lemke, auch Joh. Matth. Weyer und Rugendas haben wirkungsvolle
Darstellungen geliefert[14]. Der Grauschimmel als thematische Gliederung
führt den Blick in die Tiefe bei vielen sogenannten Landschaften; mitunter wird dabei als Thema das Tränken der Tiere, etwa von Kühen, deutlich. Die Deutschen gehen in dieser Genrebildung ganz konform mit den
holländischen Kleinmeistern. Wie beim Landschaftsbild das Thematische
kraft mehrfacher Durchführungen auch die malerische Belebung liefert,
läßt sich bequem an den Pappeln der bekannten Allee von Middelharnais
von Hobbema beobachten. Oft sieht das alles so selbstverständlich aus,
als ob es bloße Nachschrift eines Naturbefundet wäre. Davon wird man
wohl auch ausgegangen sein, aber auf Leinwand oder Papier komponiert
man doch unwillkürlich, oder aus innerem Drang wird die Anordnung
dann fugal. Was hat einen Rembrandt (1650) wohl gereizt, einen so simp-
len Tatbestand wie die hintereinander liegenden Katen als Radierung
festzuhalten, falls er alles wirklich schon so vorfand, als eben die drei-
malige Durchführung dieses vorwiegend visuellen Themas, indem dabei
doch ein Gefühlsmoment mitschwingt[15]. Albert Cuyp (1629/91) komponiert nicht nur die Kühe fugal in die Landschaft, er ordnet auch die
Kirchgänger entsprechend an[16]. Vorn oben von der Düne kommt ein Paar,
danach ein einzelner und schließlich an der Kirchentür eine Mutter mit
zwei Kindern. Die Bewegung verläuft diagonal in die Tiefe, eben zum
Kirchlein hin, wie das ja dem barocken Landschaftsbild seit Elsheimer
in Deutschland eigentümlich ist[17]. Das Thema ist eben "Kirchgang". In
entsprechender Weise finden sich Strandbilder durch Fischer belebt oder
Kanallandschaften durch Segelboote. Bei den zahlreichen Seestücken ist
die Aufgabe oft wohl schon im Auftrag thematisch zugespitzt. Ein Durch-
oder Nebeneinander würde keinen Eindruck machen. Imposant jedoch
wirken wohlbedachte diagonal in die Tiefe führende Durchführungen grade
desselben ragenden Schiffstypus[18]. Recht aufschlußreich wirkt auch ein

---

14 Meine 'Deutsche Kultur im Zeitalter des Barock' (1960), Abb. 295, 296. S. 377 f.
   Auch Adam Frans v. d. Meulen verwendet das helle Pferd fugal in der 'Fahrt Ludwigs
   XIV. nach Vincennes' (Zöge v. Manteuffel: Das flämische Sittenbild im 17. Jahrhun-
   dert, 1921, (Seemann, Leipzig) Nr. 19.

15 R. Hamann: Rembrandt. Abb. 214. S. 313.

16 Das Bild hängt in Heidelberg. Kurpfälzisches Museum, das überhaupt eine Menge von
   Genrebildern aus jener Zeit besitzt.

17 Vgl. mein Buch 'Der Wandel des Naturgefühls...' (1932). S. 73 ff. Eine Jagdszene
   im Wald von A. Keirinx (Nr. 53 bei Ed. Michel: Flämische Malerei des 17. Jahrhunderts,
   Paris 1939) zeigt deutlich fugale Verwendung des gedrehten Baumstammes in die Tiefe.

18 Beispiel in Heidelberg und meine 'Deutsche Kultur im Zeitalter des Barock', Abb.
   262. S. 319. Über niederländische Marinemalerei: Fred C. Willis. Leipzig 1926 (auch
   Halle Diss.).

Vergleich des Figurengewimmels beim Bauern-Brueghel[19] mit der Behandlung ähnlicher Sujets in unserem Zeitraum. Jetzt wird gegliedert,
indem thematisch eine Pose etwa verwendet wird, die immer wieder in
die Tiefe hinein auftritt und den Sinn des Treibens verdeutlicht. So findet
sich etwa auf einer kleinen 'Bauernkirmes' von J.C. Broodsloot († 1666)
das Thema: Mann umarmt eine Frau, in mehrfacher Durchführung aufgenommen, wodurch eine Dynamik hineingebracht, das Auge weiter und
in die Tiefe geführt wird[20]. Dadurch wird das Aufnehmen des Beschauers
aktiviert. Ähnlich geschieht es mit dem Eislauf[21]. Die Beobachtung der
Wirklichkeit, wie der Bogenläufer imponiert, wird benutzt und zum Thema genommen, dessen Durchführungen das Vielerlei der Schlittschuh-
läufer belebt und den Blick leitet. Auch beim Stilleben ist neben den
farblichen Beziehungen das fugale Kompositionsprinzip zu bemerken.
So malt der bekannte Pieter Potter (1597 bis 1652) beispielsweise eine
Zusammenstellung von Gefäßen, bei welcher die braunen Tongefäße nicht
nur in Farbe und Form mit den Holzbütten kontrastieren, sondern auch
als Durchführungen zur Geltung kommen. Selbst bei den so beliebten
Blumengehängen kann verweilende Betrachtung bemerken, wie neben
dem Farblichen mehrfache Durchführungen eines thematisch gefaßten
Motivs eine eigentliche Dynamik und Rhythmik hervorbringen.

Das große Figurenbild der Italiener arbeitet gern mit einer bestimmten Neigung des Kopfes, einer Armbewegung oder Körperhaltung,
die mehrfach wiederkehrt und als Kompositionsmittel auch fugal verwendet wird. In der deutschen Plastik, zumal des späteren Barocks,
greift man das auf. Egid Asam beispielsweise verleiht dem Hauptaltar
der Stiftskirche in Rohr (1720) dadurch die pathetische Dynamik der
Himmelfahrt-Mariae. Es ist der emporgeschwungene Arm und die
emporschauende Haltung des Kopfes, die bei der vordersten Figur,
dem Jünger, vorn links beginnt, dann durch die beiden anschließen-
den in die Tiefe fort-, wir dürfen sagen: durchgeführt wird. Dem
hellen Dur dieser Gruppe kommt von rechts ein gedämpftes Moll
entgegen: Der vorderste Jünger hebt den Arm nur in Schulterhöhe,
während er das Gesicht wie geblendet abwendet, der nächste hebt
nur den Kopf, der dritte streckt den Arm zum leeren Sockel, und
erst hinter ihm reckt der Arm des Letzten sich nun senkrecht, zugleich emporweisend. Denn über allen schwebt wie das zusammengeraff-
te triumphierende Thema am Schluß der Fuge die siegreich emporgetra-

19 Pieter Bruegel: Leo Bruhns. Das Bruegel-Buch (Wien 1941). Gotthard Jedlicka, Pieter
    Bruegel, der Maler seiner Zeit (Zürich 1938) Z.B. Nr. 29 Eisläufer, Nr. 42 Seesturm,
    Nr. 84 Bußpredigt Johannes. Die anderen hier genannten Bilder befinden sich im Kur-
    pfälzischen Museum. Heidelberg.
20 Ähnlich bei Rubens, der Liebesgarten (Wilhelm v. Bode, Der Meister der holländischen
    und flämischen Malerschulen (Leipzig 1917), S. 359.
21 Dagegen Pieter Bruegel, Jedlicka Nr. 84 (Bußpredigt Johannis) u. Nr. 29 (Eisläufer).

gene heilige Jungfrau über den aufwärtsleitenden Flügeln der beiden Engel. Sie zeigt dieselbe Haltung des schräg emporgewandten Kopfes und des aufwärts gereckten Armes, dessen Linienzug der empfangenden Geste des linken Armes in halber Körperhöhe noch besonderen Schwung verleiht. Solch fugale Gestaltung als theatralischen Formalismus abzuweisen, würde völlig die Aussagekraft der Geste, ihre klangstarke Verschaulichung des Sinnes übersehen. Ist man erst einmal auf dieses Kompositionsprinzip aufmerksam geworden, so findet man leicht immer neue Belege für sein heimliches, ja offenbares Walten. So verwendet etwa Joseph Anton Feuchtmeyer für die Ausstattung des Hauptaltares in Birnau die großen Statuen in leuchtend weisem Stuckmarmor, die als Begleiter der "mater amabilis" das Allerheiligste ragend umstehen. Auch die beiden Seitenaltäre davor sind jeder von einer so gestalteten weißen Statue gekrönt, so daß sie dieses Thema stellen, das dann weiter durchgeführt wird. Die Bewegung durch den gesamten Kirchenraum wird in Zwiefalten architektonisch durch die wuchtigen hohen gekuppelten Säulen mit der Verbindung durch die vorschwingenden Balkone über den darunterliegenden Seitenkapellen gebildet. Deren Eingang markieren wieder große weiße Statuen als Eckfiguren der Altäre. Beide Mittel enden gesteigert in dem Ziele dieser mitreißenden Dynamik, im Hochaltar der Apsis. Man möchte es einer Tripelfuge vergleichen. In verwandter Weise gliedern in Vierzehnheiligen die großen weißen Statuen und die eine hohe Säule das schwingende Oval des Raumes hin zu Apsis mit dem Hauptaltar. Auch der selbständig im Raum stehende Gnadenaltar der 14 Nothelfer erhält durch deren weiße Gestalten seine Dynamik. Wieder handelt es sich nicht um äußere Dekoration, sondern um Verschaulichung des Sinnes, der sich thematisch verdichten und durchführen läßt. So erhält die visuelle Dynamik starke emotionale Wirkung.

Ein paar nur dem deutschen Barock eigentümliche Gebilde erregen noch unsere Aufmerksamkeit. Da steht im unteren Belvedere das seltsame Denkmal für den Prinzen Eugen. Permoser wollte darin kein ideales Porträt geben, wie er es vom Herzog Anton Ulrich tat, sondern eine Apotheose. Das Thema des Rühmens führen die weiblichen Genien durch, die den geharnischten Helden ansteigend umgeben und dem Ganzen jenes eigenartige spriralische Drehen geben ähnlich der gewundenen Säule. Mit weit größerem Figurenreichtum stattete Elias Ränz seinen 'Hugenottenbrunnen' im Schloßgarten zu Erlangen aus. Über den in drei Etagen sich auftürmenden Figuren, allegorische Durchführungen des Ruhmes, steht der Fürst zwar, doch die Gloria, in die hoch erhobene Posaune blasend, überragt ihn nicht nur, sie lenkt den Blick geradezu ab und höher.

Ein eigentümliches, aber deutlich umrissenes Thema stellt die Dreifaltigkeitssäule. Jene auf dem Hauptplatz von Linz setzt schon mit den Putti des Sockels an. Stärker noch ist die Wirkung der Wiener Gestaltung, bei der nur die Frauengestalt als Allegorie und Engel verwendet wird und die eigentliche Säule über dem hohen, zweistöckigen Sockel auch wieder die Bewegung der gedrehten Säule verwendet. Selbst die Floravase vor der Orangerie in Fulda erhält ihre lebendige Dynamik vom fugalen Kompositionsprinzip her. Das Thema ist das Emporheben der schweren Blumengirlande. Das geschieht stets durch einen Putto in spiraligem Aufstieg zur Göttin als Bekrönung, die deren Ende emporhält, aus dem die Lilie aufsprießt.

Schließlich sei noch auf das Zusammenwirken von Plastik mit Baugliedern hingewiesen, wie es in prachtvoller Weise das Hauptportal des Benediktinerstifs St. Florian (Ob. Österreich) zeigt. Karyatiden und Vollfiguren verbinden sich durch die drei Stockwerke bis zur Bekrönung des obersten Fensters und wirken als mehrfache Durchführung zu einem bewegten Ganzen zusammen.

Sogar auf dem Gebiet des rein Baulichen begegnen wir dem fugalen Kompositionsprinzip[22]. In großartiger Deutlichkeit waltet es in den Treppenanlagen. Sie führen aus dem Dämmer der Eintrittshalle hinauf in das helle Licht des Empfangssaales, von wo es erst durch eine Flucht von Räumen zum großen Festsaal geht. Das Emporsteigen wird dem Besucher zu einem Erlebnis, das in sorgsam bedachten und dosierten Etappen sich steigert. Nicht in einem Zug zwingt eine Stiege den Ankömmling zu kurzem, atemdrängenden Aufstieg, nein in Absätzen darf er in selbstbewußter Haltung als Gast heraufschreiten. Die Notwendigkeit der Raumersparnis wird zur Tugend gemacht und die Wendung der Richtung zur Wirkung ausgenutzt. Dadurch entstehen beispielsweise in Pommersfelden oder Ebrach (Konventsgebäude) drei Abschnitte mit einem breiten Absatz. Doch damit nicht genut; an jeder Seite läuft ein Treppenzug. Gerade die Doppelzügigkeit trägt zu der imposanten Festlichkeit wesentlich bei. Joh. Balthasar Neumann macht die Treppe geradezu zum Thema, indem er sie zuerst einläufig emporsteigen läßt, sie dann aber von einem breiten Absatz zweiläufig in entgegengesetzter Richtung hochführt. So ist es in Brühl. Am vollendesten jedoch zeigt das große Treppenhaus der Würzburger Residenz die fugale Komposition. Denn hier erfordert die große Höhe der Räumlichkeit mehr Atempausen. Daher wird in beiden Richtungen die Flucht der Stufen durch einen Absatz unterbrochen. Daß dabei auch noch die Ausbildung des Geländers zur Musikalität des Eindruckes beiträgt, sei nur am Rande vermerkt. Ebenso die Akzentuierung der Absätze durch Statuen wie in Schloß Mirabel (Salzburg) oder Ebrach und Pommersfelden. Die Residenz in Würzburg übertrifft alle durch die zwischen den Statuen aufgestellten Lampen mit dem kugelförmigen Glas.

---

22 Das meiste abgebildete in W. Pinder. Deutscher Barock (Blaue Bücher) und meine Barockkultur 2. Aufl. S. 37, Abb. 297, 298, 299, 300, 307. Tafel XI = Treppenhaus Pommersfelden.

Sogar bei den Mitteln der Raumgliederung lassen sich häufig fugale Wirkungen konstatieren. Hierher zu rechnen wäre die Ausbildung der Pfeiler als Statuen in der Eingangshalle des oberen Belvedere (Wien). Sehr beliebt ist die gekuppelte Säule, später auch die verdoppelten Pilaster. Hierin bekundet sich nicht allein der Hang zur Steigerung. Wie diese Art der Stütze in ihrer Verteilung im Raum anders wirkt als die ständige Reihung von Pfeiler oder Säule war uns schon in Zwiefalten in die Augen gefallen. Auch beim Treppenhaus von Brühl oder Berlin (Schlüter) wirkt es mit. Zu fugaler Wirkung kommt es noch eindeutiger bei den Fassaden. Beim Schlüter-Portal des Berliner Schlosses (zweiter Hof, Pinder S. 31) wird die Einfahrt zunächst gerahmt durch einfache Säulen mit Architrav, der dann in genau gleicher Weise für das ganze untere Stockwerk weitergeführt wird. Dieses ist laubenartig gestaltet; jedoch als Stütze werden nur gekoppelte Säulen verwendet. In doppelter Größe umschließen sie jene Einfahrt mit dem großen Fenster darüber als Gesamtglied, an das sich zu jeder Seite eine Tür mit Fenster darüber schließt, dessen Abschluß ein Pilaster bildet. Auf solche Weise wird ein Mittelrisalit gebildet. Dessen oberes Stockwerk benutzt Pilaster, die zur Umrahmung des hohen Mittelfensters gekoppelt sind. Sie werden in verkleinerter Form als Stützen des Obergeschosses der Lauben verwendet. So entsteht eine lebendige fugale Dynamik. Ein derartiges Zusammenspiel ist seit dem Beginn des Barocks mit der Fassade vom Gesù in Rom allbeliebt und verbreitet. Für die lebendige Gestaltung der langen Fronten ist die Bekrönung der Fenster entscheidend. Man vermeidet eine gleichmäßige Reihung durch eine Steigerung im Mittelrisalit und entsprechende Abstimmung des Eckpavillons, wie das etwa die Gartenseite der Würzburger Residenz so eindrucksam zeigt. Natürlich werden auch die Stockwerke unter sich abgestimmt und in Beziehung gesetzt. Das müssen nicht immer nur die gewaltigen Fronten der Paläste oder großen Stifte und Klöster sein; auch die bürgerlichen Bauten bieten gutes Beobachtungsmaterial. Erinnert sei an das prächtige Rathaus von Schwäbisch Hall (Pinder S. 80) oder an das Böttingerhaus in Bamberg (Pinder S. 60) sowie das Helblinghaus in Innsbruck. Es erscheint mir bei diesen Beispielen nicht gesucht, von Durchführungen für die einzelnen Stockwerke zu sprechen, die dann im überhöhten Frontispiz des Daches ihren gesteigerten Abschluß finden. Hierher gehört auch in München Wohnhaus mit Kirche der Gebrüder Asam.

Nicht ganz vorbeigehen kann man an den Erzeugnissen der Kunstschmiede, besonders an dem zahlreichen Gitterwerk im Innern der Kirche oder an den Abschlüssen der Gärten. Das dabei verwendete ornamentale Rankengeschlinge wurde oft von maßgebenden Künstlern entworfen. Es ist keineswegs wild, aber dynamisch bewegt und wohl abgestimmt. Auch hier arbeitet man nicht mit einem gleichbleibenden nur gereihten Motiv, sondern oft mit einem durchgehend verwendeten und

reizvoll variierten Thema, das als Durchführungen sowohl in der Sockel-
bordüre, in der Mitte wie in der oberen Leiste wiederkehrt und in der
Bekrönung der Tür emporrauscht. Überhaupt besitzt das typisch barocke
Ornament, das Knorpel- und Ohrmuschelwerk, entschieden dynamische
Natur. Es läßt sich nicht wie etwa die typisch klassizistische Rosette
einfach reihen. Man kann es eigentlich gar nicht anders weiterführen als
in fugalen Abwandlungen.

Auch auf anderen Gebieten des Kunsthandwerks lassen sich erstaunlich deutliche Belege fugaler Komposition finden. Nehmen wir etwa einen
Hamburger Pokal von 1661[23]. Der Silberschmied gab ihm die eigenartig
wuchtige, echt barocke Ganzheitlichkeit dadurch, daß er ihn stets in
gleicher Weise durch Buckel verzierte. Der Buckel bildet also das Thema, das in mehrfachen Durchführungen die einzelnen Glieder etagenwei-
se differenziert. Es beginnt bereits beim Fuß, dessen Sockel wuchtig
und fest dasteht, in dessen Knauf nochmals die kleineren Buckel als
Überleitung zum Stiel Gewicht geben. Beim Kelch selbst wird zunächst
der Bauch, danach der Rand und dieser besonders ausladend durch einen
Kranz von Buckeln betont. Darauf sitzt der Deckel, der ähnlich dem
Fuß zunächst mit schweren Buckeln geziert wird, während den Griff
des Deckels kleine Buckel bilden, auf welchen als Postament der Träger
einer stolz flatternden Fahne steht. Wie anders dagegen gestaltete die
vorhergehende Epoche etwa 120 Jahre früher dieselbe Aufgabe. Eine
Lüneburger Arbeit von 1536 setzt einen Talerpokal breit und behäbig,
ganz statisch hin. Reichlich sind die Taler als Ornament verwendet,
jedoch nicht gemäß dem fugalen Ordnungsprinzip. So entsteht ein ganz
unterschiedener Gesamteindruck. Da pulst keine dynamische Bewegung,
spielen nicht malerisch die starken Kontraste von Licht und Schatten
dank der stark herausgetriebenen Buckel, die den stofflichen Reiz des
Materials so sprechend zur Geltung bringen. So bewirkt das einheitlich
durchgeführte Fugenprinzip jene unverkennbare barocke Gesamtform
voll dynamischer Bewegtheit.

Vielleicht haben wir zuletzt unser Augenmerk zu einseitig auf die
den Raum gestaltenen Mittel gelegt. Jedoch war deren exakte Erkenntnis
für den Nachweis fugaler Ordnung zuerst und dringlichst erforderlich.
Aber das deutet keineswegs auf äußerlichen Schematismus, auf bloße
Handwerksschablone. Beim Emporschreiten einer Treppenanlage empfinden wir denselben Erlebnisrhythmus wie beim Durchschreiten einer
Kirche. Schon die Führung und Wirkung des Lichtes ist die gleiche. Beide Male stellt uns das Dunkel der Vorhalle in die rechte Perspektive
und gibt die Richtung der Erfassung des Sinnes. Damit wird zugleich
das Thema gestellt wie in der Anfangszeile des Sonettes. "Beschau ich",
hieß es bei Gryphius, und wirklich tut sich eine Schau auf und ruft uns

---

23   Meine Barockkultur S.406, Abb. 319, 320.

zur Sinnverwirklichung als aktive Bewegung. Jedoch nicht in raschem
Eilen zum Ziel. Nein, die Seitenaltäre der Kirche wie die einzelnen Stufen mit dem Atemschöpfen nehmen uns in Anspruch. "Betracht' ich",
so benannte Gryphius das Verweilen gegenüber den objektiven Werten.
Hier ist die fugale Durchführung oft mit mehreren Mitteln, architektonisch und plastisch, besonders greifbar. Der Steigerung der Engführung
entspricht der Aufblick zur lichtdurchfluteten Kuppel mit ihrer Ausmalung, danach beugt der Schreitende gläubig das Knie vor dem Hochaltar
oder betritt der Gast gespannt den Vorraum der fürstlichen Prunkge-
mächer. Auch das Durchwandeln der großen Parkanlagen verrät dasselbe
Schwingen des Erlebens. Von der Schloßterrasse aus genießt man zunächst den Überblick mit der Einstellung auf den Abschluß, den häufig
die Orangerie bildet. Das Parterre danach aber fesselt uns durch die
Einzelanlagen, oft müssen wir wie bei der Treppe Seitenwege benutzen.
Abschnitte bilden Rondels, mit Blumen oder mit Wasser gefüllt. So ergeben sich mehrere Durchführungen. Schließlich reißt die Fontäne des
großen Runds unsern Blick empor, und nicht weit davon empfängt uns
der Bau als Abschluß. Er zwingt uns zur Rückwendung und nun sehen
wir das Schloß, von dem wir ausgingen, mit der wohl bedachten Park-
anlage als sinnvoll gegliedertes Ganze, geordnet nach dem fugalen Ordnungsprinzip.

Aus Deutsche Vierteljahresschrift für Literaturwissenschaft und Geistesgeschichte Jg. 32
(1958) Heft 4.

Das deutsche Barockdrama und die Politik

Das erregendste politische Ereignis des 17. Jahrhunderts war der
Friede nach den dreißig Jahren von Not und Elend. Das wurde dramatisch gefeiert. Johann R i s t (1607-67) war der erste und erfolgreichste
in dieser Gattung. Er besitzt politisches Verständnis, war auch am meisten davon betroffen. Vor dem Einmarsch der Kaiserlichen in Mecklenburg floh der Student 1628 von der Universität Rostock nach Hamburg.
Zwar schloß der Dänenkönig Christian mit dem Kaiser 1629 in Lübeck
Frieden, doch Wallenstein als Herzog in Mecklenburg mit seinem Heer
und das Eingreifen von Schweden unter Gustav Adolf stand bevor. Aus
dieser Situation entstand das erste Stück "Irenaromachia", der Kampf
des Mars mit der eben vom Himmel herabgekommenen Irene[1]. Wahrscheinlich sind nur die beiden Bauernszenen zwischen den drei Akten
von Rist, die allegorische Haupthandlung von seinem früh (1635) verstorbenen Freund Ernst Stapel. Das Stück wurde gleich 1630 in Hamburg aufgeführt und gedruckt. Es erregt Aufsehen und reizt zur Nachahmung, schon 1643 in der Marburger "Germania". Als die Friedensverhandlungen in Münster und Osnabrück sich hinzogen, drückte Rist das
allgemeine Friedensbedürfnis wieder dramatisch aus. Es wurde 1647
"Das Friedewunschende Teutschland" in einem Schauspiel öffentlich vorgestellt und gedruckt. Es gilt als sein Meisterwerk. Das "Friedejauch-
zende Teutschland" 1949 ist durch 17 Lieder mit Instrumentalmusik
aufgeputz, sogar das Zwischenspiel bringt ein plattdeutsches Couplet
"welches von den Bauern wird gesungen, gespielet und getanzet". Es ist
mehr dekorativ, theatralisch, eben ein Festspiel. Dagegen entspringt
die Intensität der beiden früheren Stücke persönlicher politischer Anteilnahme. Ganz auf Pracht und Glanz sind die Nürnberger eingestellt. Ern-
ste Verantwortung steht hinter den Friedensstücken der Norddeutschen
(Enoch Gläser, Joh. Hch. Hadewich und der Marburger Germania), die
von Rist zehren, während Schottel selbständig ist. Dies betont schon
der Titel "Neu erfundenes Freudenspiel genannt Friedens-Sieg". Als
Prinzenerzieher in Braunschweig preist er heldische Tugend als Erhal-
ter des Friedens. Es wurde bereits 1642 in Gegenwart des Herzogs aufgeführt. Hier wird wie in den vorher genannten Stücken das Religions-
Ethische als Richtwert für das Politische aufgestellt. Man wendet sich
dabei besonders an die Verantwortlichen.

Doch die Kriegsfurie tobte immer wieder von neuem und ringsum.
So findet sich auch weiter politisches Interesse, aber es zeigt sich in
recht verschiedener Art.

---

1 Text in Barockdrama. Bd. 6, S. 141-208 (Dt. Lit. in Entwicklungsreihen).

I. Die Wanderbühne

Da ist zunächst die Wanderbühne. Sie dient allein der Unterhaltung der breiten Masse; als reines Geschäftsunternehmen ist ihr jede kulturerzieliche Rücksicht fremd, und ihr Tun gibt daher der Geistlichkeit zu immer neuen Angriffen Anlaß. So erfüllt die Wanderbühne der Zuschauerschaft alle Wünsche und was sie bringt, ist deshalb von besonderer Aussagekraft für das Interesse des Publikums. Dieses verlangt keine Feerie, kein zeitfremdes Nirgendwo, sondern eine "Staatsaktion". Selbst die Komödie wie das Singspiel sind erst als Nachkost, nicht als "Hauptaktion" gestattet. Aber das Hauptstück muß von Fürsten und Staatsmännern handeln; die bürgerliche Welt ist nicht zugelassen. Diese Wahl des Stoffes läßt sich nur erklären aus politischem Interesse, aus Neugier für die Staatsaffairen. Bei der Inhaltsbildung überwiegt nicht etwa Liebeshandlung, sondern die Staatsszene. Große Auszüge, Feste und Schlachten, Rats- und Gerichtssitzungen zaubern den Glanz der höfischen Welt und ihrer weltgeschichtlichen Bedeutsamkeit vor die Augen von Gevatter Schneider und Handschuhmacher. So wird auch das zeitlich Zurückliegende aktualisiert und das räumlich Entfernte gibt nur Gelegenheit, durch Kostumreiz das Staunen zu vermehren, wirkt jedoch nicht distanzierend, wie es der Unpolitische wünschen und machen würde.

Selbst im ältesten deutsch erhaltenen Stück von "Niemand und Jemand" (1608), das dem Titel nach vielleicht bürgerliche Handlung erwarten ließe, geht es um Thron und Reich. Solche Stücke brachten die Engländer schon herüber und manches hält sich das ganze Jahrhundert hindurch, wie Kyds "Spanish Tragedy"[2]. Diese ganze Art, wie man die Stoffe zum Drameninhalt verarbeitet, gibt die entscheidende Auskunft darüber, was das Publikum fesselt, und das ist eben das Politische daran. Man denke nur an die "Comödia von eines Königes Sohne aus Engelland ..." (in der Sammlung von 1620); wie ist doch dieses hübsche Novellenthema zur rechten Staatsaktion gemacht, wo statt Gesäusel und List der Verliebten um Kronen gespielt und auf der Bühne gekämpft wird. Dabei sind alle Stoffe willkommen, gleichviel aus welcher Zeit oder Gegend. Sogar zeitgenössische Ereignisse waren nicht verpönt. Zwar wissen wir nicht, was Spencer zwischen 1611 und 1614 in seiner "Türkischen Triumpskomödie" bot, doch begegnet ein "Wallenstein" und "Carl Stuart". Schließlich wagte man sich sogar an Wiens Belagerung und Entsatz, bearbeitet das Schicksal Cromwells und Carls XII. von Schweden. - So zeugt das ganze Verhalten der Wanderbühne deutlich von poli-

---

2 "Jeronimo, Marschalck in Hispanien." Diese einzige unbekannte Handschrift aus meinem Besitz läßt sich genau datieren; 1663 ebso ihre Aufführungen. (1973, Gg. Olms Verlag).

tischem Interesse der breiten Masse, und zwar in der Art der Neugier, nicht von politischer Stellungnahme und Gerichtetheit.

II. Das Ordensdrama

Am ehesten trifft scheinbar die Behauptung von der unpolitischen Art des Barockdramas auf jenes der katholischen O r d e n zu. Schon die dem Volke unverständliche lateinische Sprache, so pflegt man zu exemplifizieren, dazu die Stoffe sind fern aller volks- und zeitnahen Art. Bei dem riesigen Stoffverbrauch und dem Streben nach Neuem stöberte man tatsächlich die entlegensten Ereignisse aus der Märtyrergeschichte auf, wobei man jedoch auch die Blutzeugen der Gegenwart in Indien und Japan nicht verschmähte. Von einer Scheu vor der Aktualität ist schon bei der Stoffwahl nichts zu spüren; im Gegenteil bevorzugt man Stoffe, die irgendwelche Analogien mit der Gelegenheit, zu der das Stück aufgeführt wurde, besitzen. Diese Beziehungen, ja vielleicht sogar Anzüglichkeiten, vermögen wir heute meist kaum zu ahnen, zumal wenn wir uns nur an den Abdruck in der Gesamtausgabe des Dichters halten, oder mit dem bloßen Programm begnügen müssen. Es gilt schon genauer hinzuhorchen, um das Herz der Zeit klopfen zu hören.

Die Orden, voran die Jesuiten, stehen ja im Kampf der Gegenreformation; und eine ihrer Waffen ist das Drama. Sowohl die breiten Massen, wie auch der Hof sind ihr Publikum, und auf alle soll eingewirkt werden. Die Verherrlichung der siegenden und triumphierenden Kirche als Grundabsicht wird nicht in hymnischem Preisen erfüllt, sondern in dramatischer Form uur Anschauung gebracht. Gegnerschaft wird gezeigt und deren Bekämpfer gerühmt. Stets sind es geschichtliche Ereignisse, die vorgeführt werden. Mit dem Staatsleben sehen wir immer die Sache der Kirche verknüpft; und die Zuschauer mitzureißen zum Kampf für die Kirche, das ist Absicht. Nicht schöne Erbauung an alten Sagen und Berichten, nicht moralische Belehrung für ein frommes Privatleben, sondern Aktivierung zum Dienst für die Kirche, zur Hilfe für ihren Sieg im Staat, das ist Absicht und Leistung des reichen Theaterbetriebes, zumal der Jesuiten. - Solch Einflußnehmen auf die Gestaltung des öffentlichen Lebens, ja die Lenkung des Staates, das ist wahrhaftig politische Haltung!

Dabei konnte an dem Beispiel eines historischen Falles recht aktueller Anschauungsunterricht erteilt werden. Sehen wir uns den bedeutendsten Jesuitendramatiker daraufhin an. Jakob Bidermann veröffentlicht 1604 einen satyrischen Novellenzyklus "Utopia", worin auch die Erzählung vom Bauern als König verwendet wird. Das Traummotiv begegnet wieder in dem Stücke "Cosmarchia, sive mundi res publica". Ist es letztlich eine Parabel auf die Unbeständigkeit des irdischen Glückes, so doch in der Handlung ganz ins Politische übersetzt. Dies Volk pflegt jährlich seinen Herrscher zu wechseln, bis es an den Unrechten kommt. So wird das Stück zu einer Satire auf demokratische Anschauungen und eine Verherrlichung des Absolutismus. Im "Belisarius" zeigt Bidermann, wie der hochgestiegene Feldherr, der seine Hand an den Papst zu legen wagte, furchtbares Geschick auf sich zieht; gestürzt, blind sitzt er schließlich bettelnd am Straßenrand. Der gegen Gott und seine Kirche frevelnde Machthaber wird zerschlagen und vernichtet, das wird immer wieder im gesamten Ordensdrama in Form einer prächtig ausgestatteten Staatsaktion vorgeführt. Am bekanntesten ist das Prunkstück "Pietas victrix sive Constantinus Magnus de Maxentio Victor" (1659). Der Titel besagt schon alles.

Brennend aktuell ist dabei die Frage, wie sich die Untertanen in solchem Falle zu verhalten haben. Hier reicht eine Grundfrage der Zeit, um die Staatsrecht und Moral sich unaufhörlich streiten, direkt in das Drama hinein und wird in praktischen Beispielen immer wieder auf der Bühne behandelt; es ist die Frage nach dem Widerstandsrecht. Wie soll der christliche Beamte, der Rat oder General, sich verhalten gegenüber den Befehlen eines gottlosen Herrschers. Auf dem Theater spitzt sich die Frage zu nach der Erlaubtheit des Tyrannenmordes. Besonders beliebt ist die Ermordung (589) des Kaisers Mauritius. Seit er 1603 in München und Ingolstadt auf der Bühne erschienen war, wurde er das ganze Jahrhundert hindurch an Höfen gespielt, oft mit jungen Fürsten unter den Schauspielern, ein warnendes Zeichen und zugleich eine moralische Entscheidung. Immer wieder wurde das Jahrhundert ja aufgeschreckt durch Königsmorde; man denke, nach Heinrich III. 1605 die Pulververschwörung in England, 1610 wird Heinrich IV. von Frankreich erdolcht. Niemand wagt solch Tun natürlich zu billigen; doch entzündet sich an der Stellungnahme dazu der Kampf und die Entscheidung über die Auffassung vom Staate überhaupt. Über die Herkunft und die Begründung der Fürstenmacht gehen die Meinungen grundsätzlich aufs schärfste auseinander. In diesem aufgeregten Kampf der Geister legen auch die Jesuiten als Stoßtrupp des erstarkten Papsttums die entsprechende Staatsdoktrin theoretisch fest. 1604 erscheint von Mariana "De rege et regis institutione", worin am schroffsten die Selbsthilfe des Volkes gebilligt wird. Hier wie überall wirkt Aristoteles mit seiner Lehre vom Menschen als geselligem Tier nach. Es beruhe der Staat also auf einem Naturtrieb; ebenso gründe sich die Tatsache der Über- und Unterordnung wie in der Natur auf der Gewalt des Stärkeren und des Schutz suchenden Schwachen, die ihre ursprünglichen Rechte und Freiheiten dem Herrscher übertrügen. Wir sahen in Bidermanns "Cosmarchia" diese anfängliche Volkssouveränität satirisch behandelt und ihre Überwindung durch den starken einzelnen als Fortschritt gezeigt. 1613 wird in Antwerpen der maßgebliche "Tractatus de legibus" von Suarez gedruckt, der nun das fehlende Glied in der Ableitung der Macht einsetzt: "omnis potestas est a Deo principaliter, vel immediate ut in potestate ecclesiae, vel mediante republica, ut in civili". So wird das eigentliche Gottesgnadentum der Fürsten vermieden und allein dem Papst zuerkannt, der damit auch Richter über die Herrscher ist. Dem Volke steht solches zwar nicht zu, doch ist es auch seinem König nicht bedingungslos ausgeliefert. Der Vertragsgedanke wird beibehalten, so daß das Volk gegen den Fürsten jederzeit ausgespielt werden kann; die lediglich natürliche Herkunft des Staates bleibt bestehen. So finden wir es auch bei der anderen autoritären Schrift, in den Disputationes des Kardinals Bellarmin 1620. Der Staat als ein bloß naturhaftes Gebilde bedarf der Heiligung der Kirche, die kraft ihrer Sonderstellung oberste Gewalt auf Erden hat. Die Fürsten haben ihre Macht aus der Wahl des Volkes und aus der Sanktionierung durch den Papst. Ohne irgendwie den Tyrannenmord zu billigen, wird doch eine Exekution gegen ketzerische oder die Ketzerei begünstigende Fürsten zugelassen. Wir sehen damit, wir die Jesuiten, Piaristen, Benedictiner keine bloß unterhaltende Staatsaktion dem Volke zur Schau stellen, sondern voll politischem Willen in ihren Stücken ihre besondere Staatsauffassung anschaulich werden lassen. Nicht zum Morde der Tyrannen wird aufgerufen, sondern nur deren verderbliches Schicksal als gottgewollt vorgeführt und zur Unterstützung der kirchentreuen Gegenpartei ermuntert. Es arbeitet das Ordensstück nicht nur mit Inhalten aus der staatlichen Sphäre, sondern steht auch mit wichtigsten politischen Theorien in direktem Zusammenhang und ist seiner ganzen Tendenz nach politisch gemeint.

Verstärkt findet sich die politische Funktion des Jesuitendramas bei Nicolaus von Avancini (1611-1686). Er ist typischer Vertreter des hochbarocken Byzantinismus, der durch wohlberechnetes Lob zu lenken versteht. In Konkurrenz mit der Hofoper steigert er das wahrlich nicht ärmliche Schulstück zum gewaltigen Prunk- und Schauspiel vor dem Kaiser, zum ludus caesareus[3]. Hier herrscht die typische Verbindung von jesuitischem Geist und höfischem Prunk als zugehörige Gebärde zu dem neuen Austrocaesarismus, der statt der alten Reichsherrlichkeit eine gemischt-völkische katholische Donaumonarchie der Habsburger erstrebt. Außerdem feiert dieser Wiener Professor unermüdlich das Herrscherhaus in zahlreichen lateinischen Oden, Lobschriften und Preisreden.

---

3 Das Prunkschauspiel: Pietas victrix, sive Constantinus Magnus de Maxentio Tyranno victor (1669) in Barockdrama Bd. 2, S. 184-303.

III. Die schlesische Kunsttragödie

Am auffallendsten und in weitgehendstem Maße zeigt die Kunsttragödie der Schlesier Zusammenhang mit der Politik. Das
Gerede von der stubenhockerigen Gelehrtenpoesie des 17. Jahrhunderts
läßt sich am einleuchtendsten bei diesen Männern widerlegen. Das sind
ja keine "Gelehrten", weder von Beruf, noch von Neigung, denn Gryphius lehnt mehrmals einen Ruf als Professor ab. Er bleibt auf dem
schweren Posten des Syndikus der Landstände seiner Heimat, des Für-
stentums Glogau und verficht dessen Rechte weiter gegen Habsburgs
dauernde Vergewaltigungsmethoden. Trotzdem ist er glühender Vertreter der Staatsauffassung eines patriarchalischen Gottesgnadentums[4]. In
der Aufregung über die Hinrichtung König Karls von England am 30. Januar 1949 wirft er mit fliegender Feder aufgrund der ersten Berichte
sein Drama hin: "Ermordete Majestät oder Carolus Stuardus, König von
Großbritannien." Der Titel bereits ist ein Kampfruf, eine Anklage: Die
Majestät wurde ermordet; kein Tyrann umgebracht, sondern der recht-
mäßige König, mit der amtlichen Bezeichnung des Reiches "Großbritannien", statt des volkstümlichen "England". Der Reinschrift wurde ein
Sonett vorangestellt (Staatsbibliothek Berlin, datiert II. Martij a. 1650;
aufgenommen in die Sonette Buch 5, Nr. 47), das mit der Aufforderung
schließt: "Herr, Schwerdter aus den Scheiden!" Wahrscheinlich wird
Brandenburgs Großer Kurfürst damit angeredet. Er hat nahe Verwandt-
schaftspflichten gegenüber England[5] aber Gryphius faßt seine Begründung rein ideell: die Ordnung der Welt scheint bedroht, mit des toten
Königs Seele sind auch Ruhe, Zucht und Recht verflogen; drum, wer die
Gerechtigkeit liebt, müsse hier eingreifen. Eine Staatsauffassung[6] als
heilige Überzeugung sieht hier das geordnete Gefüge der Staatenwelt von
einem zerstörenden bösen Prinzip bedroht und ruft dagegen auf zu heili-
gem Krieg. Direkt eingreifen in die hohe Politik will hier das Drama!
Den Inhalt des Stückes machen drum immer neue Streitgespräche aus,
welche die kämpfenden beiden grundsätzlichen Standpunkte gegeneinander
prallen lassen. Da wird ganz besonders die Frage nach der Verbindlichkeit des Untertaneneides aufgeworfen und von den Revolutionären für
nichtig erklärt wegen des gewalttätigen Handelns des Königs. Dieser werde als Verbrecher für seine Taten bestraft; das unterdrückte Volk führe
als Gottes Instrument die Vollziehung des Rechtes aus. Ferner wird

---

4 W. Flemming: Andreas Gryphius (Stuttg. 1965) S. 66, 73 ff., 98 ff.
5 Die Kurfürstin-Mutter war die Schwester des Kürfürsten von der Pfalz, des sogen.
   Winterkönigs. Dieser war verheiratet mit der Schwester von Karl Stuart.
6 H. Hildebrandt: Die Staatsauffassung der schlesischen Dramatiker (Diss. Rostock 1939).
   Über den dynamischen ausgreifenden Stil barocker Feldherren im Gegensatz zur statischen Art der Franzen genauerer in meiner Dt. Kultur im Zeitalter des Barocks, 2. Aufl.
   1960. S. 179 ff.

das Gerichtsverfahren, das Parlament, als einseitig parteiisch abge-
lehnt; alles wird hervorgezogen und streitend behandelt. Nicht allein
das Völkerrecht wird von Gryphius dagegen angeführt, das "verbeut,
Erbkönige zu tödten"; es ist vor allem der Grundsatz des Gottesgnadentums, auf dem seine Argumentation beruht. "Ein Erbfürst frevelt Gott,
Gott nur hat Macht zu strafen!" Nicht von Menschen leitet sich die Souveränität ab, nicht aus der Übergewalt eines Tyrannen und aus der Un-
terlegenheit der Schwachen, nein, Gott selbst hat diese Institution unmittelbar gesetzt. Es ist die lutherische patriarchalische Auffassung, Gott
habe den Vater über seine Kinder gesetzt und diese ursprüngliche väter-
liche Gewalt sei die Quelle der königlichen Autorität. Das Amt des Herrschers steigert das Barock nun weit über die bürgerliche Auffassung der
Lutherzeit hinaus zur Theorie von der persönlichen Majestät als eines
Gesalbten Gottes.

Reich ist die Literatur darüber. Von Gryphius' Zeitgenossen sei
vor allem Ludwig Veit v. Seckendorff hervorgehoben, dessen "Teutscher
Fürstenstaat" 1655 erschien. Sehr verbreitet scheint auch Horn "De
civitate", und ebenfalls hierher gehört Barclay. Majestät bezeichnet
jetzt den Inbegriff aller staatlichen Macht, ein Bild und Zeichen von Gottes eigner unbeschränkter Gewalt über die Menschen. So ist der Herrscher dem Volk gegenüber absolut, aber Gott gegenüber zu besonderer
Treue, Gewissenhaftigkeit und Verantwortung verpflichtet. Herrscher-
sein ist ein schweres und sorgengefülltes Amt. Drum ist der angestamm-
te Fürst ein sorglicher Vater seiner Landeskinder, er bezieht seine Gewalt auf das öffentliche Wohl; Gerechtigkeit und Ehre sind sein Maßstab,
wohingegen der Tyrann sich alles erlaubt und nur für seinen Privatge-
brauch auspreßt. Ist der Herrscher so von Gott gesetzt und ständig vor
Gott stehend, so schützt ihn Gott auch, tritt für ihn ein. So heißt es in
Gryphius' Carl Stuart "der Himmel wacht ja selbst für diese, die er krönet"; und der Chor ruft Gott zur Rache auf: "Herr, der Du Fürsten selbst
an Deine Statt gesetzet, wie lange siehst Du zu? Wird nicht durch unsern
Fall Dein heilig Recht verletzet? Wie lange schlummerst Du?"

Auch Lohenstein vertritt den Standpunkt im Arminius (I S. 312), die
Könige seien "Statthalter der Götter auf Erden, die in der Welt keinen
Richterstuhl haben, weniger jemand ihre heilige Glieder zu verletzen
befugt ist". Also hier wieder der Grundsatz, daß der Fürst allein Gott
verantwortlich sei und allein unter dem göttlichen Recht stehe, daß er
dagegen über den bürgerlichen Gesetzen walte. "So wenig die Menschen
dem Gestirne Gesetze geben und den Lauf der Sonnen einrichten mögen,
so wenig stehet Untertanen zu, das Fürnehmen ihrer Obrigkeit zu meistern." Aufs schärfste rücken unsere schlesischen Dichter und Staatsbeamten damit ab von den kalvinistischen Auffassungen, welche in
Deutschland durch ihren Amtsbruder in Emden Joh. Althusius in seiner
"Politica methodica" in scharf demokratischer Ausprägung vertreten

wurden. Gegen den Gedanken einer konstitutionellen Monarchie spricht Lohenstein sich energisch aus (Arnim I, 142) "Ich halte denselben, welcher nach fremder Richtschnur leben muß für keinen König; sintemal das Herrschen darin bestehet, daß alle einem nicht einer allen von seinem Fürnehmen Rechenschaft gibt". Metaphorisch gibt Gryphius derselben Überzeugung Ausdruck: "Die baut auf schwaches Eis Und ist nicht Scepters werth, die, weil sie Scepter trägt, Was werther hält als sich."

Es ist bei Gryphius und bei Lohenstein eigentlich verwunderlich, daß sie ihr ganzes Leben so fanatische Anhänger und Verteidiger des Gottesgnadentums gewesen und geblieben sind. Denn in ihrer Amtstätigkeit bekamen sie die Auswirkungen des Absolutismus in der deutlichsten Weise zu verspüren. Hatten sie beide doch gegen die Bedrängungen Habsburgs ihr Staatswesen zu verteidigen. Lohenstein weilte persönlich einmal in Wien in großer diplomatischer Mission erfolgreich beim Kaiser.

Aber man empfand diesen wohl mehr als darüberstehend; als eigentlichen Gegner dagegen nur die einzelnen Beamten, mit denen man direkt den Kampf führte. Wie tief unseren Schlesiern das Ideal des Gottesgnadentums saß, zeigt sich bei Gryphius schon darin, daß es ihn überhaupt zu dramatischer Produktion trieb. Er hatte wohl in Rom das Stück des Jesuiten Josef Simeons gesehen, das den Fall des byzantinischen Bilderstürmers Leo Armenus vorführte, dargestellt ganz im Sinne der üblichen Auffassung des Ordens. Nicht die Palastrevolution, sondern deren Verherrlichung reizte dagegen den jungen Protestanten. Deshalb formt er die Gestalt des Kaisers um, läßt seinen Edelmut ihm zum Verderben werden. Die Gegner aber werden als bloße Verschwörer ganz ohne Sympathie gezeichnet, von persönlicher Ehrsucht getrieben. Ihr Führer ist ein Undankbarer, der seinen Wohltäter schnöde hintergeht. Wie im "Carl Stuart" verteidigen die Empörer ihr Tun, indem sie sich hinter Gott verschanzen: "der Höchste führt sein Recht durch Menschenarme aus". Dem entgegen setzt die Kaiserin des Dichters Meinung: "Ein Fürst fällt dem allein, der in den Wolken wacht. Der in den Thron uns setzt, kan aus dem Thron uns bannen." Dagegen fällt nun noch ein bedeutsamer Ausspruch: "Der minste von dem Volk ist Halsherr des Tyrannen." Es ist dies ein wörtliches Zitat aus einem Holländischen Drama, aus dem "Geerardt van Velzen" von P. E. Hooft. Er meint es damit als Kalvinist durchaus ernst. Gryphius ist trotz seiner Studien in Leiden grundsätzlich gegnerischer Meinung. Bewußt kämpft er nun gegen zwei Fronten, deren Folgerungen in diesem Punkt auf ein verwandtes Resultat herauskommen. Daß er der Ansicht ist, nicht nur die kalvinistischen Monarchomachen ließen die Hinrichtung eines Fürsten zu, sondern auch die katholische Staatstheorie, beweist seine Äußerung im "Carl Stuart": "Und dürffen wir noch Rom den Königsmord verweisen?" (III, 10). So ist nicht nur äußerlich, sondern von Erlebnis und Gehalt her bereits das Erst-

lingsdrama des Schlesiers keine Nachahmung, im Gegenteil, ein höchst
bewußtes Gegenstück zu dem Jesuitendrama. Daher wird betont (II, 4),
daß der Fürst "unter Gott, doch über Menschen" stehe. Die Unteilbar-
keit der Souveränität wird begründet (v. 429 ff.) und schließlich in das
Bild zusammengefaßt (435 f.): "Ein Fürst und eine Sonnen sind vor die
Welt und Reich." Den Fürsten als sorgenden Landesvater malt der Chor
(III, 1 v. 49 f.) "Er wacht für uns, und der wacht über ihn, der Fürsten
stühl auf steiffen Demant setzt".

In diesem Bild liegt zugleich auch die hohe Verpflichtung, die religiöse Vertiefung, die zum Ideal des Fürsten gehört. Denn das Gewissen
peinigt den Herrscher, der sich versündigt hat und schreckt ihn durch
schauerliche Drohträume. Immer wieder begegnen wir in der schlesischen Kunsttragödie bei allen Autoren Szenen dieser Art, bei "Leo Armenius" angefangen. Vom echten König verlangt man, daß er moralisch
sich selbst bezwingt und daß er nach außen Haltung wahre. Auch Lohenstein betont im "Arminius", derjenige sei "der mächtigste König, der
über seine Begierden vollmächtig zu gebieten" weiß; er findet sogar die
Heirat aus Staatsinteresse einzig angemessen, denn "der Pöbel heiratet
nach Wollust, Fürsten zu ihrer Vergrößerung". Rein vom Standpunkt
des Staatsmannes her beleuchtet Scipio die Überwindung serviler Halt-
losigkeit im vierten Akt der "Sophonisbe" und Mafinissa erkennt schließlich die Gründe der Staatsraison als die gewichtigeren an. Das wird vom
Dichter als Selbstbesiegung, nicht als Untreue und Egoismus gedeutet.
Im Ganzen ist Lohenstein weniger moralisch in der Wertung als Gryphius;
vielmehr stehen ihm die praktischen Seiten des Staatsmannes im Vordergrund, obschon die sittlichen Grundgesetze nie außer Acht gelassen
werden. Wir spüren den Hauch der großen Welt, wenn er von den Fürsten sagt: "der Glanz ihres Ansehens ist so vermögend, einer Schwach-
heit die Farbe der Tugend, als die Sonne einer trüben Wolke des Purpur und Goldes anzustreichen".

Die Gegenseite zur absoluten Souveränität der Fürsten ist die Stellung des Untertanen. Hier heißt es nach Luther, untertan zu sein der
Obrigkeit, die Gott gesetzt hat. Ist es ein schlimmer Fürst, so braucht
ihn Gott vielleicht für die Menschen als Zuchtrute. Wer will sich ver-
messen, seine Gedanken zu erkennen, seine Pläne zu durchkreuzen. Es
gilt dann eben zu dulden, nicht sich zu verschwören. Gott bitten, daß
er dem König Einsicht und Umkehr schicke; nicht murren, nur beten um
Besserung, Beharrlichkeit und die eigenen Kräfte des Tragens und Ver-
zeihens üben. Also gibt es auch keinen passiven Widerstand in weltlichen
Dingen; er ist allein zulässig, wenn gegen Gott Verstoßendes gefordert
ist. Unmißverständlich erscheint selbst Pufendorf: "Si fugae via non da-
tur, moriendum potius quam occidendum est."

Gryphius' letztes Drama kreist ganz um dies Problem des absoluten
Gehorsams des Untertanen. Der höchste Richter des römischen Staates

muß dem Recht treubleiben, darf nicht den Affektmord des jungen Kaisers deutelnd entschuldigen, auch wenn es den Kopf kostet. Aber selbst in höchster Lebensgefahr nimmt er weder das Angebot der Kaiserinwitwe noch des Heeres an, wodurch er zum Gegenkaiser, zum Führer eines Aufstandes würde. Auch hier zeigt Papinian sich "großmüthig": "... ich begehr Nichts als des Fürsten Heil auch durch diß Blut zu stützen." Als die Hauptleute meinen, durch die Mordtat sei das Band zwischen Heer und Herrscher zerbrochen, widerspricht ihnen Papinian, der Fürst sei es, der den Untertan erst schaffe, nicht umgekehrt. Obschon eine unumschränkte Gewalt leicht dazu verleite, daß er sich verrenne und in Laster verstricke, so hätten doch a l l e i n die Götter darüber zu Gericht zu sitzen, nicht Menschen, nicht die Untertanen. Sein Gewissen werde ihn strafen und martern. Wieder wird dagegen die Meinung gesetzt, daß Menschen der Götter Recht wahren und ihre Strafe ausführen müssen. Wieder wird sie abgewiesen; nicht dem Fürsten persönlich, sondern seinem Hause wären sie eidlich verpflichtet. So rät Papinian, obwohl er weiß, daß er dabei sein Leben verliert, dem Heer vom Aufruhr ab und bleibt seinem Kaiser, der ihn hinrichten lassen wird, doch treu. Er willigt dem Kaiser gegenüber nicht aus Todesfurcht in Unrecht, sondern duldet den Tod des eigenen Sohnes vor seinen Augen und legt endlich sein Haupt mit einem Segenswunsch für das Land und selbst für diesen Kaiser auf den Block.

Hier wird von Gryphius nicht ein feige hündisches Ducken und Einstecken aller Ungerechtigkeiten gefordert, sondern ein hochgemutes Zeugen für das Recht, eine Verherrlichung der Gesetze durch freien, erkennenden Gehorsam geschildert am heldenmütigen Durchhalten des weltberühmten Rechtsgelehrten. Auch im "Leo Armenius" betont Gryphius, daß die Gesetze energisch durchgeführt werden müssen. Verderben fließt aus dem edelmütigen Nachgeben gegenüber dem aus Staatsraison notwendigen raschen Ausführen des Urteils. Ähnlicher Überzeugung gibt Lohenstein Ausdruck (Arm. I S. 310): "Es ist wahr, ... daß, solange die Gesetze feste stehen, kein Reich wancken, die Freyheit nicht zu grunde gehen können. Denn die Stärke und Krafft eines Reiches stecket in den Gesetzen; sie sind ein Schild gegen äußerliche Feinde und ein Schirm wider die aus unserer eigenen Gemeinschaft uns zu Kopfe wachsende Wüteriche.... Wenn aber die Gesetze schon einmal entkräftet oder verwirret, ja nur ein wenig gebeugt werden, ist ihre gänzliche Zernichtung vor der Tür."

Setzen wir Gryphius' "Catharina von Georgien" in Vergleich zu Schillers "Maria Stuart", so wird erst recht offenbar, wie stark die politischen Belange bei Gryphius mit in Rechnung gestellt werden, wohingegen sie Schiller nur als Gegenspiel verwendet. Denn bei der Klassik wird allein die innerseelische Entwicklung gewertet, die Königin als Privatmensch gefaßt. Bei Gryphius bleibt sie stets die um ihr Land besorgte Königin. Ihr Lebenswille ist keine Schwäche, sondern ihr gutes Recht. Sie verlangt nicht persönliche Freiheit für sich, sondern Rückkehr in ihr Land. All die politischen Ereignisse haben eine ganz andere Bedeutung, sind reale Tatsachen, mit denen gerechnet werden muß.

Nur die Treue Gott gegenüber ist die höhere Pflicht, die Beständigkeit im christlichen Glauben der höhere Wert als der ihr angebotene persische Thron mit der Bedingung des Religionswechsels. Bei Schiller sehen wir Elisabeth als vereinsamte Frau; bei Gryphius den Tyrannen, gemartert von seinem Gewissen, und der Geist der Märtyrerin tut ihm das nahe Ende seines Reiches und Lebens kund.

Auch rein stofflich betrachtet muß dieses Drama als aus der Zeitgeschichte entnommen bezeichnet werden; ebenso Lohensteins beide "Ibrahim" stücke, ferner Hallmanns "Catharina von England"; von Haugwitz sind eigentlich alle drei Stücke gegenwartsnaher Geschichte entnommen: "Maria Stuarda", "Soliman" und der verlorene "Wallenstein".

Wir können zusammenfassend sagen, daß Schlesiens Barockdrama starke Beziehungen zur Politik aufweist. Nicht allein, daß fast nur historische Stoffe gewählt werden, wir finden sie vor allem ausgestaltet von Männern, die im Staatsleben Bescheid wissen. Werden auch keine Schlachten auf der Bühne dargestellt, so gibt es reichlich Audienzen, Verhandlungen u. ä., stets als Staatsakte vorgeführt und sachgerecht, ja prächtig ausgestattet. Inhaltlich werden Probleme der Staatsführung ausführlich diskutiert. Macchiavellistische Praktiken werden am Intriganten gezeigt, dagegen die Ethik des christlichen Hofmanns betont, wie ja auch Seckendorff einen "Christenstaat" schrieb. Bei Gryphius konnten wir sogar die Konzeption aus politischer Erregung, die Vertretung einer ganz bestimmten Staatstheorie bei ihm und Lohenstein als bewußte Überzeugung und Tendenz nachweisen. Nicht allein ihr hohes Ethos, sondern auch der Hochstand ihrer politischen Bildung erstaunt. Ihr Publikum war eben der Kreis der höheren Beamten, die als studierte Juristen mit dem Staatsleben in Theorie wie Wirklichkeit genügend vertraut waren und hier ihrem aktuellen Interesse und ideellen Berufsethos Entsprechendes verkörpert fanden.

IV. Das volkstümliche Drama

Als letzte Gruppe von Stücken bleibt noch jene zu betrachten, die man nicht besonders treffend als "volkstümlich" bezeichnet. Allerdings zeigen sie nicht das literarische Verantwortlichkeitsbewußtsein der Schlesier, sind als Spieltext nur gearbeitet und meist von Schülern oder Studenten aufgeführt worden. Zeitlich wäre zuerst zu erwähnen der "Persens" von R i s t (1634). Der Autor will darin zeigen, wohin ein Fürst kommt, wenn er hartnäckig bösen Räten sein Ohr leiht, den Be-

schuldigten nicht vorurteilslos selbst anhört. Die Worte des Perseus
vermögen bei Philipp mehr als die Ratschläge der verständigten "favoriten Hof- und Kammerräten" (S.117). Zu solcher Beobachtung gaben die
damalitgen Zustände genügend Anlaß, handelte es sich doch hier offensichtlich um die größte Schwäche und Gefahr des Absolutismus, daß der
an sich wohlmeinende Fürst in die Hand eines Günstlings geriet und zu
schlimmen Entschlüssen verleitet, ja ruiniert wurde. Es ist also das
Interesse an den öffentlichen Zuständen, am Staatsleben hier treibende
Kraft für Sinngebung und Ausgestaltung des Stoffes. Keine Charakter-
tragödie, kein historisches Stück, kein Ideendrama, sondern eine Staatsaktion im weitesten Sinne sollte hier geschaffen werden.

Nicht anders steht es auch bei C h r i s t i a n Weise, wenn er den
Fall solcher Favoriten behandelt, wie "der gestürzte Markgraf von
Ancre", "der Fall des Französischen Marschalls Biron", oder "von
dem Spanischen Favoriten Olivarez". Im "Masaniello" wird Revolution
und natürlich stärkste Ablehnung der Beteiligung des Volkes an der Regierung vorgeführt. Dieser Fischer ist trotz edler Absichten eben nicht
zum Herrscher geboren. Aufstand unter seiner Führung wirkt nur zer-
störend. Weise malt die Pöbelherrschaft besonders kraß aus. Am er-
götzlichsten wirken die Fischweiber, die sich als vornehme Damen auf-
machen. Sinnlos wird gewirtschaftet, alles geht drunter und drüber.
Masaniello wird von seinen eigenen Leuten verraten und gemeuchelt.
Politische Tendenz beherrscht die ganze Durchführung der Handlung,
um Schüler- und Elternpublikum zu belehren.

Führt der Zittauer Rektor hier gleichsam den negativen Beweis gegenüber manch unzufriedenem Zweifler, so wird von seinem Saalfelder
Kollegen Christian Zeidler 1679 positiv "Monarchia optima reipublicae
forma, Schauspielweise vorgestellt". Im selben Jahr verspottete Christian Weise den Macciavellismus in einem Lustspiel "bäuerlicher
Macchiavellus". Ein anderer Schulmann hatte bereits ein Dezennium vorher ernstlich darüber gezetert "Ratio Status oder der Itziger Alamodi-
sierender rechter Staats-Teufel. In einem neuen Schauspiele abgebildet".
So griffen politische S c h l a g w o r t e auf Leben und Lebensführung über
und selbst der Ausdruck "politisch" wurde, nicht zuletzt durch Christian Weise, ein beliebtes Schlagwort. Nahm es seinen Ausgang auch
von polit, höfisch gebildet, so kam doch hinzu die Bedeutung "gewandt
in allen Weltsachen" und daher besonders wichtig für die Karriere am
Hofe. Als Inhalt gehörte dazu Wissen in der Geschichte, vor allem auch
der Gegenwart, Interesse an allen Staatsangelegenheiten, stets mit der
ganz personalen Absicht dadurch zu glänzen, zu avancieren. So hatte
das Spätbarock nicht nur dem Ausdruck sondern auch dem Inhalt nach
seinen "Politischen Menschen". Daher wählt man auch gelegentlich ein
ganz aktuelles historisches Ereignis zur Darstellung, etwa 1664 in Gie-

ßen "von der Belagerung Riga", oder 1687 in Rudolstadt "der Türkenkrieg und erfreuliche Fürstensieg", das 1698 wieder hervorgeholt wurde.

In den Ritterakademien schuf die Zeit sich den neuen, ihr besonders gemäßen Schultypus im Gegensatz zur Lateinschule der vorigen Epoche. Da wird denn auch, wie es die Schulordnung der Wolfenbüttler Anstalt enthält, Weltgeschichte mit besonderer Berücksichtigung der beiden letzten Saecula getrieben. Überall wird auf praktisch brauchbare Kenntnisse Wert gelegt, eben auf das, was der angehende Staatsdiener wissen muß. Dazu gehört auch Verständnis für die Angelegenheiten und Ereignisse des öffentlichen Lebens. Die anderen Schulen bestreben sich, ebenfalls den neuen Bildungsanforderungen gerecht zu werden. Vor allem in Mitteldeutschland, wo die vielen Kleinstaaten eine zahlreiche Beamtenschaft brauchen, legt man auf solche zeitgemäße Bildung Wert. Da schreibt Andreas Rihlmann 1664 einen "Politischen Traktat von Staats- und Liebessachen ...", worin auch ein Stück "Veränderung des Glücks und Unglücks in Regiments-Sachen" enthalten ist. Ein Stück von Gillet wird 1660 als "Die Regier-Kunst" übersetzt von dem Schlesier Benjamin Knoblauch.

Am aufschlußreichsten ist jedoch das Stück, mit dem Joh. Sebastian Mitternacht von seinem Rektorat in Gera Abschied nahm: "Politica Dramatica. Das ist Edle Regiments-Kunst, In der Form oder Gestalt einer Comoedien, in hoher Standes und andrer vornehmen Personen Gegenwart vorgestellet. Gera und Leipzig 1667." Nach dem Vorbild von Gillet wird in einem Gespräch zwischen dem Philosophen und dem jungen Prinzen nach jedem Akt dessen Lehrgehalt durchgesprochend. Der Autor sagt selbst, er habe hier nach Art der "berühmten Gesprächsspiele" Harsdörfers die "Edle Regierkunst" behandlet, damit sie von den Schülern zur Repetition der ihnen beigebrachten "praeceptorum politicorum" diene; denn Gesehenes hafte fester und leichter im Gedächtnis als Gehörtes (S.18). Das hatten Radtke und Comenius ja immer betont. Wir erfahren nun auch das zugrunde gelegte Lehrbuch; es ist des Hieronymus Praetorius "Theatrum Ethicum et Politicum".

Der Stoff wurde als Veranschaulichungsmittel gewisser Hauptlehren frei erfunden. Natürlich beruht alles auf dem lutherischen Gottesgnadentum. Die Obrigkeit ist eine von Gott geschaffene Einrichtung als leitende und ordnende Macht. Damit ist sie zugleich eine Dienerin Gottes, ihm verantwortlich. Sie ist notwendig, und selbst eine mangelhafte Staatsleitung ist besser als der gesetzlose Zustand, die Anarchie. Der Mensch in seiner Sündhaftigkeit ist "von Natur geneigt" zur "Freiheit" als Ungebundenheit gegenüber der Regierung, der er Gehorsam und Abgaben schuldig ist. Eine Durchbrechung der Pflicht- und Gehorsamsgebundenheit der Untertanen führt ins Verderben. Diesen Grundsätzen entsprechend zeigt die Handlung, wie ein Volk seinen König stürzt, weil es durch die Mißwirtschaft und Plackereien der Beamten zur "rasenden Ungeduld" getrieben wurde. Die Rebellion bricht los, die Schuldigen fallen der Wut des Pöbels zum Opfer. Das wird als Strafgericht Gottes gefaßt, der "unbeeinflußbar und gerecht" sogar die Anarchie als ein zweischneidiges Schwert zur Strafe für das aufrührerische Volk benutzt. Dieses ist aus dem Regen in die Traufe gekommen; es lebt unter einer Willkürherrschaft des Adels; die "Freiheit" entartet schnellstens zu einer wilden "Ochlocratie". Da greift Gott ein durch Entsendung der "Politica oder Regierkunst". Um den Wiederaufbau darzustellen, verwendet Mitternacht Allegorien, eine Ratsszene folgt der anderen. Die Politica leitet alles, sie hat die "allgemeine Wohlfahrt" im Auge und gründet eine neue Monarchie, die auf "gewissen Fundamentalgesetzen gegründet ist". Nun werden die Hauptkapitel aus dem Lehrbuch von Praetorius resumiert. Ein Monarch muß standesgemäß heiraten, nach außen Bescheidenheit zeigen, darf zu Beginn seiner Regierung keine Auslandsreisen machen. Von den Rechten des Souveräns werden betont: das der Gesetzgebung unter Wahrung des "natürlichen oder aller Völker Recht". Der Herrscher ist oberste Berufungsinstanz, Steuern und Zölle hat er zu veranschlagen, besitzt das Münzrecht u.ä. Er hat zu sorgen für das Schulwesen, für Anstellung zuverlässiger Inspektions- und Verwaltungsbeamter, für einen geordneten Haushalt und Sicherstellung der Kriegsrüstungen. Die vom König zu fordernden Tugenden erscheinen als allegorische Gestalten, und legen sich selber aus; es sind Auctoritas, Prudentia, Justitia, Fortitude, Benevolentia, Comitas vel Affabilitas (Leutseligkeit), Elementia. Dazu treten Fides, Cura, Vigilantia. Die Pietas oder "Gottesfurcht" tritt für das Christentum als Grundlage des Staates ein. Es folgen dann noch in den Wiederaufbauszenen Belehrungen über die Auswahl der Beamten, alles im Anschluß an das Lehrbuch. Diese Abschnitte sind dramatisch ganz unlebendig im Gegensatz zu den ersten Akten. Die Gestalt des gestürzten Königs erregt des Autors Mitgefühl. War er zunächst ungerecht vorgeführt worden, weil er seinen Favoriten nicht zur Rechenschaft zieht, so wird er nun zum Märtyrer, selbstverständlich nach Gryphius' Carl Stuart. Betont wird die Heiligkeit der Majestät. Selbst an der so viel behandelten Streitfrage, ob das Volk berechtigt sei, "einen öffentlichen Tyrannen" zu beseitigen, kann Mitternacht nicht vorüber. Allerdings schiebt er sie als besonders knifflig beiseite mit einem Hinweis auf das Lehrbuch. In diesem Fall, so betont er, habe der König nur "einen oder sehr wenige tyrannische actus ausgeübet"; es würde "viel Arbeit kosten, ehe man ausführte, daß dieser König wahrhafftig ein Tyrann gewesen". Er entlastet ihn als unschuldig an der Aussaugung des Volkes durch die schlechten Beamten. Er sei nur mißleitet durch böse Räte, ein Opfer der Missetaten seiner "Hofschrantzen". Allerdings wirft er ihm seine Günstlingswirtschaft vor, denn er habe "persönliche" Affekte höhergestellt als die Verpflichtung der Majestät zur Wahrung des Rechtes.

Sein Ende wird heroisch ausgemalt, er trotz dem Gerichtshof, den er als nicht zuständig verwirft, und geht stolz in den Tod. Auch die Prinzessin, die zur Magd erniedrigt wurde, wirft das entehrende "Sklavenleben" im Freitod von sich und ihre Hofmeisterin folgt ihr. So sieht auch Mitternach die Gestalt des Herrschers heroisch gesteigert und zeigt in allem sich den Schlesiern verwandt.

Daß das patriarchalische Gottesgnadentum sogar noch Fundament der heroischen B a r o c k o p e r ist, beweisen die Äußerungen von Postel in der Vorrede zu seinem "Gensericus". Es heißt da: "Ein Regent muß sein wie ein Vater, wie ein Lehrmeister oder wie ein Kapitain: ein harter Vater macht seine Kinder nicht gehorsam, sondern hartnäckig; ein strenger Lehrmeister macht keine gelehrte sondern furchsame Schüler, ein grausamer Kapitain macht die Soldaten eher flüchtig als ruhig." Güte sei also die Hauptstütze; wo sie fehlt, führt es zum Zerfall. "Grausamkeit und Tyrannei ... währet selten lange, und ein Fürst, der keine Güte kennt, hat bald ausregieret."

Nunmehr werden wir auch verstehen, daß die trockenen Äußerungen der T h e o r e t i k e r tiefere Hintergründe haben. Seit Opitz sind ja alle darin einig, daß für die Tragödie nur Könige und ähnliche hochstende Personen, als Inhalt "lauter hohe wichtige Sachen" (Rist) zugelassen, und vom Dramatiker ein umfangreiches Wissen von "Welt- und Staatshändeln", genaue Belesenheit in Historien, sowie große Lebenserfahrung erfordert werden. Dies alles bedeutet nichts anderes, als daß die tragende Schicht der deutschen Barockkultur eben das Beamtentum ist, das sich vor allem an den vielen kleinen Höfen Mitteldeutschlands zahlreich fand. Im Dienst des gerade ausgebauten absoluten Staates sind sie erfüllt von ihrem Berufsethos, der Überzeugung vom Gottesgnadentum lutherischer Färbung. Der Inhalt wird selbstverständlich aus der Geschichte verlangt, als der Bühne staatlichen Lebens. Der Hof mit seiner Gesellschaft ist der Ort der Handlung. Und das dort herrschende Benehmen in Sprache und Haltung soll zugleich gezeigt und geübt werden, denn der Zusammenhang mit der Schule ist überall da. Die Schulbühne bei den großen Schulfeiern pflegt ja vorwiegend die Stätte der Aufführungen dieser Stücke zu sein. So erklärt sich der enge Zusammenhang zwischen deutschem Barockdrama und Politik einfach aus der Tatsache, daß es eigentlich Erzeugnis und Ausdruck dieser Schicht ist. Da die ganze Zeit und ihre Kultur aber höfisch orientiert ist, nimmt das Ordensdrama und selbst die Wanderbühne an dieser Ausrichtung teil und ist alles Ernsthafte, was da gespielt wird, eigentlich "Staatsaktion".

Aus Dichtung und Volkstum, Bd. 37, S. 281-296.

Vondels Einfluß auf die Trauerspiele
des Andreas Gryphius

Bei seinen als Kunstdrama gemeinten Trauerspielen steht der Autor wie seine Zeitgenossen außer dem Richtbild der Antiken, besonders von Seneca, in Zusammenhang mit dem nächstliegenden Land, Holland. Da hier zugleich eine Kulturelle Blüte anlockte, ist der literarische Einfluß erklärlich. In Vondel wirkte ein all verehrter Dramatiker, der auf den Nationaltheater in Amsterdam mit Stolz aufgeführt wurde. So ist es fast selbstverständlich, daß der junge Schlesier von diesem deutlich beeinflußt wurde.

Gleich sein Erstling, das "Fürsten-Mörderische Trauer Spiel, genannt Leo Armenius"[1] zeigt eindeutig den Zusammenhang mit Holland. Außer Nachklängen von Seneca konnte Stachel (S. 211 ff.) schon Hoofts Gerard van Velzen als Vorbild für die Szene bei dem Zauberer im vierten Akt nachweisen. Für die andere Geisterszene hielt Gryphius sich an Vondel, was Stachel (S. 216 ff.) auch betont. Beidemale steht Seneca als die gemeinsame Anregung dahinter. War es für Hooft die Zauberszene der "Medea", so ist es für Vondel der Traum, mit welchem der tote Hector seine Gemahlin Andromache warnt vor der Gefahr, die ihrem Sohne droht (Seneca Troades v. 438-460). Singemäß zerfällt dies viel bewunderte Meisterstück eines spannenden Berichtes zunächst in eine kurze Einleitung, darauf folgt die Schilderung des Toten, und zwar zunächst negativ, daß er nicht wie in den Tagen seines Ruhmes erscheine, sondern betrübt und bekümmert. Fast ebenso lang ist die darauf einsetzende Warnung vor der Gefahr, in der Form eines Aufrufes gehalten, sowie die Anweisung was zu tun sei. Endlich berichtet ein knapper Schluß, wie der Geist der ihn umschlingenden Gattin zwischen den Armen zerronnen sei. Dem hiermit aufgestellten Schema folgt Vondel wie Gryphius.

Jedoch handelt es sich im Gijsbrecht um Machtelt, die Frau Gerards van Velzen, welche der Badeloch erscheint; bei Gryphius um die Mutter der Kaiserin Theodosia, welche ihre Tochter warnt. Selbstverständlich kannte jeder Gebildete zum mindesten diese allgemein gerühmte römische Tragoedie genau. Trotzdem legt doch bereits die Tatsache, daß bei dem Deutschen der Geist eine Frau ist wie bei dem Holländer, die Vermutung näher, daß die Übereinstimmungen nicht als vetternhafte Parallelen zu demselben Vorbild zu werten sind, vielmehr (wie Stachel S. 210 ff. meint,) in direkter Beziehung stehen. Diesen Eindruck bestätigt und befestigt ein genauerer Vergleich. Im Gegensatz zu Seneca beginnt bei beiden ein Akt mit der Schilderung des Traumgesichtes, und

---

[1] Wohl schon in Leiden (1638-44) entworfen, wurde es in Straßburg 1646 (Widmung) druckfertig gemacht und mit Oden und Sonetten dem Verlage übergeben, erst 1650 erschienen.

zwar eingeleitet durch einen kurzen Dialog, der lediglich die Aufgabe erfüllt, die Spannung auf den Inhalt der Erzählung hervorzurufen. Die nun folgende breite Beschreibung des Gespenstes beginnt Gryphius allerdings wie Seneca von der negativen Seite, während diese bei Vondel erst den zweiten Abschnitt ausmacht. Er fügt dann wie dieser entgegen dem Römer eine längere Begrüßung ein (Gr.5. A, v.19-26; Powell Bd.V, S.77; Vo.v.771-88), in welcher die scheinbar günstige Lage gerühmt wird. Als Kontrast kann dagegen mit umso größerer Wirkung die unheilvolle Enthüllung des Geistes gestellt werden. Diese wird wegen ihrer Wichtigkeit sorgfältig in mehrere Abschnitte zerlegt: zunächst eine Geste der Abwehr (Gr.27, Vo.789-92); darauf die Warnung (G.28-32, V.793-99). Einen Ausweg aus der dem byzantinischen Kaiser durch die Verschwörung drohenden Gefahr weiß der Geist jedoch nicht, und so fehlt bei Gryphius Vondels dritter Teil. Statt dessen wird die Verzweiflung des Gespenstes eindringlich ausgemalt (Gr.33-36). Ein Kurzer Schluß berichtet bei Vondel vom Verschwinden der Erscheinung. An die Stelle des vergeblichen Versuches sie festzuhalten setzt Gryphius einen neuen, nur ihm eigenen letzten Teil des Traumes, in welchem sich das Purpurkleid der Kaiserin in Sack und Asche wandelt und sie von Raubtieren sich zerfleischt fühlt.

Aus all diesem leuchtet ein, daß Gryphius in jener Szene sowohl unter dem Einflusse Senecas wie Vondels steht. Jedoch kopiert er weder schülerhaft den einen, noch entlehnt er eklektisch aus beiden; bemerkenswerterweise fehlen wörtliche Übereinstimmungen völlig. Vielmehr strebt diese erste deutsche Originaltragoedie, verehrten Vorbildern dankbar für Anregungen, doch selbständig nach. Denn durchaus sinnvoll muß die Verwendung genannt werden. Weder als überflüssiges Schmuckstück, noch als obligater Gruselspuk dient diese Szene, sondern als unentbehrliches Glied leitet der Traum den Schlußakt ein, in welchem die inzwischen vollzogene Ermordung des Kaisers als Katastrophe des Stückes berichtet, nicht auf offener Bühne vorgeführt wird.

Die eben besprochene Traumszene schließt sich an einen Chorgesang als Zwischenaktsfüllung an[2]. Dieser hat ähnlich wie im Gijsbrecht die "Rey van Edelingen" das Lob des Weinachtsfestes zum Inhalt. Aber nicht allein durch die dabei verwendete Odenform, deren "Satz" (Strophe) vom Chor der Priester, deren "Gegensatz" (Antistrophe) vom Chor der Jungfrauen gesungen wird, die sich dann im "Zusatz" (Epodos) vereinigen, weicht Gryphius von Vondels Strophenlied ab; auch inhaltlich lassen sich keine direkten Zusammenhänge entdecken. An dieser Stelle keine Spur von "Abhängigkeit" zu finden, verwundert nicht, wenn wir uns daran erinnern, daß ja der Schlesier in jener Zeit bereits volle Meisterschaft als Lyriker erreicht hatte. Zudem war Inhalt und Anordnung durch

---

2 Alles Folgende wurde weder von Kollewijn noch Stachel beachtet.

den Lauf der Historie selbst gegeben, wurde doch Leo der Bilderfeind am Christabend 820 in Byzanz bei der Weihnachtsmesse ermordet. In diesem Chorlied liegt demnach ein Anklang vor, keine Art von Einfluß, noch gar von Einwirkung. Rein aus der Forderung der Sache ersproß ein Gebilde, das sowohl hinsichtlich der Form wie der Gedanken Vondel ganz selbständig und eigen gegenübersteht. Dies verdient umso mehr beachtet zu werden, weil ja der Deutsche Vondel gut und genau kannte. Es liegt demnach nicht jener einfache Fall vor, daß der eine Dichter vom anderen nichts weiß, sondern der komplizierte, daß trotzdem völlige, aber nicht absichtlich gesuchte Selbständigkeit sich ausspricht. Dabei wird man grade hier den Ausdruck "Anklang" als besonders bezeichnend verwenden können, weil doch an dieser Stelle ein Spiel der Assoziationen eingesetzt hat, eben jenes, das von dem Weihnachtschor weiter spann hin zu jener Traumszene. Diese nämlich fehlt in den historischen Quellen wenigstens in der bei Gryphius vorhandenen Gestalt. Statt ihrer erzählt der Chronist eine ganz anders geartete vordeutende Erscheinung, die der Mutter, nicht der Gattin des Kaisers begegnet sei. Diesen Inhalt also verwarf der Dichter zugunsten Vondels; daß er Theodosia auswählte, erklärt sich aus der dramatischen Ökonomie, einer nahbeteiligten Figur solches zustoßen lassen zu müssen. Dadurch bestätigt und verstärkt sich unsere Deutung, es mit einer Anregung zu tun zu haben, welche künstlerische Kraft und selbständiges Wollen beweist.

Auf den Traum der Theodosia folgt selbstverständlich der Bote mit der Unglücksnachricht. Dafür braucht Vondel nicht speziell in Anspruch genommen zu werden. Aber daß danach noch eine Abrechnung mit dem siegreichen Feind über seine Schandtaten einsetzt, erinnert doch wieder an den Gijsbrecht (v. 1610 ff.). Ganz organisch jedoch fügt Gryph dieses Motiv dem Gang der Handlung ein, legt also seiner Kaiserin ganz andere Argumente in den Mund gemäß den historischen Gegebenheiten. Breit spinnt er dabei die Frage der Revolution und des Fürstenmordes nach allen Seiten hin aus. Dadurch rückt er die Fürstin in den Mittelpunkt des ganzen Aktes. Das Jesuitendrama benutzt diese Figur überhaupt nicht; bei den historischen Gewährsmännern spielt sie keine wesentliche Rolle. Gryphius hat damit eine Gestalt geschaffen, die einem Dichter alle Ehre macht. Sie hat nichts an sich von dem abstrakten Typus des Machtweibes bei Seneca, nur eine Verwandte besitzt sie: Badeloch! Beide sind menschlich glaubwürdige Ideale der Gattinnenliebe und -treue, welche sich aus tiefer Gefühlsechtheit bis zum Heroischen steigert. Doch Theodosia droht ja nicht nur die Trennung vom Gatten, das Schicksal hat sie bereits für immer vollzogen; der Bote brachte schon die Todesnachricht. Der Priester vermag sie (v. 190 ff.) sowenig wie Badeloch (v. 1686 ff.) über das herbe Geschick zu trösten. Ohne den Gatten können sie beide nicht leben und wollen mit ihm sterben: Theodosia bittet die Verschwörer, sie zu töten (v. 296, 298 ff.); Badeloch will selbst die

Kinder opfern (v. 1694 ff.), denn "mijn man is 't harte zelf, 'k heb zonder hem geen leven" (1709). Ohnmächtig sinkt sie schließlich zu Boden, als sie sich gehorsam zur Trennung zwingt, so daß die Kinder entsetzt melden (1791): "moeder sterft". Theodosia wird an der Leiche des Gatten von Wahnsinn ergriffen (v. 438 ff.). Leidenschaftlich ist also ihre Gattenliebe; drum erschöpft sie sich nicht in Klagen, sondern tritt aktiv als Kampf- und Todesmut hervor. Mutig tritt sie den Verschwörern entgegen und will, wie sie "kayserlich gelebt", nun auch "fürstlich sterben" (v. 218). Wie sie so ihrem Mann würdig nachfolgen will, verlangt Badeloch nach einem Schwert (v. 1722), um an des Gatten Seite zu kämpfen; später bittet sie ihn, ihr den Tod zu gehen, auf daß sie nicht lebend dem Feind in die Hände falle.

Es ist demnach nicht einzig jene Traumszene, sondern die ganze Figur der Badeloch, die für Gryphius anregend wurde. Aber mehr noch als bei Vondel tritt die Theodosia bei ihm hervor; auch gestaltet sich ihr Schicksal noch weit schmerzvoller. Heftiger äußert sich ihr Schmerz, leidenschaftlicher ist ihr Gebahren. So entspricht auch ihr Ende ihrem heißeren Temperament, das im Wahnsinn über den wiedererstandenen Gemahl und die gestürzten Feinde triumphiert. Dies alles wird lebendig gestaltet, nicht buchhaft entlehnt. Daher bleibt Theodosia auch nicht auf den letzten Akt beschränkt, sondern ihre Rolle hebt der Dichter entgegen den historischen Quellen und macht sie für den Lauf der Handlung entscheidend. Auf ihre Fürbitte nämlich führte er jenen verhängnisvollen Aufschub zurück, welcher den Verschwörern die Zeit zum Gegenschlag gewährt. Ihr Edelmut, ihre Frömmigkeit führt das Verderben herbei, das durch die rasche Hinrichtung der Rädelsführer vermieden worden wäre. Diese Szenen des zweiten Aktes gehören zu dem besten und persönlichsten, was das deutsche Drama vor Goethe überhaupt geleistet hat. Dafür lassen sich keinerlei Vorbilder auffinden. So hat die echt poetische Leistung Vondels offensichtlich den Schlesier dazu beschwingt, sein eigenes Ideal der Gattin zu zeichnen, in der Theodosia aus eigener Phantasieschau eine lebensvolle Gestalt zu schaffen, um die Seneca, selbst Corneille ihn beneiden könnte, welche von der Badeloch in genau derselben Weise sich unterscheidet, wie ihres Schöpfers Temperament von dem Vondels abweicht.

Diese Liebe der Gattin konnte keinem Unwürdigen geschenkt sein; daher fügt Gryphius Züge in das Bild seines Leo ein, die nicht aus den Quellen stammen. Dem Gijsbrecht verwandt scheint seine Zärtlichkeit und Besorgtheit um die Gattin ebenso wie seine aufrichtige Frömmigkeit, die nun eindringlich hervorgehoben wird. Dadurch bekommt der schematische Theatertyrann Joseph Simons menschliche Wärme und Rundung. Außerdem hat man[3] sich darüber gewundert, wie dieser hart

3 A. Heisenberg: Die byzantinischen Quellen des Leo Armenius von Gryphius. Zs. f. vgl. Litgesch. N.F. 8. (1895) S. 439-448.

und energisch zupackende Bilderstürmer der Geschichte im deutschen Drama unentschlossen und zögernd erscheint. Er beklagt den Zwang der Umstände, die ihn zu rauhem Handeln zwingen - grade so wie Gijsbrecht! So klingt das Bild des edlen Grafen unabsichtlich nach, mildert und beseelt die rohen Umrisse der Überlieferung. Doch handelt es sich auch an dieser Stelle nicht um unorganische Entlehnungen, oder äußerliche Zutat. Gryphius sah die ganze Begebenheit mit anderen Augen als seine historischen Quellen oder jenes Jesuitendrama; ja er steht zu diesem in Auffassung der Personen und der Grundidee in vollem und offenbar bewußtem Gegensatz. Von hier aus organisiert sich alles einheitlich und geschlossen, sowohl die Führung der Handlung wie die Zeichnung der Figuren. Auch die Übereinstimmungen mit Vondel werden notwendig und sind aus den im Kunstwerk gegebenen Voraussetzungen völlig zu verstehen. Sie sind also organische Gliedmaßen einer neuen Gestalt, nicht äußerlich angeheftete Dekoration. Vondels edles Vorbild hat demnach in gewisser Hinsicht produktive Nachfolge, nicht mechanische Nachamung gefunden

Für das nächste Drama von Andreas Gryphius, die 1657 erschienene Catharina von Georgien betont Kollewijn (S. 19 f.) die auffallende Ähnlichkeit mit Vondels Maeghden (1939). Demgegenüber weist Stachel (S. 226) auf die enge Verwandtschaft mit dem Märtyrerdrama der Jesuiten[4] hin vornehmlich auf die "Heilige Felicitas" des Nicolaus Caussinus. Von der "Beständigen Mutter" des Franzosen zu der "bewährten Beständigkeit" der georgischen Königin sei nur ein kleiner Schritt. Weiter entkräftet er Kollewijns zweite Behauptung (S. 21 f.) unmittelbarer Übereinstimmung; jenes Religionsgespräch mit der Zurückweisung der heidnischen Angriffe auf das Christentum sei ein typisches Requisit jeder Märtyrertragödie jener Epoche und findet sich bei den Jesuiten wie Vondel oder Corneille. Trotzdem bestehen tatsächlich Zusammenhänge zwischen der Catharina und den Maeghden.

Allerdings überschätzt Stachel (S. 228) das Gewicht der einzigen genauen Übereinstimmung (Maegd. v. 969-992: Cath. II v. 297-322). Es handelt sich da um die Geschichte von der schönen Sklavin Irene und dem Sultan Mahomed II., welche der Ratgeber seinem liebeskranken Fürsten als Beispiel und Anreiz zur Tötung der spröden Geliebten erzählt. Diese Anekdote ist jedoch nicht Vondels Eigentum. Auch Lohenstein spielt auf sie an und beruft sich auf das weitverbreitete Sammelwerk von Père Le Moyne La Gallerie des Femmes Fortes[5]. Gryphius notiert (Powell Bd. VI,

---

4 W. Harring, Andr. Gryphius und das Drama der Jesuiten. Halle 1907.
5 Stachel S. 310 a. 2. Lohenstein im Ibrahim Sultan III à, v. 518. Vgl. ferner Öfterings Würzburger Diss. 1897: Die Geschichte der schönen Irene in den modernen Litteraturen.

S. 224)[6] ausdrücklich, daß diese Mordtat "von Unterschiedenen erzehlet" wird und rühmt den Jesuiten Ludov. Cellotius[7]; er nennt also Vondel nicht! "Will er dem Leser Sand in die Augen streuen, seine Spuren zu dem großen niederländischen Dichter verwischen; entspringt dies der Freude des Polyhistors an abgelegenen Citaten, oder verrät sich darin der Stolz auf seine Selbständigkeit, selbst gegenüber Anregungen, deren er sich wohl bewußt war? Man sieht an diesem Fall deutlich, wie wenig es mit der bloßen Konstatierung von Übereinstimmungen getan ist, sondern alles auf ihre Deutung aus dem Zusammenhang des Ganzen ankommt.

Stachel (S. 227) meint kurzerhand. Gryphius hätte seinem holländischen Vorbild das überhaupt zu danken, daß seine Tragoedie mehr geworden sei als ein Jesuitendrama in deutscher Sprache. Vondel folgend habe er nämlich seinen Schach von Persien dadurch menschlich interessant gemacht, daß - er ihn gleichfalls in den Konflikt zwischen Liebe und Ehre gestellt habe. - Wohl waltet unverkennbare Ähnlichkeit in dem Motiv, daß der rauhe Feind von zarten Gefühlen für die schöne Gefangene ergriffen wird. Jedoch die exakte Vergleichung von Attilas großem Monolog (IV, 1) mit dem des Schach Abbas (II, 3) zeigt grade die verschiedene Auffassung des ganzen Konfliktes. In der Brust des Hunnenfürsten streiten allerdings die Liebe zu Ursul mit der Ehre des siegreichen Eroberers, der Köln zu nehmen im Begriffe steht. Der Perserschah dagegen hat längst Georgien erobert und bereits 7 Jahre schmachtet die Witwe des vernichteten Fürsten in seiner Gefangenschaft. Im Gegensatz zu seiner Quelle vermeidet Gryphius es sorglich, den Tod der edlen Frau aus politischer Notwendigkeit abzuleiten. Die Idee seines Stückes ist eindeutig gestimmt auf den Konflikt zwischen irdischer und himmlischer Liebe. Weil sie dem toten Gemahl und Christus die Treue hält, wählt Catharina den Märtyrertod. Der Schah aber muß sich ebenfalls entscheiden, ob er seiner Leidenschaft nach dem Besitz der Gefandenen folgt, oder sich zur entsagenden Hochachtung durchringt. Gekämpft wird also um die eheliche Vereinigung einerseits, zu welcher der Glaubenswechsel notwendig gehört, und andererseits um die Freilassung Catharinas, um ihre Rückkehr und Wiedereinsetzung. Gewiß bringt Abbas die Erinnerung daran, daß Werbung wie Drohung gleichmäßig ohne Wirkung blieben, dermaßen in Wut, daß er den Tod der Hartnäckigen beschließen möchte. Doch legt sein Zorn sich jäh, als der geliebte Name auf seine Lippen tritt. Er kann sich der Berechtigung ihrer Anschauungen und Gefühle nicht verschließen. Ihr edles Verhalten läßt in ihm den Großmut wachsen, so daß er endlich zur Freigabe neigt. Doch der Gedanke, sie für immer damit entbehren zu sollen, stürzt ihn sogleich wieder

---

6 S. 109 der kritischen Textausgabe in den Hallischen Neudrucken Nr. 261.
7 Dies ist ein Epos des auch als Dramatiker bekannten Franzosen.

in tiefe Qual. Da erzählt der hinzukommende Seinelcan von jenem Tür-
kenkaiser, der die ihn erschlaffende Irene schließlich selbst erstach,
als das Heer über seine Untätigkeit murrte. "Er war in diesem Stück ein
Unmensch" (v. 323), damit lehnt Abbas dieses Vorbild energisch ab.
Solch Aufruf an seine Kriegerehre macht auf ihn also den entgegengesetzten Eindruck als auf Attila. Diesen bindet ja auch ein Eid an Mars;
überhaupt ist dessen Stellung zur Liebe ganz anders.

Wenn beide Stücke auch dasselbe Motiv besitzen, nämlich wie ein
blutgieriger Tyrann durch seine Liebe zu einer edlen Gefangenen verwandelt wird, so unterscheiden sie sich doch hinsichtlich der psychologischen Ausführung. Vergleichen wir deswegen die jedesmal den zweiten
Akt eröffnenden Szenen. Die teuflische Häßlichkeit der hunnischen Got-
tesgeisel steht da in barockem Gegensatz zu den lyrisch-weichen Gefühlen, deren pathetische Äußerung noch den heutigen Leser zu rühren versteht (427-464). All die Kriegslust, der Erbhaß gegen das Christliche
ist von diesem bereits im Mutterleibe dem Kriegsgott geweihten Dämon
wie fortgeblasen, als diese neue Sonne ihm aufging (v. 433 ff.). Von den
Augen dieser Diana verwundet, sucht er Frieden und alles, was mit dem
Krieg zusammenhängt, ist ihm zuwider (v. 461 ff.). Wie der geschorene
Simson hat er jegliche Kraft verloren. Auf Beremonds empörten Bericht
über die Ablehnung des Heiratsantrags antwortet er nur (v. 541): "het
oor is voor die rede doof". Solch barockes Seelenproblem, wie die eine
Leidenschaft (Kriegslust) durch eine entgegengesetzte (Liebe) besiegt
wird, fesselte Gryphius in hohem Maße. Hier liegt tatsächlich die entscheidende Anregung. So malt auch er den Perserschah als siegreichen
Eroberer, "vor dem die Welt erzittert, Auf dessen Wort der Grund der
Erde sich erschüttert. Vor dem der Feinde Macht und Anschlag stets
gefehlt. Der mehr Triumps als Jahr, als Tag, als Stunden zehlt" (v.
13 ff.). Außerdem wird nicht nur sein seelisches Schmachten, sondern
auch dessen körperlicher Ausdruck beschrieben (v. 68-71). Mit den in
der erotischen Lyrik beliebten Kontrasten wird die Besiegtheit des Sie-
gers eingestanden. Bis zu diesem Punkte folgt der Deutsche willig seinem niederländischen Vorbild, wenn auch ohne wörtliche Übernahmen.
Von nun ab geht er jedoch in der psychologischen Verarbeitung eigene
Wege. Daß beide Tyrannen durch die Liebe so verändert werden, macht
die Gemeinsamkeit aus; wie diese jedoch ausgeführt wird, bezeichnet die
Verschiedenheit. Attilas Verwandlung besteht nämlich in bloßer Verdrängung der einen Leidenschaft (Kriegs- und Mordlust) durch die andere. Sein Zustand gibt sich als negativer zu erkennen, als entnervte Pas-
sivität. Zwar hat er seine sengende Kraft verloren, doch keine neue,
segnende dafür entwickelt. Unfähig zu eigenem Entschluß, wird er
schließlich zum Spielball seiner Ratgeber, wird Instrument ihres Wollens. So überläßt er Beremond die Werbung und läßt sich von ihm endlich (IV, 2) zu seiner alten, wahren Natur zurücklenken. Bei Abbas hin-

gegen sehen wir positive Kräfte aus seiner Liebe zu Catharina erwachsen. Schon seine persönlich vorgebrachte Werbung (I, 8) verrät mehr als sexuelle Gier. Als Bittender, nicht als Gebieter tritt er vor sie hin, voll Ehrerbietung vor ihrer Tugend. Drum gestattet er auch nicht wie Attila, daß sein Ratgeber Herabsetzendes über die Geliebte sagt (v. 83-87). Auch sonst läßt er sich von diesem nicht beeinflussen und weist jenes bei Vondel so wirksame Beispiel von Mahomed und Irene empört von sich (II, 3). Im Gegensatz zu dessen Rat (II, 1), mit Gewalt seinen Willen durchzusetzen, willigt er (II, 2) gerade in Catharinas Freilassung ein. Damit hat die Selbstüberwindung, welche Catharina schon in der Werbeszene (v. 821) von ihm forderte, den Sieg davon getragen. Allerdings keinen endgültigen. Denn diesen Verzicht vermag er nicht zu ertragen. Die irdische, sündige Begier lehnt sich mit doppelter Macht gegen die himmlische Liebe auf. Doch fällt er nicht einfach zurück in alte Barbarei wie Attila. Während für jenen alles nur eine Verirrung, eine Episode war, bedeutet es für Abbas das entscheidende Erlebnis seines Lebens. Da seine edelmütige Selbstüberwindung ihn in um so größere Qual gestürzt, gibt er, um endlich Ruhe zu finden, seinem Rate Imanculi die Vollmacht. Sein Widerruf kommt zu spät: Catharina ist ihrer Wahl treu geblieben und hat den Märtyrertod bereits erlitten. Dadurch ist Abbas' Qual gerade verewigt worden, denn er kann die Tote nicht vergessen. In die irdische Liebe ist er zurückgefallen und bleibt in ihrem Leid und Sehnen verfangen: "Doch ist wol herber Rach' und die mehr kan betrüben, Als daß wir, Feindin! dich auch todt stets müssen lieben?" (V. A, v. 447 f.). Diese innere Zersetzung leitet seinen äußeren Sturz ein; wohingegen Attila mit der eigenhändigen Ermordung Ursulas sich wieder seiner "Ehre" zugewandt hat. Daher bringt ihm die Erscheinung seines Opfers nur Schrecken; wie ein Tier vor dem Donnerschlag, duckt er sich vor dem angedrohten Untergang. Für Schach Abbas bedeutet die scheinbar parallele Begegnung mit der Hingerichteten mehr als die Prophezeihung künftigen Sturzes: für ihn ist nicht dieser sondern das seelische Erlebnis eben dieser Szene das innere Gericht. Er hat mit jenem Befehl nicht nur ein Verbrechen mehr auf sich geladen, sondern zugleich Gottes rettende Hand verblendet von sich gestoßen. Er hat die Probe nicht bestanden, ist von seinem alten sündigen Wesen nicht losgekommen, und dem Wege, den die himmlische Liebe wies, nicht treu und beständig gefolgt. Zerknirscht erkennt er seine Schuld (V.A., v. 418). Doch alle Reue kommt zu spät und kann sein Schicksal nicht wenden (v. 410 ff.; 428 ff.). Daß er willig die harte Strafe auf sich nimmt, ja als gerecht anerkennt (v. 441 ff.), beweist gleichsam zusammenfassend wie Gryphius die bei Vondel gefundene Anregung vertieft und ganz in die Seele des Tyrannen verlegt hat. Schließlich äußert sich doch selbst in diesem Untergang der veredelnde Einfluß der hohen Frau. Attila wird wieder, der er war; Abbas vermag das nicht, er bleibt gewandelt und grade dieses Zwischenstadium wird ihm zur Hölle in der eigenen Brust. So finden wir die seelische Problematik des Abbas eigenartig und streng folgerichtig durch alle Akte und Etappen durchgeführt. Damit ist Gryphius eine Gestalt gelungen, welche das obligate Schema des bestraften Märtyrerschlächters der Jesuiten weit hinter sich läßt, aber auch von Vondels Attila wesentlich abweicht.

Wie liebevoll der Dichter sich in das Seelenleben des Schach vertiefte und wie sorglich er es im Einzelnen ausmalte, dafür zeugt grade jene Szene (II, 1), welche die eigentliche Brücke zu Vondel bedeutete. Die Gemeinsamkeit, daß hier dasselbe Motiv vorliegt, macht leicht blind für die Verschiedenheit, wie sich die Liebe des Tyrannen offenbart. Bei Vondel entlädt sich die gepreßte Brust des Hunnen in einem 37 Zeilen langen Monolog, den Beremond belauscht; er versucht darauf sofort, den Herrn zur Besinnung auf seine Ehre und Pflicht zu bringen. Diese lange lyrische Deklamation Attilas erscheint userm heutigen Fühlen recht theaterhaft, zumal er überhaupt zum ersten Mal von der Liebe gepackt wird. Daß der Priester dies auch noch belauscht und dann gleich in medias res geht, stört uns als abrupter Kontrast. Bei Gryphius dagegen enthüllt ein Gespräch zwischen Abbas und seinem Rat Seinelcan ganz unmerklich den Grund für des Herrschers verwandeltes Gemüt. Völlig sachlich beginnt die Szene zunächst mit dem Bericht über die Intervention des russischen Gesandten. Dann dauert es noch 35 Zeilen, bis Seinelcan endlich die wahre Ursache findet, von den körperlichen Symptomen sich hintastend zum seelischen Herde der Krankheit. In dem nun folgenden dritten Teil (v. 48-100) schließlich löst sich Herz und Mund des Fürsten. Der zuerst stockende Ausdruck wird fließendes Geständnis und endet in dem prächtigen Duett der beiden über Catharinas Tugend und Schönheit, welche auch Seinelcan willig zugibt. Der Schlußteil (v. 100-128) tönt wieder in Moll. Keine Hilfe findet Abbas in den Vorschlägen seines Getreuen, Catharina zu zwingen oder durch erheuchelte Kälte zu reizen. So bleibt der Schach deprimiert allein in Schmerz und Sehnsucht.

Die bisherigen Darlegungen haben ergeben, daß Gryphius das seinen Quellen fehlende Motiv der Liebe des Abbas zu Catharina in Vondels "Maeghden" fand. Den Anstoß gab jene Szene (II, 1), in welcher sich die Verwandlung des Königs offenbarte, nicht dagegen die den Konflikt ausspinnende Situation (II, 3), wie Stachel meinte. Hier zeigt sich bereits bei dem Deutschen klar, in welch selbständiger Weise er jene Anregung nach ganz eigener Richtung hin umgestaltet. Der Grund dafür liegt nicht in den historischen Gegebenheiten, sondern in dem vom Dichter hineingelegten Gehalt. Als Idee des Stückes fanden wir das Ringen der irdischen und der himmlischen Liebe um die Seele des Menschen. Catharina bleibt "beständig" in ihrer Wahl, wohingegen Abbas versagt. Diesen Konflikt auszumalen, spannt der Dichter alle Kräfte an. Er füllt die aus der

Quelle überkommenen Gestalten mit seinem Herzblut, seinem Ethos und Pathos. Die seelische Problematik wird bei Abbas sorgsam und eindringlich ausgestaltet, ein Meisterstück psychologischer Motivierung und Durchführung. Vondel dagegen ist vorwiegend pragmatisch gerichtet auf die Darstellung eines heiligen Geschehens. Attila flößt dem Zuschauer nur Schrecken, ja Abscheu ein, während Abbas' Ringen uns menschlich rührt. In ihm gelang dem schlesischen Dramatiker eine eigenartige, runde Figur, die sich neben die Theodosia des Leo Armenius stellen läßt; sicherlich wieder erwachsen aus einer Anregung durch Vondel.

Bei der Darlegung der psychischen Entwicklung streiften wir bereits die Anordnung und Folge der Szenen. Wir müssen jetzt die Übereinstimmungen des Baues noch untersuchen, von denen Stachel wie Kollewijn keine Notiz nehmen. Die Handlung der "Maeghden" erreicht Vondel ja hauptsächlich dadurch, daß er Attilas Schwanken über 3 Akte (II, III, IV) hin dehnt. Auch Gryphius zieht Abbas' inneren Kampf zwei Akte lang (II, III) hin, sichtlich unter dem Eindrucke des holländischen Vorbildes. Bei beiden enthüllt die erste Szene des zweiten Aktes die Verliebtheit des Tyrannen als den eigentlichen Ausgangspunkt der Handlung. Vergeblich versucht der Ratgeber den Fürsten von seinem Kummer abzubringen. Da jedoch der Konflikt verschieden gefaßt wird, bringt der nächste Auftritt nicht den gleichen Inhalt, wohl aber einen parallelen Fortschritt der Handlung: es scheitert Beremonds Versuch, Ursul zu gewinnen. Abbas dagegen überwindet sich und sagt Catharinas Freigabe zu. Die nächste Szene enthüllt die ganze Schärfe des Konfliktes. Der Schah bereut seinen großmütigen Entschluß und sucht vergeblich Rat bei Seinelcan, dessen Vorschlag und Exempel er energisch ablehnt, wohingegen dieses selbe historische Beispiel von Mahomed und Irene auf den Hunnen so weit Eindruck macht, daß er die Jungfrauen, nicht jedoch auch Ursul, preisgibt. Beide willigen erst am Ende des nächsten (dritten) Aktes in die Tötung. Vor diese Hauptszene (IV, 3) setzt Gryphius noch einen Konfliktsmonolog (III, 2), wie er bei Vondel erst den 4. Akt eröffnet. Von nun an lassen sich weiter keine Entsprechungen zu den "Maeghden" aufweisen - und doch stehen wir noch nicht am Ende von Vondels Einfluß auf dieses Stück.

Es fallen nämlich noch Beziehungen zur "Maria Stuart" auf. Deren zweiter Akt hat es Gryphius besonders angetan, so daß er ihn sogar zweimal benutzt, nämlich für den ersten und vierten Akt. Zunächst erfreuen an der Catharina zwei vorspielhafte Szenen, welche höchst geschickt und stimmungsvoll die historische Situation malen. Die getreue Kammerfrau trifft darin auf zwei Abgesandte ihrer Heimat, die unter dem Mantel der Nacht herbeischlichen, um baldige Befreiung ihrer Königin durch Rußlands Hilfe zu verkünden. Nirgends finden wir sonst eine so sinnvolle und einprägsame Einleitung; doch erinnern wir uns, daß bei

Vondel (II, 3) Burgon von seiner Begegnung mit einem Ritter berichtet, der Marias Befreiung prophezeite. Außerdem stand am Schluß der vorhergehenden Szene (II, 2) Hanna Kennedys phantastischer Vorschlag zur Flucht. Diese beiden Dinge wurden in Gryphs Phantasie lebendig und verwoben sich zu jenem schönen Auftakt, der einerseits Vondels schmükkende Nebensachen als wirklichen Anfang der Handlung fruchtbar macht, andererseits als elegisches Vorspiel in Moll stimmunggebend wirkt. Damit ist viel gewonnen, wird doch der schematische Anfang Vondels mit dem breiten historischen Rückblick vermieden. Als ihn Gryphius schließlich (I, 4) bringen muß, leitet er ihn mit einem Gebet der Heldin ein, welches zugleich ihre innere Einstellung charakterisiert. Wie bei Vondel (II, 2) tritt darauf die Vertraute mit der Freudenbotschaft zu ihr, nur daß diese bei Gryphius genau begründet ist, wie das folgende Auftreten der Gesandten bestätigt. Dergleichen fehlt natürlich in der Maria Stuart, die der reichlich phantastischen Nachricht mit Recht nicht traut, während Catharinas Dankgebet (v. 368–408) ihre Hoffnung zeigt. Nicht aus Pessimismus unterbricht sie daher die Erzählende, sondern weil sie es nicht schnell genug hören, daß Überraschende nicht gleich fassen kann[8].

Der erste Teil (v. 298–352) dieser Szene (I, 5) spinnt sich sehr poetisch um das Symbol der Rose. Man möchte meinen, daß der Rey der Jungfrauen im 5. Akt, die ihre tote Königin durch den Vergleich mit dieser Blume feiern, hier nachklinge. Aber was hat Gryphius daraus gemacht. Salome bringt die eben erblühten als Zeichen einer glücklichen Zukunft. Catharina dagegen erinnern sie an einen vordeutenden Traum dieser Nacht, in welchem der Kranz sich in eine Dornenkrone wandelte. Symbol der Lebensfreude und Zeichen der Vergänglichkeit, für diesen echt barocken Kontrast finden wir die Rose immer wieder in jener Zeit verwendet, so daß wir Gryphius gern glauben, daß er sich dabei Vondels nicht bewußt war, zumal er als Gewährsmann und Anregung ein Sonett des Neulateiners Ausonius angibt. Wieder mahnt uns dies Beispiel, wie vorsichtig man in der Beurteilung von Übereinstimmungen sein muß.

Doch fahren wir fort, den Bau zu betrachten. Hatte der Bericht der Salome und die Nachrichten der Gesandten selbst frohe Hoffnungen erweckt, so bringen die zwei folgenden Szenen (I, 7 u. 8) den Umschwung. Hinsichtlich ihres Inhaltes sind sie natürlich ganz verschieden. Unerbittlich vollzieht sich Marias Schicksal: die Graven kündigen den Vollzug der Hinrichtung für den folgenden Morgen an. Das entehrende Fortschaffen aller königlichen Einrichtung aus dem Zimmer beschließt den Akt. Zu Catharina kommt der Schah mit seiner Werbung und verläßt sie nach seiner Abweisung mit Drohungen; auch hier ein Blick in eine düstere Zukunst.

8 Von Stachel S. 229 mißverstanden.

Hatten wir bisher bei den einzelnen Szenen verweilt, so müssen wir
nun ihren Zusammenhang, ihre Verkettung als Handlung betrachten. Da
war uns ja bei Gryphius sogleich die Umstellung der Szenen[9] aufgefallen.
Sie haben dadurch eine ganz andere Akzentuierung erhalten. Nicht allein
durch den Ortswechsel (Lustgarten) wirken sie theatralischer, durch
den Sonnenaufgang stimmungsvoller; sie sind auch weit gewichtiger für
die gesamte Handlung. Bei Vondel finden wir nur vage Vermutungen der
Kennedy über eine bevorstehende Rettung, Gryph macht diese Begegnung
zum erregenden Moment; denn durch die Intervention Rußlands wird
Abbas wie Catharina zu den endgültigen Entscheidungen getrieben. Werbung und Ablehnung sind die erste Etappe der Handlung. In dieser Weise
gliedert sich der Akt bei Vondel nicht. Er bildet eine Einheit, die auf
das Streitgespräch mit den Graven hinzielt. Nicht nur der Sinn, auch
die Stimmung der Handlung ist in beiden Akten grundverschieden. Voller
Depression setzt Vondel ein und Marias Hoffnungslosigkeit wird nicht
behoben in den beiden nächsten Auftritten, sondern bleibt auf demselben
Niveau. Dann sinkt sie rapid mit der Verkündigung des Todesurteils, das
ihre trüben Ahnungen nur bestätigt. Bei Gryphius hingegen schnellt die
Kurve aus der Klage der Gefangenen (Salome Anfang von I, 3; Catharina
I, 4) rasch empor zur Lebenshoffnung (I, 5 u. 6), um am Ende (I, 8) tief
zu fallen. Auch der folgende Akt unterscheidet sich rhythmisch in glei-
cher Weise, wenn er auch im Bau in den "Maegden" nicht der "Maria
Stuart" seine Entsprechung fand.

Anders steht es mit Gryphs viertem Akt. Hier laufen die Szenen
wirklich parallel denen des zweiten Aktes der "Maria Stuart". Zunächst
gibt die Königin einen historischen Rückblick auf ihre und ihres Landes
Leiden, den sie voll Dankbarkeit für ihre bevorstehende Befreiung mit
einem Gebet beschließt. Wie Hanna Kennedy meldet darauf Salome voll
Hoffnung Imanculi. Doch Catharina ist voll böser Ahnung erfüllt, die
sich nur zu rasch bestätigt. Denn es folgt (IV, 3) nach nochmaliger Abweisung der Werbung die Verkündung des Todesbefehls (wie M. St. II, 4).
Trotzdem diese Szenenfolge offenbar großen Eindruck auf Gryphius gemacht hatte, laufen seine Szenen, wenn man genauer zusieht, doch nicht
wirklich mit jenen gleich. Sofort der Anfang setzt anders ein, nämlich
nicht wie in der "Maria Stuart" mit deprimierter, vielmehr mit durchaus
gehobenen Stimmung der Heldin. Diese trübt sich dann im Gegensatz
zur Salome (IV, 2), hält sich also nicht wie bei Vondel auf demselben
elegischen Stande. Der darauf folgende Umschlag beginnt nicht wie in
der "Maria Stuart", sondern schließt erst mit der Ankündigung der Hinrichtung, die damit zum Schlußeffekt und Gipfel des Kampfgespräches

9 Nämlich Gryph I, 2, 3 : Vo II, 3;
       Gryph I, 4   : Vo II, 1;
       Gryph I, 5   : Vo II, 2.

erhoben wird. Darauf endlich (IV,4) geht der Ton ins Elegische über in Catharinas Gebet. Der Rhythmus ist also wiederum ein ganz anderer, der zu der vorhin gefundenen lebhaften Art Gryphs paßt, ganz im Gegensatz zu Vondel. Diesem ist ferner jenes Gebet (M.St.IV,1) metrisch genau nachgebildet, sowohl in der Anzahl (5) der Strophen, wie auch in Reimstellung und Versmaß, nur daß die 6. und 8.Zeile 6 statt der sonst herrschenden 4 Füße besitzt. Als frommer, heroischer Aufschwung leitet es zum Aktschluß hinüber, zum rührenden Abschied von dem Gefolge mit der Verteilung von Andenken.

Gryphius hat mit dieser Anordnung die bei Vondel vorgefundene Folge umgekehrt. Damit bleibt er seinem stark ausschwingenden Rhythmus getreu und schafft sich einen starken Schlußakkord. Als eine Pause innerer Sammlung klingt das Gebet nur in Stimmung und Grundgedanken an jenes bei Vondel an, gilt es doch beidemale, sich für den Tod als Blutzeuge Gottes zu sammeln. Bei dem Abschied dagegen treffen wir vielfach auf dieselben Gedankenreihen. Voll heroischer Fassung preisen beide Märtyrerinnen den Tod als Eingangspforte zur Ewigkeit (Cath.IV, v.305 ff.; M.St. v.1221). Sie trösten die weinenden Frauen und weisen sie auf Gottes Schutz (Cath. v.408-11; M.St.v.1250 f.). Ihr Geschick stellen sie als Sinnbild der Vergänglichkeit von allem Irdischen hin (Cath.v.323-26; M.St.v.1242). Statt sich an dessen Schein zu hängen, solle man sich vielmehr rechtzeitig auf Gottes Ruf vorbereiten (Cath. v.342-44; M.St.v.1319 f.). Endlich verweisen sie den Frauen ihr maßloses Jammern (Cath.v.415 f.; M.St.v.1310) und bitten sie, für sie zu beten (Cath.v. 431 ff.; M.St.v.1323). Es verdient besonders vermerkt zu werden, daß wörtliche Entlehnungen sich keineswechs finden. Als Abschluß benutzt Gryphius, ohne daraus einen neuen Auftritt zu machen, das Eintreten des Henkers. Dieser hatte bei Vondel (IV,2) ja nur von außen mahnend an die Tür gepocht, während Melvin und die Graven auftraten. Grade solche Einzelheit und Kleinigkeit ist höchst bezeichnend für die Eigenart wie die Selbständigkeit des deutschen Dramatikers. Daß er den sachlichen Teil dieser Szene, das politische Testament Marias, nicht übernahm, ist selbstverständlich. Auch eine dem Melvin entsprechende Figur fehlt.

Der letzte Akt endlich bestätigt unsere bisherigen Beobachtungen über die selbständige Art, mit der Gryphius die Anregungen umbildete. Wie bei Vondel wird Catharinas Materung nicht auf die Bühne gebracht. Statt dessen berichtet ein Augenzeuge davon. Gibt bei Vondel Burgon einen wohlgefügten Bericht an den Biechtvader, so gestaltet der Deutsche diese Szene dadurch weit aufregender, daß er ihn einer Kammerfrau in den Mund legt, die ohnmächtig aus dem Saale herbeigeführt wird. Auch diesen Einfall dankt er einer Anregung bei Vondel. Burgon berichtet nämlich von einer Kammerfrau, die wie von Sinnen aufschrie und wie die mit ihr aufheulenden Frauen von Maria hinausgesandt wurden. In Einzel-

heiten finden sich allerhand direkte Ähnlichkeiten. So werden die Märtyrerinnen beidemale mit der untergehenden Sonne verglichen, die schei-
dend besonders schön erstrahlt (Cath. v. 38 f.). Beider Heldenmut bringt
die Zuschauer zum Weinen (v. 43). Taub bleiben sie gegen abmahnendes
Zureden, sei es des Dechanten oder Imanculis (v. 44 f.). Dem Priester,
der sie trösten sollte, sprechen sie selbst Mut zu (v. 49 f.) und schließen ihre Vorbereitung mit einem Gebet. Nun aber setzt bei Gryphius die
Schilderung der grausigen Marterung ein. Damit geht er ganz andere
Wege als Vondel, gegen dessen Überzeugungen es ja auch verstieß, wenn
er die Verbrennung der Fürstin auf offener Bühne vor sich gehn läßt.
Entsprechend der Grausamkeit des Todes konnte die einfache Klage, mit
der die "Maria Stuart" schließt, Gryphius nicht genügen. Immerhin findet
sich ein Nachklang der Leichenfeier bei Vondel, und zwar in V, 4 bei
Gryph. Vor dem auf dem Tische stehenden Haupt der Verbrannten stimmen nämlich der Priester und die beiden Georgier eine Totenklage an;
der russische Gesandte verspricht Rache. Dieser sind die noch folgenden beiden Auftritte gewidmet. Von der letzten Szene, die ja die Abrechnung des Geistes der Ermordeten mit Abbas enthält, hatten wir schon
genügend gesprochen und betont, wie sie aus der Idee des Stückes folgt.
Dadurch erhielt sie ihre ganz individuelle Färbung, und unterscheidet
sich von dem Schema der Jesuitendramen. In deren Gefolge befindet
sich der Schluß von Vondels "Peter en Pauwels". Aus dieser Genossenschaft erklärt sich das übereinstimmende Motiv, daß der Märtyrermör-
der wahnsinnig wird, von Schreckbildern gescheucht. Irgend welchen
Einfluß auf Gryphs Fassung zu folgern, wie es Stachel S. 230 tut, ist
ganz abwegig.

Noch energischer muß man der anderen summarischen Behauptung
dieses Buches (S. 229) entgegentreten, daß die ganze Figur der Catharina
sich auf Vondel zurückführen lasse. Ebenso wenig, wie Attila dem Abbas,
entspricht sie der Ursul. Äußerlich schon hebt sie sich als reife Frau
von der brittischen Königstochter ab. Zwar ist sie nicht von deren mäd-
chenhaftem Ungestüm, Eifer und Wiederspruchsgeist erfüllt, jedoch
besitzt sie auch nicht die hoffnungslose Ergebenheit der elegischen Schot-
tenkönigin. Dem Feinde gegenüber weiß sie energisch zu kämpfen, sich
kraftvoll zu wehren. Wie schnell faßt sie doch Hoffnung. Aber auch ihre
Sehnsucht nach dem Tod bedeutet für sie anderes als für Maria. Dieser
bringt er den erwünschten Abschluß, Catharina den Anfang höheren Lebens. Nimmt jene den Tod gelassen hin, so muß diese ihn sich erkämpfen. Er zeigt die Bewährung ihres Strebens, das den himmlischen Bräu-
tigam sich erwählt hat und ihm die Treue hält. Nicht stoisch sondern voll
leidenschaftlicher Spannkraft geht sie in diese letzte Schlacht (V. A, v. 34
f.). Drum mußte Gryphius das klassizistische Verbot, den Tod auf die
Bühne zu bringen, notwendig durchbrechen; eben wegen der Idee des
Stückes, nicht um der Schaulust willen. Beim Leo Armenius war das

anders, hatte der Tod nicht diese Bedeutsamkeit. So finden wir überall den Gehalt entscheidend; aus dem tiefsten Grunde wird die Einkörperung dirigiert. Alle Anregungen werden aber einheitlich umgeschmolzen und treten in neuer Form auf, an rechter Stelle als echte und notwendige Glieder eines neuen Ganzen.

In kurzer Zeit warf Gryphius die erste Fassung seines "Carl Stuart" auf das Papier. Die im Berliner Handschriftensaal erhaltene Reinschrift ist vom 11. März 1650 datiert. Am 30. Januar 1949 war des Königs Haupt gefallen. Eine Anzahl von Flugschriften, die im Laufe des Jahres erschienen, mußten erst ihren Weg bis in das Schlesische Städtchen Fraustadt nehmen. So liegt es nahe, hier unmittelbare Einwirkungen der "Maria Stuart" zu erwarten. In der Tat hinterläßt die Lektüre zumal dieser ersten Niederschrift keinen starken Eindruck, und immer wieder fühlen wir uns an Vondels Stuarttragoedie erinnert. Auch Kollewijn meint, daß Gryphius sich hier "mehr als in seinen anderen Originaldramen als der Schüler Vondels zeigt" (S. 24). Stachel weist "Entlehnungen" auf in Technik und Bau, in Gedanken, ja selbst in den wörtlichen Formulierungen (S. 236 ff.); wie diesmal überhaupt Reminiszenzen auch aus anderen Dramen Vondels begegnen (S. 241 f.). Somit scheint hier ein Stück vorzuliegen, das direkte Abhängigkeit verrät, keine selbständige Verarbeitung von Anregungen zeigt; das schülerhaft unter den Einwirkungen sich beugt, nicht Einflüsse bewältigt. Eigentümlich berührt allerdings, daß dergleichen bei dem dritten Drama sich erst findet, dem 2 oder 3 andere, voll starker und ursprünglicher Eigentümlichkeit grade in jenen Jahren (40-49) vorangegangen waren. Es verlohnt sich also dem Problem genau nachzugehn.

Die Verwandtschaft des historischen Stoffes ist allerdings auffallend. Sie besteht darin, daß ein Herrscher aus dem Hause der Stuart mit Gewalt und gegen Herkommen und Recht hingerichtet wird. Doch sollte man dem Dichter daraus einen Vorwurf machen, daß die Geschichte so verwandte Materie bot? Erst dann, wenn man bewiesen hat, daß er diesen Stoff mit den Augen des Vorgängers gesehen, nach dessen Schablone gefaßt habe; das wäre schülermäßig, epigonenhaft. Dann hätte die Parallelität zu einem Werke des Meisters zum Schreiben des neuen Stückes angespornt, nicht aber wäre es eigenem Erleben entsprossen. Um nicht in den Trugschluß Kollewijns zu verfallen, daß die Verwandtschaft des Stoffes die Abhängigkeit beweise, müssen wir zunächst also die Frage nach dem Erlebnisgehalt untersuchen, d. h. ob Gryphs Stück eigenem Erleben entsproß oder ob nur die Lektüre eines anderen Dramas zur Nachahmung reizte.

Das Berliner Manuscript der ersten Fassung eröffnet ein Widmungssonett, das wir im 5. Buch der Sonette auch abgedruckt finden (Son. V, Nr. XLVII S. 118 im 1. Bd.). Es gipfelt in dem Aufruf: "Herr, Schwerdter aus den Scheiden!" An wen konnte der Dichter wohl solche Kriegsfanfare senden? Wir wissen, daß er mit manchem schlesischen Adel, auch mit den beiden piastischen Fürstenhäusern von Brieg und Wohlau in guten Beziehungen stand. Doch hatten diese alle weder die Macht, noch einen treibenden Grund zu solchem Vorgehen. Anders Friedrich Wilhelm von Brandenburg. War er auch noch nicht der "große Kurfürst", so hatte er sich in den zehn Jahren seiner Regierung bereits genügend Ansehn verschafft und bei dem Westfälischen Frieden etwas bedeutet. Vor allem hatte er aber die nächste Beziehung unter Deutschlands Fürsten zu diesem Ereignis, war es doch das Haupt seines Onkels, das am 30. Januar 1649 in Whitehall gefallen war. Bereits in Leyden hatte der Magister Gryphius den jugendlichen Kurprinzen (geb. 1620) genau kennengelernt. Noch 1648 widmete er ihm die zweite Auflage seiner lateinischen Messiade "Olivetum", nicht ihm allein sondern zugleich seiner Kusine Elisabeth von der Pfalz, die damals mit ihm in Leyden war. Ihre Mutter war die Schwester Karl Stuarts. Die Worte des Sonetts zeugen von tiefster Erschütterung über das entsetzliche Ereignis: Königsblut schreit um Rache, "die todte Majestät, die auf das Mordklotz felt, beschwärtzt das weiße Land und schreckt die große Welt". Die lateinische Vorrede zur zweiten Fassung entspricht der Wirklichkeit, wenn sie berichtet, daß der erste Schrecken über dies Verbrechen, dem Dichter dieses Werk in wenigen Tagen abgepreßt habe (Powell Bd. IV, S. 55). Nicht also das Mitgefühl mit dem König, war das Primäre, sondern die sittliche Empörung, "daß eines Henkers Beil auf königs Hals gebracht". Die gottlose Lehre von der Souveränität des Volkes, dessen erster Diener nur der König sei, hatte sich offenbar hier in die Praxis übersetzt. Sie wird denn auch in einer besonders lang gesponnenen Szene des mittleren Aktes (III, 2; 2. Fassung III, 10; Powell Bd. IV, S. 109 f., v. 665-784) bestritten. In ihr vertritt der schottische Gesandte Gryphs Standpunkt des Gottesgnadentums (bes. v. 755 ff.): allein Gott ist der Herrscher verantwortlich und dessen Strafe ausgesetzt (v. 761); das Volk dagegen hat kein Recht, gegen ihn die Waffen zu ergreifen. Mit solcher Meintat ist "Rhu und Zucht und Recht verflogen", die weltliche Ordnung zersprengt. "Vergossen Königsblut rufft Rach" (v. 759) und dementsprechend ruft das Sonett gegen die Königsmörder auf. Es kommt Gryphius also auf den Gehalt an, aus dem Ethos wird das Stück konzipiert. Das war ja aber auch für den Leo Armenius der Anlaß gewesen. Genau ebenso hatte Gryphius dort die Palastrevolution verworfen und den Tyrannen des Jesuitendramas sympathisch ausgestattet, menschlich gehoben. So zeichnet er auch hier den königlichen Märtyrer und führt nur seinen Fall, seine vorbildliche Gefaßtheit während des letzten Tages vor. Gewiß kommt er dadurch in starke Parallele zu Vondels Maria Stuart, jedoch nicht, weil diese es so machte, sondern aus eigner Notwendigkeit, aus der Art des Erlebnisses selbst. Daß dieses echt war, wirklich den Anstoß gab, darf nunmehr als bewiesen erachtet werden. Es ist auch gegenüber Vondel eigentümlich. Denn Karl wird als politischer Märtyrer gefaßt, daher herrscht in dem ihm besonders gewidmeten 4. Akt die juristische Seite des Falles vor., Vondel dagegen verherrlicht die Blutzeugin für die katholische Kirche, ohne allerdings an ihren dynastischen Ansprüchen vorbeizugehn. So blieb auch sein Stück nicht ganz ohne Tendenz, welche zumal die Zeitgenossen besonders empörte. Bei Gryph überwog die Tendenz durchaus: "Schaut an in seinem Blut gestürzt vom Throne liegen...", diese Worte des Sonettes enthüllen den Sinn des Stückes: ein Schauspiel soll es sein, demonstrieren, wohin jene verderbliche, neue Lehre führt. Das Ethos des Staatsmannes Gryphius, das tief in seiner Weltanschauung und Religion verwurzelt ist, sucht ein Sprachrohr. So verwundert es uns nicht, wenn sein Held blaß geriet und die Handlung vernachlässigt wird. Die zweite Fassung versucht vergeblich durch eine Intrige sie zu beleben. Die Meinungen bleiben die Hauptsache, die Tendenz muß eben demonstriert, die beiden Ansichten vom Königtum diskutiert werden. Nicht zum Heil seiner Kunst entfernt sich somit Gryphius stark und grundsätzlich von Vondel. Doch eignes Erlebnis und selbständige Tendenz müssen wir auch diesem seinem schwächsten Opus zugute schreiben.

Hinsichtlich des Tendenziösen stehen beide Dichter Schulter an Schulter im Kampf mit den ketzerischen Ansichten über Staat und König. Hier haben wir also einen Fall ausgesprochener Genossenschaft, und zwar nicht bloßer Zeit- sondern einer Gesinnungsgenossenschaft. So vermag auch Stachel (v. 239) keine wörtlichen Entsprechungen aufzustechen, sondern verwandte Gedanken und deren Bestreitung finden hier, durchaus der historischen Situation angepaßt, sich in dem Streitgespräch zwischen Cromwell und dem schottischen Gesandten (III, 2 der ersten Fassung) und jenem verwandten zwischen den Graven und Melvin (III, 2). Dessen Bericht darüber an Burgon (III, 3) hat dagegen keinerlei Verwandtschaft mit dem bei Gryphius vorangehenden Gespräch der zwei englischen Grafen, ebensowenig wie die exponierende Unterhaltung Melvins mit dem Beichtvater (I, 1; gegen Stachel 238 f.). Ganz und gar wird diese Szene von dem heißen Atem Gryphs durchweht. Nicht ohne Rührung vermag man die pessimistischen Zukunftsaussichten des greisen Grafen zu lesen. Tendenz wie Stoff verlangen ferner, daß der Märtyrer seine christliche Ergebenheit verkündigt, sowie sein Recht, seine guten Absichten beteuert. Gryphius legt den ganzen ersten Akt (später zum zweiten gemacht) daraufhin an, Karl als vorbildlichen Christen und Vater zu zeigen. Marias Abschied von den Frauen (IV, 1) kann dazu nicht Parallele oder Vorbild genannt werden (gegen Stachel, S. 240). Ein oder der andere Zug, wie jener, daß beide Märtyrer ihren Mördern vergeben, folgt wieder aus der bei beiden Dichtern gleich tiefen und echten Frömmigkeit. Karls Rechtfertigkeit im vierten Akt (IV, 2) entspricht auch nicht der

Selbstverteidigung Marias vor den Graven (II, 4) irgendwie in Einzelheiten. Schon der historische Stoff, der darin zu bewältigen war, verhin-
derte wirkliche "Entsprechungen". Durch die Tendenz war endlich geboten, den Märtyrer mit guten Lehren von der Welt scheiden zu lassen
(M. St. IV, 2, C. St. V, 3). Auch hier fehlen direkte Übernahmen. Was in
all diesen Szenen im Einzelnen parallel scheint, erweist sich also als
"Anklang", aus der Gemeinsamkeit der Gesinnung und Überzeugung quel-
lend. Eben dorther stammt auch der Eindruck des Verwandten im Ganzen. Aber jedesmal, wenn man nachschlägt, um die vermeinte "Entsprechung", ja "Entlehnung" festzulegen, ist man erstaunt, es nicht zu vermögen.

Hier auch nur von "Anregungen" ähnlich wie bei der Catharina zu
sprachen, geht nicht an. Dann müßte die Anordnung der Auftritte Parallelen zeigen. Wie steht es nun mit dem zweiten Akt der Maria Stuart,
der ja auf das vorige Stück starken Einfluß übte? Davon ist hier nichts
zu verspüren. Auch was Stachel (S. 238) über die Verteilung von Spiel und
und Gegenspiel auf die Akte sagt, läßt sich nicht halten. Daß dem Helden
der erste, vierte und fünfte Aufzug zugewiesen wird, kann nicht aus Vondels "Maria Stuart" herkommen; denn sie tritt weder im ersten, sondern
erst im zweiten Akt auf, noch lebt sie mehr im fünften. Schon für seine
erweiterte Fassung hat Gryphius dieses Schema Stachels umgeworfen.
Daß ein fünfaktiges Drama an sich bereits gewisse Forderungen der
Verteilung nahelegt, ja verlangt, wird bei solchen "Funden" überhaupt
ganz unbeachtet gelassen. So ist als Über- und Einleitung der Hinrichtung (V, 1) die Erzählung von Karls Überführung nach Whitehall nötig.
Als Paralle zu Christi Verspottung wird von der schimpflichen Behandlung des Königs durch einzelne Soldaten gesprochen. Nur wenn wenigstens dieser Zug deutlich bei Vondel verhanden wäre, hätte man auf seine
Eröffnung des derde bedrijf hinweisen können (Stachel S. 240 f.), doch
dergleichen fehlt grade bei Paulets Bericht vom letzten Mahl der Königin. Da ja auch die Personen dieses Auftrittes nicht zu denen Vondels in
Parallele zu setzen sind, so beweist diese Szene wieder, wie wenig von
unmittelbarer und stärkster Abhängigkeit Gryphs gesprochen werden
darf. Auf dem in der Catharina betretenen Wege, den Tod des Märtyrers
direkt auf die Bühne zu bringen, schreitet Gryphius nun weiter. Lang und
breit wird der Abschied Karls vom Leben ausgestaltet. Da irgendwelche
von Maria Stuart berichtete Einzelzüge nicht verwertet sind, so hielt der
Dichter sich an die historischen Berichte; keine Spur davon, daß er das
bei Vondel Gelesene nun auf die Bühne brachte; wie das Stachels Bemerkung (S. 238) behauptet. Auch sonst geht ja schon die erste Fassung eigene Wege, nicht allein in der Gestaltung der Reihen, sondern auch in
dem Geisterprolog und dem Rachepilog.

Der Epilog enthält ein Motiv, das Verwunderung erwecken könnte:
Karl ist durch seine Nachgiebigkeit mitschuldig an der Hinrichtung des

Grafen von Stranford und des Erzbischofs von Canterbury. Auch Maria wird (II, 1) von Gewissensbissen gepeinigt, daß sie nicht den Mahnungen des Erzbischofs gefolgt sei. Aber von einer moralischen Mitschuld wie bei Schiller ist keine Rede. Gryphius gibt in den Anmerkungen selbst die historischen Tatsachen an. Dies Motiv spielt keine wesentliche, etwa bedingende Rolle weder in der Handlung noch im Seelenleben Karls. Es wird überhaupt nicht gegen Karl gewendet, sondern nur als stimmender Auftakt benutzt: Blutopfer des "Volkswillens", nicht königlicher Willkür bedeuten diese klagenden Geister. Sie haben ebensowenig wie der nach ihnen erscheinende Geist der Maria Stuart etwas zu besagen für die Motivierung der Ereignisse, können also auch nicht irgendwie mit Vondel zusammengebracht werden.

Nach all diesem hat man den Eindruck, daß Gryphius vor oder während der Niederschrift seines "Carolus Stuardus" nicht Vondels Drama noch einmal genau vorgenommen hätte, um sich daran anzulehnen[10]. Daß er es gut kannte, verriet ja die "Catharina von Georgien". Diese hatte wirklich engere Beziehungen zur "Maria Stuart" verraten, steht noch unter dem Eindruck der Lektüre jenes Stückes. Bezeichnenderweise fanden wir dort den Abschied von den Frauen, hier steht der Abschied von den Kindern als eigene neue Bildung. Auch sonst fehlt es nicht an Ähnlichkeiten, die aus derselben Gesinnung des Dichters, aus der Verwandtschaft des Stoffes und der Helden sich erklären. Die zeitliche Nachbarschaft beider Tragödien hat auch noch das ihre dazu beigetragen. Daher wundert es uns nicht, wenn Stachel (S. 237) einige sich wiederholende Gedanken in ähnlicher antithetischer Form zusammenstellt. Ebenso sind die "Entsprechungen" (S. 239) aus der "Maria Stuart" keine direkten Entlehnungen. Der Inhalt ist wegen der ähnlichen Situation gewiß ziemlich gleich, die Form gemäß dem Geschmack der Zeit ein Kontrast, doch die konkrete Formulierung entspricht sich nicht wörtlich, zeigt nur Verwandtschaft. So kann man dergleichen "Analogien" nicht einmal sicher als "Nachklänge" bezeichnen. Eher trifft das auf jene "Reminiszenzen" zu, die Stachel außerdem (S. 241) bucht. Aus dem "Gijsbrecht" und den "Gebroeders" verwundern sie uns nicht, diese Werke kannte Gryphius ja sicher gut. Daß auch "Hierusalem Verwoest" und "Joseph in Dotham" bemüht werden, scheint etwas gesucht. Man könnte bei diesen beiden Fällen an eine schriftliche Notiz, an eine Exzerptensammlung denken, die Gryphius während der Lektüre auffüllte. Dergleichen "Florilegien" und "Aerarien" wurden in jener Epoche ja reichlich gedruckt. Die Schule leitete systematisch an zur Anlegung solcher Zitatensammlungen aus

---

10 Ebenso kann Stachel selbst (S. 242) "nur wenig" "direkten Einfluß" von Seneca finden, was die Hitze des raschen Hinwerfens bestätigt. Zum Ausfeilen und Umbilden ließ das neue Amt keine Zeit; so entspricht der erste Druck 1657 der Fassung von 1650. Umarbeit 1662.

den alten Sprachen, Schüler wie Eklektiker exzerpieren ihre Meister. Für Gryphs lateinische Dichtung ist z.B. für sein Herodes-epos der Stellennachweis exakt geführt worden von Gnerich (Bresl. Beitr. z. Lgesch. Bd.2, 1906). Derlei galt nicht etwa als Plagiat, sondern als eigene Composition. Ein moralisches Manko würde eine solche Feststellung also keineswegs bedeuten, trotzdem wären sie von unserm Standpunkt aus unter die Kategorie der Entlehnung zu setzen. Doch die Entscheidung hierüber darf nur aus dem Überblick über sämtliche Tragoedien Gryphs getroffen werden, wir müssen uns also erst noch zu dem letzten Stück wenden.

Zehn Jahre schwieg der Dichter nach seinem Carolus Stuardus. Das schwere Amt ließ ihm offenbar keine Muße, kam er doch nicht einmal zur Umarbeit des letzten Dramas. Trotzdem blieben die Kämpfe, die er als der juristische Sachverständige der Glogauischen Landstände gegen den Absolutismus und Despotismus Habsburgs durchzufechten hatte, nicht ohne Nutzen für ihn. Denn sie häuften in seiner Seele den Erlebnisstoff an, der sich in seiner letzten Tragodie zum Ausdruck ballte. Dem Kaiser geben, was ihm zukommt; aber Gott mehr gehorchen als den Menschen, nach diesen Prinzipien weigert sich der große römische Rechtsgelehrte, den Brudermord seines Kaisers und Neffen Bassian öffentlich zu rechtfertigen. Wegen dieses unerschrockenen Bekenntnisses zu dem von Gott gesetzten Recht gegenüber der Staatsraison des Absolutismus geht er in den Tod. Allein die Tatsache, daß ein Unschuldiger hingerichtet wird, verbindet den Papinian mit Vondels Palamedes. Dessen Handlung besteht lediglich im Aushecken der List, um den unbequemen Euböerfürsten zu verderben, und deren Durchführung. Wenn bei Gryphius der Kaiser auch durch einen bösen Ratgeber in seiner Wut auf den Bruder bestärkt und gegen Papinian und sein gütliches Zureden mißtrauisch gemacht wird, so fällt er doch trotz falscher Zeugen keiner fein gesponnenen Intrige zum Opfer, sondern geht als Blutzeuge seines Ideales "großmütig" in den Tod. Wieder also ist das Stück aus dem ethischen Gehalt geboren. Er gehört durchaus Gryphius; für den Inhalt ist natürlich die historische Überlieferung maßgebend. Diese hat größere Verwandtschaft mit der Geschichte Oldenbarneveldts als mit der griechischen Fabel des Vondelschen Dramas.

Es könnte bei der Ausführung die Figur des Titelhelden Züge von dem Euböer übernommen haben. Denn der Ratspensionaris der Staaten von Holland besaß ohne Zweifel in Stellung wie Charakter mancherlei Ähnlichkeit mit dem römischen Juristen, nicht minder wie mit dem Syndicus der Landstände Glogaus, mit Gryphius selbst. Davon ging jedoch nicht viel in die Figur des Palamedes über, die recht matt geriet. Dagegen gehört der Papinian zu den lebensvollsten Gestalten von Gryphius. Genügend historisches Material und reichster Seelenstoff standen dem

Schlesier hier bei der Ausformung zu Gebote, sodaß er sich nicht an ein fremdes Vorbild zu klammern brauchte. Zudem wird Palamedes so einseitig als Heerführer gezeichnet, daß der Haß von Kalchas und der Kirche recht wenig begreiflich erscheint. Papinian dagegen ist der Staatsmann und Oberrichter Roms. Stachels Behauptung (S. 244), daß "der Deutsche bei der Gestalt des unbestechlichen Gerechten in manchen Zügen Vondels Palamedes folgte", ist demnach falsch. Sie ist sogar äußerst leichtsinnig, weil er sie selbst nicht beweist, sondern sich auf Kollewijns Kapitel beruft. Dort steht davon jedoch kein Wort.

Lediglich auf einige parallele Szenen geht Kollewijn (S. 27 ff.) genau ein. Für den Bau im Ganzen glaubte Stachel (S. 238) ein Schema aufweisen zu können, bei dem der 2. und 3. Akt der Gegenpartei gehört. Daß dieses nicht aus der Maria Stuart herstamme, hatten wir oben schon erwiesen. Es trifft auch hier nicht wirklich zu, und damit also für gar kein Drama! Einerseits enthält der zweite Aufzug keine gegen Papinian direkt gerichtete Unternehmung, sondern bringt jenen Affektmord Bassians. Welch Unterschied zu dem zweiten Akt des Palamedes mit dem Aushecken der List gegen ihn. Andererseits kommt im dritten Aufzug Papinian in wichtiger (III, 6) auch zeitlich bedeutender Szene (v. 415-522) vor, in welcher er seine Ablehnung des kaiserlichen Ansinnens ausführlich begründet. Ebenso wenig läßt sich in der Szenenfügung ein Einfluß Vondels nachweisen. Es bleiben noch jene von Kollewijn genannten Einzelszenen. Da ist zunächst der lange Eingangsmonolog mit der Klage über die Unbeständigkeit des Ruhmes und über die Minierarbeit der Neider und Verläumder. Ihnen gegenüber tritt das guten Gewissen und die Aufzählung der guten Taten. Für die Form des großen Expositionsmonologes muß jedoch auf das antike Drama als gemeinsames Vorbild verwiesen werden. Wankelmut des Volkes, Gefahr der Intriganten zu betonen, ist allgemein zeitgemäß. Für den Inhalt ist die Historie maßgebend, und reichlich belegt Gryphius in den Anmerkungen die erwähnten Tatsachen. Vor allem auch Papinians Stellung zum Christentum (v. 85 ff.), wird genau diskutiert und begründet (Bd. IV, S. 173), sodaß eine Entlehnung von Vondel (Kollewijn 28 f.) nicht notwendig scheint. Gegen Ende (v. 129 ff.) begegnen einige Antithesen, die an solche des "Palamedes" anklingen. Daß der vordeutende böse Traum nicht an dieser Stelle und nicht in Papinians Mund begegnet, ist Unterschied, nicht als Ähnlichkeit zu buchen. Nachdrücklich verweist der Held seiner Gemahlin, an dergleichen zu glauben (I, 3). Wir waren diesem Requisit bereits in Gryphs Erstling begegnet, und wissen daß es aus der Antike stammt, nicht also auf den "Palamedes" weist.

Was liegt näher, als daß nach solchen Szenen der Chor singt von dem schlichten Landleben fern der gefährlichen Hofluft. Dieses Thema wird in dieser Epoche immer wieder behandelt, so daß kein Gedanke, ja kaum eine der vielen Antithesen mehr als persönliches Eigentum zu bezeichnen ist. Außerdem steht in Vondels Stück der Rey verwandten Inhalts erst nach dem dritten Akt. Wie anders gleich der lyrische Ton "o wellekoome morgenstond..." bei Vondel, gegenüber der sofort den Gehalt formulierenden Art von Gryphius. Des weiteren begegnen allerdings wiederum einige Zeilen (v. 409 f.; 417 f.; 419 f.), deren Wortlaut in auffälliger Weise übereinstimmt.

Außerdem behauptet Kollewijn (S. 36) Übereinstimmung der Anfangsszene der zweiten Akte. Wie Bassianus durch seinen Ratgeber Laetus zur Ermordung des Stiefbruders und Mitkaiser Geta gereizt werde, "ebenso" überzeugt Ulysses seinen Freund Diomedes von der Notwendigkeit, Palamedes aus dem Weg zu räumen. Hier haben wir offenbar das Musterbeispiel eines Trugschlusses vor uns, der mit einer ungefähren "Analogie" die Akten schließt und das Urteil fällt. Die Eifersucht zwischen den beiden kaiserlichen Brüdern war nach der ersten Andeutung in Papinians Expositionsmonolog in der dritten Szene des ersten Aktes bereits ausführlich behandelt worden. Nicht aus Neid gegen den Helden wird der Grimm Bassians gegen Geta von Laetus geschürt. Bei Vondel wird eine Intrige gegen Palamedes ins Werk gesetzt, das ist offensichtlich etwas ganz anderes. Nur wenn die Geschichte nicht den Stoff böte, wäre es notwendig auf ein literarisches Vorbild zu fahnden; nur wenn dabei in Handlung und Personengruppierung Parallelen sich zeigten, wäre von Analogie zu reden. Daß wenigstens eine Handlung gegen Papinian, nicht gegen Geta vorliegen müßte, beachtete Kollewijn überhaupt nicht. Ebensowenig vermag seine nächste Gegenüberstellung zu überzeugen. In seinem Monolog III, 4 (v. 1057 ff.) weist Palamedes den Gedanken des Bürgerkrieges von sich. Papian (IV, 6) wehrt sich gegen eine Militärrevolution, welche ihm zwei Hauptleute im Namen des Heeres anbieten. Dieser Auftritt ist bei Gryphius von höchster Wichtigkeit, bietet sich doch hier im Augenblicke höchster Not ein letzter Ausweg. Doch der Gerechte lehnt auch diesen in regem Dialog ab, ja mahnt an die Einhaltung des Treueides. Nicht die zehn Zeilen bei Vondel boten Gryphius die Anregung, sondern wie er in den Anmerkungen selbst notiert, eine Stelle bei dem Historiker Spartian. Das bei Vondel folgende Verhör von Agamemnon (III, 5) sucht Kollewijn mit der großen Aburteilung Papinians (V, 3) als Szene gleichen Inhalts (S. 37-41) parallel zu setzen. Mit Recht weist Stachel (S. 248) dafür auf das dreifache Vorbild aus der Antike hin, nämlich Kreon vor Ödipus und Hippolytus vor dem Vater bei Euripides wie Seneca. Die falschen Zeugnisse spielen jedoch keine große Rolle bei Gryphius. Es bleibt einzig eine Stelle, nämlich als der Beschuldigte zunächst über die vorgebrachte Beschuldigung erstarrt steht (Vondel v. 1180-82; Gryph. v. 179 f.). Das mag wohl ein Nachklang sein, den die Verwandtschaft der Traumszene (II, 1), in welcher Megeer und Sisyphus den Ulysses gegen Palamedes anstacheln, mit dem Reyen am Ende des vierten Aktes bei Gryphius, in welchem die drei "Rasereyen", darunter Megaera, den Rachedolch gegen Bassian schmieden. Daß der Tyrann nicht ungestraft und leer ausgeht, sondern wie dieses Traumgesicht sicht verwirklicht (V. A, v. 356-364), hat Kollewijn einfach überlesen: Bassian wird von Wahngesichten gehetzt: "so wütet in uns selbst ein rasend-toll Gewissen".

So ist von der "engen Beziehung" zwischen dem "Papinian" und dem "Palamedes", welche zudem, wie Stachel schon einschränkend bemerkte (S. 244), nur für wenige Szenen behauptet wurde, nichts geblieben, abgesehn von ein paar Zeilen mit Einzelformulierungen. Wir kehren damit zurück zu jener Frage, die sich uns beim Carl Stuart erhob. Finden sich citatähnliche Entlehnungen, die nicht als bloßer Nachklang sich auffassen lassen? Ihre Zahl ist zwar gering, für jene Zeit erstaunlich gering; immerhin sind dergleichen vorhanden. Das Bild, daß die Welt nicht zwei Sonnen ertragen kann (Palam. v. 504), kehrt bei Gryphius wörtlich wieder (Pap. I, v. 244), wie Stachel (S. 245) fand, während Kollewijns Stelle (Pap. II, v. 3) nicht Stich hält, da das Bild dort fehlt. Doch daß ein sinnkräftiges Bild nochmals anklingt, ist verständlich und zugleich bezeichnend. Deswegen scheint nur die Antithese "schlauer Pfaff-Kriegsmann" aus der Willebord-szene des Gijsbrecht (II,2 v. 502) bemerkenswert, da sie im Carl Stuart (III,5, v. 184, 190) kurz hinter einander zweimal begegnet. Ferner das Bild von den Trompeten, die des Rechtes Stimme niederschreien (Gijsbr II v. 569 f.; C. Stuart III, v. 206), ist wohl auch kein Zufall. Schlagend dürfte wohl das genaue Zitat aus Hoofts "Gerard van Velzen" (v. 464) sein, das im "Leo Armenius" wörtlich wiederkehrt (V. A., v. 288): "der minste von dem Volk' ist Halsz Herr desz Tyrannen", so gar mit der Form "minste"; das Wort Halsherr ist im Deutschen allerdings schon vor Gryphius belegt (D. Wb. IV, 2, S. 263; vgl. Stachel S. 215). Wenn manche der von Stachel angeführten Verse aus Hoofts Stück (S. 212 f.) auch Nachklänge der Lektüre sein können, so begegnen doch einige direkte Entsprechungen (z. B. Velz. 526 f.: Leo II. A., v. 616). Dazu kommen einige Belege aus den "Gebroeders"; und zwar bereits bei seinem Erstling (Stachel v. 222 f.; Leo II. A., v. 159; Gb. v. 725; Leo V. A., v. 212: Gb. v. 881; Leo V. A., v. 291: Gb v. 706) wie auch im "Carl Stuart" (III. A., v. 246: Gb. v. 456). Schriftliche Notizen sind also wohl möglich; nur wundert man sich, sie nicht häufiger ausgebeutet zu finden. So wäre auch mit bloßem Gedächtnis zu rechnen. Für dies letztere spräche der Umstand, daß gerade aus den "Gebroeders" die größte Zahl sich findet. Damit verliert diese Gruppe an Beweiskraft vermag nichts wirklich Belastendes gegen die Eigenkraft Gryphs auszusagen.

Vondels "Gebroeders" hatte der Dichter nämlich in deutsche Verse übertragen. Demgemäß mußte sich ihm daraus am meisten einprägen. Außerdem beweist er damit gute Kenntnis der niederländischen Sprache. Offenbar hat er alle wichtigen Dramen gelesen, bis er im Drange eige-

ner Amtstätigkeit in Deutschland den Zusammenhang verlor. Vom "Luci-
fer" und "Jeptha" ist nichts mehr zu verspüren, allerdings erschien dieses Stück ja gleichzeitig mit seinem letzten, dem "Papinian". Er selbst
starb bereits im Jahre des "Adam in ballingschap", 1664. Außer der Lektüre müssen wir noch eine andere Form des Bekanntwerdens beachten,
nämlich die der wirklich gesehenen Aufführung. War doch wenige Monate
vor der Ankunft von Gryphius in Holland die Amsterdamsche Schouwburg
eröffnet worden. Vondels "Gijsbrecht" und Hoofts "Gerard van Velzen"
wurden nicht nur im ersten Jahre sondern immer wieder gespielt. Wir
dürfen wohl damit rechnen, daß der Leidener Student sie in den sechs
Jahren seines Aufenthaltes auch auf der Bühne angeschaut hat. Nicht übel
würde dazu passen, daß aus Hoofts Drama die Zaubererszene sich so
eingeprägte. Auch die Geistererscheinung im Traum der Badeloch mag
eindrücklicher auf dem Theater als bei der Lektüre gewirkt haben. Ebenso bleibt eine Figur als Ganzes weniger haften vom Lesen als vom Sehen.
Des weiteren wäre zu bedenken, ob nicht kurze, besonders schlagkräftige Sentenzen grade durch Hören sich noch tiefer einprägen als durch
bloße Lektüre. Die "Maeghden" oder die "Maria Stuart" zu sehen, boten
jene Jahre allerdings keine Gelegenheit. Dagegen mag zu der Übersetz-
zung der "Gebroeders" recht wohl der Eindruck einer Vorstellung ihn
veranlaßt haben. Daneben ist jedoch offensichtlich die Vertiefung in die
Stücke bei ruhiger Lektüre anzunehmen. Direkte bühnliche Nachwirkungen lassen sich allerdings nur in einem Falle im "Carl Stuart" (V, 3)
behaupten[11].

Außer dem Einfluß im Einzelnen und Besonderen müssen wir noch
dem im Ganzen und allgemeinen einige Beachtung schenken. Er war sicherlich bedeutend und zwar nicht extensiv sondern intensiv. Grade weil
Gryphius kein fingerfertiger Nachahmer war, sondern sein eigenes Erleben nach dramatischem Ausdruck verlangte, war ein Land für ihn so
stärkend und fördernd, das eine vollwertige nationale Dramatik besaß.
Gegenüber der Gewalt der Antike und der Masse des Jesuitendramas tritt eine germanische Sprache hier auf, spricht sich verwandtes
Fühlen und Denken zeitgemäß aus. Dieses war ja schon für die Lyrik des jungen Opitz entscheidend geworden. Denn diese Poeten alle
konnten sich auch leicht lateinisch ausdrücken. So fanden sie sich
durch Hollands blühende Literatur gestärkt in ihrem Ringen nach
einer Nationalliteratur. Von Holland (nicht etwa von Frankreich) aus
setzte der Alexandriner als Metrum der Tragödie sich durch, wurde
die Fünfteilung des Stückes Norm, die Absetzung der Szenen üblich. Die
Ausfüllung des Zwischenaktes durch Chorlieder besaß schon das 16. Jh.
nach antikem Muster; aber daß dies sich nicht wie bei den Franzosen

---

11 Ich ging diesem Problem eingehend nach in meinen Buche "Andreas Gryphius und die
    Bühne S. 278 ff.

verlor, ist sicherlich nicht zuletzt Holland zu danken. Damit kreuzt sich allerdings eine andere Anregung, nämlich des Jesuitendrama. Von hier stammt das allegorische oder mythologische Zwischenspiel. Auch das reichliche Verwenden von Geistern, Gespenstern und Zauberern darf nicht allein auf Vondels oder Hoofts Nachwirkung gesetzt werden, die patres und aller Vorbild Seneca vereinigen sich in dieser echt barocken Zusammenbringung von Irdischem und Überirdischem. Sogar die im "Carl Stuart" verwendeten lebenden Bilder (V, 2), können nicht einzig auf Hollands Konto gesetzt werden. Sie begegnen ebenfalls bei den Jesuiten, wie sie übrigens selbst England nicht fremd blieben. Bei beiden findet sich wiederum auch das in die Handlung eingelegte Lied oder Musik hinter der Szene. Endlich bezeichnen beide Hauptperson und Gehalt ihrer Stücke durch einen Doppeltitel. In all diesen Dingen ist es also mehr der allgemeine Brauch der Epoche, als der spezielle Einfluß eines einzelnen Dramatikers, der Gryphius mit sich zieht.

Dieser Umstand brachte für ihn auch das Glück mit, daß er sich nirgends gefesselt und erdrückt fühlen konnte von dem niederländischen Vorbild. Dazu kam wohl noch, daß grade in die Zeit seiner Leidener Studien die Sensation des "Aran en Titus" (1641) fiel. So verrät sich sogar eine Kritik an Vondel, wenn er der Übersetzung der "Gebroeders" einen eigenen Prolog von Sauls Geist zulegte und sich überhaupt mit dem Plan einer eigenen Bearbeitung dieses Stoffes trug. Er verließ ja bereits in der "Catharina" die klassizistische Vorschrift, daß das Sterben nicht auf die Bühne gebracht werden dürfe. Der Einheit der Zeit gedenkt lediglich eine Notiz hinter dem Personenverzeichnis, daß die Handlung vom frühen Morgen (wie die "Catharina" das ausnützt) bis zum Anbruch der Nacht währe. Die Ortsangabe wird so allgemein gehalten, daß der häufige Wechsel der Dekoration dabei mitinbegriffen ist. Ernstliche Sorgen um diese Dogmen wie etwa Vondel oder Corneille hat sich Gryphius offenbar nicht gemacht. So erscheint die Handlung bei ihm bewegter, abwechslungsreicher als bei Vondel, barocker. Grade in dieser Hinsicht läßt sich eine "Entwicklung" bei ihm feststellen. Diese geht also in umgekehrter Richtung als die Vondels zum "Jeptha".

Ergebnisse und Folgerungen

Fassen wir nun zurückschauend unsere Ergebnisse zusammen. Zunächst hat sich gegenüber Kollewijn die Zahl deutlicher Übereinstimmungen zwischen Gryphius und Vondel erheblich vermehrt. Was bereits die Tatsache seines so langen Aufenthaltes in Leiden vermuten ließ, hat sich bestätigt: in seinen frühen Dramen bis 1650 sind die Beziehungen zum holländischen Drama deutlich nachweisbar; für seine letzte und reifste Leistung dagegen nicht. Daß Kollewijn hier zu viel, vorher zu wenig

fand, lag an der Art seiner Einstellung; denn er richtete sein Auge hauptsächlich auf wörtliche Parallelen. Deren gibt es jedoch verhältnismäßig
wenige. Vermochte Stachel ihn in einigem zu ergänzen, so ließ auch er
eingehendere Beobachtungen über Bau und Personen außer acht.

Vor allem forderte jedoch seine unbedachte Gleichsetzung von Übereinstimmung mit unschöpferischer Nachahmung zum Widerspruch heraus.
So blieb als zweite und wichtigste Aufgabe die eingehende Untersuchung
darüber, in welcher Weise jene Gemeinsamkeiten zu deuten und zu werten seien. Dabei ergab sich schlagend, daß von bloßer Nachahmung nirgends die Rede sein konnte: Gryphius putzte nicht geschmäcklerisch seine Dramen mit gestohlenem Schmuck heraus. Jene wörtlichen Übereinstimmungen waren größtenteils keine entlehnten Stilblüten, sondern
lediglich Nachklänge der Lektüre oder Aufführung. Nicht minder bezeichnend war die Tatsache, daß einige besonders individuell gestaltete Figuren Vondels von Gryphius nicht schlechthin übernommen wurden, sondern in eigenartige Personen seiner Dramen mit hineingeflossen sind.
Ebensowenig übernahm er mechanisch Strecken der Szenenführung. Anregungen waren das alles für ihn, die seine Phantasie befruchteten; die
er sinnvoll auf seine Weise verarbeitete. Stets stand ihm sein eigenes
Ziel unverrückbar vor Augen, welches der ihm ganz eigene Gehalt setzte. Deswegen sind auch all jene Stellen aus sich verständlich, verlangen
nicht erst die Kenntnis einer Vorlage. Seine Dramen leben, wie jedes
echte Kunstwerk, aus eigner Kraft. Ist durch unsere Untersuchung zwar
die Zahl der Übereinstimmungen gestiegen, so hat sich zugleich auch
als ihr Wert ergeben, daß sie keinesfalls als Beweise dichterischer Un-
kraft eines weltfremden Stubengelehrten anzusprechen sind, vielmehr
hinweisen auf die rege Anteilnahme am geistigen Leben und Schaffen
seiner Epoche. Das Empfangene wurde in ihm lebendig, und er vermochte es fortwirkend weiterzugeben. Weder aus Vondel, noch aus Seneca
läßt sich sein Drama "ableiten", selbst nicht, wenn wir das Jesuitendrama in die Mischung hineinnehmen. Vielmehr gehört es ihm, und zwar
nicht allein hinsichtlich des Gehaltes, auch in betreff der Form. In dem
hochgemuten Reimpaar, mit dem er die Vorrede zum "Leo" schließt,
spricht sich weniger der Stolz auf die erste deutsche Kunsttragoedie
aus, als der entschiedene Wille zu individuellem Schaffen: ".... so ist's
doch rein und mein!"

Daß keine Abhängigkeit von der Antike, etwa von Seneca vorherrscht,
sondern allein die holländischen Beziehungen überwiegen, Corneille sogar ausgesprochen kritisch beiseite geschoben wird, verdient positive
Würdigung. Allein Vondel war Gryphius von allen Zeitgenossen geistes-
verwandt, den Deutschen seine Sprache blutsverwandt. So wurde er ihrer
jungen Dramatik zum helfenden Paten, nicht zum tyrannischen Stockmei-
ster. Grade hierdurch blieben Gryphius wie auch Lohenstein davor bewahrt, die schon vorhandenen Formen als übermächtige Norm zu emp-

finden und zu verehren, welcher man unbedingt zu folgen hätte. Sie füll-
ten nicht ihr eigenes Erleben in längst fertige, vorhandene Schemata
mechanisch ein; im Gegenteil zeigt jedes ihrer Dramen individuelle Abweichungen, Streben nach gemäßer Ausgestaltung. Damit ergibt sich aus
unserer Untersuchung eine Folgerung von allgemeiner Bedeutung: von
einer Pseudomorphose kann hier keineswegs die Rede sein. Weder ist
hier ein Gehalt in eine unzugehörige Form gegossen, noch ein überkom-
mener Typus chaotisch geweitet oder gar gesprengt. Nur wenn die früheren Leistungen, die Repraesentanten der deutschen Barockliteratur
eine Unstimmigkeit zwischen Form und Gehalt als typisch zeigten, dürfte
man Pseudomorphose als Verhängnis der Epoche proklamieren. Ist der
damaligen Geistigkeit Europas auch Erleben und Streben nach "organi-
scher" Gestalt im Sinne Goethes oder der Romantik fremd, so hat sie
sich doch adäquate Formen geschaffen.

Aus Neophilologus Bd. 14 (1929).

Literatur

Kollewijn, R.A.: Über den Einfluß des holländischen Dramas auf Andreas
Gryphius (Amersfoort u. Heidelberg) o. J.

Stachel, P.: Seneca und das Deutsche Renaissancedrama. Studien zur Li-
teratur- und Stilgeschichte des 16. und 17. Jahrhunderts. Berlin 1907.

Gryphius' Komödien und Holland

Gryphius fand bei Vondel noch weitere Anregungen über den Bereich der Tragödien hinaus. Sein Interesse an dessen Produktion war durch die neuen Eindrücke in Frankreich und Italien nicht erloschen. Bei dem Zwischenaufenthalt in Amsterdam auf der Rückreise kaufte er sich schleunigst die soeben erschienene "Maria Stuart". Dies blieb nicht das letzte Buch. Zurückgekehrt erwarb er offenbar auch noch die "Leeuwendalers". Sie wurden 1647 als Festspiel geschrieben im Hinblick auf die in Münster geführten Friedensverhandlungen, welche den achtzigjährigen Freiheitskampf der Holländer mit der Anerkennung voller Souveränität glorreich abschlossen und so auch staatsrechtlich das Land als europäische Großmacht bestätigten. Nach Verkündigung des Friedensvertrages wurde Vondels Stück auf der Amsterdamer Schouwburg mit großem Beifall gleich fünfmal kurz hintereinander aufgeführt. Es ist ein allegorisch gemeintes "Lantspel ob den trant von Guaryns Herderspel", wie Geraerdt Brandt, Vondels Freund und Biograph diesen Formtyp treffend benennt. Doch war es nicht einfach eine Nachahmung des berühmten Schäferspiels von Guarini, des "Pastor fido", noch des "Aminta" von Tasso. Zwar dreht sich bei allen die Handlung um die Rettung der überfallenen Schönen durch den zunächst verschmähten Liebhaber, der nun die Hand der so lange sehnsüchtig Verehrten erhält. Vondel verlegt diesen Vorgang aus dem bukolischen Niemandsland in die Vorzeit des eigenen Landes, wie es schon 1617 Theodor Rodenburgh mit seinem "Trouwen Batavier" getan hatte. Vondel verbindet mit dem konventionellen Liebesmotiv nun ein politisches, die Beendigung des langen Zwistes zwischen dem nördlichen und dem südlichen Teil von Leeuwendal, also der nördlichen und südlichen Provinzen der Niederlande. Die beiden Liebesleute gehören den beiden verfeindeten Landesteilen, ja ihren "Heerschappen" an. Sie stammen sogar vom Pan, dem "Vee-en jaght godt", und vom Waldgott ab. Die beiden Fürsten haben das Verderbliche dieser Entzweiung eingesehen, ihre Räte suchen angesichts der gemeinsamen Not die Streitenden zu beschwichtigen. Aber das ist schwer gegenüber den dickköpfigen Bauern, ihren "huismans". Zur Illustration dieser Unbelehrbarkeit führt Vondel (II, 3) eine Gerichtsszene vor, wo zwei Bauern sich gegenseitig eine ganze Serie von Schabernack vorwerfen, die vor allem ihr Gesinde verübt hat.

Gerade dies benützte Gryphius, um die Handlung der "Geliebten Dornrosa" (1660) drastisch auszugestalten. Es sind nun die verfeindeten Väter der beiden Liebenden, die einander eine Reihe von Freveltaten vorwerfen, die offensichtlich aus Vondel übernommen wurden. Das sind keine bloßen Erinnerungen an einst Gelesenes, sie wurden vielmehr dem Buch entnommen, das anscheinend im Besitz des Dichters war.

Denn im Text gibt es einige allzu wörtliche Entsprechungen sogar in einzelnen ungewöhnlichen Formulierungen. Da heißt es schlesisch: "Jockel: He? Woß worn doß fer Nachtraben, die meer snachts as key Mondschein wor, die Birnbeime schittelten he?" Im Holländischen sagt Govert: "Wie zagh ter middernacht, wanneer de menschen droomen, Die nachtrave Eerijks ooft afschüdden van de boomen?" Daß Diebe als Nachtraben bezeichnet werden, ist ungewöhnlich, aber auch treffend, und kann einzig dem vorliegenden Text entnommen sein. Ebensolchen Eindruck erweckt die gleich folgende Replik: "Jockel: Unde die, die oben uffm Schüttboden meene Täuben mit em Schlaggarn finden, he?" "Govert: Niet waer? Die, toen hot sneen aen boom en tak bleef hangen. De duiven op hot voer kon met zijn slaghnet vangen." Jedoch kann man selbst von diesen beiden wörtlichen Übereinstimmungen nicht sagen, daß sie "aus den Leeuwendalers übersetzt sind", wie das R.A.Kollewijn 1880[1] in der ersten Entdeckerfreude übertreibend (S.60) formulierte. Bereits die zuletzt zitierte Stelle zeigt unverkennbare Abweichungen: bei dem Schlesier fehlt die winterliche Situation, wo Eis und Schnee die Tauben nicht ausfliegen lassen. Im anderen Beispiel konkretisiert Gryphius die mehr gefällige Ausdrucksweise der holländischen Vorlage und sagt "Birnbäume" statt Obst sowie "snacht as key Mondschein wor" statt middernacht, wanneer de menschen droomen". Den letzten Streich änderte Gryphius ganz auffallend: "Bartel: He? unde die, die em Junckern an Hasen aus der Luft mit em Fischköscher fingen? he?" Vondel schreibt: "Warner: Waer vont men oit in't lant een vischers maet zoo kloek, Dat hy op't lant een haen kon visschen met een hoeck?" Hier fängt man also einen Hahn mit einem Angelhaken, offenbar mit einem daran befestigten Leckerbissen. Ähnlich stark verändert wurde auch: "Warner: Ghy licht een anders fuick, en zinckt haer in de kil". Das war zu speziell den holländischen Verhältnissen am Zuidersee gemäß. Drum wird es umgesetzt zu der höhnischen Frage, wer es wohl gewesen sein mag, der "em Juncker de Krabse aus der Rause gestolen hotte". Auch daß jemand "Kalk ins Junckern Fischtrog gewurffen, daß em der grusse Haicht dervo war gestorben" konkretisiert weit anschaulicher das schändliche Tun als Vondels Angabe: "wie dorft ons watering vergeven (vergiften), dat men niet dan doode visschen ving". Übertreibend heißt es bei Gryphius, daß der Pferdejunge den Pferden "de Schwäntze ausgerofft, unde Hutschnüre" daraus gemacht hätte, wohingegen er bei Vondel nur dem "springhengst den staert afgeknipt omt paertshair". Er habe ihm also nur den Schwanz abgeschnitten, um das Pferdehaar zu verwenden. Selbst die lang ausgesponnene Geschichte mit dem Hahn, mit welcher das Duell von Beschuldigungen eröffnet wird, ist trotz allem deutlichen Zusammenhang im Einzel-

---

1   Roeland Antonie Kollewijn: Gryphius' Dornrose und Vondels Leeuwendalers. Archiv für Literaturgeschichte Bd.IX, Leipzig 1880, S.56-63.

nen keine einfache Übernahme. Immerhin lohnt es sich, besonders die Lobrede mit all den komischen Vorzügen des Hahns ziemlich genau zu entlehnen. Im Ganzen wurden sechs Vorwürfe, die knapp einen Tatbestand festnageln, übernommen, ohne direkt übersetzt zu sein. Von den 16 Streitpunkten bei Gryphius stammen 13 von Vondel, der seinerseits jedoch 21 aufführt, wobei im Fortgang des Streites mehrmals zwei gekoppelt werden. Drei hat Gryphius neu dazu erfunden. Ganz konkret wird der Diebstahl von Schattenmorellen (Morallen") und der von Pflaumen, die im Backofen getrocknet wurden, hinzugefügt. Besonders eindrucksvoll aber wirkt es, daß dem verletzten Hahn nun der verbrühte Hund entgegengestellt wird. Bei Vondel war es ein Lamm. Es war ertrunken, weil des bösen Nachbars bissige Dogge es ins Wasser gehetzt hatte. Kam von hierher etwa Gryphius die Assoziation des Hundes? Bei ihm tritt Jockel mit der Hündin auf dem Arm dem Bartel mit dem Hahn entgegen, ebenfalls keifend und jammernd über seine "arme Lusche". Das tote Lamm war fern, aber hier wird bühnenwirksam sichtbar ein gleichwertiges Objekt geboten, ein dramatisch vollwertiges Symbol roher Zerstörungswut.

Aber nicht die beiden Bauern sind die Übeltäter, sondern ihre Leute, voran Grete, die Großmagd von Bartel und Jockels Knecht Cuntze. Sie haben die anderen angestiftes bis herab zum Pferdejungen, dem Gänsemädel und der Kasemutter". Gegenüber Vondel legt Gryphius auf derlei Zuweisung Wert, um die spätere Versöhnung der beiden Bauern als die nur mit Hineingezogenen möglich und verständlich zu machen. Vondel läßt extra eine Szene unmittelbar folgen, um den einen (Warner) als unbelehrbaren, böswilligen Streithahn und Krakeeler zu kennzeichnen. Gryphius bringt statt dessen ein Gespräch von Gregor Konblum mit Jockel, dem Vater der Dornrose, in welchem dieser sich besänftigen läßt. Gregor schlägt die Entlassung der beiden Dienstboten als Anstifter vor und wi wirbt schließlich sogar um Dornrose. Gryphius gestaltete seine Figuren nach seinen Absichten aus, übernahm sie nicht einfach aus Vondels Stück, nur die Bubenstreiche als solche griff er auf, beließ sie aber nicht den Sprechern. Vielmehr teilte er sie nach Gutdünken auf seine beiden Bauern auf. So übernimmt Bartel dreimal etwas von Warner, dabei den Hahn, und viermal von Govert, andererseits stammen Jockels Argumente je dreimal von Warner und von Govert.

Die ganze Streitszene veranschaulicht eine ganz verschiedene Situation in beiden Stücken. Bei Gryphius steht sie am Anfang, also im 1. Akt um eine Lage zu verdeutlichen, die uns an Romeo und Julia erinnert. Bei Vondel dagegen soll sie den unvernünftigen Hader und Haß zwischen Südteil und Nordteil des Landes und der Landbevölkerung illustrieren, wobei mit Warner wohl die orthodoxen Kalvinisten in ihrer streitsüchtigen Rechthaberei gemeint waren. Sie sind die eigentlich schuldigen Störenfriede gegenüber den Versöhnungsabsichten der Fürsten und ihrer

Ratgeber. Daher wird der Streit der beiden Bauern als Anklage vor dem "Heernraedt" der beiden Landesteile in II,3 vorgeführt, nachdem vorher die Friedenssehnsucht und die Versöhnungsabsicht bei den Regierenden gezeigt worden war. Beiden Bauern wurde vom zuständigen Gerichtsherrn jeweils aufgegeben, den Hahn oder das Lamm zu ersetzen. Den Akt schließt (II,4) Warners Beschwerde, die ihn als böswilligen Querulanten entlarvt.

So sind beide Szenen ganz verschieden, weil sie eine gänzlich andere Funktion im Zusammenhang der Handlung haben. Bei Vondel ist der Streit der Bauern letztlich nur eine Episode, welche die politische Lage illustriert. Bei Gryphius verdeutlich sie die schwierige Ausgangssituation, in der sich Gregor Kornblum mit seiner Liebe befindet. Dem entsprechend wird denn auch der 1.Akt in sieben Abschnitten entfaltet. Denn auf den offenen Streit und auf die Abweisung seiner Werbung bei Dornroses Vater folgt die noch wütendere Drohung Bartels, ihn zu enterben, wenn er auch nur noch ein Wort mit dem Mädchen spräche.

Ähnlich drastisch gestaltet Gryphius eine weitere Anregung von Vondel aus. Dessen Bericht vom Überfall auf Hageroos wich vom italienischen Vorbild bereits dadurch ab, daß nicht mehr ein Satyr der Angreifer ist, sondern ein Mensch. Er wird aber nur als "Schänder" bezeichnet, sowohl von der Betroffenen (v.1063) wie vom Retter (v.1151). Motz Aschewedel "verlibt auff Dornrosen". Der Name charakterisiert ihn schon wie sein plumpes Verhalten. Er hat bereits zwei Jahre "um Durnrusen gebuhlet und nischte als in Kurb übern anderen gemacht". Jetzt rühmt er vor ihr seine Stärke, betont seinen Besitz, der allerdings nur ein halbes Bauerngut umfaßt, das auch noch ein wenig "wüste" liegt. Er wird als großsprecherischer Bauernlümmel gesehen, der prahlerisch sogar ein Schwert umgebunden hat. In allem ist er der Gegensatz zu Gregor Kornblume. Durch diese zwei kontrastierenden Bewerber erfährt die Handlung dramatische Dynamik und theatralische Lebendigkeit. Gryphius hat etwas so eigenes geschaffen, daß selbst Kollerwijn keine Abhängigkeit, nur "Übereinstimmung" konstatiert.

Alles wird von Anfang an auf den Ton des derb Bäuerlichen gestellt, wobei die Verwendung des schlesischen Dialekts noch beträchtlich mithilft. Vondels allegorisches Festspiel dagegen ist durchklungen von einer lyrisch gehobenen Feierlichkeit. Recht deutlich wird dieser Unterschied bei der Gestalt des Liebhabers. Gregor Kornblume ist der frische, gesund empfindende Jungbauer, recht anders als der sentimental schmachtende Adelaert, dem man seine Verwandtschaft mit Aminta und dem treulichen Schäfer bei Guarini nur zu deutlich anmerkt. Ebensowenig hat Dornrose mit der einseitig passionierten Jägerin Hageros gemein. Sie wird nicht wie jene in einem Liebesgespräch mit ihrem Liebhaber vorgeführt und dabei die Handlung exponiert (I,2). Sie liebt Gregor ebenso treu und unkompliziert. Erst im zweiten Akt kommt sie auf die Bühne und weist sogleich Matz Aschewedel immer wieder zurück. Der wird schließlich zudringlich. Auf Dornroses Hilferuf eilt Kornblume herbei und verdrischt den Frechen, ein eindrucksvoller Aktschluß. Vondel füllt seinen ganzen dritten Akt lediglich mit Berichten von dieser Errettung. Hageroos wurde auf der Jagd heimtückisch von hinten überfallen und brutal gepackt ("Hy sloegh met alle macht zijn armen om mijn lijf, v. 1074). Vondel richtet seine Handlung ganz auf die Auslosung des Adelaert als Opfer für den Got Pan und die dabei erst durchbrechende Liebe der Hageroos. So etwas war bei Lise Dornrose mit ihrer natürlichen Art nicht notwendig. Einzig der Name wurde dem Holländischen entnommen. Im Schlesischen gibt es keine seelische Problematik wie bei der stolzen Spröden mit dem ihr schwächlich hörigen Adelaert. Ganz handfest ist das einzige Hindernis, die Verfeindung der beiden Bauern und damit die materielle Unmöglichkeit einer Familiengründung. So läßt sich der Konflikt auch nur von dieser Seite her lösen.

Das kann allein durch einen Machtspruch geschehen. Daher gestaltet Gryphius den letzten (4.) Akt als großes Gericht über alle Beteiligten aus. Der es abhält hat keinerlei Ähnlichkeit mit einem der beiden "Heemraet" bei Vondel (II, 3). Er paßt in das bäuerliche Milieu. Bislang war er nur der Inspektor (Schulze) des Dorfes "Villdünckell", aber kürzlich hat er es von dem adligen Gutsbesitzer in eigene Regie übernommen und tritt nun als Pächter selbstbewußt auf, "nient anders als ein kleiner Fürste". Er darf nicht mehr als "Herr Schultze" angeredet werden, sondern als "gestrenger Herr". Er läßt sich von zwei Bauern als Leibgarde begleiten, die eine Heugabel statt der Hellebarde tragen. Dadurch wird gleich sein Auftreten recht theaterwirksam in drastischer Komik charakterisiert und durch die dramatisierende Funktion der beiden Leibwächter ergänzt. Imponieren soll sein ganzes Gebahren nicht zuletzt durch die vielen vergewaltigten Fremdwörter. So fällt auch seine Entscheidung zunächst erschreckend hart aus, ganz anders als die einfache Ersatzleistung, die jeder Heemraet seinem Beschuldigten bei Vondel auferlegt.

Hat Gryphius hier von Vondel aus das Motiv der Gerichtsverhandlung aufgegriffen, es aber dramatisch für die Haupthandlung verändert, drastisch gesteigert und breit ausgebaut, so könnte für die Figur des Richters noch eine Erinnerung an den Schlußakt einer anderen Komödie mit geholfen haben. Bredero bringt in seinem berühmtesten Stück "De spaensche Brabander" ebenfalls eine große Gerichtsverhandlung vor dem Schulzen, der mit mijn Heer de Schout angeredet wird. Auch er fühlt sich in seiner Würde und genießt seine Macht, nach Gutdüncken sein Urteil fällen zu können. Ebenso werden die Parteien in lautem Zanken vorgeführt. Jedoch ist das Ziel der Handlung gänzlich anders und der Schlußeffekt liegt darin, daß der Richter das einzige Inventarstück (het bed), das den Gläubigern blieb, schließlich als Bezahlung beschlagnahmt. So satirisch zeichnet Gryphius den "Wilhelm von hohen Sinnen" nicht.

Weil er, wie er selbst sagt: "Fride unter meinen Unterthanen stifften" will, läßt er diesmal "Genade vor Recht ergehen". Er schiebt die Strafen auf. So bringt er alles ins rechte Lot und lädt schließlich das junge Paar mit den versöhnten Angehörigen zum Mahl ein. Es steckte eben hinter dem "gestrengen Herrn" doch ein wohlmeinender Mensch. Damit endet dieses Drama von Romeo und Julia im schlesischen Dorfe recht als ein fröhliches "Scherzt-Spill", wie der Titel es klassifiziert.

Bei der Gerichtsverhandlung beruft sich Kornblume auf ein altes Recht, das demjenigen, der einer Jungfrau ihre Ehre zu erhalten hilft, Anspruch auf das gerettete Mädchen habe, sofern sie slebst zustimmt. Dieses Motiv mag wohl von Vondel angeregt sein, wo (III, 1) der Rey zum Bericht der Hageroos von dem "verdienten Loon" (v. 1096) spricht. Aber bei Gryphius wird das nur als Verstärkung zu der von Jockel einst gegebenen Zusage im ersten Akt verwendet und endet mit der Bitte, daß Wilhelm die beiden Alten dazu "bereden" möge, mit der Heirat zufrieden zu sein.

Ganz eigener Zusatz ist die alte Salome, die schlechthin als "Kuplerin" im Personenverzeichnis charakterisiert wird. Vondel führt die greise Kommerijn, die Amme der Hageroos ein, um die verzwickte Vorgeschichte aufzuklären. Gryphius benutzt die typische Figur aus der Komödientradition als eigentliche Anstifterin des Bösen, sogar zur Entlastung von Matz Aschewedel. Vorher hatte Gryphius diese Type bereits als die alte Cyrille im "Horribilicribrifax" verwendet. Die einzelnen Züge drastischer Komik sind ganz entsprechend die gleichen.

So wird deutlich, daß Gryphius zwar allerlei Anregungen benutzt, aber selbständig verarbeitet hat. Als "Quelle" kann man jedoch die "Leeuwendalers" nicht bezeichnen, wie Kollewijn es tat. Gegenüber dem "lantspel" Vondels mit seinem opernhaft gehobenen Ton wurde eine Komödie mit betonter Bäuerlichkeit geschaffen, die jedoch die zotenfreudige Derbheit einer holländischen "Klucht" vermeidet.

Mag sein, daß die Verwendung von Dialekt in der holländischen Komödie Gryphius zu gleichem Tun ermutigte. Das Beispiel eines Bredero oder von J. J. Starters "Timbre de Cardone" bewies, daß so etwas innerhalb vollwertiger Literatur möglich und wirksam war. Dagegen machen die drei Spiele von 1618 in schlesischer Mundart diesen Eindruck kaum. Ebenso reichen die Gelegenheitsgedichte, in denen bäuerliche Menschen ihrer Herrschaft Glückwünsche vortrugen, sogar "neiderländisch", wie er im Glogau gesprochen wurde, nicht über den engen heimatlichen Umkreis hinaus. Bäuerliche Typen gab es allerdings schon in der zeitgenössischen Literatur. So hatte Johann Rist bereits 1630 seiner dreiaktigen "Irenaromachia" als Zwischenspiel nach dem ersten und zweiten Akt jeweils platt sprechende Bauern kontrastierend eingefügt. Sogar in seiner Tragödie "Perseus" zeigt das erste Zwischenspiel wie Pickelhering zwei Bauernlümmel komisch exerzieren läßt. Ähnlich stattet er schließlich 1653 sein "Friedejauchzendes Teutschland" mit bäuerlichen Szenen aus. Eine Autorität wie Justus Schottel hatte für sein Friedensstück als warnendes Beispiel für die verwerfliche Sprachmengerei grade einen Bauern verwendet. Noch 1658 benutzte Schoch in der "Comoedia vom Studentenleben" das derbe Treiben der Bauern, um zu beleuchten, aus welcher Tiefe sich der Tüchtige heraufarbeiten kann. So blieb Gryphius 1660 zwar innerhalb der literarischen Konvention und schuf doch Eigenes nach seinem Willen und Plan.

Das Eigentümliche und Bedeutsame seiner Leistung wird erst voll sichtbar, wenn man bedenkt, daß dies "Scherzspiel" nicht als selbständige Kömödie gemeint war, sondern als zweiter Bestandteil eines "Mischspieles". Mit dem "Gesang-Spil" ist es aktweise verknüpft. Statt drastisch-komisch die Pathetik einer Festoper mit Zwischenspielen zu unterbrechen, werden hier zwei Handlungen thematisch in Beziehung gesetzt. Als Schlußchöre singen die Personen der beiden Stücke Glückwünsche dem schlesischen Herzog Georg und seiner Braut. Dabei wird das Thema formuliert: "Keusches Liben in unverfälschter Treu". Das ist der Grundgedanke und der ethische Gehalt beider Handlungen.

Für sein Singspiel veränderte Gryphius die Tragicomédie von Philippe Quissault von 1658 "Le Fantôme amoureux" ebenso souverän, wie Vondels Lantspel. Nur der eigentliche Effekt wird beibehalten: der geheime Gang zwischen den benachbarten Häusern der beiden Liebenden sowie das Erscheinen des vorher sich Totstellenden als Gespenst, wodurch das Zugeständnis zur Heirat erwirkt wird. Wiederum taucht eine wörtliche Entlehnung auf. Beiden Stücken gemeinsam ist im 3. Akt die komische Anrede "Herr Geist" entsprechend "Monsieur le Fantôme" oder "Monsieur l'Esprit", so sagt die erschreckte Zofe und auch kleinlaut der sonst so großmäulige Diener. Diesen karikiert Gryphius dazu noch als Französling. Gryphius reduziert die 11 Personen bei Quinault auf 7. Dadurch erhält er zwei amuröse Dreiergruppe: bei den Bedienten wird die Zofe umworben von zwei Dienern. Einer davon ist zugehörig zu dem Liebhaber, dem die Mutter seiner Angebeteten nachstellt. Diese wird schließlich entschädigt durch einen ältlichen Verehrer, dem Herrn des andern Dieners. Ganz entsprechend waren auch die Figuren des Scherzspiels gruppiert. Dornrose wurde treu geliebt von Kornblume, bedrängt von Matz Aschewedel. Er wird schließlich mit der alten Salome entschädigt. Von den ebenfalls 7 Personen bilden dann die beiden streitenden Bauern mit dem Arendator als Richter eine zweite Dreiergruppe. Ihre krakeelende Feindschaft steht im derbkomischen Kontrast zu den drei Arten von Liebe bei den anderen. Wie in der höfisch-galanten Welt des Singspiels alle am Schluß erkennen und rühmen "O Wunder treuer Lib, o unerhörte Krafft", so hat der Dichter auch sein Scherzspiel dementsprechend ausgerichtet, nicht allein in der Führung der Handlung, sondern sogar in der Charakterisierung der beiden Liebenden. Beide wurden ganz anders als bei Vondel zu natürlich empfindenden Menschen. Die schwierige Situation, die an Romeo und Juliet erinnert, wird durch echte Herzlichkeit gemeistert, durch die Bewährung treuer Liebe bei Dornrose und Kornblume und schließlich sogar bei Wilhelm dessen Name "von hohen Sinnen" damit lächelnd gedeutet wird. Mit diesem Mischspiel gelang dem reifen Dichter 1660 etwas erstaunlich Beschwingtes, eine eigene Formung gemäß dem menschlich wertvollen Gehalt, der sich als selbständige Leistung abhebt von Vondel wie von Quinault.

Bei seinem starken Interesse an der holländischen Dramatik blieb Gryphius natürlich Bredero nicht unbekannt. Sein Meisterwerk "De spaansche Brabander" (Erstdruck 1618) lieferte deutlich Anregungen für den "Horribilicribrifax". Es ist besonders der prächtige zweite Akt, der mehrfach nachwirkte, weil er unvergeßlich komische Verhaltensweisen vor Augen führte. Stück für Stück wird Jerolimo von seinem Pagen, dem Betteljungen Robbeknol vor unseren Augen aufgeputzt als modischer Kavalier. Er muß jedes Stück, so abgetragen es auch sein mag, bewundern bis hin zu dem Degen, der "steekt door de schai". Gryphius beginnt sein "Scherzt-spiel" ebenfalls damit, daß Daradiri von einem seiner zwei Diener sich das Kavaliersmäntelchen zurechtrücken läßt. Vom zweiten will er die beiden Enden seines martialischen Schnauzbartes begutachtet haben, wobei dieser deren verschiedene Länge ironisch erklärt als "versenget von den Blitzen seiner feuerschießenden Augen". Dann allerdings beginnt sofort das maßlose Geprahle gegenüber dem Nebenbuhler.

Bei Bredero dagegen wird bei jedem Kleidungsstück sofort eine Entlarvung dadurch vorgenommen, daß dessen schlechter Zustand anschaulich gemacht wird. So ist nicht einmal eine Bürste vorhanden, um den Staub vom Mantel zu kehren. Diese Funktion der Szene übernimmt Gryphius nicht; vielleicht kann man das bedauern. Allein die selbstgefällige Geste findet sich wieder und sie dient lediglich als Auftakt für die folgenden langen Bravaden, die bald durch das Erschrecken vor der fauchenden Katze drastisch entlarvt werden.

Es handelt sich also um einen bloßen Nachklang von Bredero, nicht um eine Nachahmung von II,1. Ähnlich ist die Situation: der Prahlhans will ausgehn und als Kavalier auftreten, sein Verhalten dabei wird drastisch vor Augen geführt.

Nicht viel anders verhält es sich mit der bald folgenden Szene (II, 3). Da produziert sich der spanische Brabander als galanter Kavalier. Mit einem Schwall von Phrasen im Modestil des Petrarkismus beteuert er seine Verehrung. Eben dies tut auch Horribili im 2.Akt. Jedesmal wird er dabei von Camilla, der Kammerjungfer Coelestines, aufgezogen. Soviel Intelligenz besitzen die beiden "Snollen" bei Bredero nicht. Ihre Unterhaltung orientiert eindeutig über Gewerbe und Interesse der beiden. Diese Straßenmädchen umschwärmt Jerolimo mit seinen Tiraden. Je-

doch kann er das nicht leisten, was sie erwarten: eine ausgibige Mahl-
zeit. Daß er sich davor drückt, indem er dringende Geschäfte an der
Börse vorschützt, ist Schluß und Gipfel dieser köstlichen Episode. Bei
Gryphius sind die beiden Frauen die ehrsame Jungfrau Coelestine, eine
wohlhabende und gebildete Bürgerliche mit ihrer Zofe. Beide ziehen
Horribili gehörig auf, bewahren aber immer den Ton gebildeter Höflichkeit. So wird er abgeblitzt, zumal er durch die Erzählung seines Pagen
drastisch blamiert war.

Wiederum ist es nur ein einzelner Zug, der von Gryphius übernommen wird, weil er die Albernheit des Petrarkismus als galant modisches
Verhalten persifliert. Er ist hineingesetzt in die konventionelle Situation
des abgewiesenen Liebhabers. Im Zusammenhang der Handlung sagt
diese Szene mehr für Coelestine und ihre Art als für Horribili, der sonst
nur in seiner martialischen Aufschneiderei gezeigt wird. Gewiß ist es
auch Jerolimos einzige Liebesszene. Doch er ist eben die Hauptperson,
während Gryphius als warnendes Exempel für die Gattenwahl nach dem
äußeren Schein das Werben von Daradiri um Selene, "eine hochmütige,
doch arme adlige Jungfrau" ausgestaltet. Für seine ganz andere Ge-
samtkonzeption verwendete sie der Schlesier als eine Erinnerung an die
holländische Komödie mit ihren unnachahmbaren amsterdamer Typen.

Auch die famose Schlußszene von Brederos zweitem Akt blieb nicht
ohne Nachwirkung auf Gryphius. Wie Robbeknol über Hunger klagt (v.
832 ff.), tut es auch Harpax, der Page Horribilis (III, 5), allerdings nur
mit der Bemerkung: "Ich fürchte, ihr möchtet mich auch anzünden, ich
bin etwas dürre vor Hunger". Denn ihre Herren besitzen nichts als ihre
prahlende Eingebildetheit, die weder sie noch ihre Diener sättigt. Wie
der Amsterdamer Schlingel dann mit erbettelten Lebensmitteln essend
auf die Bühne kommt (v. 870 ff.), sehen wir (IV, 7) den Edelknaben Florian sogar etwas angetrunken vom üppigen Verlobungsfest heranschlen-
dern. Er bietet Selene von seinem Überfluß an: "Überzogene Mandel-
kerne" oder Marzipan, er hat "beyde Hosensäcke voll Zucker Nasche-
reyen". Aber die großmütige Adlige ist nicht hungrig wie der spanische
Brabander Jerolimo. Was sie vom Pagen erfährt, ist die bittere Kunde,
daß der von ihr geringschätzig abgelehnte Palladio jetzt Marschall geworden ist und mit Coelestine demnächst Hochzeit machen wird. So wird
die Funktion dieser Szene deutlich, die Mutter Antonia spricht es aus:
"O Tochter, welch ein Glück hast du muthwillig verschertzet". Bei Bredero dagegen wird uns vorgeführt, wie der hochfahrende brabanter Ka-
vallio nur zu gerne von den erbettelten Lebensmitteln mitißt und sich
an dem "Koe-voet" gütlich tut, höchst menschlich wenn auch wenig ka-
valiersmäßig mit so großem Behagen, als er "niet getan g'had in twee
geheele dagen". Solch drastisch-komische Situation, so voller Schmun-
zeln ausgesponnen, findet sich bei Gryphius nirgends. Es blieb wiederum nur ein einzelner Zug als Nachklang.

Noch ein weiterer Zug wird übernommen. Der Diener sieht mit klarem Blick die Wirklichkeit, erkennt, was gerade nicht hinter dem prahlenden Gebaren seines Herren und Gebieters steckt. Dadurch erhält er eine wichtige Funktion: er interpretiert verdeutlichend, entlarvt ironisierend, blamiert übertrumpfend. Zweimal finden die Prahlereien des Horribili durch die scheinbar bestätigenden Berichte von Harpax ein unrühmliches Ende, sei es das Auffinden des Hirsches bei der Jagd mit dem König von Persien (II, 2) oder den Kraftproben am Galgen (V, 6). Der Spaß liegt darin, daß Horribili ja nicht weiß, was Harpax erzählen wird, also nicht rechtzeitig eingreifen kann und erst nach der peinlichen Pointe wütend über die Blamage schimpft. Don Diego charakterisiert ge gegenüber der alten Cyrille den abwesenden Daradiri ungeniert (II, 5): er sei ein "gehelmter Hase", und spricht von "dem unmäßigen Aufschneiden unseres Capitains". Ähnlich sagt Robbeknol interpretierend beiseite (682): "Wat of de gek al praat" oder "Ich lach' mich tot, was wird er jetzt beginnen, der 'Jonker pover'" (686) und ironisiert schließlich das enttäuschende Ende der Liebeswerbung Jerolimos (714 ff., 721 ff.).

Das beste, was Gryphius gelang, ist das Prahlduell zwischen Horribili und Sempronius (III, 6). Harpax macht dabei den Schiedsrichter und zieht sich schließlich mit gesundem Mutterwitz aus der schwierigen Situation. Das ist Gryphius' eigene Erfindung. Denn wie Robbeknol den rabiaten Gläubiger hinzuhalten sucht, hat damit nichts zu tun (IV, 5 v. 1814 ff.), zeigt ihn jedoch auch wendig und geschickt. Die Figur des Amsterdamer Gassenjungen als solche zu übernehmen, fiel Gryphius nicht ein. Sein Stück war auf das Thema "wählende Liebhaber" angelegt, sollte warnende und mahnende Beispiele vorführen. Horribili ist nur einer unter mehreren davon. Durch Daradiri wird sogar die Type des miles gloriosus in zwei Figuren aufgespalten und dadurch gemindert. Bei Bredero ist Jerolimo die Hauptfigur. Weil er in vielerlei Situationen vorgeführt wird, entsteht eine lebendige Gestalt, die uns nahegerückt wird. Das geschieht bei Horribili oder irgend einer der Frauen jedoch nicht. Sie bleiben Demonstrationsobjekte. Der Gehalt war entscheidend, die Lebenshilfe, das prodesse; bei Bredero herrscht das delectare vor. Er schuf ein Genrebild.

So wenig der Inhalt der beiden Stücke übereinstimmt, so besteht doch hinsichtlich des Baues eine Gemeinsamkeit. Beide besitzen keine pyramidische Konstruktion und werden nicht durch eine Intrige vorwärts getrieben. Daher zeigt der dritte Akt keinen Höhe- und Wendepunkt der Handlung. Das verwundert gerade bei Bredero, wo doch Jerolimo bereits im Personenverzeichnis am Anfang steht und dadurch als Hauptperson betont wird. Aber es handelt sich lediglich um sein Verhalten in der prahlerischen Einbildung als Hidalgo, eben als "spanischer Brabanter", nicht um ein Ziel, das die Handlung erreichen soll. Gryphius dagegen stellt seine "zwey weiland reformirde Hauptleute" in die Mitte der Personenreihe, die er mit Palladius und seinem Pagen Florian beginnt. Zwar enthält der dritte Akt des "Schertzspiels" gegen Ende (III, 6) das Prahlduell zwischen Horribili und dem Pedanten Sempronius, doch bedeutet dies keinen Höhepunkt der Handlung. Gryphius orientiert den Ablauf des Stückes an dem Thema der Gattenwahl und führt die falsche oder die richtige Entscheidung vor Augen. Bei Bredero läßt sich solche instruktive Absicht nicht feststellen. Er sagt im Vorwort an den Leser selbst: "ik stel u hier naecktelyk en schilderacktig voor oogen", also wie ein Maler und tatsächlich sind es einzelne Genrebilder, die sich abspielen.

Eine Verwandtschaft ließe sich schließlich wohl in der Sprachgebung bemerken. Gryphius verdeutlicht die prahlende Eingebildetheit durch die Verwendung von fremdsprachlichen Floskeln. Daradiri zeigt französische, Horribili italienische Kenntnisse. Sie werden aber nicht als Franzosen oder Italiener gemeint sein, vielmehr sollen sie im Sinn des deutschbewußten Alamodekampfes als Sprach- und Sittenverderber dadurch von vornherein abgewertet sein. Ähnlich wird Semprosius als alberner Pedant durch die Überfülle von lateinischen und sogar griechischen Zitaten gekennzeichnet, die von der alten Cyrille in grotesker Drastik mißdeutet werden. Dergleichen findet sich bei Bredero nicht. Er bleibt beim Dialekt und benutzt den von Antwerpen, den er als gestelzt empfindet, für das Vornehmtun Jerolimos. Dem stellt er Robbeknoll und die übrigen Volkstypen entgegen mit betont Amsterdamer Slang. Gryphius richtet außerdem einen Maßstab auf, zumal im Gespräch zwischen Palladius und Coelistina, ein höfliches Bildungsdeutsch, das als Träger der neuen Gesellschaftsschicht und ihrer Verhaltensweise, als Norm der Barockkultur gemeint ist.

Man kann also Brederos Komödie nicht als "Quelle" für Gryphius' "Scherztspiel" bezeichnen. Auch der Anstoß dazu kam wohl kaum vom Holländischen her. Eher würde man ihn im Italienischen suchen. Gryphius kannte die commedia erudita, wie seine Übersetzung von Razzis "La balia" beweist. Er hat sicherlich auch Vorstellungen der commedia dell'arte in Italien gesehen. Bei beiden Lustspielarten war der großsprecherische Capitano eine beliebte Type. Bei dieser Modernisierung des antiken Pyrgopolinices war das nationale Ressentiment gegen die Spanier mitbeteiligt. Der Capitano wird als Spanier gezeichnet und mit spanischen Brocken ausgestattet. So lag die Verwendung von Italienisch für Horribili nahe. Den zitatenspuckenden Pedanten zeigt das italienische Bildungslustspiel ebenfalls gern. Daradiri französisch sprechen zu lassen, könnte durch die "Illusion comique" von Pierre Corneille (1636) veranlaßt sein, durch dessen prahlenden Capitain Matamore. Für dessen Prahlsalven fand er hier die Bezeichnung "rodomontades". Gleich in der ersten Szene sagt der Diener Don Diego zu seinem Herrn Daradiri: "Palladius richte mit seiner anmutigen Courtesi weit mehr aus als wir mit allen unsern Rodomontaden". Eine Sammlung spanischer Rodomontaden erschien 1627 mit Übertragung ins Italienische und ins Deutsche. Im Heiratskontrakt zwischen Sempronius und Cyrille erscheint als sechster Zeuge "Rodomont von Fensterloch" mit einem bezeichnend martialistischen Wappen. Ein weiteres Stichwort bei einer Brarade des Horribili läßt uns noch aufhorchen (III, 5). Unter den großen Helden nennt er noch "Belleropton Rinocerote". Tatsächlich gibt es in der italienischen Komödie diesen Namen. Capitano Rinoceronte, dessen Kraft so groß wie die eines Rhinozeroses sein möchte.

Als Selenissa im letzten Akt (V, 6) Horribili um Beistand bitten, entgegnet dieser mit einer großen Prahlrede, die mit der Hyperbel endet, metto spavento al Cielo, al mare et al inferno". Der capitano Spavento war aber die Rolle, in welcher der Schauspieler Francesco Andreini brillierte. In Venedig waren von ihm Dialoge erschienen unter dem Titel "Le Bravure del Capitano Spavento" (zuerst 1609, erweitert 1624), die noch 1639 ins Französische übertragen wurden. So könnte Gryphius sie bereits in Paris, spätestens in Venedig gelesen, ja gekauft haben.

Tatsächlich gibt es darin einen Dialog, in welchem der Prahler behauptet, sogar gegen die Sterne Krieg geführt zu haben und mit so großem Erfolg, daß er das Himmelsgewölbe wie ein Sieb durchlöcherte (come un cirello). Der Name Horribilicribrifax bedeutet schrecklicher Siebmacher! Allerdings wird ihn Gryphius wohl nicht erfunden haben. Er konnte ihn von Joh. Balthasar Schupp entliehen haben, der ihn seinerseits vielleicht von irgendwo her entnommen hat.

Wie auch anderen Deutschen Andreinis "Bravure" bekannt waren, beweist Joh. Rist, der schon 1635 den Capitano Spavento zwar nicht als Komödie, sondern als Satire behandelte, übrigens mit Benutzung der "Rodomontades Espagnoles" von Jacques Goutier. Von Rist entstammt wohl auch der Name "Daradiridatumtarides".

Ein Cacciadiavolo (Teufelsbanner) findet sich in einem Stück von Cecchi, ohne daß sich in dessen Tragikkomödien Spuren bei Gryphius entdecken lassen. Der Schlesier hat sein "Schertzspiel" gemäß dem eigen gewählten Thema inhaltlich und formal selbständig ausgeführt. Dabei hat er sich die eine oder andere Einzelheit, und sei es auch nur einen Namen, unbedenklich aus irgend einem Stück angeeignet. Mag sein, daß er sich Notizen gemacht oder in eigenen Büchern wie etwa dem "Spaanschen Brabander" etwas besonders angestrichen hatte. Jedenfalls darf Brederos Komödie nicht als seine "Quelle" angesehen werden. Bei dem Holländer dürfte man auf den "Lazarillo de Tormes" verweisen. Doch Gryphius hat mit dem Schelmenroman nichts gemein, den er in holländischer Übersetzung (schon 1579) hätte lesen können. Es läßt sich hier wie in seinen anderen Stücken nicht von "Abhängigkeit" sprechen. Im vorliegenden Fall ließ sich schlagend deutlich machen, daß weder ein einzelnes Stück, noch allein etwa holländische Dramen Anregung oder gar Muster boten. Ebenso wenig kann man aus der italienischen Komödie sein Scherzspiel ableiten, andrerseits ist es nützlich, die aufgezeigten Übereinstimmungen nicht einfach zu übersehen. Was wirklich an Übernahmen vorhanden ist, zeigt Gryphius in einer europäischen Konvention stehend, getragen vom großen Fluß der Bildungsliteratur seiner Epoche.

Nicht veröffentlicht. (1961 verfasst)

Zum Wandertruppen-Hamlet

Das Stück der deutschen Wanderbühne, "Der bestrafte Brudermord oder Prinz Hamlet aus Dänemark" hat seit langem und stets von neuem die Forscher beschäftigt. Immer war der Blick auf die englische Tragödie gerichtet und stand die Quellenfrage im Vordergrund. Seit 1857 glaubte man den vorshakespearischen "Urhamlet" hier direkt vorzufinden oder doch als Vorlage verwendet zu sehen. Einige unbestreitbare Zusätze schienen diese Meinung eher zu bestätigen als zu widerlegen. Gegenüber dieser vorwiegenden Meinung (19 von 34 Arbeiten) gestanden Vorsichtigere eine gleichzeitige Benutzung Shakespeares zu. Nur wenige setzten nicht den Foliotext an, sondern wagten als alleinige Quelle den Erstdruck von 1603 anzunehmen, und lediglich drei glaubten, beide Quartos (1603 und 1604) darin zu finden. Zu dieser Auffassung kam jüngst auch Freudenstein (Reinhold Freudenstein: Der bestrafte Brudermord. Shakespeares Hamlet auf der Wanderbühne des 17. Jh. (Britannica et Americana Bd. 3, Hamburg 1958) 130 S.) aufgrund sorgsamer Prüfung jeder einzelnen Szene. Dabei werden wie üblich nur die wörtlichen Anklänge registriert. Um das Wandertruppenstück an sich kümmerte sich niemand. Bei allem Streit war man sich darüber einig, daß es sich um ein elendes Machwerk handele und daß seine Entstehung nichts als ein trauriger Zerstörungsprozeß sei. Erst bei Freudenstein rückt auch das Verhalten des Bearbeiters, seine Gestaltungsweise in das Blickfeld. Damit wendet sich das Interesse in eine der bisherigen diametral entgegengesetzte Richtung, also hin auf das so lange völlig abgewertete deutsche Stück. Dabei wurde die Frage nach der Vorlage und nach der Entstehungszeit nicht übersehen und damit der Zusammenhang mit Shakespeare gewahrt. Jetzt aber geht die Betrachtung vom deutschen Text als ganzem aus, berücksichtigt die Art seiner Formung, anstatt wie bisher vom großen Briten herzukommen und sich aus dem "Brudermord" lediglich einiges herauszusuchen, was allerhand Theorien stützen sollte, die vorwiegend aus anderen Gründen hergeleitet waren. Es wurde somit endlich die wichtige Aufgabe erkannt: ein Stück der deutschen Wanderbühne für sich zu untersuchen, seine Eigenart zu erhellen. Gewiß wird es dabei nicht zum dramatischen Kunstwerk hochgespielt, aber es wird eben doch ernst genommen und als Beispiel eines auf der Bühne offenbar wirksamen Stückes charakterisiert. Den Text hatte Creizenach bereits 1889 in Kürschners "Deutscher Nationalliteratur (Bd. 23 S. 147-186, Einleitung S. 127-145) veröffentlicht.

Als Wegweiser kann schon das Personenverzeichnis dienen. Der Name Corambus statt Polonius für den "königlichen Hofmarschall" sowie die ständige Bezeichnung "König" und "Königin", die im zweiten Quarto Claudius und Gertrudt heißen, beweisen, daß der früheste Druck

dem Stück oder wenigstens seiner Vorlage zugrunde lag. Doch handelt
es sich nicht um eine Übersetzung, vielmehr um eine Bearbeitung. Das
zeigen die zugefügten Personen wie Phantasmo, der Hofnarr oder der
Bauer Jens. Die Art der Veränderung bezeichnet der Ersatz des fremd
klingenden Namens Laertes durch den geläufigeren Leonhardus, der etwas an jenen anklingt, während Horatio wohl als vertrauter wirkend beibehalten wird. Die Wandertruppen betreiben eben das Theaterspielen
als Geschäft, ihre Stücke sind Ware, die abgesetzt werden, Geld ein-
bringen sollen. Dem entsprechend werden sie zurechtgeschnitten.

Es ist höchst begrüßenswert, daß Freudenstin im Kapitel 2, dem
umfänglichsten und ergebnisreichsten, den Inhalt des Stückes Akt für
Akt durchgeht. Es wird genau Szene für Szene verfolgt, was geschieht
und nicht allein auf wörtliche Beziehungen geachtet. Dies erbringt ein
klares Bild vom Verhältnis zur Vorlage, läßt darüber hinaus noch die
Eigenart des Stückes in seinem Gefüge erkennen. Sämtliche Merkmale,
die ich seinerzeit als konstitutiv für den Typus des Komödiantenstückes
herausgearbeitet hatte (Reihe Barockdrama Bd. 3. S. 18-32), ließen sich
belegen.

Es handelt sich um eine Bearbeitung, keine Übersetzung. Die Abhängigkeit ist nicht textlich sondern inhaltlich, und zwar in solchem Maße, daß nur auf das pure Geschehen sich das Interesse konzentriert.
Seelisches wird wenig beachtet; nur Leidenschaft als Triebfeder und
als Ausbruch scheint brauchbar. Das ermöglicht eine wirkungsvolle
Schaustellung, ergibt jedoch keine eigentlich "dramatische" Handlung.
Man löst aus Shakespeare also nur die story heraus, verarbeitet diese
in eigener Sprache und Sicht. Dabei schwingt wohl das Gefühl vom Ernst
des Schicksals mit, das im Zeitalter des langen Krieges die Lebensstimmung unvermeidbar färbte.

Die Schauspieler wollten ihre Künste zeigen, Eindruck machen. Darin bestand das Neue und Sensationelle gegenüber dem Deklamieren der
Schüler oder Handwerksgesellen. Dazu braucht man Situationen voll Ge-
ladenheit, wo etwas geschieht. Das Vorganghafte herrscht vor. Auf solche Explosionen mit ihrem Feuerwerk muß vorbereitet werden, die Spannung gilt es zu erregen und zu erhalten. Überraschungen werden vermieden, vielmehr wird jeder Effekt wohl vorbereitet, damit er voll zur
Wirkung kommt. Die Handlungsführung muß deshalb einfach und klar
sein, sodaß jeder in der breiten Masse der Zuschauer mitgehen kann.
Eindeutig und übersichtlich wird der Ablauf des Geschehens skizziert,
nicht als raffiniertes Rechenexempel ausgeklügelt. Es gibt kein Verweilen für Intellekt oder Gefühl. Derb, aber lebhaft geht es weiter. Alles wird auf das Tatsächliche und Handgreifliche zusammengedrängt und
somit eine handfeste Geschlossenheit erreicht. Alles sollte schnell und
aufregend der schaubegierigen Menge vorgeführt werden. Feinere Geistigkeit, komplizierte Seelenzustände, stimmungsvolle Ausmalung konnte
man nicht brauchen. Imponieren wollte man um jeden Preis. Vergröbe-

138

rung ist die Folge, wohl in dem, was vorgeführt wird, wie in der Art, wie es dargestellt wurde. Da entfaltet sich in Staatsszenen Pracht und Pomp. Das Schreckliche steigert sich zum grausig Blutrünstigen, aber auch weinerlich Rührsames wird eingestreut. Als Kontrast und Entspannung dient das Komische, das leicht ins Derbe, Grobe, Obszöne absinkt. Überall herrscht das äußerlich Effektvolle, kraß und unverhüllt. Immerhin läßt sich eine geschickte, eben auf dieses Ziel gerichtete Konstruktion des Stückes nicht leugnen. Die Ähnlichkeit mit dem Spielfilm drängt sich uns Heutigen auf und von hierher wird uns grade auch die Art der Versprachlichung verständlich. Sie hat eben eine grundandere Funktion als im dramatischen Dichtwerk, als bei Shakespeare. Sie gibt lediglich Informationen. Nicht besitzt sie die einfühlend-vermschlichende Kraft des Dichterwortes. Sie verdeutlicht lediglich die Vorgänge und erläutert das Agieren der Schauspieler. Sie hat nur dienende Funktion. Auch in den großen Staats- und Prachtszenen prunkt man nur mit Kanzleifloskeln, sie sollen das gravitätische Gehabe heben und wurden wohl von zeremoniellen Gebärden und Verbeugungen unterstützt. Besonders bemerkbar macht sich eine Sucht nach tobender Gestikulation verbunden mit donnernden Tiraden als Ausdruck von Leidenschaft. Alle Figuren haben in gleichem Maße teil an solchem Gehabe und Gerede. Es ist eben nur der Komödiant, der auf Wirkung bedacht ist, nicht jedoch der Schauspielkünstler, der gestaltet, wie das Stück lediglich Spieltext, keineswegs Drama ist und sein will.

Reklamehaft lautet sofort der Titel: "Der bestrafte Brudermord oder Prinz Hamlet auß Dänemark". Doppeltitel sind zeitgemäß. Aber bei den Jesuiten lautet das dann: Pietas victrix sive Constantinus Magnus de Maxentio victor (Avancinus). Gryphius übersetzt von Causinus die "Beständige Mutter oder Heilige Felicitas". Bei seinem eigenen Stücke betont der große Schlesier stets den ethischen Gehalt als Thema des Dramas, etwa "Catharina von Georgien oder bewährte Beständigkeit" (1657). Anklagend heißt es "Ermordete Majestät, oder Carolus Stuardus König von Groß Britannia". Aufgeregter klingt: "Ein Fürsten-Mörderisches Trawer-Spiel, genannt Leo Armenius" (1650), später (1657) gemildert zu "Leo Armenius, Oder Fürsten-Mord, Trauerspiel". Nicht der aufregende Fall als solcher, vielmehr seine exemplarische Bedeutsamkeit soll vorgeführt werden. Die Wandertruppen jedoch wollen mit ihrem Titel Aufsehen und Neugier erregen, auf das Sensationelle wird hingewiesen. Daß und wie ein Brudermord bestraft wird, noch dazu in höchsten Kreisen, das eben reizte Publikum wie Schauspieler. Dafür bot das englische Drama den Stoff, den man nun für die deutsche Wanderbühne zurechtschnitt, ohne jegliche Rücksicht auf Shakespeare und sein Kunstwerk. Die rohe Stofflichkeit des so Zustandegebrachten verführte zu der Vermutung, daß es sich hier um den "Urhamlet" handele, um die Vorlage des großen Briten. Tatsächlich ist eine Veränderung bis ins

Mark erfolgt, ein völlig anderes Problem wird in dieser Staatsaktion
gestellt. Rigoros wurde zusammengestrichen. Shakespeares erster Akt
wurde von 38 auf 8 Seiten verkürzt, der zweite von 26 Seiten wurde ebenso reduziert, der dritte von 35 Seiten auf 7, die beiden letzten Akte auf
6 Seiten von 30 und 29 im Englischen. Aber der Bearbeiter ließ nicht
nur fort, er füllte wieder auf. Er fügte allerhand hinzu und zwar unter
zwei Gesichtspunkten. Die Dissertation unterscheidet ganz richtig zwischen "Verbindungsstück" und "Bearbeitung des Verfassers". Weil die
Handlung nur vom Tatsächlichen des Geschehens her gesehen und ver-
dichtet wird, kommt es auf eindeutige Abfolge an. Dem Zuschauer soll
alles klar und greifbar vorgeführt werden. Besonders die beiden letzten
Akte sind freier gestaltet und so werden hier mehrmals selbständige
Verbindungen nötig. Etwas anderes sind zusätzliche Szenen. Sie bringen
neue Personen und haben episodischen Charakter. Immer entspringen
sie dem mimischen Trieb und Bedürfnis. Da ist einmal Phantasmo, der
Narr, der in der Mitte des dritten Aktes eingeführt und seitdem in den
Verlauf der Handlung eingearbeitet wird. Dagegen bleibt Jens, der dumme Bauer, auf den dritten Akt beschränkt. Er hat nur dienende Funktion.
Phantasmo übt jedoch belebende und zwar komisch-auflockernde Wirkung.
Der andere selbständige Zusatz betrifft den zweiten Akt (II, 7), es ist der
Prinzipal der Schauspieler mit dem Namen Carl. Hier werden offenbar
deutsche Verhältnisse, verstärkt durch deutsche Ortsnamen herangezogen, wiederum zur Aktualisierung und Erheiterung, ja geradezu zur Re-
klame. Es ist sehr möglich, daß dieser Effekt als Einschub oder Zwischenspiel in der Zeit der Entstehung bereits vorhanden war und hier
hinein gearbeitet wurde, allerdings könnte es auch umgekehrt sein. Joh.
Rist erzählt nämlich, daß er in seiner Studentenzeit diese Schauspieler-
episode verwendet sah bei einem Stücke "von einem Könige, der seinen
Sohn, den Printzen, mit des Königs von Schottland Tochter wollte ver-
heiraten" (abgedruckt in meinem Bd. 3: Schauspiel der Wanderbühne.
S. 134 ff.). Aus den darin enthaltenen Anspielungen läßt sich das Jahr
1625 und Hamburg erschließen. Die Vorstellung erfolgte wahrscheinlich
in Altona, wohin oft bei Schwierigkeiten oder Ablehnung durch den Hamburger Senat die Schauspieler auswichen. Bei genauerem Zusehen aber
erkennt man schnell, daß inhaltlich das Tun jener Schauspieler gänzlich
verschieden von dem im Brudermord ist. Rists Bericht darf also nicht
als Beweis für eine Aufführung des "Hamlet" gedeutet werden, behält
jedoch volle Gültigkeit als Beleg für das Auftreten von Wandertruppen
mit deutschsprachigen Vorstellungen in jener wichtigen Handelsstadt.

Freudenstein kommt auf diese Dinge in einem ersten Kapitel (S. 11-
37) zu sprechen und prüft höchst skeptisch alle bisher zusammengestell-
ten Zeugnisse über Aufführungen. Als gesichert erkennt er allein die
eindeutige Notiz vom 26. Juni 1626 an, daß in Dresden "ist eine Tragoedia
von Hamlet einen printzen in Dennemarck gespielt worden". Leider wird

der Name des Prinzipals nicht genannt, die Truppe nur als "Engellender" bezeichnet. Damit begnügt sich Freudenstein. Überhaupt bleiben seine Ergebnisse lediglich negativ. Alle weiteren Ausführungen läßt er dahin gestellt. So notwendig und dankenswert kritische Zurückhaltung auch ist, an einigen Stellen läßt sich doch m.E. weiterkommen.

Gleich hier bei der Dresdener Vorstellung lohnt es sich weiter zu suchen. Wer waren wohl diese "Engelender"? Es muß eine anerkannte Truppe gewesen sein, daß sie bei Hofe zugelassen wurde. Bereits Elisabeth Mentzel hatte wahrscheinlich gemacht, daß es die vorher für die Ostermesse in Frankfurt zugelassene Gesellschaft von John Green gewesen sein wird. Der sächsische Hof nahm diese offenbar sehr tüchtige Truppe dann im April 1627 nach Torgau zu den Hochzeitsfeierlichkeiten mit, und da erfahren wir aus der Quartierliste auch die Schauspieler, allerdings nur mit den Vornamen. Allein ein einziger wird als "Engländer" bezeichnet, was offenbar auf den Prinzipal, eben Green sich bezieht. Die andern waren also Deutsche. Green hatte lange Spielerfahrung in Deutschland und war seit 1607 Führer einer angesehenen Truppe. Wegen der Kriegswirren aber war er 1620 über Köln und Utrecht in seine Heimat zurückgekehrt. Von dort nun kam er Anfang 1626 wiederum nach Deutschland, vielleicht durch die 1625 in London grassierende Pest getrieben. Läge da nicht die Vermutung nahe, daß er neue Stücke mitbrachte, darunter den Hamlet? Diesen wird er nicht aus den Quartos von 1603 und 1604 sich selbst zurechtgemacht haben, sondern er dürfte eine vorhandene Bühnenfassung verwendet haben. Jedenfalls wäre bei den "Kurfürstlich-sächsischen Comoedianten" Greens die deutsche Erstfassung m.E. am wahrscheinlichsten anzusetzen. Mit Freudenstein bereits 1603 eine deutsche Bearbeitung und dann 1604 sogleich die Ergänzung aus Quarto 2 anzunehmen, will mir gar nicht einleuchten, nicht allein aus dem Fehlen jedes Anhalgspunktes, sondern auch weil für so ernsthafte Stücke nur eine tüchtige Truppe in Frage kommt. Das würde damals Brown sein, der aber schon 1596 aus England kam. Daß die in Deutschland ständig herumreisenden und hart um ihre Existenz kämpfenden Gesellschaften sich damals noch um so diffizile literarische Dinge wie eine verbesserte zweite Auflage zu kümmern Zeit gehabt hätten, widerspricht m.E. den realen Möglichkeiten.

Wenig überzeugend sind auch die Folgerungen aus der Verwendung von "Portugal". Als der König in der zehnten Szene des dritten Aktes dem Prinzen verkündet, daß er ihn nach England schicken wolle, entgegnet jener: "Ja, ja, König, schickt mich nur nach Portugall, auf daß ich nimmer wieder komme". Darin wollte man eine Anspielung auf Drakes kriegerische Expedition 1589 und ihr Blutiges Ende sehen. Man nahm an, daß dies im "Uhrhamlet" gestanden habe. Shakespeare griff es nicht auf. Aber der Verdeutscher hätte solch abgelegene Reminiszenz der englischen Geschichte sicherlich gestrichen. Es muß sich aber um eine geläufige Redensart handeln, die damals jedem Deutschen verständlich war, zumal man grade in Deutschland während des ganzen 17. Jahrhunderts am portugiesischen Unabhängigkeitskrieg stark interessiert war und die großen Verluste dabei kannte. Darauf wies einzig Chambers schon hin. (Chambers William Shakespeare Bd. I, S. 423, Oxf. 1930). So betont also diese Stelle vielmehr die verhältnismäßige Schwierigkeit des deutschen Bearbeiters, statt den "Urhamlet" als Vorlage zu erweisen.

Vom Theatergeschichtlichen her möchte ich noch eine weitere Ergänzung geben. Sie betrifft die Lokalisierung der Spielfelder. Nur in einer Fußnote (Nr. 243 S. 87) wird von Freudenstein darauf hingewiesen, daß das Alternationsprinzip von Vorder- und Hinterbühne "nicht angewandt werden kann". Allerdings fehlen die oft so genauen szenischen Anweisungen mancher Handschriften, die das Auf- und Zuziehen der Mittelgardine vorschreiben. Immerhin beginnt die erste Szene des dritten Aktes mit der Überschrift: "Hier präsentiert sich im Tempel ein Altar". Es handelt sich offenbar um die Enthüllung der ausgestatteten Hinterbühne. Der "König kniet vor dem Altar" und auf der Vorderbühne tritt "Hamlet mit bloßem Degen" auf, entsprechend III, 3 bei Shakespeare. Er geht vorn wieder ab, der König endet dann seine Andacht und geht auch ab. Bereits der erste Akt weist auf die Berücksichtigung der Bühnenfelder hin. Denn nicht nur der intellektuellen Klarheit wegen, auch aus optischen Gründen wird Deutlichkeit des Schauplatzes erstrebt. Deshalb wird zuerst (I, 1-6) alles, was mit dem Geist des Vaters zusammenhängt wohl auf der Vorderbühne zusammengefaßt (Shakespeare I. 1, 2 und 4, 5). Dann erst (I, 7, bei Shakespeare I, 2) wird der König mit "Staat" (Gefolge) und Hamlet als letzte große Szene auf der Hinterbühne vorgeführt. Ähnlich ist es auch II, 8 und ebenfalls IV, 2-7: die Staatsszenen spielen auf der Hinterbühne, wobei der vordere Raum einbezogen werden kann. Ganz deutlich verrät der letzte Akt die Verteilung auf die beiden Bühnenfelder. Hamlet will "nach Hofe (zu) gehn" (V, 3) und geht damit "ab". Die folgende Szenenfolge spielt dort: der König sitzt auf dem "Thron" und bald heißt es: "indem der König vom Stuhl aufsteht" (V, 6). Die Königin scheint bei ihm gesessen zu haben. Damit dürfte die Aufteilung des Spielfeldes in Vorder- und Hinterbühne deutlich gemacht und die wechselnde Folge in jedem Akt bewiesen sein. Der dritte Akt legt auch die Existenz der Mittelgardine nahe. Hinter ihr ("Tapete") verbirgt sich Corambus, um zu lauschen (III, 4 und 5). Vorher (III, 1) enthüllte sie den Tempel mit Altar; die Hinterbühne war also durch dieses Versatzstück verdeutlicht, wie sonst meist durch den Thron. Die hier gebrauchte Anweisung "hier präsentiert sich..." für die dekorativ charakterisierte Hinterbühne ist typisch für das spätere 17. Jahrhundert.

Zeitlich dorthin weist auch die Szene mit den "Comödianten" (II, 7). Sie nennen sich betont "hochteutsche Comödianten" (II, 7) und "Teutsche"

(II, 8) und nicht etwa "englische" oder "Englender". Die Szenenüberschrift und die Repliken geben den Namen des Leiters an: "Principal Carl". Freudenstein (S. 29 f.) ist übermäßig skeptisch und gesteht nur zu, daß dieses Gespräch des Prinzen mit dem Principal "zum größten Teil das geistige Gut deutscher Komödianten ist" (S. 56). Schon 1887 hatte Berthold Litzmann, darauf Creizenach in seiner Ausgabe und ausführlich Johannes Bolte (Das Danziger Theater, 1895, S. 96 ff.) dieser hoch angesehenen Truppe die Abfassung und Aufführung des "Hamlet" in ungefähr der erhaltenen Form zugeschrieben. Häufig wurden damals die Schauspieler nur mit den Vornamen bezeichnet. Die "Carlische hochteutsche Komödianten-Compagnie" ist für den 8. 3. 1674 in Prag belegt, während die Petition der "sogenannten Carlischen deutschen Comödiantengesellschaft" an den Herrn Gustav Adolf von Mecklenburg, der von 1654 bis 1695 in Güstrow residierte, nicht datiert ist. Sie läßt sich aber für 1668 in Güstrow nachweisen. Im Herbst 1669 spielte sie in Danzig, worüber der Ratsherr Georg Schröder ausführlich berichtete. Der Eingabe an den Rat in Lübeck im Apeil 1675 lag eine Empfehlung des Herzogs August von Schleswig Holstein bei (daditiert 10. April 1675), in welcher er Carl Andreas Paul genannt wird. Im April 1664 hatte er in Lübeck um Spielerlaubnis unter dem Namen Carl Andreas Pauli gebeten, und 1672 (7. Dezember) schrieb aus Kopenhagen Otto Sperling der jüngere an den Bürgermeister Brodesius Pauli in Hamburg als dessen Onkel. Schon am 4. Dezember 1663 klagte die Komödiantin Elisabeth Paulsen in Schleswig gegen ihren Ehemann Carl Andres Paulsen, der 19. Jahre mit ihr gelebt und 11 Kinder, wovon 7 noch am Leben seien, gezeugt habe wegen Untreue. Von einer Tochter "Anna Paulsson" als Sängerin ist 1672 die Rede, bei Verhandlungen in Riga, wo die Truppe von "Czarlus" nach Moskau zu Zar Alexej Michailowitsch verpflichtet werden soll. In einer Eingabe an den Hamburger Rat 1666 nennt er sich Paulsen. Er stammte offenbar aus guter, angesehener Familie, mag um 1620 in Hamburg geboren sein. Vielleicht waren die Kriegswirren daran schuld, daß er Schauspieler wurde. Möglicherweise hatte er auch zeitweise studiert. Jedenfalls spielt seine Truppe nachweislich in Universitätsstädten wie Wittenberg, Jena, Helmstedt, Rostock und Leipzig, auch in Straßburg. Demnach stehen die im Englischen fehlenden Ortsnamen sämtlich mit den direkt bespielten in Verbindung. Besondere Beachtung verdient die Bemerkung, daß "etliche Studenten in Hamburg Condition genommen". Studenten als Schauspieler sind bis hin zu Velten mehrfach belegt. Wichtig ist ferner, daß eine Schauspielerin "mit ihrem Mann an dem Sächsischen Hof geblieben", also in Dresden. Dort gespielte Stücke sind in Listen von 1674 und 1679 belegt, allerdings findet sich der "Hamlet" nicht unter den immerhin 55 Titeln. Aber die Moritat eines fürstlichen Brudermordes paßte wohl schlecht auf die höfische Bühne. Weit kam diese Truppe ja herum. Südlich bis Prag, von wo sie nach Wien aufbrach, im Norden bis Bergen und Christiania schon 1664, 66, 67. Vielleicht war sie auch die "Tyske Commediantome", die für 1662 und 63 in Stockholm belegt sind. Auch in seiner Supplik in Güstrow betonte Paulsen, daß er vor dem deutschen Kaiser, sowie vor den Königen von Schweden und Dänemark gespielt habe. Schon 1665 erwähnte er auf der Ostermesse in Frankfurt, er habe vorher in Dänemark agiert. Tatsächlich ist seine Anwesenheit in Kopenhagen mehrfach belegt. Ja März 1672 wurde ihm erlaubt, dort zweimal wöchentlich zu spielen und bereits am Ende dieses Jahres ist er wiederum dort, ebenso um die Wende von 1673 auf 1674. Sollten so häufige Gastspiele im nördlichen Bereich, zumal in Dänemarks Hauptstadt, den Rückgriff auf den dänischen Prinzen veranlaßt haben? Übrigens stammt der einzige Hinweis für eine Aufführung des Hamlet (1686) von einem verloren gegangenen Theaterzettel der Veltenschen Truppe und Velten war Paulsen Schwiegersohn und Erbe. Bei Velten befanden sich später die Schauspieler Spiegelberg und Denner, die zunächst selbst nach dem Tod des Prinzipals aushielten. Aber 1710 machten sie sich selbständig und das Manuskript des Hamlet war datiert: "Preetz den 27. October 1710". Der Ort ist offenbar das holsteinsche Preetz und das Jahr eben jenes, als Spiegelberg sich selbständig macht, also Spieltexte brauchte. Dafür wurde wohl eine vorhandene Fassung abgeschrieben und gelangte über Spiegelbergs Tochter, die Ekhof heiratete, in dessen Hände, der sie dann in Gotha (wo er 1778 starb) an Reichard gab. Dieser veröffentlichte zunächst Auszüge in seinem "Theaterkalender 1779", dann den vollen Text 1781. Das Manuskript ging verloren. Ich würde demnach den von Freudenstein (S. 95 f.) angesetzten Stammbaum des Stückes modifizieren: 1. Deutsche Bearbeitung aufgrund eines englischen Bühnenmanuskriptes, in welchem schon Quarto 1 nach Quarto 2 ergänzt war, und zwar erst bei Greens Rückkehr 1626. 2. Modernisierung in den 60er Jahren bei Paulsens Truppe. 3. 1710 Abschrift davon für Spiegelberg, der sich übrigens auch als "weltberühmte hochdeutsche Comödiantenbande" bezeichnet und ebenfalls in Dänemark, Norwegen und Schweden gastierte. Hat Paulsen etwa selbst Hand dabei angelegt und würden vielleicht die gelegentlichen niederdeutschen Anklänge auf den Hamburger zurückweisen, dazu noch die Einführung des Bauern Jens (III, 7). Andere Ausdrücke sind typisch für die Mitte oder die zweite Hälfte des 17. Jahrhunderts. Deutlich aber läßt sich die Modernisierung greifen und datieren aus der Einfügung des Prologs. An diesem hat man viel herumgerätselt und auch Freudenstein tut sich schwer daran (Kap. 3, S. 96-103).

Ganz besonders der Prolog hat bei der Konstruktion eines vorshakespearischen Stückes, also des sogen. "Urhamlet" eine Hauptrolle gespielt. Man glaubte sogar, grade darin den Hinweis auf dessen Verfasser zu finden. Eine Reihe hoch angesehener Anglisten (Sarrazin: Die Entstehung der Hamlet-Tragödie, Anglia Bd. 13 (1891) S. 120 ff.) haben

immer wieder dafür Thomas Kyd[1] in Anspruch genommen. Von seiner
gelehrten Bildung, seiner Kenntnis und Nachahmung von Seneca glaubte
man deutliche Spuren wahrzunehmen, eine Nähe zur "Spanish Tragedy"
schien deutlich. Jedoch sind die Ähnlichkeiten, welche Evans (Thgesch.
Forschgn Bd.19, Heidelberg 1910) in Worten, stilistischen Einzelheiten,
sogar in Motiven und Gedanken mit Kyd aufzählt, nicht prägnant genug,
zeugen eher von der weit verbreiteten Mode, auf Senecas Spuren ein Li-
teraturdrama zu erstellen. Lateinische Worte und Floskeln wie "das
Miserere Domine" waren sicher allgemein bekannt, auch die Furien,
sogar ihre Namen könnten einem deutschen Komödianten nicht fremd gewesen sein, zumal wenn er sie einst auf dem Gymnasium oder gar auf
der Universität gelernt hatte. Solch verkrachte Studenten lassen sich
mehrfach bei den Wandertruppen nachweisen. Seneca ist die wirkliche
Quelle für die Verwendung von Rachegeistern, die eben in den nach dem
lateinischen Muster geschaffenen Blut- und Rachetragödien unentbehr-
lich waren. Nicht allein in der "Spanish Tragedy" ist von "bloody Furies"
die Rede, ebenso im "Gorboduc" (IV, 2). Aber muß der deutsche Bearbeiter seine Formulierung "Kinder der Finsternis" grade dorther entnommen haben. Ein Vorspiel Dekkers von Pluto und den Furien stellte
man dem Faustspiel voran. Das alles zeigt lediglich, wie beliebt solche
mythologische Szenen, eben wegen ihrer bühnenwirksamen Effekte waren. Außerdem darf nicht übersehen werden, daß das deutsche Stück
im Gegensatz zum allgemeinen Brauch den Prolog vor das Personenverzeichnis stellte und später so auch abgedruckt wurde. Das legt die
Folgerung nahe, daß dem vorhandenen Stück jener Prolog erst nachträglich und somit offenbar in Deutschland und von einem deutschen Bearbeiter hinzugefügt wurde. Dieser brauchte nunmehr keine ausländische
Vorlage, die zeitgenössischen Dramatiker hatten ebenfalls von Seneca
gelernt und verwendeten gern eine mythologisch-allegrosische Szene als
Vor- oder Zwischenspiel. Die drei Furien finden sich bei Lohenstein in
der "Agrippina" (1665, aufgeführt in Breslau 1666), die drei Parzen
in dessen "Cleopatra" (III, 2, 162). Jedoch nicht dieser Schlesier, den
die Zeitgenossen mit Seneca verglichen, sondern sein großer Lands-
mann Andreas Gryphius, der "deutsche Sophocles", lieferte den Text.
In seiner letzten Tragödie, dem "Papinian" (1659, aufgeführt in Breslau 1660) schmieden am Ende des 4.Aktes die Furien den Rachedolch
für den schlafend im Stuhl dabei sitzenden Bassian. Diese Szene eignet
sich wegen ihres speziellen Charakters vielleicht auch wegen der büh-

---

1 Kyds Schauerstück gehört schon seit 1663 zu Paulsens Spielvorrat unter dem Titel
"Jeronimo, Marschalck in Hispanien" Die bisher unbekannte einzige Handschrift davon
(aus meinem Besitz) veröffentlichte ich 1973 facsimile mit Abhandlung im Georg Olms
Verlag, Hildesheim.
Text des Wandertruppen-Hamlet in W.Creizenach: Die Schauspiele der englischen
Komödianten (Bd. 23 Kürschners Dt.Nat.-Lit. 1889).

nentechnischen Anforderungen wenig zu einem Prolog im Geschmack der Wanderbühne. Abgesehen davon, daß an beiden Stellen die Furien in der alphabetischen Reihenfolge sprechen, sind keine Ähnlichkeiten vorhanden. Außerdem singen sie bei Gryphius ihre Strophen, so daß schon deswegen die Wandertruppen nicht mitmachen konnten. Die direkte Vorlage aber enthält der Chor des 2. Aktes (mein Abdruck Bar. Drama I S. 168-170). Da heißt es: "In den Wolken erscheint Themis". Weil sie für ein breites Publikum zu gelehrt und fremd war, wurde sie im Hamlet als "Nacht" popularisiert. Gryphius schreibt vor: "Themis steigt unter dem Klang der Trompeten aus den Wolcken auf die Erden" (S. 168). Sie singt oder deklamiert 6 Strophen, deren letzte die Rasereyen" (Furien) heraufbeschwört. Die drei "kommen aus der Erden hervor", also aus der Versenkung, während Themis von oben her im Wolkenwagen herbeischwebte, also ganz so wie im Wandertruppen-Hamlet die "Nacht in einer gestirnten Maschine" und "von oben". Diese berichtet von dem blutschänderischen Ehebruch der Königin. Danach fordert auch sie die Furien zur Rache auf. Strafe für den Brudermord war bei Gryphius das Grundmotiv des ganzen Reyhens, war der vom Dichter direkt ausgesagte Gehalt des Aktes. In der großen Klageszene der Julia (II. Akt, 4. Szene) wird der Brudermörder apostrophiert als Kind der Rasereien, von Alecto geboren und von Tisiphone gesäugt (Vers 304 ff.); endlich wird Themis als Gerechtigkeit und Rache wirkungsvoll angerufen. So liegt trotz des Titels "Nacht" bei den Wandertruppen derselbe Gedanke zugrunde. Ist es wirklich allein die allgemeine Verständlichkeit, die zu dieser Umänderung Anlaß gab? Mag die Verwendung der Flugmaschine mitgesprochen haben, so wirkte wohl neben dieser visuellen Association auch eine akustische mit. Bei Gryphius lautet das erste Reimpaar der Dreiheber auf - acht (vollbracht: Macht); im Hamlet:

"Ich bin die dunkle Nacht, / die alles schlafend macht."

Daß die genannte Gryphiusstelle tatsächlich die Anregerin war, macht der Fortgang noch deutlicher. Das 4. Reimpaar (Z. 6) nimmt den Anfang wieder auf:

"Ich bin die dunkle Nacht, / und hab in meiner Macht"

Sie benützt nun Gryphius' Gedanken sowohl wie sogar sein Reimwort (Macht):

"Das Greuel ist vollbracht;" / "der ernsten Rache Macht"...

Nach der folgenden abgegriffenen Reimpaarmetapher wird das Ziel der Handlung angekündigt (Z. 9):

"Eh' Phöbus noch wird prangen / will ich ein Spiel anfangen".

Das stimmt zu Gryphius (V. 525): "Ich werd' ein Traur-Spiel stifften".

Der Anruf der Furien am Schluß hat nur inhaltliche Ähnlichkeit mit dem der Themis (V. 550 ff.).

Während Gryphius für die nun aus den Versenkungen kommenden Furien den Alexandriner mit Binnenreim beibehält, lockert der Bearbeiter die lästige Fessel und läßt Alecto, Megaera und Tisiphone jede mit einem vollen Alexanrinerreimpaar antworten. Auch inhaltlich mußte abgewichen werden. Wahrscheinlich ist auch die Kostümierung nicht so genau wie bei Gryphius, der die Requisiten: Fackel, Pfeil und Bogen sowie die sich windende Schlange zum Inhalt ihrer Bereitschaft kündenden Antwort macht. Ganz trivial stellen sich die Unheimlichen mit Namen vor. Die fremdartigen Namen müssen schon imponiert haben. Noch weniger wagte der Bearbeiter die Zentnerworte des Fluches seinem Publikum vorzusetzen, zumal seine Kollegen sie nicht zu sprechen vermochten. Dennoch hört man sie durch. In dem dreimaligen Satzbeginn mit "hört an" klingt noch Gryphius' Anaphora "er tödte" (V. 573/4). Nach einer matten Prosawiederholung der unpoetischen Metapher der Nacht folgt kurz die Vorgeschichte zum "Hamlet", die schändliche Ehe (S. 115, Z. 5/12). Der daraus resultierende Strafbefehl lehnt sich wieder an den "Papinian" (V. 575) an: "Legt ein Rachfeuer an..." Die Vermeidung des Kraftworte "Hölle" (Pap. V. 576): "Er suche (wo ihr wißt und ich nicht nenne) Gunst!" wird nun gerade ausgesprochen (Z. 15): "macht der Hölle eine Freude, damit diejenigen, welche in der Mord-See schwimmen, bald ersaufen". Die bei Gryphius von den Dreien gemeinsam gesprochene oder gesungene Antwort (V. 579/83) wird in drei belanglose Reimpaare aufgelöst, die die Furien nacheinander in der schematischen alphabetischen Reihenfolge sprechen. Ganz ungeschickt schließt der Hamletprolog mit ein paar Schlußworten der Nacht, die völlig unnötig das sagen, was gleich darauf geschieht: "fährt auf. Music." Weit theatralischer heißt es bei Gryphius (S. 522): "Themis steiget unter dem Trompeten-Schall wieder in die Wolcken."

Die Anrede der Nacht als Hecate (Z. 21) braucht nicht auf die Hexenszene im Anfang des "Macbeth" zu weisen, der den Wandertruppen unbekannt blieb. Sie findet sich auch bei Gryphius schon im "Leo Armenius" (IV, 2 v. 133) und ist etwa einem Studenten wohl geläufig. Ähnlich wird sich auch die Bezeichnung von Pluto als "Höllenfürst" erklären.

Ich hatte bereits 1922 im Euphorion Bd. 24. S. 659-662 ausführlich dies alles auseinandergesetzt und darauf hingewiesen, daß der große Schlesier in der Ausgabe von 1657 seine beiden Tragödien, sowohl die "Catharina von Georgien (Ewigkeit) wie den "Carolus Stuardus" (Geist von Strafford)mit solch allegorisch-mythologischen Prologen ausstattete. Sie haben die Funktion, dem Publikum in theatralisch eindrucksvoller und spannender Weise Inhalt und Gehalt des Stückes anzudeuten und es darauf einzustellen. Noch einen weiteren Hinweis gibt es, daß der Bearbeiter mit Stücken von Gryphius bekannt war. Hamlet sagt ebenfalls im zweiten Akt (II, 4) zu Ophelia: "... Gehe nur fort nach dem Kloster, aber nicht nach einem Kloster, wo zwey Paar Pantoffeln vor dem Bette stehen". Ganz ähnlich heißt es in der "Geliebten Dornrose" (1661) im zweiten Aufzug. Als Dornrose die Absicht äußert, ins Kloster zu gehn, entgegnet der zudringliche Motz Aschewedel: "... wir wällen mit anander in a Kluster zihn, do zwee poor Schu fürm Bette stihn". Außerdem sei daran erinnert, daß der Ratsherr Schröder in Danzig 1669 von Paulsens Truppe am 5. September ein Stück "von Ibrahim Bassa und der Isabellen" sah (Bolte S. 104), das auf Lohensteins Erstlingstragödie zurückweist, die zunächst 1653, dann 1685 gedruckt wurde. Offenbar war der Bearbeiter des "Hamlet" weitgehend mit dem Bildungsdrama seiner Zeit bekannt. Wenn Paulsen dergleichen Stücke aufführte, so hatte er nicht eine rohe Menge als Zuschauer im Auge, sondern auch anspruchsvollere Kreise, wie sie in den zahlreichen kleinen Residenzen zumal in Mitteldeutschland, aber auch in den großen Handelsplätzen und an den Universitäten vorhanden waren. Grade an solchen Orten sind seine Aufführungen belegt.

Der Magister Velten, der in Paulsens Truppe um 1665 eintrat, sein Schwiegersohn und schließlich sein Nachfolger wurde, ist sicher nicht der einzige Akademiker unter den Wanderkomödianten gewesen. Daß ehemalige Studenten die aus der Zeit der englischen Komödianten überkommene Stücke bearbeiteten und dabei modernisierten, bezeugen sie selbst. Einen können wir schon früh mit Namen fassen: Christoph Blümel, der sich als Studiosus Silesius bezeichnet und zwar bei der Bearbeitung des "Juden von Venedig" (abgedruckt in Bd. 3 meiner Reihe S. 204-276, 337 f.). Es ist wohl ein Dedikationsexemplar für den in Rastatt residierenden Markgrafen von Baden-Baden, und um 1670 anzusetzen. Blümel war tatsächlich 1649 an der Universität Frankfurt a.O. immatrikuliert worden. Seine andere Bearbeitung, nämlich "Gottloser Rodrich" nach Künickls Verdeutschung von Cicogninis "Gelosia Fortunatata", hat er selbst datiert: "1662 zu Innsbruck". Dort stand er damals mit anderen im festen Sold bei Erzherzog Ferdinand Karl. Läßt Blümel auch nicht als Hersteller des Prologs oder als Überarbeiter eines älteren "Hamlet"-Textes erweisen, so darf er doch als Symptom für Modernisierungsbestrebungen bei den angesehenen Truppen in den 60er und 70er Jahren gelten.

Noch ein anderer betonte seine akademische Herkunft: G.R.Haskerl, der für seine Prinzipalin Sophie Julie Elenson eine Abschrift einer älteren Papinian-Bearbeitung herstellte und zwar wie jene des Hamlet 1710. In diesem Stück (von mir abgedruckt in Bd. 3 S. 138-201) wurden zwei komische Figuren eingefügt, von denen der eine "Trasullus, der Julia Sternseher", der andere Traraeus "ein verdorbener Jurist" ist. Ursprünglich war es dort wohl, nach dem Untertitel zu schließen, nur eine einzige närrische Person, "der kluge Phantast und wahrhaffte Calender-

Macher", also Trasullus. Wieder ist die Analogie zum "Brudermord" auffallend. Dort gibt es den Hofnarren mit Namen Phantasmo. Er wird von Ophelia in ihrem Wahnsinn als ihr Liebhaber angesehen (MA. 8.9, 11.S). Bei Shakespeare hat der Narr eine ganz andere Art und Funktion. Im "Hamlet" fehlt er, ist deutlich Zusatz und Erfindung der Wandertruppen. Schon Blümel fügte im "Juden von Venetien" die komische Figur hinzu, und gar ihr den traditionellen Namen Bickelhäring. Er wird als "des Printzen Diener" von Anfang an und dauernd an der Handlung beteiligt. Auch in den eigentlichen Tragödien und bei ernsten Szenen wird gegen Ende des Jahrhunderts der Narr beschäftigt und seine Rolle noch weiter ausgebaut. Auf diese Weise kommt man wohl dem Geschmack des breiten Publikums entgegen. Stranitzky ist der Gipfel dieser Mode (um 1710), gegen die bald Gottsched den Bannstrahl schleudert. Gewiß sind das nur Analogien, jedoch zeigen sie, daß die späte Abschrift des Wandertruppen-Hamlet wie ihre Vorlage, die Modernisierung der 60er Jahre, nicht allein stehen, sondern in die Zeit passen, ja mit Zeitmoden zusammenhängen.

Stark erweiterte Neubearbeitung einer Besprechung von Freudenstein "Shakespeares Hamlet auf der Wanderbühne des 17. Jahrhunderts" (Britannica et American Bd. 3, Hamburg 1958, S. 130) in Anglia Bd. 78, 1 (S. 97-99).

Das Wunderbare auf dem Barocktheater in Deutschland

Das Wunderbare findet sich in auffallend reichem Maße auf dem deutschen Theater während des Zeitalters des Barocks. Sein Auftreten fällt deutlich mit dem Beginn dieser Epoche zusammen und auch sein Ende, denn es verschwindet, sobald die Aufklärung sich durchsetzt. Außerdem ist sein Vorkommen nicht auf eine einzelne Bühnenform beschränkt oder an eine besondere Gattung gebunden. Nicht etwa gehört es allein zu den Stücken der Jesuiten, ist es genau so bedeutsam im Kunstdrama, auch das volkstümlichere Drama liebt solche Szenen, ebenso wie die Wandertruppen. Selbstverständlich mag die Oper auf dergleichen Effekte nicht verzichten. So gehört also durchgängig die Verwendung des Wunderbaren zu den beliebtesten Wirkungsmitteln des deutschen Barocktheaters, und zwar in verschiedenster Aufmachung.

Stets soll es Eindruck machen und wird mit allen Möglichkeiten der Ausstattungstechnik wirkungskräftig ausgebaut. Dann imponiert es dem Publikum, das für gewöhnlich vom Theater einen Sinnenrausch erwartet, Reizvolles für Auge und Ohr verlangt. Deshalb wurde ja die Oper so rasch entwickelt und so reich ausgestattet. Worauf es hier besonders ankam, war, die Darbietung zu schmücken und zu steigern. Das Wunderbare wurde deshalb als Ausstattungseffekt verwendet. Man faßte es als S c h a u b i l d auf. Daß solche vorwiegend dekorative Funktion nicht etwa Privileg einer herrschenden Klasse, also des Hofes, war, beweisen die Wandertruppen, die für die breite Masse spielten. Dort verlangt man genau dasselbe, begehrt voller Schaugier Ungewöhnliches zu erleben. Auf den Maueranschlägen werden daher stets die szenischen Effekte besonders vermerkt. Goethe charakterisiert treffend im "Vorspiel auf dem Theater" seines "Faust" das Verlangen dieses Publikums: "Besonders aber laßt genug geschehn! Man kommt zu schaun, man will am liebsten sehn ... so daß die Menge staunend gaffen kann." Der historische Ablauf bestätigt diese Deutung. Die Wandertruppen bringen dergleichen Effektszenen voll Wunderbarem als Inhalt, das volkstümlich gemeinte Drama greift das rasch auf. Hier wird es rein materiell gewertet, als gruseliges Geschehen vorgeführt und einprägsam zur Schau gestellt. Bereits die frühe Oper macht sich solche Stoffe zu eigen. Je mehr die technische Maschinerie sich weiter entwickelt, desto beliebter wird das Wunderbare als Darstellungsaufgabe, desto raffinierter wird es ausgebreitet und mit allen Mitteln vorgeführt. Die Wanderbühne verwendet es vorwiegend wegen des Stoffreizes, in der Oper hat es dekorative Funktion; bei beiden Gruppen erscheint und wirkt das S c h a u b i l d.

Nicht minder beliebt und verbreitet finden wir jedoch das Wunderbare auch bei jenen Dramen- und Bühnentypen, die offenbar mehr vom

Literarischen, ja Gelehrten herkommen. Es sind die Stücke der Schulbühne, sowohl der katholischen als auch der protestantischen, sowie
des sogenannten Kunstdramas als der eigentlich dichterischen Form.
Sämtliche Verfasser, aber auch das zugehörige Publikum besitzen die
gleiche Bildung als gemeinsames Fundament. Sie fußt auf der Antike,
hauptsächlich auf den römischen Schriftstellern, für die hohe Tragödie
besonders auf Seneca und auf Sophokles. Es ist höchst bezeichnend, daß
Opitz als Muster bereits 1625 die "Trojanerinnen" des Römers überträgt
und sie durch die "Antigone" (1636) ergänzt, neben den beiden Opernty-
pen, des Singspiels "Daphne" (1627) und der heroischen Oper "Judith"
(1635). Hinzu kommt der starke Einfluß der holländischen Dramen, welche ebenfalls auf diesen beiden antiken Tragikern beruhen. Bei allen
wird mit dem Wunderbaren vielfach gearbeitet. Dieses besitzt stets den
Hauch des Unheimlichen, weil es mit dem Schicksal als dunkel drohende
Macht verbunden wird. Es enthält deshalb für die Handlung des Stückes
besondere Bedeutung. Die Handlung wird dadurch nicht nur äußerlich beeinflußt, sie bekommt dazu ein geistiges Gewicht. Ein numinoser Hauch
streift die Menschen, die Figuren des Stückes wie die Zuschauer, was
ganz in der Absicht des Verfassers liegt. Zumal die Jesuiten nutzen dies
bewußt aus und gestalten es gewandt so ausführlich aus, daß alle maschinellen Möglichkeiten des Theaters voll zur Geltung gebracht werden
können. Das Stimmungsvolle wird als Untermalung hinzugenommen, es
hilft den Sinngehalt eindringlich zu machen, jedoch das geistig Bedeu-
tungsvolle ist das Entscheidende. Es wird verdeutlich durch eine effekt-
reiche Darstellung. So wird das Wunderbare als Mirakuloses hier zum
S i n n b i l d .

Daß das Wunderbare dermaßen an schicksalhaftem Gewicht und geistiger Vertiefung zunehmen konnte, hängt mit der tragenden W e l t a n -
s c h a u u n g dieser Epoche zusammen. Sie wird sowohl von christlicher
als auch von antiker Überlieferung bestimmt. Im kirchlichen Vorstel-
lungsbereich spielt das Mirakulöse eine große Rolle. Visionen werden
berichtet und ausgewertet. Himmlische Erscheinungen stärken und trösten. Ungewöhnliche Ereignisse werden dämonologisch gedeutet. Über
das Reich und die Wirksamkeit böser Geister wird gern und viel, oft
höchst tüftelig und belesen diskutiert. Die Rückkehr von Toten als Gespenster wird allgemein geglaubt und reichlich belegt. Alter Volksaber-
glaube und gelehrter Zusammenhang von Lesefrüchten aus allen Gegenden und Zeiten vereinen sich zu einem gewaltigen Wust von Okkultismus.
Bei allen Konfessionen war die Unsterblichkeit der Einzelseele feste
Überzeugung und nicht nur im Volksglauben wurden die höllischen Zustände und Strafen in anschaulichster Genauigkeit ausgemalt. Aus antiken und späteren Schriftstellern sammelte man begierig Gespenstermä-
ren. Die Belege aus dem Alten Testament wogen besonders schwer. Allgemein verbreitet war die Gespensterfurcht. Selbst Opitz schreibt, daß

"der Menschen Seelen sich in Gestalt der verblichenen Leiber sehen lassen, ist dermaßen klar, daß es keiner leugnen kann". Andreas Gryphius hatte eine lateinische Abhandlung "de spectris" verfaßt. Harsdörffer mustert die Gründe dafür und dagegen; ihm leuchtet vor allem die teleologische Begründung ein, es wolle "Gott so das Verborgene offenbaren und an das Licht bringen die Werke der Finsternis". Als Beispiel dafür fällt uns noch heute der Geist von Hamlets Vater ein. Lohenstein ist kritisch und hält Herbeirufen und Hervorbringen von Geistern für ein Blendwerk des Teufels oder für bloßen Betrug. Der erzgebirgische Pfarrer Christian Lehmann schreibt: "Dergleichen gespenstische Erscheinungen sind an den gebirgischen Orten, da vormals viel Soldaten und andere fremde Leute im Krieg erschlagen worden, nicht seltsam, daraus aber nichts anderes als des Teufels Betrug, Verführung und Bosheit erhellet." Trotzdem warnt er davor, die Bedeutung der "Spectra" zu unterschätzen. "Wie es eine Halsstarrigkeit ist, Gespenster zu verneinen, also ist es auch eine große Vermessenheit, selbige zu provozieren." Besonders das vorwitzige Wissenwollen von der Zukunft führe zu Befragungen und Beschwörungen. Aus demselben Triebe wurden Träume und Vorzeichen beachtet und ausgelegt. Traumbücher gab es in Menge, billige für den Ungebildeten und teure voller Gelehrsamkeit. Selbst die Antropologia (1660) des Leidener Universitätsprofessors Albert Kyper unterscheidet bei den Träumen significativa (Wahrträume) von belanglosen Träumen und erkennt ihnen als supernaturalia eine Herkunft von Gott und den guten Engeln oder von Dämonen zu. Auch Harsdörffer, Rist und Lohenstein wie die Jesuiten geben zu, daß es von Gott gesandte Vorzeichen und Gesichte gibt, wie ja auch die Bibel sie beglaubigt. Desto mehr möge man sich vor den trügerischen des Teufels hüten. Die Existenz des Satans und seine Heerschar wagt niemand zu bestreiten. Schon Joh. Micraelius veröffentlichte 1569 ein Theatrum Diabolorum in Frankfurt am Main. Sogar der spätere König von England, Jakob I., schrieb eine Dämonologia 1597, während gleichzeitig in Bremen Johann von Münster seinen Traktat "Von den Gespenstern" erscheinen läßt (1591). Bei den Jesuiten war Petrus Tyraeus auf diesem Gebiet unermüdlich tätig und in Rom genießt Athanasius Kircher mit seinen dicken Wälzern europäische Autorität. Im protestantischen Deutschland berichtete Joh. Praetorius im "Anthropodemus Plutonicus" von Wichteln, Kobolden, Nixen und allerhand weiteren dämonischen Wesen, verfaßte sogar 1668 eine "Dämonologia Rübinzali". Auch Erasmus Franciscus, evangelischer Rat des Grafen Hohenlohe-Langenburg, sammelte in dikken Wälzern allerhand Geschichten vom Treiben der Geister. Er faßte sie nicht als Volksaberglauben auf, sondern systematisierte sie, um vor dem "höllischen Proteus" zu warnen, der "die Menschen mit mancherlei gespenstischen Gestalten betriegt und vexieret". So verderblich dessen Gewalt und so tückisch seine Nachstellungen sind, sei seine

Macht doch beschränkt, sie ist als potestas permissa von Gott zugelassen. Gebet und treues Festhalten an Gott und seine Gebote helfen dagegen. Andere versuchen sogar, durch Zauberwort, die Dämonen sich und ihren Zwecken untertan zu machen, oft zum Schaden für die Mitmenschen. Darin besteht das Tun der Hexen und Zauberer. Ihre Quacksalberei erstreckte sich auf Mixturen von Tränken und Salben und auf Besprechungen, sogar in Fernwirkungen. Ihr Bosheitszauber soll Epidemien und Viehseuchen verursacht haben, auch Wetterstürze und Mißernsten in ganzen Gegenden, sowie im Einzelfall plötzliche körperliche und geistige Erkrankung, ja jähen Tod. So galt es, ihr schändliches Treiben zu entdecken, sie zu entlarven. Ihr Leugnen wurde als erschwerende Verstocktheit verworfen und durch brutale Folterung gebrochen, ihr Verbrennen als Sieg des Göttlichen empfunden. Das Treiben in der Walpurgisnacht auf dem Blocksberg wurde ausführlich beschrieben und illustriert. Auch Grimmelshausen betonte seinen Glauben an den Flug der Hexen. Ihre Existenz und verderbliche Tätigkeit war schon durch die Bulle von Papst Innocenz VIII. 1484 anerkannt und durch den "Hexenhammer" (1487) die Prozeßführung festgelegt. Jean Bodin löste durch seine Schrift "De magorum daemonomania" (1579 französisch, 1581 lateinisch und deutsch) eine neue Welle der Verfolgung aus. Die Schriften des Jesuiten Martin del Rio (1599) oder des Trierer Weihbischofs Peter Binsfeld (1589) unterstützten und verbreiteten den Hexenwahn. Erst mit Christian Thomasius (1703) begann eine grundsätzliche Ablehnung, und zwar aufgrund einer anderen Naturauffassung. Zu einer strikt kausal-mechanistischen Berechenbarkeit der Naturvorgänge passen keine Dämonen und Hexen mehr. Dagegen pflegt der Barock eine dynamische Auffassung von der Natur, spürt Kräfte in ihr wirksam und kommt zu einem teleologischen Deutungsprinzip. Man macht die grundlegende Voraussetzung, daß die Natur "nichts ohne gründliche Endursache richtet und vernichtet", wie Harsdörffer formuliert. Ausdrücklich lehnt auch Lohenstein den rückwärtsgerichteten Blick des kausal-genetischen Fragens als ein unzulässiges Grübeln ab. Das "Warum" habe sich Gott allein vorbehalten; der Mensch könnte es nie ergründen. Sein Blick gehe nach vorwärts, nach den Wirkungen. Von diesen her wird auf den Ursprung zurückgeschlossen. Grundsätzlich erklärt Harsdörffer: "Gewiß ist, daß alles, was geschieht, entweder übernatürlicher, natürlicher oder künstlicher Weise zugehe: maßen der Satan ein Tausendkünstler ist." Ähnlich bekundet Grimmelshausen, es seien "nur dreierlei Kräfte, durch welche die ungewöhnliche und seltsame Ding ... gewürkt und vollbracht werden. Die erste, höchste und unfehlbare Kraft ist die Allmacht Gottes." Neben den natürlichen Kräften steht als dritte "die Macht des Satans, welcher durch seinen Fall nicht die Gaben der Natur, sondern der Gnade verloren". Besonders charakteristisch ist für die barocke Naturdeutung der Weg der Pansophie. Man versuchte teleologisch Gott aufzufinden in

seinen Äußerungen in der Natur, was zur Astrologie und Alchemie führte.
Allgemein war man davon überzeugt, daß Gott ständig und direkt wirkt,
sowohl hinein in die Welt, als auch in den Menschen. Er sei in Wahrheit
der einzige Grund und die allein wirkende Ursache, alle sogenannten
Ursachen bieten nur Gelegenheiten für sein Wirken. Ebenso soll es sich
auch beim Menschen verhalten. Der Okkasionalismus baut darauf seine
Erkennungstheorie. Arnold Geulincx' "Ethica" (1665) wird durch die
Schrift des Paters Nicole Malebranche "De la recherche de la vérité"
(1675) fortgebildet, die ausführt, daß wir letztlich "alle Dinge in Gott"
schauen, eben weil sie von den direkten Äußerungen Gottes in einer in-
telligiblen Ideenwelt herstammten. So steht das Denken wie das Fühlen
des Barocks gleichermaßen unter dem Eindruck eines unheimlichen Wunderbaren voll faszinierender Kraft. Damit wird uns verständlich, wie
wichtig für das dramatische Geschehen solch Hereinziehen des Wunderbaren ist. Wir ahnen, welch schwerer Stimmungsgehalt darin schwingt.
Wir merken, wie dunkel das Lebensgefühl dieser Epoche gefärbt war.
Denn Deutschland wurde ja immer von neuem von Kriegsnot gequält,
seit 1618, dem Beginn des Dreißigjährigen Krieges, über die schweren
Verwüstungen der Rheinlande bis zum Ausgang, wo auch der Nordische
Krieg und der Spanische Erbfolgekrieg die deutschen Fürsten mit hereinziehen. Das Gefühl der Vergänglichkeit und Vergeblichkeit alles Mühens
und Arbeitens bedrängt die fleißigen Menschen, die aufzubauen nicht müde werden. Wir verstehen das geistige Gewicht, das eine dichterische
Leistung dem Unheimlichen zu geben vermochte, weil die ganze meta-
physische und religiöse Weltanschauung dabei als Tiefendimension sichtbar wurde. Den vollen Sinnbildcharakter aber erlangten solche Geschehnisse erst durch die greifbare Verkörperung auf der Bühne mit allen
Mitteln einer hochentwickelten Technik.

Sie entsprachen nämlich auch dem typisch barocken Kunstideal.
Es gilt, dem Werk dermaßen Illusionskraft zu verleihen, daß es Auf-
senen, Bewunderung erregt. Also nicht etwa auf getreue Naturnachah-
mung richten sich Arbeit und Ehrgeiz der Schaffenden, vielmehr auf eine
dem Gehalt angemessene, eigengeschaffene und gesteigerte Gleichnishaftigkeit. Diese führt zu keiner trockenen Abstraktion, sondern strebt
volle Sinnenhaftigkeit an. Man will nicht einen vorgefundenen Naturbe-
stand festhalten, vielmehr das Alltägliche, Normale übertrumpfen. Zur
Sinnfälligkeit als Formtendenz gesellt sich als weiteres ein Hang zur
Aufhöhung, zur Steigerung. So liebt man das Überraschende, also besonders alles Wunderbare. Zum vollen Eindruck des Barocken gehört
endlich noch der Drang zum Dynamischen, zur Bewegtheit. Ganz besonders das Theater wurde durch Maschinerie zu solchen Wirkungen befähigt. Rascher Wechsel der Dekoration wurde in erstaunlichem Maße
erreicht, Verdunkelung konnte plötzlich hervorgebracht werden. Donner,
Blitz, Regen und Wasserschwall ließen sich als Geräuscheffekte erzie-

len. Versenkungen und Flugmaschinen vermochten ober- und unterirdi-
sche Gewalten zu wirksamem Auftreten zu verhelfen. Die Phantasie ko-
stümierte sie eindrucksvoll, Sprache und Musik taten ihr Bestes, um
den Sinngehalt für Gefühl und Geist deutlich und wirksam zu machen.
Das Theater ermöglichte ein Gesamtkunstwerk, bei welchem sämtliche
Künste beteiligt waren und sich willig in den Dienst eines Publikums
stellten, das emporgerissen werden wollte aus der Misere des Alltags,
aus der Enge der Verhältnisse, aus der Ohnmacht des Menschlichen
überhaupt. Wie die Deckengemälde eine Überwelt hereinziehen, ragt das
Wunderbare in das Geschehen auf der Bühne und trifft schicksalsschwer
den Menschen.

Berücksichtigen wir endlich noch den spezifisch ba r o c k e n M e n -
s c h e n t y p. Da sehen wir, wie das Wunderbare sich auf ganz bestimmte, ihm besonders entsprechende Gehalte und Figuren beschränkt und
konkretisiert. So niederdrückend das Erlebnis der vanitas, der Vergänglichkeit von Ruhm und Schönheit die Seele auch befällt, so energisch
wehrt sich das Ich dagegen. Es rafft sich auf, es strafft sich willens-
mäßig. Paul Fleming beginnt das Gedicht "An sich" mit der Aufforderung: "Sei dennoch unverzagt, gib dennoch unverloren, weich keinem
Glücke nicht." Das Ich will sich nicht allein trotzig behaupten in dieser
typischen Lebenssituation des Ungesicherten, Vergänglichen und Bedrohlichen, nein, mehr: es will sich durchsetzen, ja emporschwingen.
Dazu braucht und sucht es Hilfe. Mehr als Menschen können Geister
verrichten. Dämonen bieten sich an oder werden herbeigerufen. Ihre
Beschwörung war im Leben, mehr noch in der Kunst naheliegend und
liefert tatsächlich den häufigsten Effekt. Der Zauberer ist zu solchen
Schaustellungen die obligate Figur, sein Hokuspokus wird reichlich ausgeführt. Die Hexe braut Liebesträuke und treibt Fernzauber. Beide stif-
ten Unheil. Die Vergänglichkeit steigert sich dadurch zu verderbens-
schwerer Vergeblichkeit, zur seelenmörderischen Katastrophe. Der
Machtmensch geht zugrunde, weil er sich an die falsche, die satanische
Macht anschloß. Der Tyrann ersticht sich selbst, eine Cleopatra setzt
die Giftschlange sich selbst an den Busen, Sophonisbe trinkt das Gift.
Es gilt dagegen, sich an die göttliche Allmacht zu wenden. Nicht die
schwarze, wohl die weiße Magie vermag zu helfen. Das brünstige Gebet
öffnet den Himmel und läßt seine Sendboten herbeischweben. Gott als
das höchste Gut ergreift die Seele und reißt sie empor zum Blut-
zeugnis, erhöht den Märtyrer in die Ewigkeit. Stets strebt das barocke Ich sich zur Geltung zu bringen, sich zu erhöhen und einen Wert
zu repräsentieren, der über Alltag und Enge gehoben ist. Dies eben
speist die Sehnsucht nach dem Unerhörten und Ungewöhnlichen, und so
erhält alles Wunderbare auch von dieser Seite her Reiz und Gewicht.
Die Welt der großen Politik wird bevorzugt, weil sie imposante Menschen und Ereignisse liefert, seltsame Zeremonien und unheimliche

Bräuche vorzuführen gestattet und so das stete Bedürfnis des Publikums nach Glanz und Größe und zugleich nach Schrecklichem und Unheimlichem ausgiebig befriedigt. So ist die Erscheinungsform des Wunderbaren offenbar durch die geistige und seelische Eigenart der Epoche entscheidend geprägt. Die Lebenshilfe der Kunst bestand ja darin, über den trüben Alltag hinauszuheben. Das erreichen die üppigen Deckengemälde; sie vermitteln am deutlichsten, was man sich wünscht. Es herrscht darin eine eigentümliche Mischung von Erhöhung und Bedeutsamkeit, voll Prunk und Würde bei effektvoller Gestikulation und Bewegung: Schaubild und Sinnbild sind eins. Schon die Stoffe bevorzugen Fremdländisches nicht nur in Malerei und Plastik, sondern auch in Roman und Drama. Exotische Gewänder und Lokalitäten, Sitten und Verhaltensweisen werden für die Entfaltung von Schaugepränge bevorzugt. Höchsten Reiz aber gibt stets das eigentlich Wunderbare als das Schaurige und Mirakulöse. Den Haupteffekt bieten vorwiegend Geistererscheinungen. Die Figur des Magus, des Zauberers ist häufiger als die der Hexe. Er ruft höllische Geister herbei, beschwört Tote, gibt Auskunft über das Zukünftige - natürlich in täuschender Verrätselung. Auch ein Blick direkt in das Reich des Satans wird nicht gescheut. Ebenso wird das himmlische Gegenspiel vorgeführt: Engel warnen, Heilige trösten aus den Wolken, in denen gelegentlich auch die gnadenreiche Jungfrau sichtbar wird. Der tragische Tod des Märtyrers wird überhöht durch sein Erscheinen in himmlischer Glorie. Gebetserhörungen führen zu wirksamen Effekten, so etwa wen die Götterbilder krachend zusammenstürzen, der Teufelsspuk unter Donner und Blitz verschwindet. Gewissenqualen nehmen im Schlaf bedrohliche Gestalt an: Ermordete rufen nach Rache oder bedrohnen den Tyrannen, Furien umtanzen ihn höhnisch. Zur Verdeutlichung des Sinngehaltes werden Allegorien verwendet. Auf ihre Kostümierung wird viel phantasievolle Sorgfalt verwendet. Der Jesuit Jacob Masen fügte 1664 der Neuauflage seiner Dramaturgie einen besonderen Band über allegorische Figuren und ihre Ausstattung hinzu. Der Zusammenhang mit Malerei und Plastik ist greifbar. Für uns Heutige allerdings bleibt häufig vieles rätselhaft und so verfehlen wir etwa bei der Betrachtung von Altären deren eigentliche Bedeutung. Den Zeitgenossen aber ging es anders; gerade auf dem Theater war solche Gleichnishaftigkeit geläufig, ja reizvoll. Der Gesamtzusammenhang gab allem Vorgeführten die rechte Beleuchtung und Gewichtigkeit. Speziell das Wunderbare besaß für sie besondere geistige Bedeutsamkeit weit über den bloßen Stoffreiz des Gruseligen und über einen dekorativen Effekt des Ungewöhnlichen, Erstaunlichen hinaus. Die zeitliche Erstreckung ist ganz deutlich, was bei epochalen Abgrenzungen sonst nicht immer leicht zu finden ist. Aufschlußreich ist sofort der Anfang, der kurz vor 1600 liegt. Schlagartig tauchen die unheimlichen Geister an wichtiger Stelle der Handlung auf. Zuerst begegnen wir ihrem Treiben beim Braunschweiger Herzog Heinrich Julius im Schauspiel vom "Ungeratenen Sohn", das 1594 im Druck erschien. Dem durch Morde auf den Thron Gekommen erscheinen die racheheischenden Geister seiner Opfer, verstellen ihm die Wege zur Flucht, treiben ihn dadurch in Verzweiflung und Tod; die Teufel holen ihn schließlich. Ganz ebenso erscheinen in der Schlußszene von Rists "Perseus" (1634) dem Usurpator alle von ihm Umgebrachten zwar stumm, doch bedrängen und quälen sie ihn dermaßen, daß er sich verzweifelt ins eigene Schwert stürzt. Auch J. Beckh benutzt für den "Polinte" (1669) genau diesen End-effekt. In ganz ähnlicher Bewegtheit gestaltet Jacob Ayrer 1598 eine Gei-sterszene in dem Schauspiel "Knabenspiegel". Er benutzte den Stoff von Jörg Wickram (1554), der ihn als Roman und als Stück ausformte. Dort erscheint dem verkommenen Wildwald sein Bruder, der wegen Dieb-stahls gehenkt war, und mahnt den Schlafenden zur Besserung. Ohne Pause spricht der Geist 34 Zeilen und verschwindet, worauf der Erwach-te seinerseits in einem langen Monolog seine Sünden bereut. Bei Ayrer wird daraus eine dialogische Szene mit ihrem Hinundher, also aus einer veränderten Einstellung des Autors. Daß hier ein neues Zeitalter mit neuen Aufgaben für das Theater beginnt, macht ein Blick auf seinen gro-ßen Vorgänger in Nürnberg deutlich, auf Hans Sachs. Von diesem über-nahm er ja den üblichen Knittelvers und auch sonst die theatralische Apparatur. Aber er ergänzt sie auch deutlich, und zwar von der schau-spielerischen Darbietung her, offenbar durch einen Anstoß von außen her. Er kam von den Darbietungen der aus E n g l a n d gekommenen W a n d e r t r u p p e. Sie war vom Braunschweiger Herzog in seine Resi-denz Wolfenbüttel gerufen worden und machte danach weite Züge durch Deutschland. Bei ihrer Art der Darstellung ist alles lebendig bewegt, auf Zusammenspiel eingestellt. Selbst die Geister verhalten sich in die-ser Weise, was sie auffallend von der rhetorisch deklamierenden Steif-heit bei den Humanisten und von der hersagenden Art der Meistersinger-bühne abhebt. Beide gingen vom gesprochenen Wort aus, die Wander-truppen dagegen wirkten durch lebhaftes Spiel, durch Geste und Bewe-gung. Die Stücke, die sie aus England mitbrachten, stammten jedoch meist von akademisch gebildeten Verfassern, die ihren Seneca kannten und nützten, also sich auch die effektvolle Geisterszene nicht entgehen lie-ßen. Aber wie sie verwenden und formen, das wird neu und allein den schauspielerischen Bedürfnisse angemessen gestaltet. Von der Wander-bühne her beziehen also sowohl der Braunschweiger Herzog wie der Nürnberger Notar und auch später Rist ihre Anregung zu solch neuarti-ger Verwendung des Wunderbaren, als eines spukhaft Gruseligen. Daß aus dem Umkreis der Stoffwelt spätmittelalterlicher Volksbücher sich manches an Wunderbarem und Gruseligem wiederfindet (Faust[1], For-

---

1 Barockdrama Bd. 3 Theaterzettel Faust. Danzig 1661 S. 202, Bremen 1688 S. 203.

tunatus usw.) wird erklärlich, wenn man die Vorwürfe der Tudor-Theater betrachtet, die wiederum in das Spielgur der Wandertruppen aufgenommen wurden.

Was von den Stücken der wandernden Komödianten erhalten ist, zeigt als beliebtesten Typus den Rache fordernden Geist, der für seine Ermordung die Vergeltung bringt. So finden wir es nicht nur beim Hamlet, auch bei dem gern gespielten "Jeronimo"[2], der auf Kyds "Spanish Tragedy" basiert[2]. Daß sie das unmittelbare Muster für den "Perseus" von Johann Rist (1634), ja noch für Joseph Beckhs "Polinte" (1669) und Kormarts "Verwechselte Prinzen" (1675) liefern, ist eindeutig. Doch es erscheinen später auch mildere Geister, die sich hilfreich erweisen. Einen besonders überzeugenden Beweis für die Beliebtheit, ja Unentbehrlichkeit des Gruselig-Wunderbaren liefert das Vorspiel zum Wandertruppen-Hamlet. "Die Nacht in einer gestirnen Maschine" ruft die drei Furien herbei, die "Kinder der Finsternis und Gebärerin alles Unglücks". Dabei enthüllt sich die schuldhafte Verstrickung als Voraussetzung des Stückes. Schließlich sendet sie die Furien aus: "legt ein Rachefeuer an". Zu solcher Erfindung verhalf dem Bearbeiter seine literarische Bildung. Er verwandte nämlich den "Reyen" vom Schluß des 2. Aktes des "Papinian" von Andreas Gryphius (1659)[3]. Dort heißt es: "Themis steigt unter dem Klang der Trompeten aus den Wolcken auf die Erde". Sie will den geschehenen Brudermord rächen und ruft die "Rasereyen", eben jene drei Furien der Antike. Sie "kommen aus der Erden hervor", also aus der Versenkung. Schließlich eilen sie davon, den Befehl "zu vollbringen", ein zerstörendes Rachewerk: "Sie müsse Thron und Cron in Stücken springen!" Daraufhin steigt Themis "unter dem Trompeten-Schall wieder in die Wolcken", verschwindet also. Offenbar hat ein ehemaliger Student (Velten war ja nicht der einzige) hier seine Belesenheit für die Bühne fruchtbar gemacht, wie ja jene Tragödie von Gryphus für die Wanderbühne zurecht gemacht wurde und ein beliebtes Zugstück bis in Gottscheds Zeit blieb. Besonderes Gewicht wurde stets auf die Ausgestaltung derartiger Szenen verwendet, alle Mittel wurden eingesetzt, das Unheimliche zu steigern. Beliebt sind Klopfzeichen zur Ankündigung und Auslöschung des Lichtes, andererseits tragen die Geister meist eine Fackel. Daß Donner, Blitz und Versenkung gern benutzt werden, versteht sich fast von selbst. Natürlich wurde auch der Ton in den Dienst des Unheimlichen gestellt. Mit Grabesstimme wird das nahe Unheil verkündet. Musik begleitet leise und anschwellend das Nahen oder untermalt die Klagen. Aus dem Volksbrauch, besonders wohl durch die Fastnachtsumzüge angeregt, wird gelegentlich von der späten Wanderbühne das Gespenst in besonders aufregender Weise zur Wirkung gebracht. Man verwendet schreckhafte Masken. Auch die Möglichkeit, die

2 Verlag Olms 1972.
3 Barockdrama Bd. 1 Papinian S. 168-170.

Gestalt des Geistes ins Übernatürliche zu steigern, wurde bei dem urtümlichen Drang des Barockmenschen zum Gewaltigen nicht ungenutzt
gelassen. Eine Überhöhung war leicht zu bewerkstelligen und vom Fast-
nachtszug bekannt. Dort pflegten die Riesen ein imposantes Schauhaupt
wie einen Helm auf dem Kopf des Darstellers zu tragen. Ein besonderer
Überraschungseffekt war noch möglich durch plötzliche Vergrößerung der
der Gestalt. Der Geist schwillt bedrohlich auf. Bereits Sabbattini kennt
alle diese Arten (Pratica di fabricar Scene e Machine ne' Teatri, 1638,
Kap. 56)[4]. Er konstruierte sogar eine Vorrichtung in Art eines aufklapp-
baren Regenschirms, um das Gespenst anwachsen und auf ein Kreuz-
schlagen des Partners gar wieder zusammensacken zu lassen. Leicht
können solche schauerlichen Effekte ins Komisch-Groteske ausarten.
Sie finden sich tatsächlich doch erst in der Spätzeit recht ausgespielt
auf der volktümlichen Wanderbühne, als die lustige Figur die Szene beherrscht. Da wird ihr Mutterwitz auch schließlich mit dergleichen Gefahren in burlesker Handlung erfolgreich fertig. Es werden aber auch
die Gespenster überhaupt parodiert, indem sich etwa der Liebhaber und
Kasper als solche verkleiden und entsprechende Lazzi machen. Schon
früh taucht das "Verliebte Gespenst" auf, nicht erst als Gryphius 1660
die Komödie von Quinault (1658) übersetzt. Von den englischen Komödianten angeregt, verwendet bereits Jakob Ayrer die Verkleidung als
Geist der verstorbenen Mutter zweimal. Es ist jedesmal der dumme
Jahn, der darauf reinfällt. In der "Phönicia" fällt ihm der Betrüger
Malchus um den Hals und stiehlt ihm dabei den umgehängten Geldsach,
in der Komödie von "Soldan (= Sultan) von Bailonia" erschwindelt sich
der Verkleidete Geld für eine Seelenmesse. Noch in der Wiener Staatsaktion von "Astromedes" neckt Scapin als Geist den Hanswurst. Ungewöhnlich ernst ist die Verwendung in der späten Fassung von "Titus
Andronicus" (1699, Argumentum). Im 4. Akt verkleiden sich Thamara
und ihre Söhne "als Geister und wollen Titus anreitzen, seinen ältesten
Sohn Lucium hinzurichten". Einen Beleg für die Art, wie man eine gesteigerte Größe des Gespenstes erzielte, bietet die holländische Bearbeitung eines der englischen Singspiele der Komödianten. Zwei Edelleute
zwingen Thumpkin (dieser sprechende Name besagt seine Mentalität) auf
einem Stuhl zu stehen und in ein Laken gehüllt des Gespenst zu spielen.
Er darf dabei nichts als nur "Mum" sagen.

   Dem Bedürfnis nach dem Wunderbaren kam gleichzeitig die O p e r
willig entgegen. Der Schaulust sind hier keinerlei Grenzen gesetzt und
das Schäferliche brachte nun auch Heiteres in Stimmung, Fabel und Personen zur Wirkung. Aus der Antike holte man Nymphen sowie Sirenen
und Nereiden, Satyrn und Kentauren. Auch die Göttinnen und Götter des
Olymps bis zu Jupiter wurden beschworen. Sie waren besonders geeignet

---

4   Sabbatini Bild S. 153 der Facsimile-Ausgabe mit Übersetzung, von mir 1926 herausge-
    geben (Gesellschaft der Bibliophilen, Weimar) auch bewegliche Wellen S. 113.

für die immer beliebter werdenden Ballette. In dieser Weise benehmen sich die wundersamen Personen nun erst recht wunderbar. Stoffe, wie der von Orpheus oder der Alceste, gaben reichlich Gelegenheit, Chöre und Ballette sogar in der Unterwelt vorzuführen. Andere Szenen spielten sich auf dem Wasser ab, wo zwischen den sich bewegenden Wellen Neptun mit den Sirenen sangen und sich rhythmisch bewegten, wo Delphine und weiteres Getier emportauchten, sogar als Reittiere dienten. Die höheren Götter erschienen in den Wolken, besonders gern sah man dort Apollo inmitten der Musen als singenden Chor. Auch einzelne Götter benutzten Wolken als Flugzeug; Medea natürlich schließlich einen Drachen. Hierzu lassen sich noch Feuerwerkseffekte fügen. In einem 1697 in Hamburg aufgeführten "Jason" zerplatzt schließlich ein Gespenst, das von dienstbaren Geistern auf Medeas Geheiß auf die Bühne gebracht und aufgestellt worden war. Offenbar hatte man die Anregung von Sabbattini weiterentwickelt und pyrotechnisch gesteigert. Die große Oper ließ sich natürlich nicht lumpen und bot reichlich Schaugepränge in exotischen Zeremonien, die gern auch etwas gruseligen Charakter erhielten, indem etwa Menschen geopfert werden sollten, die standhafte Unschuld aber in letzter Minute gerettet wurde. Zauberer beschworen gleich mehrere Geister, die anschließend zum Ballett antraten. Wenn nach bewährtem Muster dem Tyrannen im Traum drohende Rachegeister erscheinen, dann geschieht das nicht allein mit musikalischer Ausmalung, sondern auch als ballettmäßiger Bewegungsvorgang. In Hamburg tanzen 1701 sogar Geister, während der Seeräuber seinen Opfern die Köpfe abschlägt. Das empfand man nicht als groteske Übertreibung, sondern bestaunte es vielmehr als höchst modern. Denn in der französischen großen Oper war die Dressur der Geister zu Balletteusen als Höhepunkt theatralischer Kunst der faszinierten Mitwelt zur Nacheiferung vorgeführt worden. Daraufhin tanzten auch in Deutschland die Nachtgespenster und die Schreckgeister wie nicht minder die Gestalten auf den Inseln der Seligen. Schließlich blieben sogar die Statuen nicht ungerührt und schwangen das Tanzbein. In Wien gibt es 1682 auf einen schwungvollen Gesang von Apollo hin ein Ballett von Statuen, welche die zwölf Stunden des Tages verkörperten. Am Kurpfälzischen Hof in Düsseldorf 1695 schließt sich die Statue an den Tanz der Malschüler an, die sie vorher von allen Seiten bewundert und skizziert hatten. So fröhnte die Oper am ausgiebigsten der unersättlichen Schaulust des Barocks.

Die Verwendung des Wunderbaren steht bei den F e s t s p i e l e n auf der Grenze zwischen dem Schaubild und dem Sinnbildlichen. Das zeigt sich am deutlichsten in der Verwendung von Allegorien. Sie bedeuten etwas Geistiges. Dieses aber wird zu einer verehrenden Geste verniedlicht und repräsentativ veranschaulicht. So mindert sich das werthafte Gewicht zugunsten eingängig dekorativer Sinnenhaftigkeit. Dadurch bekommt das ganze Gebilde eine singspielmäßige Leichtigkeit und

Beweglichkeit. Ob nun Pomona der hochfürstlichen Landesmutter nach einem Loblied ihren Korb mit Früchten oder Flora ihren Blumenstrauß übergibt, ob die Tugenden dem Landesvater huldigen, mit Gesang und Tanz natürlich, stets ist die gefällige Aufmachung, das bewegte Bild die Hauptsache. Stoffe und Personen der antiken Mythologie können aber auch geistige Bedeutsamkeit erhalten, zum allegorischen Festspiel arrangiert werden. So geschah es in den Stücken zur Feier der Beendigung des 30-jährigen Krieges. Joh. Rist verwendete schon 1630 für die "Irenaromachia" neben den Göttern des Olymps noch Nemesis, Ceres, Irene, Justitia, Virtus und schließlich als Schergen "drei Knechte Vulcani", welche Mars vergeblich in Fesseln zu legen versuchten. Das als große Oper ausgebaute Festspiel der späteren Zeit verwendet ebenfalls Allegorien. So finden sich etwa bei den Rudolstädter Festen in der Oper "Die Wittekinden"[5] (aufgeführt am 3. März 1666) Superstitio, Veritas, Fatum. Dieses fliegt gegen Ende des Stückes (3. Akt), dem Wittekind "aus dem Himmel entgegen", um einen Blick in den glorreichen Aufstieg der Dynastie zu inszenieren, und zwar als Traum. Die Festoper wird "mit einem Ballett der Schwartzburgischen Städte Rudelstädtischer Linien fröhlich beschlossen". Der erste Akt endete mit einer Szene der drei Furien in einer "finsteren Höhle", und läuft in "einen schrecklichen Fackeltanz der Furien" aus. Entsprechend wurde der zweite Akt "mit einem ernstlichen Tantze der Parzen geendigt", nachdem diese sich ebenfalls in einer "dunklen Höhle" über "Wittekinds Geschlecht" des längeren rühmend geäußert hatten. So erhält das Wunderbare wieder eine gruselige Färbung und damit mehr Gewicht. Aber es bleibt doch noch vorwiegend Schaubild.

Ein weit stärkeres Gewicht dagegen erhalten die Allegorien in den Stücken des J e s u i t e n o r d e n s . Hier dient das Wunderbare überhaupt nunmehr zur Verdeutlichung des Sinngehaltes. Das tritt besonders auffallend zutage, weil seine Funktion darin besteht, zur propaganda fidei mitzuhelfen. Jakob Masen wandelt das von der Wanderbühne geläufige Erscheinen von rachefordernden Geistern der Ermordeten dahin ab, daß diese den Tyrannen Mauritius im Schlaf vor das Gericht Christi fordern, der nun ebenfalls mit iustitia und misericordia auf der enthüllten Hinterbühne erscheint (gedruckt 1664, etwa 1648 aufgeführt). Wenn bereits 1615 bei der Aufführung eines "Maximilianus" auf dem Marktplatz zu Ensisheim der Geist des Kaisers Decius erscheint und "den Keisser Valerianum als seinen Nachkömmling bey nächtlichem Schlaff" Vorwürfe macht, daß "er so schlechten Ernst wider die Christen fürnehme", so verleiht eben die Verfolgung der heiligen Kirche der ganzen Szene vom Sinn des Stückes nach herkömmlicher Art großes Gewicht. In einer "Tragoedia de Valeriano Imperatore", die 1641 in Ingolstadt gespielt wurde,

5   "Wittekinden" Text in Barockdrama Bd. 6 S. 209-308.

erweckt zu Beginn des Stückes als erregendes Moment ein Teufel den Geist des Kaisers Decius, damit dieser bewährte Christenhasser jetzt den augenblicklich herrschenden Kaiser Valerian zu einer erneuten Verfolgung der Christen "anhetze". Der Racheruf der Ermordeten erhält somit besonderes Schwergewicht, weil sie die Strafe Gottes herbeirufen. Das göttliche Gericht wird am Schluß des "Cenodoxus" von Jacob Bidermann[6] am eindrucksstärksten direkt zur Schau gebracht. Christus mit S. Petrus, S,Paulus "sampt den andern Richtern" erscheint auf der Oberbühne und "setzt sich zu Gericht", während unten am Sarge die Studenten die Exequien für den Hochgeschätzten beginnen wollen. Der Teufel tritt als Ankläger auf. Den Beklagten, "Spiritus, deß Doctors Seel", führt der Erzengel Michael herbei, gegleitet vom Schutzengel und von "Conscientia, das Gewissen". Den Vollzug der Verdammnis sieht man ebenfalls als Szene vorgeführt (V.7). "Spiritus, deß Doctors Seel" tritt nun auf mit seinen beiden Hauptlastern als Beistand, mit "Hypocrisis, die Gleißnerey" und "Philautia, die Aigne Lieb". Es nehmen ihn "Panurgus, Astherot, Asempholot, die Teufel" in Empfang. "Das Höllisch Hofgesind lacht und spottet deß Verdambten, bringt ihm ein Trunck von Schwefel-Pech zu einem Willkumb. Darnach ziehen und zacken ihn die Teufel mit sich in Abgrund der Höllen." In einer besonderen Szene (I,6) war der "Hauptteufel" Panurgus auf der Bühne erschienen und hatte die beiden Laster (Hypocrisis und Philautia) zu dem Doctor ausgesandt. Sie treten dann als verführerische Einflüsterer auf, ihnen steht der Schutzengel und das Gewissen als gute Ratgeber entgegen. Tief ergriffen waren die Zuschauer auch wohl bei der deutschen Übersetzung, die noch 1635 Joachim Meichel veröffentlichte. Eine besondere Verwertung macht das Jesuitentheater von der Schaubarkeit des Sinnbildhaften, indem man den Inhalt eines Aktes oder auch den Sinn des Stückes als lebendes Bild dem Publikum vorbereitend vor Augen führt. Ein Hildesheimer Stück kündigt 1667 an (scena muta): "compendiose per scenas mutas res tota exhibetur." Paul Aler, der bedeutendste Dramatiker der Spätzeit, liebt besonders Geisterszenen als Präfigurationen. Noch heute hält man in Oberammergau an dem Brauch fest, vor jedem Akt in einem lebenden Bild aus dem Alten Testament den Sinngehalt der folgenden Handlung schaubar zu machen. Andere verwendeten dazu auch lediglich allegorische Gestalten, wobei etwa der Erzengel Gabriel die nötigen Erklärungen gab. Durch immer stärkere musikalische Ausgestaltung wurden Prolog und Epilog, auch die akttrennenden Zwischenchöre zu selbständigen Handlungen, später zu Balletten. Bei der ersten Aufführung der "Pietas victrix" in Wien 1659 traten als "Proludium" folgende allegorische Figuren auf: Impietas, Furor, Ambitio, Victoria, Consilium und Industria. Als Schlußbild er-

---

6 Dt.Lit. in Entw.reihen Bd.2 Barockdrama, S.47-183. Meichels Übersetzung des "Cenodoxus" von Bidermann die Scene V,3 S.157-166.

scheint recht oft der getötete Märtyrer in himmlischer Glorie in einer Wolke, etwa flankiert von seinen beiden Haupttugenden, der Frömmigkeit und der Demut. Ungewöhnlicher schließt Bidermanns "Marcia", wo "in nubilis" die beiden jugendlichen Blutzeugen Ulfadus und Ruffinus Christus um Gnade für ihren verblendeten Vater bitten. In den Wolken erscheinen oft Märtyrer oder Heilige als tröstende Boten Gottes. Als Gegenspiel sendet mitunter Satan einen berüchtigten Missetäter, etwa Herodes, um durch das Bild seines einstigen Tuns den schlafenden Tyrannen zu ähnlichem Handeln zu veranlassen. Es kann aber auch eine Allegorie wie etwa Furor erst den widerstrebenden Umbra Caini aus der Versenkung heraufbeschwören, um Absalon zum Brudermord aufzuhetzen (Köln 1699). Der Geist entzündet mit seiner Fackel in der Brust des Schlafenden den bösen Trieb, den Haß als verbrecherische Leidenschaft, und geht danach mit einer triumphierenden Arie ab.

Alle Arten des Wunderbaren versteht Nicolaus Avancinus mit sicherem Theaterinstinkt auf die Bühne zu bringen. Sein vor Kaiser Leopold in Wien 1659 aufgeführtes Prunkstück (ludus caesareus) "Pietas Victrix sive Flavius Constantinus Magnus de Maxentio tyranno victor"[7] beginnt sogleich mit einer Scena muta, die das siegreiche Ende mit dem Schlußbild der Huldigung vorwegnimmt. Dann erscheinen als zweite Szene Petrus und Paulus als Roms Schutzheilige und versprechen dem schlafenden Kaiser den Sieg. Da ein Chorus Coelitum beteiligt ist, würde man auch ohne die Angabe "Chorus in nube pensilis" die ganze Erscheinung als in einer großen Wolke befindlich sich vorstellen. Dem Gegner Maxentius träumt in der 3. Szene, wie das Volk Israel trockenen Fußes durch das Rote Meer zieht, Pharao aber untergeht. Umbra Pharaonis reizt den Tyrannen auf, dagegen warnen ihn Moses, Damon und der feurige Engel (angelus in Columna ignis). Danach (I, 4) erzählt der Kaiser dem hl. Nicolaus seinen Traum, der ihn als sicheres Vorzeichen des Sieges deutet. Der Tyrann dagegen (I, 5) ist sehr beunruhigt und sucht den "Magus" Dymas auf (I, 7), der aus seiner Zauberhöhle tritt (ex antro prodit). Auf dessen Beschwörung "apparent cadavera" unter Donner und Blitz, fliegende Schlangen und ein feuerspeiender Drachen kommen aus der Versenkung. Der Prunkdruck zur Erinnerung an die erfolgreiche Aufführung zeigt dies auf einem der neun Kupferstiche. Das historische Geschehen beginnt darauf (I, 8) damit, daß Constantin einen Unterhändler zu Maxentius schickt und die Übergabe Roms fordert. Den Akt schließt eine Jagd auf Victoria, welche Pietas und Impietas unternehmen. Diese "evolat in nubiles, sequitur Pietas, captatur Impietas" von Consilium und Industria, sie fangen und fesseln die Gottlosigkeit. So geht es unter Einsatz aller Mittel einer entwickelten Bühnentechnik weiter, auch mit bloßen Schauszenen, wie dem Brand des Kapitolinischen Tempels, dem

7   "Pietas victrix" in Barockdrama S. 184-303.

Bau der Tiberbrücke und deren Einsturz, wobei der Tyrann ins Wasser stürzt und umkommt. Am kühnsten ist die Hilfe teuflischer Geister gestaltet (Larvae), die vom Zauberer beschworen, einen regelrechten Fliegerangriff auf das kaiserliche Zeltlager machen. Der dazugehörige Kupferstich veranschaulicht diesen Effekt. Als Abschluß des zweiten Aktes wird ein Luftkampf zwischen einem Adler und einem Drachen gezeigt, dessen zweite Runde von den beiden Allegorien, Pietas und Impietas, auf jenen Tieren ausgetragen wird, "inter tubarum clangores praeliantur, fugatur Impietas". Am Ende des 3.Aktes wird der Luftkampf fortgeführt und endet mit dem endgültigen Sieg der Pietas, Impietas prolabitur, sie stürzt von ihrem Drachen. Auch das Icarusschicksal wird warnend vorgeführt. Sol exoritur, Phaeton involat in currum, die Pferde gehen durch, Phaeton stürzt ab, der Himmel steht in Flammen. Sogar einen Blick in die Hölle wagt der Anfang des dritten Aktes: Panditur Infernus, apparet Rex Inferorum, draconibus vectus", wie das Kupfer es zeigt. Zu ihm kommen die Larvae, welche vor der Kreuzfahne Konstantins flohen. Sie bringen endlich in IV,5, die Leiche des Zauberers, und wieder wird die Hölle sichtbar und empfängt ihren Diener. So kann dieser Akt mit dem Triumph der Pietas enden, die Industria und Consilium zu sich in ihren Triumphwagen nimmt und mit ihnen zum Himmel auffährt, während Fama I nach Osten, Fama II nach Westen den Sieg verkündend, fliegen. Auch Pax kommt in einer Wolke. Am Ende erscheint der Kaiserin die Heilige Jungfrau und läßt einen Blick in die glorreiche Zukunft des Habsburger Kaiserhauses tun, wie das Bild zeigt ebenfalls in einer Wolke, mit St.Helena und zwei Engeln. Dabei wurden wohl einzelne Herrschergestalten als Bild auf der Hinterbühne sichtbar. Auch die obligate Opferszene mit dem Orakel (II,7) wird nicht ausgelassen. Wenn man bedenkt, daß sogar der Bau einer Brücke über den Tiber vorgeführt wird und daß diese dann bei der Flucht des Maxentius einstürzt, wobei jener ertrinkt, und daß ferner der unwillige Flußgott die Leiche des in ihm ertrunkenen Zauberes mit Hilfe der Tritonen unter dem Gesang der Najaden an das Ufer wirft und die Larvae sie danach zum Orcus tragen, so hat man noch längst keine vollständige Übersicht über die Großleistungen der damaligen Bühnenkunst und maschinellen Technik. All dieses Wunderbare geschah eben ad majorem Dei gloriam, wie es ausdrücklich am Ende des Druckes heißt.

Nach dem Vorbild der Oper ersetzen nicht nur die späteren Jesuitendramatiker wie Avancinus die aktschließenden Chöre durch szenische Zwischenspiele, auch die protestantischen Dramatiker tun das gleiche. Schon Andreas Gryphius (vier Jahre jünger als Avancini) verwendet in der "Catharina von Georgien" (IV.) einen "Reyen der Tugenden, des Todes und der Liebe". Damit werden die ethischen Werte gekennzeichnet, welche die Königin zur Wahl des Märtyrertodes veranlaßten. Wie das dargestellt wurde, veranschaulicht der Kupferstich aus dem Jahr

1655. Lohenstein greift diesen Ansatz auf und wendet ihn noch deutlicher ins Psychologische, um die maßgebenden Triebfedern der vorher abgelaufenen Handlung zu verdeutlichen. Die fünf Akte seiner Tragödie "Sophonisbe" (1669 zuerst aufgeführt)[8] werden durch folgende Zwischenspiele beschlossen: "Reyen der Zwytracht, Liebe, des Hasses, der Freude, des Schreckens, der Begierde, des Neides, die Furcht, Sophonisbens Seele (1. Akt). Reyen der Liebe, des Himmels, der Regiersucht unter der Person des Jupiters. Des Abgrunds, der Grausamkeit unter der Person des Pluto. Der Erde, der Tugend unter der Person des Hercules. Des Wassers, der Ehre unter der Person des Jason (2. Akt). Reyen der Eifersucht, der Vernunft, des Neides, der Narrheit, der Verzweyffelung samt der Schönheit und Einbildung, welche mit ihren Bildungen stumm fürgestellt werden (3. Akt). Reyen des Hercules, der Wollust und Tugend, Kaiser Leopolds Geist (4. Akt). Reyen des Verhängnisses der vier Monarchien (5. Akt)" beschließt das Stück, nachdem es zu einer Festaufführung für den Kaiser ausgestaltet worden war. Ähnlich hatte ja auch Avancini seine "Pietas victrix" beschlossen und Hallmann folgte in der "Mariamne" (1670), wo der Geist des Königs Salomon in lebenden Bildern die Zukunft erblicken läßt. Während damit dem Kaiser Leopold und dem Hause Habsburg gehuldigt wurde, hat Gryphius dieses Mittel dazu benutzt, Sturz und Strafe des Tyrannen als nahe, drohende Schicksalsvergeltung vorzuführen. Was der Geist der Märtyrerin Catharina dem Perserschah nur mit Worten ausmalt, macht er 1663 im 5. Akt von "Carolus Stuardus" als lebendes Bild (wie die scena muta der Jesuiten) schaubar, und zwar dreimal. Das Ende dieser Szene wird mit dem altbewährten Effekt beschlossen, daß dem Schuldigen der Fluchtweg auf jeder Seite von einem Geist versperrt wird. Dabei spritzt ihm der eine beim ersten Erscheinen "Blutstropfen ins Gesicht" und die Szene wird verdunkelt. Beschlossen wird diese Tragödie, nach der Hinrichtung des Königs Karls I. von England, mit einer schaurigen Szene, in welcher sieben Geister ermordeter Könige nach Rache rufen und diese alle Plagen zur Strafe herbeirufen. Aus der Versenkung ("reiß auf, du Schlund bestürzter Erden") steigen "Krieg, Ketzerei, Pest, Tod, Hunger, Zweytracht, Furcht, Eigenmord". Das gleiche Thema hatte Gryphius bereits als Abschluß des zweiten Aktes der "Catharina von Georgien" unter Aufteilung in zwei Chöre verwendet. ("Reyen der von Chach Abas erwürgten Fürsten.") Ungewöhnlich war auch der Abschluß des 4. Aktes des "Carolus Stuardus", in welchem die Religion von neun Ketzern einzufangen versucht wird. Doch sie erhaschen nur deren Mantel, den sie in Stücke reißen, während die Religion entflieht und "aus den Wolken" den Wert des "reinen Herzens" als entscheidend verkündet. Ungewöhnlich berührt, daß als Abschluß des zweiten Aktes (in der erweiterten Fassung

8   Lohenstein "Sophonisbe" Barockdrama Bd. 1 S. 224-322.

von 1663) ein "Chor der Syrenen" statt des üblichen Chors "der Engelländischen Frauen und Jungfrauen" über die unerhörten Zeitläufe klagt. Man könnte sich vielleicht darüber wundern, daß Gryphius als Protestant die englischen Kalvinisten so scharf als Ketzer von der wahren Religion abhebt. Das hängt mit seiner Auffassung vom Königtum als einer von Gott gesetzten Einrichtung (Gottesgnadentum der Majestät) zusammen, daher lautet der Titel des Stückes "Ermordete Majestät oder Carolus Stuardus König von Großbritannien" (1649). Der König wird als Märtyrer für einen religiös gegründeten Grundwert hingestellt. So erhält jene Ausgestaltung des Reyens vom 4.Akt besonderes Gewicht, macht den tiefen Gehalt sinnfällig. Dasselbe bezweckt die Verwendung der Themis in zwei Reyen des "Papinian" (1659). Als oberster Richter des römischen Reiches wird Papinian zum Blutzeugen für die von Gott geforderte Gerechtigkeit, weil er sich weigert, den Affektmord Bassians an seinem Bruder und Mitregenten Geta zu rechtfertigen. Nach der Bluttat (2.Akt) erscheint Themis in den Wolken und ruft die drei Furien herbei. Nach dem 4.Akt ängstigen diese den schlafenden Tyrannen: "Kayser Bassianus erscheinet auf einem Stuhl schlafend, von etlichen geflügelten Geistern wird ein Amboß mit Hämmern auf den Schauplatz gebracht, auf welchem die Rasereyen einen Dolch schmieden." Das geschieht unter Gesang. Dann erscheint der Geist des Kaisers Severus, des Vaters des Ermordeten, der mit dem geschmiedeten Rachedolch den Schlafenden bedroht. Weil für Gryphius der ethisch-religiöse Sinngehalt das Entscheidende ist, sucht er, ihm sinnbildlichen Ausdruck zu schaffen. Schon als jugentlicher Übersetzer fügt er den "Gibeonitern" von Vondel als Prolog und Epilog den Geist Sauls mit bluttriefendem Schwert hinzu, eben um den Gehalt zu verdeutlichen. Dabei war gewiß Senecas Vorbild ebenso maßgebend wie dessen zahlreiche Nachahmer unter den holländischen Dramatikern. Auch die Erstfassung seines "Karl Stuart" eröffnete er auf diese Weise und schloß daran gleich eine weitere Geisterszene, wo dem schlafenden König seine Großmutter, Maria Stuart, eine düstere Zukunft ansagt. Ausdrücklich als ein Traum wird im "Leo Armenius"[9] die verwandte Szene bezeichnet, in welcher die Kaiserin, die "auf einem Stuhl" schlummert, "ihrer Frauen Mutter Geist" erscheint und das blutige Ende ihres Gatten vorhersagt (V,1). Hier wird nun von der Erwachten erzählt, was der Geist sagte, während auf der Bühne bei Beginn des Aktes der Geist nur stumm dasteht und in dem Augenblick, "indem sie aufwecket, verschwindet", offenbar mittels Versenkung. Dem Kaiser selbst war schon vorher (III,2) seine Ermordnung als Strafe Gottes vorausgesagt worden, und zwar von "Tarasii Geist", des von ihm beseitigten Patriarchen. Eigenartig ist, daß dann der Mörder selbst als

---

9 Leo Armenius, hrsg. v. Hugh Powell, Bd.5, Carolus Stuardus Bd.4 der Gesamtausgabe (Verlag Niemeyer, Tübingen 1964,1965).

"Gespenst Michaelis" den tödlichen Dolchstoß ausführt, obwohl dieser zum Tode verurteilt im Kerker verwahrt wird. Im Jesuitendrama des Josephus Simon "Leo Armenus" von 1645 steht nach Senecas Schema diese Voraussage am Anfang (I, 2), um auf das Ziel der Handlung vorzubereiten. Statt des Michael tut der "Angelus vindex rubro vestitus" mit gezogenem Schwert den tödlichen Stoß. Gryphius hat diesem Stück das seine entgegengesetzt, nicht es nachgeahmt. Er war grundsätzlich anderer Meinung über gewaltsamen Umsturz und Königsmord. Hinzugefügt hat er außer jener Geistererscheinung der Kaiserin Theodosia (V, 1) auch noch die Beschwörungsszene (IV, 2). Einer der Verschwörer sucht den "Zauberer" Jamblichus auf, um die Zukunft ihres Unternehmens zu erkunden. Die Anweisungen an einen ihm helfenden Knaben zeigen deutlich das Zeremoniell, bis nach Verdunkelung unter Donner und Blitz "der Höllische Geist" erscheint und seinen Spruch sagt, der natürlich "doppeldeutig" ausfällt. Es wird hier von Anfang an deutlich, daß Gryphius von sich aus und über bloße Tradition hinaus einen Hang zum unheimlich Wunderbaren, zum Gespensterglauben besaß. Dergleichen läßt sich weder von Lohenstein noch gar von Hallmann oder Christian Weise behaupten. Sie übernehmen die typischen Geisterszenen. Da ist nichts Neues erfunden und hinzugekommen, kein Hauch eignen Fühlens spürbar. Es handelt sich eben um die bewährten Effekte, wirksam, weil sie den allgemeinen Ansichten vom Übersinnlichen entsprechen. Zugleich demonstrieren sie allerdings auch vom Gehalt her die göttliche Gerechtigkeit, die den Übeltäter, meist in der Person des Tyrannen, bestraft. So tötet sich Dido bei Hallmann mit dem Dolch, den ihr der Geist des Sichaeus hinreicht (Adonis), oder dem Herodes (Mariamne) vertreten die Geister den Weg zur Flucht wie einst schon bei Heinrich Julius von Braunschweig. Das Geschen ist die Hauptsache, der Stoff erweckt Interesse, nicht die geistige Bedeutsamkeit. Ebenso ist es bei Christian Weise. Bei ihm wird ein Nachlassen in der Verwendung des Wunderbaren merklich. In seinen Jugendstücken der 70er Jahre macht er häufig von der Flugmaschine Gebrauch: "Hier kömmt Venus mit zwey geflügelten Amuretten in der Lufft auff einem hellen Wagen gefahren." In Zittau auf der eigenen Bühne dagegen wird nur selten diese Maschine verwendet. Die Engel läßt er sogar auf der Vorderbühne auf- und abtreten. "Die Engel kommen an verschiedenen Orten herauß, stellen sich auff beiden Seiten." Ihr Kommen wird von Blitz und Donner begleitet und es ertönt danach Gesang, offenbar von verborgenem Chore. Die Traumerscheinung des König Wenzel (1686) wird auf der Hinterbühne enthüllt, welche hernach "zufällt". Im "Jephta" (1679) wird die Versenkung benutzt, der Geist des Königs "guckt aus der Erden mit feurigen Augen herfür und rufft: 'Nabal, Nabal.'" Ihm folgen zwei weitere Geister "von unten her". Sie tragen, wie auch die Furien, Fackeln in der Hand. Selbst ein so didaktisch gemeintes Schul-

drama wie "Ratio Status" (1668), das die skrupellose Machtgier vor
Augen führt, verwendete den schaurigen Zug der Ermordeten. Sie treten auf "in langen weißen Hemdern und unter dem Gesichte ganz blutig,
in der rechten Hand halten sie Waxlichter ... gehn ein paar mal auf
dem Schauplatz herum". Dieses Erschrecken des Schuldigen hat Christian Weise im "Verfolgten David" (1683) ganz besonders ausführlich
ausgemalt. Nicht weniger als 14 namentlich aufgeführte Geister treten
in aggressiver Weise auf. Die Bühne ist "ganz finster", König Saul setzt
sich am Tisch bei einer Kerze "nieder und schreibt, also daß er den
Rücken gegen die Spectatores wendet. Ahimelechs Geist kömmt ganz
blutig mit einer Fackel heraus, zupft ihn und eilet auf der andern Seite
hinein." Danach kommt der Geist der Thirza "ebenfalls blutig mit einer
Fackel, und reißt ihm von hinten die Feder aus der Hand, und eilet hinaus". Besonders grausig verhält sich danach "der Geist von Dina". Sie
"trägt das kleine Kind, da die Eingeweide heraushangen, in der andern
Hand hat sie eine Fackel. Also schlägt sie ihm das Kind auf den Kopf
und eilet davon." Saul "schreibt weiter, in währender Zeit ziehen sich
alle Geister heraus und stellen sich in einen Kreis um den Tisch". Da
dreht sich Saul auf seinem Stuhl herum und erschrickt. Sie schreien ihm
in Alexandrinern ihre Racherufe entgegen. Die späteren Stücke (nach
1687) verzichten auf derlei Effekte und Geisterszenen überhaupt. Es
waren eben bloße Effekte äußerlicher Art. Christian Weise wie Hallmann
neigen zum Schauspielerischen und Theaterhaften. So entgleitet wieder
alles ins Schaubildliche, das Gehaltliche wird dekorativ. Bei Gryphius
dagegen wird alles vom Gehalt her gesehen, wird Ausdruck eines ganz
persönlich erlebten Sinngehalts. Seine Lyrik leiht dieser Ergriffenheit
vom Weltanschaulichen her unmittelbaren Ausdruck zumal im Sonett.
Ebenso wird sein dramatisches Schaffen dadurch bestimmt. Seinen "Carolus Stuardus" schreibt er unmittelbar nach der Hinrichtung des Königs,
um aufzurütteln über dieses furchtbare Verbrechen gegen das göttliche
Recht, das die Majestät den menschlichen Richtern entzieht und dem
göttlichen Entscheid allein vorbehält. So erhielt das dramatische Geschehen eine geistige Tiefendimension, die ihm besonderes Gewicht verlieh. Alles schaubar Theatralische erhält dabei vom Gehalt her Bedeutsamkeit, wird Sinnbild. Ja, Gryphius wagte sogar, die Geistererscheinung als Wunder nicht nur auf die Bühne zu bringen, sondern zum Dreh-
punkt einer Handlung zu machen. Das geschah in seinem eigenartigsten
Drama, in "Cardenio und Celinde". Es handelt sich um das Wüten von
blinder Leidenschaft, das durch ein einziges Ereignis zum Erlöschen
gebracht wird. Was nun auf offener Bühne vor unseren Augen geschieht,
ist nicht nur wunderbar und auch nicht bloß gruselig. Es ist das Eingreifen des Okkulten im Sinn der göttlichen Güte. Cardenio hat in Bologna
studiert, dabei sich in Liebesleidenschaft zu Olympia verstrickt. Sie
wurde trotz ihrer Gegenliebe ihm durch Intrige von einem anderen ('Ly-

sander') weggeheiratet. Aus Verzweiflung ging er auf die Leidenschaft von Celinde ein und erstach aus Eifersucht ihren Galan, den Ritter Marcellus. Soweit die Vorgeschichte. Er ist nun dieser Frau überdrüssig und steht im Begriff, Bologna zu verlassen. Zuvor aber will er sich an Lysander rächen. Er lauert ihm nächtens auf, als jener von einer Reise zurückkehrt. Aber da erscheint aus dessen Haus eine Gestalt, die er in ihrer Verhüllung für Olympia hält. Sie winkt ihm, er folgt ihr, sie kommen in einen "Lustgarten". Als Cardenio die stumm Bleibende umarmen will, verwandelt sich plötzlich alles: der Ort in eine schaurige Einöde und die Frau in ein Totengerippe, das mit Pfeil und Bogen auf Cardenio zielt. Er bricht ohnmächtig zusammen. Celinde hat bei einer Zauberin Beistand in ihrer Herzensnot gesucht. Diese wollte ihr einen Liebeszaubertrank für den Ungetreuen brauen. Dazu brauchte sie das Herz der erst kürzlich beigesetzten Leiche des erstochenen Ritters. Um dies zu besorgen, war Celinde in die Gruft gestiegen, aber die Leiche hatte sich aufgereckt. In dieser Situation findet sie Cardenio und hilft ihr aus der Gruft, in die der Tote wieder zurückgeht mit den Worten: "Des Höchsten unerforschliches Gerichte / Schreckt eure Schuld durch dieses Traur-Gesichte." Damit ist die Sinnesänderung beider herbeigeführt. Sie entsagt und geht in ein Kloster; er bekennt voll Reue seine böse Absicht und scheidet versöhnt von Virenus und Olympia, und mit Verzeihung auch gegen Celinde. So hat diese erschreckendste Einsicht des Barockmenschen, das Vanitas-Erlebnis hier als szenischer Vorgang mahnende Sichtbarkeit gefunden, zugleich aber auch tröstlich der Glaube an die Güte Gottes dem nur schaurig Wunderbaren die Erhöhung zum Wunder gebracht. Hier treffen wir auf die künstlerisch eindrucksvollste und geistig tiefste Verwendung des Wunderbaren als Sinnbild im Bereich des deutschen Barocktheaters.

Sogar das Ende des Wunderbaren ist ganz deutlich und recht bezeichnend. Die Oper zeigt es. Denn sie hatte nun gegen Ende des 17. Jahrhunderts alles überwuchert und verdrängt. Die beiden Stätten deutscher Oper mit ihren reich ausgestatteten Theaterbauten beschäftigten nicht nur deutsche Künstler, sie gaben auch deutschsprachige Texte von deutschen Verfassern. Diese stehen noch in der spätbarocken Tradition wie Hallmann oder Weise, ja bei manchen Hamburger Produkten geht die Übereinstimmung bis in den Wortschatz. Wie die beliebten Topoi übernimmt man auch die Geisterszenen, die Rachegeister und die Traumvisionen. So erscheinen 1704 dem schlafenden Antonius "einige Geister", die "tanzen und einige der von ihm Erschlagenen nahen sich zu Antonn ihn zu quälen, und nachmals verschwinden". Aber sie haben solchen Eindruck auf ihn gemacht, daß er sich danach bei der Nachricht vom Tode der Cleopatra auf offener Bühne ersticht. Beccau entschuldigt sich im Vorwort zu seinem Libretto "Amadigi", das der junge Händel komponierte (Hamburg 1717), wegen der "vielen Zaubereien, so darin vorkommen".

Aber er habe sie nicht erfunden, sie stünden vielmehr in der Quelle,
dem Amadisroman, und wären also nicht seine, "als des Übersetzers,
sondern des Autors Schuld". Einen beträchtlichen Gewichtsverlust erfährt das Geisterwesen, wenn die lustige Figur es an sich reißt. Besonders burlesk ging die späte Wanderbühne damit um, man denke nur an
das Faustspiel. So ernst man den Teufelspakt des Doktors nahm, Kas-
perl veralberte alles und das Wunderbare hatte dazu in den Abenteuern
seine eigenen Reize. Bezeichnend ist auch die zunehmende Beliebtheit
der Verkleidung als Gespenst. Noch der junge Lessing verwendet im
"Freigeist" solche Vermummung als Intrige der Diener. Eine häufiger
vorkommende Variante ist der Irrtum, wo jemand für das Gespenst angesehen wird, aber die noch lebende Person ist, nun jedoch diese Situation in komischer Weise ausspielt und ausnutzt. In der Oper "Tomyris",
die 1713 in Hamburg aufgeführt wurde, findet sich eine Beschwörung mit
all den bewährten Effekten, aber es stellt sich heraus, daß der ganze
Rummel nur ein Schwindel war. Besonders bezeichnend erscheint die
Tatsache, daß der Geisterauftritt der Oper "Hannibal", der 1681 in Hamburg in voller Gruseligkeit dargeboten wurde, bei der Reprise 1733 wesentlich gekürzt und nur auf die für den Zusammenhang der Handlung
unentbehrlichen Aussagen beschränkt wurde. Bereits 1706 hatte eine
Anweisung betont, daß der Geisterauftritt nicht wirklich sei, sondern
nur "im Traum erscheint". Es wundert daher nicht, daß Geisterszenen
und alles unheimlich Wunderbare auch in der Oper schwinden. Bei den
führenden Librettisten wie Zeno oder Metastasio ist keine Gelegenheit
mehr für ihr Auftreten.

Das hängt mit dem gewandelten Zeitgeist zusammen. Die Aufklärung hat sich durchgesetzt und bestimmt Denken wie Schaffen. Christian
Thomasius hatte 1703 die prinzipielle Unhaltbarkeit des Geisterglaubens
dargetan und sich gegen Hexenwahn und Hexenprozeß gewendet (De cri-
mine magiae). Es folgten 1704 die "Kurzen Lehrsätze vom Laster der
Zauberei". Die Moralischen Wochenschriften bekämpften dergleichen
Aberglauben gern und ausführlich. Noch in den "Neuen Beiträgen zum
Vergnügen des Verstandes und Witzes", den sogenannten "Bremer Beiträgen", die Klopstocks erste Oden und Gesänge des "Messias" brachten,
findet sich eine "Vergleichung des Aberglaubens und die Freigeisterei",
wo beide als Entartungen und Abirrungen vom gesunden Menschenver-
stand eindringlich widerlegt und ernstlich bekämpft werden.

Überaus aufschlußreich ist schließlich die Art und Weise, wie Breitinger in seiner "Critischen Dichtkunst" 1740 das vom dogmatischen
Realismus verpönte Wunderbare zu retten unternimmt. Im 6. Kapitel
gibt er zunächst zu: "folglich hat das Wunderbare für den Verstand immer einen Schein oder Falschheit, weil es mit den angenommenen Sätzen
desselben ('von den Kräften, Gesetzen und dem Laufe der Natur' hieß es
vorher) in einem offenbaren Widerspruch zu stehen scheinet. Allein die-

ses ist nur ein Schein", ... "das Wunderbare muß immer auf die wirkliche oder die mögliche Wahrheit gegründet sein, wenn es von der Lüge unterschieden sein und uns ergetzen soll". Als des Rätsels Lösung ergibt sich schließlich, "das Wunderbare ist demnach nichts anders als ein vermummtes Wahrscheinliches. Der Mensch wird nur durch dasjenige gerührt, was er glaubt; darum muß ihm ein Poet nur solche Sachen vorlegen, die er glauben kann, welche zum mindesten den Schein der Wahrheit haben". Die "Einbildungskraft" befähigt den Dichter, daß "er dem Wunderbaren die Farbe der Wahrheit anstreichen und das Wahrscheinliche in die Farbe des Wunderbaren einkleiden" kann. Dadurch erscheint das Dichterwerk ungewöhnlich, ohne doch in Widerspruch mit dem Wahren zu stehen. Es löst dabei das Wirkliche aus seinen realen Verknüpfungen und fügt es zu etwas Neuem, aber Möglichem zusammen, das im Lichte der Wahrscheinlichkeit leuchtet und unser Gemüt erregt, unser Herz rührt. Breitinger stützt sich auf Leibniz, indem er neben dem Faktischen das Mögliche zu Hilfe ruft. Er betont, daß "die Poesie eine Nachahmung der Schöpfung in der Natur, nicht nur in dem Würklichen, sondern auch in dem Möglichen ist..." "Folglich muß der Poet das Wahre (d.h. das tatsächlich Wirkliche) als wahrscheinlich und das Wahrscheinliche als wunderbar vorstellen, und hiermit hat das poetische Wahrscheinliche immer die Wahrheit, gleichwie das Wunderbare in der Poesie der Wahrscheinlichkeit zum Grunde." Das ist kein Rückstoß des Barocken oder gar dessen Rettung, nein hier spricht eine ganz andersartig denkende und fühlende Epoche, die Aufklärung, und sie meint mit dem Wort "wunderbar" einen ganz andersartigen Inhalt. Es sollte noch ein halbes Jahrhundert nach Breitingers Buch dauern, bis der Romantiker Ludwig Tieck wieder das Wunderbare beschwor: "Mondbeglänzte Zaubernacht, Die den Sinn gefangen hält, Wundervolle Märchenwelt, Steig auf in der alten Pracht." Erst in Webers "Freischütz" und "Oberon" hält es auf der Bühne Einzug, andersgeartet als in der Barockzeit und in anderer Funktion und Bedeutsamkeit.

Literatur

Treppmann, Egon: Totengeister auf dem deutschen Theater im Barock. Diss. Köln 1954.

Wagner, Max: Hollands Geisterdramen und ihre Beziehungen zu den übrigen europäischen Literaturen. Diss. München 1913.

Wanner, Irene: Die Allegorie im bayrischen Barockdrama. (1941).

Abdruck aus Maske und Kothim Bd. 7, 1961.

Barocker Epochalstil der Schauspielkunst
in Deutschland

Die Rekonstruktion einer schauspielerischen Leistung überhaupt ist bereits an sich recht schwer. Meist ist der Forscher auf Aussagen von Zeitgenossen angewiesen, die oft nur spärlich vorhanden und weder eindeutig noch vollständig sind, sich mitunter zu widersprechen scheinen, weil sie verschiedene Merkmale meinen und unterschiedliche Maßstäbe anlegen. Doch sogar in dem Bestfall, daß man selbst den Schauspieler gesehen, ja in Ruhe mehrmals beobachten konnte, wie schwer ist es, die Gestaltung einer einzigen Rolle faßbar zu machen. "Denn schnell und spurlos geht des Mimen Kunst, Die Wunderbare an dem Sinn vorüber", sagt Schiller zu Recht, "und wie der Klang verhallet in dem Ohr, Verrauscht des Augenblicks geschwinde Schöpfung." Das einst Gewesene vermag weder Photographie noch Tonband, kaum eine filmische Aufnahme adäquat festzuhalten, und die Gestaltung einer Rolle läßt sich damit erst recht nicht faßbar machen.

Die Frage geht hier jedoch nicht um eine genaue Reproduktion sämtlicher Einzelheiten von einzelnen Rollen, sondern um den Stil. Wir brauchen also nur die konstitutiven Merkmale herauszufinden, die kennzeichnenden Stilzüge aufzuspüren und ihr Zusammenwirken als gesamtheitlichen Komplex, als dynamische Einheit aufzuzeigen.

Diese konstitutiven Stilzüge haben das gemeinsam und eigentümlich, daß sie Ausdruck einer bestimmten Epoche in ihrer Sonderart und Wesenseigentümlichkeit sind. Es handelt sich um den Epochalstil als charakteristische Ausprägung eines Zeitraums und eines ihm geistig-seelisch zugrunde liegenden Substrates.

Unsere Aufgabe spezifiziert sich also dahin, das schauspielerische Gestalten im Deutschland des 17. Jahrhunderts (bis etwa 1720) faßbar zu machen und dabei die konstitutiven Stilzüge aufzuzeigen, die als spezifisch barock sich zusammenschließen und als charakteristische Ausprägung der Epoche verständlich werden.

Wie ist eine wissenschaftliche Erfassung möglich?

Welche Arbeitsweise führt zu diesem Ziel? Wir wollen nicht deduktiv vorgehen und etwa von einem Begriff des Barock, richtiger von einer vorgefaßten Meinung oder Vorstellung etwas ableiten. Verfänglich wäre es auch, von einer anderen Kunst her, etwa von der Malerei, die Resultate zu borgen und mehr oder weniger unbesehen zu übertragen. Zum Vergleich darf man zwar die Erkenntnisse der anderen Künste nachträglich herbeiziehen; sie werden wohl Analogien zeigen, Bestätigungen für den Epochalstil als Ganzes bringen; doch sollte bei der Auswertung nicht die Eigengesetzlichkeit der einzelnen Künste übersehen werden.

Wir wollen uns daher bemühen, den historischen Tatbestand zu rekonstruieren, eben das für das 17. Jahrhundert in Deutschland charakteristische schauspielerische Gestalten. Bewußt oder unbewußt, aus Konvention oder Theorie, erhält es vom Sog der Epoche eine gemeinsame Richtung und Haltung, ähnlich wie in Küstenlandschaften die Bäume durch die vorwiegende Windrichtung in Wuchs und Entfaltung deutlich geprägt und gemeinsam gerichtet erscheinen.

Eine Reihe von Methoden müssen angewandt werden, um möglichst von allen Seiten das Phänomen zu betrachten und in sein Gefüge einzudringen. Zuerst gilt es, gesicherte Tatbestände festzustellen: wie wurde eigentlich gespielt?

Am exaktesten vermöchte darüber die Selbstinterpretation Auskunft zu geben. Wir erfahren damit, wie es wirklich gemacht wurde. Wenigstens weist der Künstler selbst in solcher Auslassung auf das hin, worauf es ihm besonders ankommt. Gewiß müßte das erst kritisch geprüft und verarbeitet werden, vor allem von Augenzeugen ergänzt, bestätigt oder berichtigt werden.

Leider fehlt im 17. Jahrhundert jegliche Selbstdeutung von Schauspielern. Wir sind auf Augenzeugenberichte angewiesen und auch deren sind nur wenige vorhanden. Allerdings besitzen sie als Quelle hohen Wert.

Mit Recht sagt Hans Devrient (Vorwort zum Archiv für Theatergeschichte, Bd. 1, 1904, S. VII): "Der kurze Eindruck eines einzigen Theaterabends, einer einzigen Szene, ja eine einzige Bewegung, eine Miene, ein Wort, ein Ton kann festhaften in der empfänglichen Seele für ein ganzes Leben, kann unverlierbare Erfahrung werden. So kann ein einziges, kongenial nachempfundenes Erfassen eines solchen kleinen Zuges eine ganze Kunstleistung, eine ganze Persönlichkeit wieder oder sogar zum ersten Male der Mit- und Nachwelt vor den inneren Sinn rufen." Genau genommen, hören wir in solchen Fällen nur, wie eine Leistung wirkte, welche Züge an ihr auffielen. Aber solch treffendes Schlaglicht wird sich selten finden und so müssen wir uns nach weiteren Hilfen umsehen.

Besonders viel wird man sich von Abbildungen versprechen. Hier ist jedoch von Anfang an kritische Vorsicht geboten. Selbst die Photographie ist verhältnismäßig selten ein Schnappschuß während der Generalprobe, kaum während einer regulären Aufführung. Meist ist es eine gestellte Gruppe oder Pose. Auch dann läßt sich wohl Markantes beobachten und vielleicht wird gerade betont, was wirksam war. Das gilt auch von Zeichnungen, von Bleistiftskizzen, die während des Spielens gemacht wurden. Manches davon könnte in einem Gemälde festgehalten sein, das etwa einen Großen in seiner berühmten Rolle verewigt. Keinesfalls darf man von Gemälden oder Stichen ausgehen, die irgendwelche Motive, etwa Liebesszenen, darstellen. Verwendbar sind dagegen illustrationen von Dramen. Auch hier ist kritische Scheidekunst am Platze, um freie Zutat des Graphikers zu sondern von schauspielerischem Tun. Es fragt sich überhaupt, ob und inwieweit eine reale Aufführung nachwirkt oder bewußt zugrunde gelegt ist. In diesem Fall finden wir, was in der Erinnerung dem Maler wirksam blieb und wie das aussah. Tatsächlich besitzen wir aus der deutschen Barockzeit einige, allerdings ganz wenige Texte mit Abbildungen. Ich erinnere nur an die "Pietas victrix" des Jesuiten Nicolaus Avancinus. Das Exemplar von 1659 geht auf die Aufführung vor dem Kaiser im Februar zurück und wurde wohl zur Erinnerung daran in kleiner Auflage hergestellt. Dagegen blieben nur die Stiche zur "Catharina von Georgien" des Andreas Gryphius erhalten, als sie 1655 im Schlosse zu Wohlau aufgeführt wurde. Als späteres Denkmal kommt die Oper "Pharasmanes" des Joh. Friedr. von Uffenbach (um 1720) hinzu.

Das führt uns weiter zu Spieltexten überhaupt. Sie pflegen mit Anweisungen für die Aufführung versehen zu sein. Bei Drucken, die von vorneherein als Literaturwerk gemeint sind, finden sich erfahrungsgemäß solche Vorschriften weit seltener. Sind sie vorhanden, dann haben sie allerdings bedeutendes Gewicht. Dann wünscht der Autor, es so gemacht zu sehen; er legt Wert auf diese eine, ihm vorschwebende Art der Verwirklichung. Das kann ein Kunstgriff sein, den er bei einem Großen sah, der ihm als besonders ausdrucksvoll oder doch als neu und wirksam in Erinnerung blieb. Das könnte eine Geste sein, die besonders vom Geist der Zeit erfüllt ist. Aber es kann auch bloß ein skurriler Einfall des Autors, eine Grille aus abseitigem Individualismus sein. Dann gäbe sie wohl über Eigenart und Stil des einen Dramatikers, nicht aber über den Epochalstil Auskunft, höchstens im Gegensatz zu diesem. Jedenfalls muß kritisch geprüft werden, was jede einzelne Angabe an ihrer Stelle und im jeweiligen Zusammenhang wirklich aussagt. Bisher begnügte man sich damit, die notierten Belege einigermaßen systematisch zu gruppieren. Das ist als Vorarbeit zwar recht nützlich, verlangt aber nach weiterer Auswertung. Jedenfalls besagen all diese direkten Anweisungen lediglich, wie der Autor sein Stück sieht und was er sich besonders wünscht. Wenn man genauer zusieht, enthält der Text daneben meist noch eine Reihe von Angaben über das Spiel, die mancherlei Aufschlüsse zu geben imstande sind. Sie erschienen damals selbstverständlich, üblich oder notwendig, so daß sie nicht extra notiert wurden.

Recht aufschlußreich sind die Schriften von Theoretikern. Sie heben hervor, was zeitgemäß ist und worauf man Wert legt. Also wird sich der Stilwille der Epoche exakt spiegeln? Sie geben direkte Vorschriften, wie wie man es machen soll und verdeutlichen das meist durch Abbildungen. Am meisten bekannt sind wohl die "Ideen zu einer Mimik" von J. J. Engel

(1785/86). Für den Spätbarock besitzen wir in der "Dissertatio de actione scenica" des Münchener Jesuiten P. Franciscus Lang eine wichtige Quelle. Sie erschien zwar erst 1727 posthum und dürfte um 1700 bereits verfaßt sein. Stets muß beachtet werden, ob weitere, weniger bekannte Theoretiker vorhanden sind, die etwa eine andere Stilrichtung propagieren. Auch Zusammenhänge mit dem Ausland gilt es zu erwägen.

In späteren Zeiten lassen sich zur Ergänzung praktische Lehrbücher heranziehen. Sie vermitteln einen Einblick in die Ausbildung, zeigen, wie und was zu lernen war. Man erhält dadurch also eine Vorstellung von der durchschnittlichen Praxis, vom üblichen Betrieb. Immerhin stützt dieser doch den Zeitstil, wenn schon dessen markanteste Züge bei den Theoretikern eindringlicher hervortreten.

Erst wenn durch diese vier Methoden unser Auge geschärft und auf die entscheidenden Eigenarten des Epochalstils eingestellt ist, mag man zur Ergänzung den Blick auf die Gebärdensprache der zeitgenössischen Bildkunst richten. Vor allem die Plastik dürfte Parallelen bieten. Die figurenreichen Altäre scheinen ganze Szenen festzuhalten; die Denkmäler vom Reiterstandbild bis zur Grabskulptur zeigen die typischen Gesten ihres Jahrhunderts. Auch Malerei und Graphik sehen wir so vorbereitet mit neuen Augen. Sie bestätigen den Gebärdenstil und leiten darüber hinaus vielleicht noch auf Beobachtungen über Anordnung und Gruppierung hin. Aber die Aussagen von Text und Textillustration, natürlich auch von Augenzeugen und Selbstdeutungen rangieren über denen der bildenden Künste, denn diese haben auch ihre Sondergesetzlichkeiten und daraus können sich andersartige Folgerungen ergeben. Als warnendes Beispiel vergesse man nie die unterschiedliche Darstellung des Todes von Laokoon und seinen zwei Söhnen in der Plastik und im Epos. Jedenfalls wäre es methodisch grundfalsch, naiv von einigen Gemälden auszugehen und von da aus den schauspielerischen Stil einfach ablesen zu wollen. Denn vor allem ist die Bildwirkung ja stets statisch und davon notwendig die Komposition bestimmt, wohingegen die Schauspielkunst dynamisch, primär Bewegung ist.

Gerade diese Seite des Bewegten, zumal die Bewegungsabläufe werden nur in Andeutungen sich aus direkten Szenenanweisungen oder aus dem Text selbst erschließen lassen. Hier wünscht man sich ganz dringend eine Verdeutlichung. Man kann sie finden in parallelen Schilderungen der Romane. Es gilt also möglichst gleiche Situationen und Geschehnisse wie auf der Bühne aufzuspüren und zu verfolgen, wie sich die Figuren im Roman nun verhalten und benehmen. Der Erzähler vermag den ganzen Vorgang ausführlich in seinem Ablauf zu schildern. Dadurch werden die Andeutungen im Text ergänzt und die Anweisungen lebendig und greifbar. Auch die Bilder verlieren ihre Erstarrung, ergeben sich wohl gar als der fruchtbare Moment eines Bewegungszuges oder einer schwingenden Geste. Das Vorüberrauschende der mimischen Leistung ließe sich mit dieser Methode einigermaßen einfangen, wenigstens andeutungsweise rekonstruieren. Es wird ja nicht wie Mosaiksteine Gebärde an Gebärde gesetzt, noch wird eine angelernte Stellung schematisch mit einer anderen vertauscht. Es ist dort ein Leben das ausschwingt, ein lebendiger Mensch, der eine Rolle darlebt.

So werden wir weitergewiesen zu einem innersten Ring, zum Menschen. Er ist ja Wurzel und Träger des Schauspielerischen wie des Epochalen. Ganz unbeachtet blieb bislang die Tatsache, daß alle Darstellungsgestik mit der Sprachgebärdung zusammenhängt, ja von ihr getragen wird. Nicht was gesagt wird, interessiert uns hier, vielmehr wie es gesprochen wird. Nicht auf den Sachverhalt aus den einzelnen Worten richtet sich unser Auge, sondern unser Ohr öffnet sich dem Schwingen der Sätze und der Gesamthaltung des Sprechers. Es gibt nämlich nur einige wenige Grundhaltungen des Sprechens überhaupt. Sie hängen mit der sozusagen Dreidimensionalität des Sprachlichen zusammen und ergeben sich aus der vorwiegenden Richtung der Aufmerksamkeit des Lebensinteresses.

So kann man sich vorzüglich auf das Aufzeigen des Sachlichen, der Sachverhalte einstellen oder auf Kundgabe des Seelischen, der eigenen Meinung sich beschränken, oder zum Mitmenschen hin sich wenden, ihn heran- und hineinziehen in eine Gemeinsamkeit des Bedeutens. Mit jeder einzelnen dieser Grundeinstellungen ist ein bestimmtes System der Gebärdung verbunden, ein Ausschwingen ins Körperliche gegeben. Öffnet man sich dieser inneren Struktur der Sprachgebärdung, indem man den Text zu verlautbaren unternimmt, so erlangt man eine Prädisposition für das Fortschwingen in Geste und Bewegung, also für einen zugehörigen Stil. Zum mindesten läßt sich damit manch schauspielerischer Versuch als nicht entsprechend korrigieren, das auf Abbildungen Vorgefundene realisieren und in Bewegung umsetzen. Haltung, Bewegungsschwung und Gebärdenzug zeichnet sich ab und es läßt sich, wenigstens im Umriß, das einst lebendige Spiel des Schauspielers wieder erwecken. Diese Methode gewährt uns einen Nachvollzug und verdeutlicht somit, wie der alte Text sich sprechen läßt, ja gesprochen sein will, wie die Aufgaben, Vorschriften, Abbildungen sich wirklich spielen lassen. Zwar wird es kaum zu einer Rekonstruktion in allen Einzelheiten kommen, doch zu einer Beschwörung oder Ahnung des Stilprinzips hinreichen und damit das bisher Erforschte ergänzen und beleben. Man könnte also eine Aufführung von Szenen, Akten, wohl gar eines ganzen Stückes wagen. Jedenfalls weiß ich aus eigener jahrzehntelanger Bemühung, auf wieviel man erst durch solche langwierige und eindringliche Arbeit aufmerksam wird, was bloßem Lesen ganz entgeht. Doch muß als Einstellung forscherisches Tasten vorwalten, keineswegs Modernisieren und Wirkenwollen sich vor den Text drängen.

Von der Sprachgebärde aus ist der Weg nicht weit zu deren Träger, zum Menschen in seiner epochalen Sonderart. Selbstverständlich, allzu selbstverständlich nehmen wir es hin, daß die Jahrhunderte durch die Moden sich unterscheiden. Bei genauerem Hinsehen entdecken wir eine entsprechende Verschiedenheit im Gebaren. Aber zur äußeren Haltung gehört auch eine innere. Sie eben prägt sich aus in Verhalten und Benehmen, in Kleidung und in Sprache. Im Menschen und seiner Haltung finden wir demnach das Substrat des Stiles, eben das, was ihm Einheitlichkeit gibt, die einzelnen Züge zusammenklingen läßt. Der Mensch als Träger und Vollstrecker seiner Epoche erfüllt sie mit Leben von spezifischem Pulsschlag, der alle Äußerungsweisen analog schwingen läßt, also einen Epochalstil erzeugt. Es ist tiefster Trieb des Menschen, sich gegenüberzukommen. Mit den Künsten sucht er sein Spiegelbild einzufangen. Auch die Schauspielkunst trachtet danach und läßt auf der Bühne es leibhaftiger werden. So vermögen wir von hier aus, die beobachteten Stilzüge in ihrer Zusammenstimmung zu deuten und als konstitutiv für den Epochalstil zu verstehen.

Die Untersuchung wird am zweckmäßigsten in drei Etappen vor sich gehen. Zunächst muß gültiges Material herbeigeschafft werden. Um die schauspielerische Leistung faßbar zu machen, dienen die ersten beiden Methoden. Ausgegangen wird von Selbstinterpretation und Augenzeugenbericht; ergänzend werden Dramentexte mit Abbildungen hinzugenommen. Die bloßen Texte dagegen führen durch die direkten Anweisungen des Autors schon weiter, und zwar zum bewußten Stilwillen. Noch energischer betonen ihn die Theoretiker. So ergeben sich eine Anzahl markanter Stilzüge. Durch Parallelen in den benachbarten Künsten vermehrt sich deren Gewicht. Ausführliche Schilderungen in Romanen verdeutlichen die Abluäfe auf der Bühne. Verwandte Darstellungen in Malerei und Graphik beleuchten und spezifizieren diese Vorgänge. Die Plastik zumal betont oder ergänzt die Ausgestaltung der Gestikulation. Diese markanten Stilzüge werden in der dritten Etappe unseres Arbeitsganges als konstitutiv für den Epochalstil erwiesen. Sie sind nicht äußerlich zugesetzt oder zufällig gemacht, nicht von irgendwo anders her erborgt, sondern entstammen der Sprachgebärdung der Epoche. Dieser Nachweis führt dann weiter zum Gesamt des epochalen Menschenbildes. Von dort her werden sie in ihrem Zusammenhang gedeutet und als charakteristisch für die Epoche verstanden. Auf solche Weise scheint eine wissenschaftliche Erfassung des Epochalstils in der Geschichte der Schauspielkunst methodisch-exakt durchführbar.

Unsere Überlegungen über die Methoden haben die Wege verdeutlicht, die einzuschlagen sind. Aber es ist auch nötig, sich über das zu erschließende Gebiet klar zu werden. Worauf wäre zu achten? Auf die Gestik allein, das wäre zu wenig. Es gilt sämtliche Komponenten schauspielerischen Gestaltens zu berücksichtigen.

Zuerst drängen sich die verschiedenen Mittel der Verleiblichung auf. Sie scheiden sich gemäß den Körperteilen, die das Seelisch-Menschliche ausdrücken. Bei der Gestikulation sind die Arme, die Hände, ja die Finger entscheidend. Die Beide dagegen werden für die verschiedenen Arten der Bewegung maßgebend. Wie läßt sich die Gangart differenzieren oder Stehen und Sitzen ausdrucksvoll gestalten. Fußstellung und Beinhaltung fordern Beachtung. Hinzu kommen Sinken, Stürzen und Fallen, vom zeremoniellen Niederknien bis zu Ohnmacht und Tod. Natürlich wirkt dabei der ganze Körper mit, nicht nur der Oberkörper und damit auch die Arme. Darüber hinaus meist auch der Kopf. Dieser kann jedoch in anderen Fällen hauptsächlich Ausdrucksmittel werden. Das Seelische prägt sich dann vorwiegend im Gesicht aus, im Mienenspiel. Die Mimik beruht auf den Bewegungen der Augen und Augenbrauen, der Muskeln von Stirn und Mund, ja des Kopfes als Ganzem. Hinzu kommt die Leistung der Stimme, die Deklamation und die unartikulierten Äußerungen. Der Vortrag wird durch Tempo, Tonstärke, Klangfarbe, Rhythmisierung charakterisiert. Der Autor kann in direkten Anweisungen oder auch der Sprechtext selbst die Verwendung einzelner dieser körperlichen Mittel vorschreiben. Häufig allerdings wird deren Einsatz dem Gutdünken von Schauspieler oder Regisseur überlassen und allgemeine Angaben, die den psychologischen Ursprung oder Eindruck auf das Publikum bezeichnen.

Es genügt jedoch nich, lediglich das Einzelspiel zu untersuchen. Der Schauspieler steht ja nicht isoliert da, erst im Zusammenspiel erfüllt er seine Aufgabe. Das Zueinander gilt es also zu beobachten, die Art der Bezogenheit der Partner festzulegen. Sie wird greifbar in den Stellungen, in der Anordnung, im Abstand. Es gibt da unwillkürliche und selbstverständliche, aber auch festgelegte Regeln und gewollte Konventionen, die mit der soziologischen Struktur der Epoche zusammenhängen. Nicht minder aufschlußreich ist die Gruppenbildung. Typische Situationen sehen in den einzelnen Zeiträumen ganz verschieden aus. Man nehme die Liebesszene, den Abschied, Streit, Überredung oder gar Sterben, von den wesentlich zeremoniösen Vorgängen ganz zu schweigen. Hier vermögen die Schilderungen der Erzähler ergänzend beizusteuern. Ferner lohnt sich, festzustellen, wie und in welchem Maße auf das Publikum Rücksicht genommen wurde, worauf die Theoretiker und Praktiker meist deutlich hinweisen. Beachtung verdient endlich das Verhältnis zum Raum. Wie wird er ausgespielt, in welchem Verhältnis steht der Spieler zur Ausstattung, welche Rolle spielt Mobiliar und Maschine. Das zieht nicht nur die theatertechnischen Verhältnisse in das Blickfeld, es eröffnet auch Ausblicke auf den Geist der Zeit überhaupt.

Gesondert zu untersuchen bleibt schließlich noch die Massenregie. Wozu und in welcher Weise werden größere Ensembleszenen verwendet. Man wird nicht ohne einen Blick auf die dramaturgischen Zusammenhänge und Erfordernisse auskommen. Das deutet sowohl auf die geistige wie gesellschaftlich Sonderheit der Epoche hin. Was ist beliebt, ja obligat, wobei auch die Oper zu berücksichtigen wäre. Die Starrheit der Bilder wird belebt durch die Schilderungen der Romane. So werden die großen Ausstattungsszenen lebendig, sei es etwa eine Ratssitzung. Audienz oder Krönung, Verhör, Gericht oder Hinrichtung, Aufzug, Gefecht oder Gelage, kultisches Opfer oder zauberische Geisterbeschwörung, Heirat oder Totenfeier. Das Wie und die Effekte dieser Prunkszenen zeigen die Theaterkunst der Epoche in ihrer ganzen Fülle und besonderen Eigenart und vollenden unsere Anschauung vom damals herrschenden Epochestil.

Diese prinzipielle Besinnung bezieht sich auf das Herbeischaffen und Aufbereiten des Materials, sollte jedoch nicht ein Schema der Darstellung festlegen. Denn man erhielte dann nur einen nach Stichworten geordneten Zettelkasten. Das dermaßen Gesammelte auszuwerten und zu Resultaten zu verdichten, geht in eigener Weise vor sich. Es kommt darauf an, eine Tür zu erspüren, die in die Tiefe führt, so daß wir dem Zeitgeist begegnen oder genauer gesagt, Menschenbild und Menschenauffassung der Epoche in ihrer charakteristischen Ausprägung. Das darf jedoch, um einem subjektivistischen Impressionismus zu entgehen, nicht ein beliebiger Eindruck oder aufgezwungenes Hineinlegen aufgrund einer vorgefaßten Theorie sein. Die Zeitgenossen selbst müssen es als bedeutsam und wirkungsvoll, ja geradezu als entscheidend und zeitgemäß empfunden haben. Augenzeugenbericht und womöglich auch Selbstinterpretation werden einen Szenentypus hervorheben, der ihnen besonders auffällt und gefällt, der deswegen auch als effektreich und wirksam häufig wieder verwendet wird.

Wesensmerkmale des barocken Epochalstils der deutschen Schauspielkunst

Wenden wir uns der Erschließung der epochalen Eigenart barocker Schauspielkunst in Deutschland zu. Das Auftreten der englischen Komödianten eröffnet das Jahrhundert und gibt zugleich den Anstoß zu neuer Darstellungsweise. Doch sie bringen keinen fertigen Stil von der Insel herüber. Weil sie wegen der fremden Sprache nicht auf gleiches Verstehen wie in ihrer Heimat rechnen können, zudem einer anderen Mentalität und anderen politischen wie gesellschaftlichen Verhängnissen gegenüberstehen, müssen sie sich jedenfalls anpassen und demgemäß neue Weisen der Darbietung entwickeln. Eine eigene Art drastischen Mimens verbindet sich mit unterstreichender Prosa und liefert den Ausgangspunkt für die deutschsprachlichen Wandertruppen nach dem Kriege. Das zur Virtuosität strebende Handwerk dieser Berufsschauspieler wird sekundiert von dem nicht minder virtuos betriebenen Tun der Oper. Die Theaterpraxis der Jesuiten zeigt sich davon mitgerissen, aber auch das neue entstehende deutschsprachige Kunstdrama kann und will die Zugehörigkeit zu dieser ganzen Richtung des Zeitgeschmackes nicht verleugnen. So bietet das verfügbare Material trotz mancher Abschattungen doch ein ziemlich homogenes Bild, die Zusammengehörigkeit eines Zeitraums mit seinem Epochalstil.

Es hält daher nicht schwer, eine zeittypische Lieblingsszene zu finden. Allerdings hilft uns da kein bekanntes Bild, kein Schauspielerporträt in der Hauptrolle, wie später bei Garrick. Wir wissen nicht einmal wie Velten aussah. Einzig dessen Pickelhering Christian Janetzky (Jantzky) verewigt ein Kupferstich (Könnecke Bilderatlas, 2.Auflage, S.198). Jegliche Selbstinterpretation eines Schauspielers fehlt. Die wenigen Berichte von Zeitgenossen lenken ihren Blick gänzlich auf das Geschehen. So erhalten wir etwa von Tzschimmer über vier Stücke, die im Laufe des Februar 1678 in Dresden aufgeführt wurden, genaue Inhaltsangaben, jedoch alles in Erzählung umgesetzt und nichts über die Vorstellung an sich (Creizenach, Schauspiele der engl. Kom., S.339 bis 346). Der Herzog Ferdinand Albrecht notiert zwar gewissenhaft das Personenverzeichnis mit den Namen der Schauspieler, aber sein Schreibkalender für 1680 ließ nicht mehr Platz als zu der summarischen Formulierung "wohl vorgestellet" (15.Oktober 1680 "ward sehr wohl vorgestellet" vom "Titus und Aran"). Nur bei Joh. Rist merkt man den Fachmann, der sowohl Stücke schrieb und zur Aufführung brachte, wie als Student auch selbst spielte. Aber es ist lediglich eine Anekdote, die er aus seiner Jugend zum besten gibt. Bei aller Lebendigkeit liefert sie nur einen Beleg über das Extemporieren, gelegentlich einer Aufführung wohl 1625, wahrscheinlich in Altona. Die inzwischen verflossenen vierzig Jahre scheinen eine Verwechslung der Stücke hervorgerufen zu haben (Königssohn von England mit Hamlet; Abdruck der Stelle im 3.Band meiner Reihe Barockdrama, S.132). Jedenfalls kennt Rist den Hamlet, der Herzog bekommt von Elenson eine Bearbeitung von Kyd's Spanish Tragedy (23.August 1680) vorgespielt, die sich das ganze Jahrhundert hindurch auf dem Spielplan erhielt. Die Fabel beider Stücke wird auf eine besondere schauspielerische Leistung hingesteuert, auf den gespielten Wahnsinn. Liegt darin etwa mehr als eine Virtuosenaufgabe? Fragen wir nach dem ausführlichsten Augenzeugenbericht und achten wir darauf, was in ihm sich als am stärksten wirkend finden läßt.

Verfaßt hat ihn der Danziger Ratsherr Georg Schröder (1635 bis 1703). Er steht auf der Höhe der Bildung, wie sie für jene Zeit bezeichnend ist. In Leipzig und später in Leyden hatte er Juristerei studiert, durch die übliche Bildungsreise (1661 bis 1663) England, Frankreich, Italien, Deutschland und auch Polen kennengelernt und so seinen Blick geweitet. In seinem handschriftlichen Tagebuch berichtet er ausführlich

(abgedruckt bei Bolte, Danziger Theater, S.104 bis 110) über acht Stük-
ke. Er sah diese im September und Oktover 1669 zur Zeit des großen
Jahrmarktes. Die erhaltenen Akten erweisen (Bolte, Danziger Theater,
S.101 ff.), daß fast vier Monate lang (vom 22.August bis zum 7.Dezem-
ber) im Gebäude der "Fechtschule" zu Danzig die berümteste Truppe
der Zeit spielte und gewissenhaft die ihr auferlegten Abgaben zahlte.
Es war Carl Andreas Paulsen mit seinen zwölf Genossen. Unter diesen
befand sich ein Stern erster Größe, der junge Magister Johannes Velten,
der sein Schwiegersohn und zehn Jahre später sein Nachfolger wurde.
Auch Paulsen selbst wird nicht ohne Bildung gewesen sein; sein Onkel
war 1672 regierender Bürgermeister von Hamburg. Dort wurde der
Prinzipal wohl um 1620 geboren und entstammte einer angesehenen Familie, die sich latinisiert auch Pauli nannte. Er setzte sich energisch
seit 1663 durch; seine Truppe war schon damals im ganzen Norden be-
rühmt, kehrte öfter in Kopenhagen, Stockholm, in Königsberg und Riga
als gern gesehener Gast ein. Er stand also 1669 auf der Höhe seines
Ansehens, und es war wirklich ein Theaterereignis von Bedeutung, als
er in Danzig den Herbst über Vorstellung gab. Deshalb hat Schröder
auch nur diesmal in seinem Tagebuch davon Notiz genommen und offenbar das Eindrucksvollste festgehalten. Wovon er aber spricht, ist das
Gesehene als Ganzes, das Geschehen im Stück. Dessen Inhalt erfahren
wir in erfreulicher Deutlichkeit. Über die einzelne schauspielerische
Leistung hören wir leider nichts. Nur etwas davon steckt in einer Szene,
die ganz und gar vom Tun des Schauspielers erfüllt wird: es ist die
Wahnsinnsszene. Sachlich trocken wird konstatiert: "wird unsinnig". Ergänzend noch kann man als verwandt heranziehen den Angsttraum, in
dem der Betroffene "fantasiret". Dramaturgisch bringt das wahnsinnige
Toben stets den katastraphalen Abschluß der Handlung, zugleich die
Strafe für den Schuldigen. Es sind verschiedene Arten von Stücken, die
so endeten. Neben der Liebestragödie (Irrgart der Liebe) steht das Mär-
tyrerstück (Margareta). Eigentlich gehört die Todesverzweifelung des
Faust ebenfalls hierher. Aber Schröder sah auch "Ibrahim Bassa", offenbar das Jugenddrama von Lohenstein. Dieser hat noch später das
Ende des Tyrannen Nero (Agrippina V,1) mit solcher Tobeszene effektvoll gestaltet. Selbst der größte Kunstdramatiker, Andreas Gryphius,
verschmähte diesen Kunstgriff nicht. Ganz bewußt hat er ihn verwendet.
Denn in der zweiten Fassung seiner Trägödie "Carolus Stuardus" (erschien 1663 (ges.Ausg.Werke Bd.IV Niemayer Vlg.) setzte er eine
solche Szene hinzu. Einer der Richter hat über seine Mitschuld am Blut-
urteil den Verstand verloren. Er "kommt rasend mit halb zerrissenen
Kleidern und einen Stock in der Hand auf den Schau-Platz gelaufen. Er
schlägt sich auf die Brust. Er stellet sich als höret er etwas von fern.
Er geberdet sich mit dem Stock als mit einer Trompeten. Als mit einem
Feuerrohr." Dies ist die längste und ausführlichste Anweisung über

schauspielerische Darstellung, die sich in den Stücken des großen Schlesiers überhaupt findet. Das hat sich nicht seine Phantasie erträumt, offenbar wirkt etwas real Geschehenes nach. Wiederum handelt es sich auch nicht um etwas ganz Neues, ihm bisher Fremdes. Er benutzt wohl Effekte, wie sie die Wandertruppen zeigten. Von ihnen angeregt, verwendet er nicht nur Ohnmacht bei großem Schmerz, es verwirrt sich auch der Geist der Betroffenen. So geschieht es bereits in seiner ersten Tragödie ("Leo Armenius",1650 gedruckt), wo in der letzten Szene die Kaiserin an der Leiche ihres ermordeten Gemahls diesen wieder lebendig sieht und die Mörder bestraft. Vielleicht noch etwas früher als dieses Stück übersetzt Gryphius die Märtyrertragödie die "Gebroeders" von Vondel unter dem Titel "Die Gebeoniter". Er fügte Bühnenanweisungen hinzu und darunter auch die, daß Ritzpa in übergroßem Weh über die getöteten Brüder in irres Lachen und seltsame Gebärden verfällt (Werke Bd. VI, S. 71-130). Noch in seinem letzten Trauerspiel ("Papinianus" gedruckt 1659) läßt er den Tyrann bei der Meldung vom Vollzug seines Blutbefehls von beängstigenden Wahnvorstellungen ergriffen werden. Dieser deutet sie am Schluß selbst (5. Akt, V.364): "So wütet in uns selbst ein rasend toll Gewissen". In ähnlicher Weise wird der Perserschach für die Hinrichtung der Catharina von Georgien gequelt, wobei deren Geist ihm erscheint und ihm sein und seines Reiches Ende vorhersagt. Auch hier erzeugt die Gewissensnot einzelne Wahnvorstellungen (5. Akt, V.405 ff.). Natürlich läßt sich das Jesuitendrama dergleichen Effektszenen nicht entgehen, zumal Seneca im "Hercules furens" ein berühmtes Muster bot. Joh. Rist fügt sogar in das Festspiel auf die Beendigung des Dreißigjährigen Krieges eine reguläre Wahnsinnsszene ein (Friedejauchzendes Teutschland, S.196): "Hie komt der Sultan Osman oder der Türk in großer Eile gelaufen, der Rock ist ihme vom Leibe geriesen, das Hemt mit Blut besprützet, der Säbel zerbrochen, er rennet auf dem Schauplatze als ein Unsinniger herum, ruffet und schreiet mit schrecklicher Stimme..." Das ist greifbares Theater, schauspielerisches Tun genau gesehen und begierig übernommen.

Die Wanderbühne pflegte diese Möglichkeit, das Publikum zu packen. Es gibt ein Stück, das gänzlich auf dem Wahnsinnigwerden, und zwar aus Liebeskummer aufgebaut ist. Es heißt "Der verirrte Liebes-Soldat" und handelt von "des Königs Selims Sohn, unter dem Nahmen Oromachus". Im dritten und letzten Akt treffen wir ihn im Kerker gefangen und "an Ketten geschlossen". Die Szene endet mit dem Effekt: "er reist die Ketten entzwey und laufft rasend darvon" (II,1). Die vierte Szene wird wieder ganz von ihm bestritten: "Oromachus rasend auß"; er erkennt die ihm folgende Geliebte nicht, um die doch eben sein ganzer Kummer ging. Noch die neunte Szene beginnt mit der Anweisung für die Hauptfigur "rasent auß"; es folgt dann erst die glückliche Lösung. Ein Manuskript des Stückes hat den Vermerk "geschrieben von Gabriel Möller a. d. 1689 d.

25. Februarij in Dresden". Eine zweite Fassung trägt die Widmung an Kaiser Leopold von "Andreas Elensohn, Direktor der hochteutschen Compagni Comoedianten" (+ 1708). Es handelt sich um die berühmteste Truppe der achtziger Jahre und um den Hof als deren Publikum. So wurden dergleichen Szenen also allgemein bewundert. Sie müssen damals nicht nur äußerlich Eindruck gemacht, sondern auch innerlich ergriffen haben. Gewiß denkt man zurück an Kyds Spanish Tragedy und an Shakespeares King Lear. Beide Stücke stehen auf dem Repertoire der Wanderbühne das ganze Jahrhundert hindurch, sie werden eben als aktuell beibehalten. In dem ausführlichen Programm der Breslauer Aufführung von 1692 vom "König Liear" heißt es Actus III, Scene 12: "Der König gantz verwirret kommt heraus mit Graf Kent", in Scene 14: "der König gantz rasend heraus mit Kent" und Scene 15: "Edgar zu ihnen auch rasend" (Creizenach, Schauspiele der engl. Kom. DNL, Band 23, S. 350).

Auch der Roman benutzt die Wahnsinnsraserei. Daß Anselm von Zigler sie in der "Asiatischen Banise" ins Groteske steigert, zeugt erst recht für die Beliebtheit dieses Szenentyps. Es handelt sich um den Tyrann Chaumigren, den ebenso mächtigen wie gewalttätigen Affektmenschen. Gravitätische Würde wäre ihm angemessen, desto blamabler ist sein Umarmen des Baumes, der seinerseits durch Stechen und Kratzen seiner abspringenden Stacheln sich rächte. Da ein andrer Baum ihn ebenfalls enttäuscht, haut er mit seinem Säbel auf ihn ein. So wird die hemmungslose Gefährlichkeit des Gewaltherrschers zugleich demonstriert und er charakterisiert als ein "recht Crocodil der Liebe und eine Mißgeburt der Affektion". Leider wurden noch keine Abbildungen solch einer Tobeszene bekannt.

Gerade diese Steigerung ins Groteske läßt erkennen, wie die Zeitgenossen solchen Zustand bewerteten. Ein derartiges Verhalten widersprach allem, was man von einer echten Standesperson zu verlangen berechtigt war. Hier ist mit Krankheit nichts zu entschuldigen; es ist das Schlimmste, was einem Menschen widerfahren kann: der Selbstverlust. Wir treffen damit auf das Fundament des Selbstverstehens und der Daseinsdeutung der Epoche. Das individuelle Selbst ist der höchste irdische Wert. Es steht in kämpferischer Behauptung der Welt gegenüber. Wohl möchte es sie beherrschen, die Natur sich untertan machen, doch vermag es das nicht aus eigener Kraft. An Gott muß es sich klammern, seine Gnadenhand ergreifen und seinen Weisungen folgen, seiner Ordnung dienen. Aber im Innern des Menschen lauern gefährliche Kräfte, die Leidenschaften. Sie zu zügeln und zu lenken wacht die Vernunft und der von ihr gesteuerte Wille. Doch die entfesselte Leidenschaft reißt das Ich von seinem Hochgefühl herab. Minderwertigkeits- und Schuldbewußtsein drücken es zu Boden, Wahnsinn löscht es aus. Nicht der Tod droht dem Barockmenschen als Vernichtung. Heroisches Streben schwingt in die Ewigkeit hinauf. Wahnsinn jedoch bringt Entselbstung, bedeutet

völlige Vernichtung und gilt darum als gerechte Strafe für den schuld-
voll Bösen. Daher erhält die Wahnsinnsszene ihr fürchterliches Gewicht,
erzielt ein Schauern in der Wirkung. Hier berührt das schauspielerische
Tun durch unheimliches Ausgestalten den Lebensnerv barocker Existenz.
Wahnsinn und Angsttraum wird häufig verstärkt durch das Erscheinen von Gespenstern. So läßt Gryphius den aus Gewissensnot wahnsinnig
gewordenen Königsrichter Poleh noch dadurch schrecken, daß ihm Geister den Weg vertreten (Carolus Stuardus V, 2). Man braucht hier keinen
direkten Zusammenhang mit Shakespeares Richard III. anzunehmen.
Auch die Jesuiten benutzen gern denselben Effekt. So heißt es im "Zeno"
Josef Simons (V, 10): "Hic umbrae prodeunt singulae a diversis partibus
qua abitum quaeret Longinus." Bereits in seiner Erstlingstragödie "Leo
Armenius" verwertet Gryphius für den Angsttraum (III, 3) das Erscheinen von Geistern, und zwar deutlich mit Benutzung der Versenkung.
Nachdem vorher verdeutlicht war "unter wehrendem Seitenspill und Gesang entschläfft Leo auff dem Stule sitzend", folgt nun der Effekt: "unter
wehrendem Spill der Geigen, erschallet von ferne eine Trawer-Drom-
pette, welche immer heller und heller vernommen wird, biss Tarasius
erscheinet, umb welchen auff blosser Erden etliche Lichter sonder
Leuchter vorkommen, die nachmals zugleich mit ihm verschwinden".
Im nächsten Akt dieses Stückes (IV, 2) sucht ein Verschwörer den Zauberer auf, um Auskunft über die Zukunft zu bekommen. Das Brimborium
der Beschwörung wird im Text genau beschrieben. Rauchendes Opfer-
feuer, Blitz und Donner, Verdunkelung der Szene, so steigert sich die
Wirkung der Beschwörung, schließlich macht der Dichter die Vorschrift:
"nach diesem macht er etliche frembde Zeichen, und murmelt eine ziem-
liche Weile". Dann erscheint der Geist unter Blitz und Donner offenbar
aus der Versenkung, denn es heißt: "die Flammen brechen vor". Auf
der Jesuitenbühne ist die Magierszene ebenfalls beliebt. Avancini hat
sie in der "Pietas victrix" (I, 7) gleich im ersten Akt verwendet und ein
Kupferstich zeigt den Zauberer mit beschwörend erhobenen Händen am
Anfang einer Höhle, die offenbar im hinteren Teil der Bühne unterge-
bracht ist, während die vordere Hälfte durch Baumkulissen sich als Wald
ausweist.
Die Magierszene mit Beschwörung von Geistern gehört auch in der
Oper zum festen Bestand, wohl etwas veräußerlicht zum Ausstattungseffekt. Die Wanderbühne benutzt den Zauberer schon im "Königssohn
von England" der ersten Sammlung (1620) und fast in jedem Stück der
zweiten Sammlung (Liebeskampf, 1630). Sehr wirksam wird im "Unzei-
tigen Vorwitz" (1630) der Schwarzkünstler mit seinem Zauberspiegel
gegenüber der Quelle hinzugesetzt. Ins Komische wandelt das Faustspiel
die Situation ab, wenn Kaspar sich mit den Geistern plagt. Gruselige
Formen nehmen die Ereignisse im Zauberwald an, bei "Tugend- und
Liebes-Streit" (1677). Die sizilianische Prinzessin Silla ist entflohen

und tritt als Kavalier verkleidet mit ihrer Zofe Petronia in einem Wald
verirrt auf. Ein Satyr, ein "grasam und erschröcklich Ungeheuer" über-
fällt sie, Silla schießt darauf, als er Petronia ergreift, trifft jedoch
diese. Der Unhold raubt sie trotzdem und schleppt sie etwas später
"gantz zerrissen und blutig an ihren Kleidern über das Theatrum". Es
erscheinen der ohnmächtig gewordenen Prinzessin Diana mit Gefolge,
zu welcher dann Venus tritt. Sie sagen Silla ihre Hilfe zu und entschwin-
den. Der Erwachten naht sich schließlich der "Petronia Geist mit Feuer
und seiner Fackel in der Hand", erbietet sich, sie aus dem Zauberwald
heraus und auf die rechte Straße zu führen, womit dieser 2. Akt endet
(Creizenach, Schauspiele der engl. Kom., S. 88 bis 92).

In den Geisterszen verbindet sich lebhaftes Spiel meist mit dekorativer Ausstattung und Effekten. Unvergeßlich hat Gryphius das ausge
nutzt, um das Grunderlebnis seiner Epoche, das der jähen Vergänglichkeit des Menschen und alles irdischen Glanzes zugleich als Höhepunkt
und Kernszene seines Stückes "Cardenio und Celinde" (1647 konzipiert,
1657 gedruckt) bühnenwirksam werden zu lassen. Im vierten Akt tritt
Cardenio auf und folgt einer verschleierten Gestalt, die ihm die Geliebte
Olympia zu sein scheint. Als Ort wird ein Lustgarten angegeben. Es ist
Nacht mit Mondschein. Als er sie umarmen will, geschieht die jähe
Wende: "der Schau-Platz verändert sich plötzlich in eine abscheuliche
Einöde, Olympia selbst in ein Todten-Geripple, welches mit Pfeil und
Bogen auff den Cardenio zilet". In der nächsten Szene wird Celinde mit
der Zauberin Tyche vom Sacristan über den Kirchhof geführt – es ist
natürlich ebenfalls Nacht mit Mondschein – und in die Kirche gelassen.
Danach tritt der noch ganz erschütterte Cardenio mit einem erregten
Monolog auf und geht schließlich ebenfalls in die Kirche hinein. Es öffnet sich dabei offenbar der Prospekt und gibt den hinteren Raum frei.
Dort hängt eine Öllampe an einer Schnur herab; an ihr entzündet Cardenio
eine "Kerze vom Altar". Er sieht einen Leichnam an die Mauer gelehnt.
Eine Person entflieht; es ist die Anstifterin Tyche, die für einen Liebeszaubertrank diese Leichenschändung angeraten hatte. Aus der Gruft aber
fleht Celinde, ihr herauszuhelfen. Nachdem dies unter allerhand Hin
und Her geschehen, beginnt der Leichnam sich zur Gruft zurückzube-
geben und spricht vier warnende Zeilen, womit der Akt schließt. In der
Vorrede zu diesem Stück belegt Gryphius dieses Geschehnis mit mehreren Berichten, in denen der geschändete Tote seine Räuber bestrafte;
ja er verheißt eine gesonderte gelehrte Abhandlung über die Existenz
von Geistern und Gespenstern. Sie erschien unter dem Titel "De Spectris", ist aber nicht erhalten. Die Naturdeutung der Zeit erlaubt die Annahme eines dämonischen Zwischenreiches und dickleibige Werke, wie
jene von Erasmus Francisci, Michael Praetorius oder des Jesuiten
Athanasius Kircher sammeln einen Wust von Material (vgl. meine "Kultur des deutschen Barock", S. 277 f.). Zur wirklichen Welt kommt für

das 17. Jahrhundert eine ergänzende Hälfte immaterieller Art hinzu. Es ist der Bereich der göttlichen und der teuflischen Macht. Sie herrschen und wirken als reale Kräfte und gehen den Menschen in jeder Hinsicht an. So bedeuten die Wahnsinns- und Geisterszenen weit mehr als einen bloß schauerlichen Theatereffekt. Sie wurzeln in der Existenzangst des Jahrhunderts und bringen dem Publikum diese ursprüngliche Bedrohtheit als fundamentalen Gehalt der Stücke zum Bewußtsein. Das Effektvolle der Darstellung führt zum heilsamen Erschrecken des Publikums. So wirken Dichter und Darsteller als Mahner seit Bidermanns "Cenodoxus" und so "nützen" sie indem sie "ergötzen", so daß "die Zuschauer dadurch gebessert und erbauet werden", wie Rist es formuliert. Das gesteigerte Verhängnis auf der Bühne warnt jedermann. Er soll sich in der Entscheidung stehend wissen. Das Schicksalsgefühl von der vanitas mundi, von der Gebrechlichkeit des Menschen, von der Unzuverlässigkeit von Glück und Größe wird lebendig erhalten. Kein Mensch ruht und lebt aus seiner Mitte. Labil schwankt sein Ichgefühl. Es fühlt sich bedroht und will sich doch erheben, erhöhen.

Es braucht wohl diese durch Kriegsnot so lange und immer von neuem bedrängte Epoche ein gesteigertes Selbstgefühl. Wie bezeichnend formuliert Angelus Silesius: "Mir nach spricht Christus, unser Held, mir nach ihr Christen alle." Durch Anschluß an Gott erlangt das eigene Ich Halt, bekommt Haltung. Das Ich fühlt sich nun werthaft und erhöht zu einem Geltungs-ich. So glaubt es sich gewachsen den andringenden Wogen des Lebens, hat es Kraft für den ständigen Kampf. Rist singt: "So ist nur dies ganze Leben... stetem Kampf und Streit ergeben." Doch kein zages Hinnehmen, nein, "es will mit Kräften überwunden sein". Das Ich will sich behaupten. "Ein weiser Mannesmut will über Unglück siegen, begehrt den Feind zu sehn." Ja, Sigmund von Birken trumpft auf: "Unglück, Not und Ungemach, Selbst der Tod ist viel zu schwach, Einen festen Mut zu brechen." Auf dieses Geltungs-ich hin richtet sich auch die Kunst aus. Das Denkmal stellt den Fürsten nicht nur auf einen hohen Sockel, es hebt ihn auf das Pferd als Trimphator. Der Maler zeigt ihn im wallenden Purpurmantel. Gegenüber solch sichtbarer Erhöhung müht sich die Dichtung mehr vom Geistigen her, das Ich aus der Alltagsmisere fortzureißen und ihm durch den Anschluß an die ewigen Normen Haltung zu verleihen. Die Hauptfiguren im großen Roman wie in der Tragödie sind Vorbilder und ermuntern: "mir nach". Zumal Andreas Gryphius gelingt es, den gesinnungsfesten Blutzeugen zu gestalten. Seine Catharina, die gefangene Königin der Georgier, spricht betend zu Gott: "Wolan! Ich will das Joch der Plagen, Das du auf meinem Hals gelegt, Mit unverzagtem Mut ertragen...Ich will dies sorgenvolle Leben Für Reich und Sohn Dir willig geben." Sie bleibt tatsächlich standhaft, bewährt ihre Glaubenstreue gegen Verführung, Zwang und Marter. Sie behauptet damit ihr höheres Selbst. Dieses jedoch ist keine natürliche

Gegebenheit, auch nicht Produkt einer entfaltenden Bildung. Es ist Haltung und im Grunde des Präsentieren einer Rolle. Darin liegt Bewußtsein und stete Selbstkontrolle. Dieser Drang zur Erhöhung bezeichnet zugleich die Kunsttendenz der Epoche und ist auch für das schauspielerische Gestalten maßgebend.

Damit hätten wir den wesensgemäßen Standpunkt gefunden, von dem aus die Erscheinungen der Zeit, die Schöpfungen der Künste perspektivistisch richtig zu erfassen sind. Besonders die Gestik erhält nun Aussagekraft und Bedeutung. Wir beginnen sie als Äußerung barocken Menschentums zu verstehen. Der inneren Haltung entspricht ein äußeres Verhalten und aus ihm ein System von Gesten, die in innerem Zusammenhang stehen, eben als Ausstrahlungen des Geltungs-ichs. Wir besitzen auch eine direkte Äußerung. Der Augenzeuge ist der Herzog Ferdind Albrecht, der in seinem Schloß zu Bevern von Elenson und seiner Truppe eine Komödie sich am 25. August 1680 vorspielen läßt und von der Hauptfigur notiert: "der Ridel gesticuliert artig" (Zimmermann, S. 138, Jb. Gesch. v. Braunschweig, 3. Jahrgang 1904). Es handelt sich um den Pickelhäring. Aus der Nachwirkung erkennen wir, daß die Wandertruppen durch ihre Gestik besondere Sensation machten. Auch die Schulen legen darauf Gewicht. So wissen wir von Andreas Gryphius, daß er als Primaner in Fraustadt 1934 die Hauptrolle eines neulateinischen Dramas spielte und dafür eine Prämie erhielt, und zwar die "tragoediae sacrae" des Jesuiten Nic. Caussinus (vgl. mein Buch "A. Gryphius und die Bühne", S. 27), dessen "Felicitas" er übersetzte (wohl zwischen 1634 und 1637). So wichtig der doppelt gesicherte Beleg dafür ist, daß unser bedeutendster Barockdramatiker schauspielerische Anlage und Betätigung mitbrachte, so ist das kein Sonderfall. Auch Joh. Rist gesteht, "daß gleich wie ich von meiner Kindheit an so derogleichen Übungen große Lust gehabt; also ich auch viel Arbeit darin verrichtet. Denn ich nicht allein, wie ich noch ein Knabe war, meine Person vielmals auff den Schauplätzen dargestellet, welches auch hernach, wie ich schon eine geraume Zeit auff Universitäten oder hoehn Schulen gelebet, mehr denn einmal geschehen; sondern ich habe auch die Feder angesetzet und ... unterschiedliche Comödien, Tragödien und Auffzüge geschrieben"; übrigens auch manche selbst inszeniert. Deswegen schied er auch streng die Leistungen, rühmt beispielsweise die Leistungen der Truppe des Jean Baptista Fornenbergh (1665), wo "die meisten so beweglich haben gespielet, daß man ihnen beydes mit Lust und Verwunderung hat zusehen müssen". Ein andermal betont er, daß sie alles "so wol fürstelleten, daß sie deßwegen von allen Kunstverständigen hoch gepriesen" wurden. Auch Harsdörffer zählt sich in den Gesprächspielen zu den Kennern und hebt die Leistungen der "wohlgeschickten Schauspieler" von den gemeinen Marktschreiern oder den Handwerksgesellen ab. Es ist also die Schauspielerei als Kunst bereits im Bewußtsein und im Kulturprogramm des

Barocks damals anerkannt. "Es ist traun kein geringes", meint Rist, "daß ein Mensch den andern durch seine Rede, Sitten (= Benehmen) und Bewegung kann zwingen" zum Miterleben, so daß er müsse "mit ihm verliebt seyn, wenn er sich verliebet stellet, mit ihm kranck seyn, wenn er sich kranck geberdet" usw., so daß er die Schauspielkunst als die "alleredelste Belustigung Kunst- und Tugendliebender Gemüther" zu krönen vorschlägt. Wir können aus Rist auch deutlich entnehmen, worauf man Wert legte. Von einer Schauspielerin Victoria, "die mit ihrer freundlichen Stimme und Geberden alle ihre Zuseher ...bezauberte", spezifiziert er "die wol proportionierte Geberden, die zusammenstimmenden Bewegungen, die angenehme, liebliche Worte und Reden, die heimliche und Hertzstehlende Seuffzer, das holdselige Lachen, die ansehnliche Darstellung ihrer gantzen Person". Auch Harsdörffer legt den Hauptwert darauf, daß sie "ihre Reden mit den Geberden vereinbaren"; das müsse man "von Jugend auf" sich "fleissig angewehnet" haben und besonders Verstand (Sinnverständnis), Geberden und Außrede (Aussprache) fein erlernet werden. Das stimmt überein mit dem, was Franciscus Lang als Theoretiker aufgrund seiner Praxis als Regisseur von seinen Zöglingen verlangte. Neben der Pronuntiatio steht die Gestikulation. Aber es kommt eben, wie Rist definierte, auf "wol proportionierte Geberden" und "zusammenstimmende Bewegungen" an. Es gibt einen Kanon von Gesten und Langs Buch hilft uns, die prägnantesten einigermaßen deutlich zu fassen.

Nicht zufällig tritt uns am markantesten die Befehlsgeste vor Augen. Der Theoretiker Franciscus Lang bildet sie als Figura 2 ab. Nachdem er vorher am Gegenbeispiel einige Grundfehler behandelt hatte, zeigt er nun das Vorbild. Auf Arm- und Beinstellung kommt es an: "brachium dexterum libere protendit et sinistram manum ad lumbos contractam, quo ab cubitum removet a trunco corporis". Die aufgereckte Haltung des Rumpfes wird verstärkt durch die Winkelung des linken Armes und gestützt durch die auf der Hüfte ruhende Hand. Daß der Ellbogen vom Oberkörper bewußt weggeführt werden soll, hebt und wölbt den Brustkorb, läßt tiefer atmen und erzeugt rein körperlich die Empfindung eines kräftigen Ichs. Dieses schwingt aus im Erheben des rechten Armes mit einer weisenden Handbewegung. Sie soll "liberale" erfolgen, nicht krampfig, sondern leger und als selbstverständlich wirken. Ergänzend kommt die Beinstellung hinzu. Das Gewicht ruht auf dem linken Bein, während das rechte als Spielbein leicht vorgestellt wird, wie der Arm nicht geradeaus, sondern ein wenig seitlich nach rechts geführt wird. Auch die Spitzen der Füße sollen ein wenig nach außen weisen. Dadurch wird das Aufrechte, Aufgeschlossene und Selbstbewußte noch gesteigert und die Standfestigkeit konsolidiert. Eine Monumentalisierung geschieht, diese Stellung bekommt etwas aufgelockert Ausgreifendes. Daß auf der Bühne tatsächlich diese Geste verwendet wurde, zeigt der Kupfer zur

"Catharina" (II, 2). Dort erteilt der Schah den entscheidenden Befehl eben mit dieser Gebärde. Daß der Zeichner sie festhielt, geschah wohl, weil sie ebenso selbstverständlich wie bezeichnend erschien. Sogar bei einer Figurine von Juvara begegnet diese Positur.

Man könne das alles leicht treffen, meint Lang, weil es auch die Maler und Plastiker darstellen. Tatsächlich handelt es sich hier nicht um einen besonderen Theatertrick, sondern um die wohlbekannte, allverbreitete Positur, in welcher sich in Leben wie Kunst das barocke Ich, eben in seinem Selbstbewußtsein und Geltungsanspruch der Zeit und Nachwelt darbot. Lang demonstriert es noch einmal in Figur 4, nun um die Bein- und Fußhaltung zu besprechen und jetzt in zeitgenössischer Tracht, wobei die rechte Hand in halber Höhe sich öffnet wie erläuternd beim Sprechen. Ähnlich zeigen es auch die Porträtgemälde der Zeit. Selbst der Initiator der frühbarocken Poesie, Martin Opitz, bietet sich in dieser Haltung dar. Franz Hals gibt W. van Heythuysen sogar ein auftrumpfendes Selbstgefühl. Man könnte dieses als Darbietungsgeste bezeichnen, denn sie ist ja bestimmt von dem Bewußtsein, vor einem Publikum zu stehen. Dieses trifft der Blick und hat etwas vom Imponierenwollen, etwas Andringliches. Sogar die Trabanten auf den Kupfern zu Gryphs "Catharina von Georgien" zeigen sich in dieser Positur. Als Beispiel für die Oper sei auf Küsels Stich zur Oper "Il pomo d'oro" verwiesen, die 1666 in Wien vor Kaiser Leopold aufgeführt wurde. Ins Herrscherliche steigert sie Schlüter für sein Standbild des ersten Königs von Preußen. Ein Äußerstes holt aus dieser Haltung heraus der Titelholzschnitt der Erstausgabe von Christian Reuters Komödie "Die ehrliche Frau zu Plissine". In schlechthin überwältigender Massigkeit steht Frau Schlampampe aggressiv da, beide Arme gewinkelt mit weit abstehenden Ellbogen. Die Hände ruhen wie bei den Kavalieren mit den Handrücken auf den Hüften. Das verdient Beachtung, weil der Naturalismus etwa bei Mutter Wolffen im "Biberpelz" meist die Hände mit gespreizten Daumen die Hüften fassen läßt. Wir kennen diese Haltung vom Turnen, wo es gilt sich im Gleichgewicht zu halten. Es liegt also der Ausdruck des Festhaltens darin, etwas Statuarisches. Anders bei dem Barockmenschen. Der Handrücken liegt nicht so schwer auf, die Winkelung hebt und entlastet den Brustkorb. Eine Bereitschaft drückt sich darin aus; das Ich schwingt hier frei in den Hüften als ein überlegen sich darbietendes. Diese auf allen Abbildungen des 17. Jahrhunderts gleichmäßig durchgeführte Haltung entspricht also wirklich dem gehobenen Selbstbewußtsein des expansiven Geltungs-ichs des Barockmenschen. Die Barockzeit erblickte hierin keine bloße Pose, sondern ihr Ideal, das mannhaft gefaßte Ich, das sich Geltung verschaffte. Es gilt, sich dazu emporzureißen. So mahnt Paul Fleming im Sonett "An sich": "Sei dennoch unverzagt, gib dennoch unverloren, Weich keinem Glücke nicht, steh höher als Neid, Vergnüge (= begnüge) dich an dir" und schließt mit der Verheißung: "Wer

sein selbst Meister ist und sich beherrschen kann, Dem ist die weite
Welt und alles untertan. "

Es bleibt ein Befehlendes in der Geste enthalten, auch wenn die linke
Hand herabsinkt und die Person sitzt. Dann ergibt sich die Positur der
Repräsentation. Wie vorher präsentiert sich das Ich selbstbewußt den
Zuschauenden. So pflegt der Herrscher auf dem Thron zu sitzen, mit
gewinkelt eingestemmtem linken Arm, die Rechte lässig auf der Arm-
lehne. Die Illustrationen aller drei Bühnenstücke belegen ihre Verwendung auf dem Theater. Der Perserschach sitzt in Audienz (II, 2) so da
(Abb. 3); sogar die "Göttin der Colchier" läßt Uffenbach (Nr. 8, II, 12) in
dieser Positur die Opferhandlung entgegennehmen. Avancinus schließt
das Prunkschauspiel "Pietas victrix" mit einer Huldigungsszene, bei
welcher der Kaiser selbstverständlich diese Haltung zeigt, aber sogar
seine höllische Majestät hat sie gelernt, wie der vierte Kupfer (III, 1) beweist.

Selbstbewußtsein erfüllt auch die Figur 5 bei Lang. Hier schreitet
ein antikisch gekleideter Feldherr aus den Kulissen, den Marschallstab
in der Linken. Natürlich ist der Arm gewinkelt, wenn schon wegen des
Marschallstabes in der Hand, diese nicht auf der Hüfte ruht. Der rechte
Arm mit sprechender Hand ist in Brusthöhe erhoben. So oder noch etwas
gesteigert denkt man sich den Nero auftreten in Lohensteins "Aspasia",
wenn er spricht: "So ist's! Die Sonn' erstarrt für Unsres Hauptes Glantz,
Die Welt für Unser Macht. Des Ninus Sieges-Krantz Verwelckt für Unsern Ruhm... Die Erde ist zu klein zum Schauplatz Unsrer Werke. "
Der Theoretiker lenkt bei dieser Abbildung das Augenmerk auf die Bewegung, denn das Schreiten will ebenso wie das Stehen gelernt und geübt
werden, betont der Choragus: "Non omnibus omnino adolescentum cor-
poribus agilitatem dedit natura, et convenienter standi eundique modum
in theatro ut plurimum ars debet efformare" (S. 20). Er berichtet sogar
von anderen Regisseuren, die mit Kreide oder Kohle auf den Boden die
berühmte crux scenica aufzeichneten. Die Grundregel lautet (S. 39), daß
man nicht gradlinig sich bewegen darf, sondern nach drei bis vier Schritten haltmache, dann nach der anderen Seite wieder wenige Schritte ma-
che und so fort, also im Zickzack sich bewege. Selbstverständlich wird
dabei gesprochen und in dieser Weise ein langer Monolog gegliedert.
Für den Ansatz zum Schreiten aus dem Stehen heraus soll das vorge-
schobene Spielbein zuerst zurückgezogen und dann zum Schritt vorgestellt werden. Stets, so wird eingeschärft, sind die Fußspitzen nach
außen zu setzen. Kupferstiche und Zeichnungen halten das würdeschwere
Schreiten der wohlbeleibten Standespersonen in der Wirklichkeit ein-
drücklich fest, selbstverständlich mit eingestimmtem, gewinkeltem
Arm, wie etwa auf der Zeichnung von Stridbeck 1690 (Schloßhof Berlin,
bei Osborn, S. 120). Auch der Roman läßt sich den Effekt selbstbewußten
Schreitens nicht entgehen. Nachdem Chaumigren seine Wut an dem sta-

cheligen Baumstamm durch Säbelhiebe ausgetobt hatte, "gieng er mit solchen gravitätischen Schritten nach der Garten-Thüre zu, als ob er dem Actäon ein Horn abgerannt hätte" (S. 52).

An der Figura 1 legt Lang den Grundfehler in Haltung und Geste dar: das sture Stehen und die an den Rumpf gepreßten Oberarme. Frei soll das Ich sich ausschwingen durch den ganzen Körper, im Vollgefühl seiner Geltung. "Id pro regula tenendum, ut plerumque a trunco corporis in actione avellantur brachia et libere, non sese lumbis aut pectusque actionem dirigendo" (S. 28). Das ist keine Schulmeisterei, keine Grille eines einzelnen; es wird damit tatsächlich das Prinzip des Bewegungszuges aller Gestik verkündet! Das weist die Richtung für alle Äußerungen des barockem Geltungs-ichs; sein Geltungsstreben schwingt hin zum Publikum. Das barocke Ich ist wesensmäßig extravertiert: weit ausladend schwingen seine Arme, ausstrahlend vom Ich und hin zu den andern. Von den Textilillustrationen kommt diese Armhaltung sehr deutlich zur Darstellung in Bild 7 und 8 der Oper "Pharasmanes". Man sieht es dem König von Colchis nicht an, ebensowenig nachher der Prinzessin Aspasia, daß sie monologisierend eine Klage-Arie singen. Daß aber nicht allein die Notwendigkeit für den Singenden, den Brustkorb frei zu heben, diese Geste hervorruft, erweist der letzte Kupferstich zu Gryphs "Catharina". Dort zeigt Schah Abas dieselbe Gestik; auch er monologisiert. Obwohl der Getöteten Geist ihm nach einer Weile erscheint und seinen Untergang verkündet, wendet er sich nicht zum Zwiegespräch ihr zu. Das ganze schauspielerische Gestalten ist publikumsgerichtet genau so, wie das gesamte Verhalten im Leben um Aufmerksamkeit und Anerkennung wirbt. Deshalb nimmt auch das Sprechen dieselbe Richtung, erstrebt ebenfalls Wirkung, ja sucht zu imponieren.

Die schauspielerische Gestik entspricht der immanenten Sprachgebärde. Auch sie ist nicht auf den Mitspieler, sondern auf den Hörer zu orientiert. Aus der Wirkungsabsicht erklärt sich die rhetorische Ausgestaltung. Das berühmte Sonett "Menschliches Elend" von Andreas Gryphius beginnt: "Was sind wir Menschen doch! Ein Wohnhaus grimmer Schmerzen, Ein Ball des falschen Glücks, ein Irrlicht dieser Zeit..." Am Anfang steht eine "rhetorische Frage", die eigentlich ein Ausruf ist, also zum Publikum hin sich wendet; aber es nur scheinbar fragt, jedoch sich mit ihm verbunden fühlt in dem schmerzvollen Wissen um das Elend menschlicher Existenz. Was aus der so gepreßten Seele herausschwingt, sucht als Resonanz den Hörer. Aber es erschöpft sich darin nicht. Es führt keineswegs zur bloßen Aussage oder gar zum Seelenerguß. Ganz im Gegenteil, es ist gehaltbezogen. Das Reich der ewigen Werte zieht es an, von dort empfängt es Weisung. Dadurch wird das Gesagte gewichtig, erhält die Stimme Wucht. Der geistige Gehalt erfüllt die Spannungen und Gipfelungen mit großem Hauch und Schwung. Hoch stehen die geistigen Werte über dem Menschen, er ist sich des Abstandes bewußt;

nur im Bild, im Vergleich kann er davon sprechen. In immer neuen Bildern umkreist die metaphorische Ausdrucksweise das Erlebnis. Unwillkürlich fallen einem die barocken Giebel ein mit dem Spiel der Voluten, des "Rollwerks". Eintönigkeit wird auch bei der Deklamation besonders verpönt. Der Theoretiker beachtet sorglich die "variatio toni". Lang stellt sie als Prinzip auf und formuliert die Regel (S. 58): "subinde intensa, subinde remissa, jam fortis, jam lenis, jam praeceps, jam lenta instituatur, prout ipsa ratio et natura videntur requirere". Also Beweglichkeit und Abwechslung in jeder Richtung in Qualität, Stärke und Tempo werden verlangt, eben entsprechend dem Sinn des Textes. Auf den Eindruck des Gesprochenen kommt es an, denn das Formulierte schon ist hörergerichtet, zugleich aber auch gehaltbezogen. Deshalb ist kein schlanker Fortgang möglich, sondern nur eine gleichsam sich weiterschraubende Bewegung. Eine bilderreiche Rhetorik ist das Ergebnis, die den Hörer mit der geistigen Bedeutsamkeit verbindet. So schließt in jenem Sonett Gryphius das drückende Ergebnis seines Erlebens: "Was sag ich? Wir vergehn, wie Rauch von starken Winden." Also wiederum mit einer rhetorischen Frage und einem starken Bilde als Antwort; ein Schluß voll unvergeßlicher Wucht.

Diese immanente Sprachgebärde vermag sich nicht einfach in eine Darbietungsgeste umzusetzen, die nur sich öffnend dem Hörer entgegenschwingt. Der geistige Gehalt verlangt ebenfalls sein Recht, kommt also modifizierend hinzu. Wie sich das dann darstellt, hat Franciscus Lang in Figura 3 abgebildet und genau erläutert (S. 28): "observandum est, gemina brachia non se moveant in pari extensione, modoque aequali; sed unum sublimius sit, alterum depressius: unum magis extensum et rectum, alterum contractius, etsi sit elevatum, aversis semper cubitis a corpore". Es ist also ein Grundfehler, so wird immer wieder eingeschärft, die Arme in gleicher Weise zu gebrauchen und sie nur bis zur Mitte des Körpers zu heben. Auf die Abwechslung wird großer Wert gelegt: actio sit varia! In der Abbildung schwingt der rechte Arm mit der redenden Hand zu den Hörern, aber die Linke weist nach oben, zum Gehalt. Im "Pharasmanes" zeigt Bild 6 (II, 7) in etwas ungeschickter Ausführung diese Geste. Der Feldherr Dejoces lauert hier bei Nacht dem Titelhelden auf als Rächer der verschmähten Schönen und eben diese Berufung auf die Pflicht der Rache für die Beleidigung drückt der nach oben erhobene rechte Unterarm aus. Wir dürfen uns das Spiel ja nicht statuarisch vorstellen. Lang (S. 50) mahnt ausdrücklich: "id curandum ut causae gravitas per omnes gestus Actoris, quam fieri potest, maxima cum vivacitate exprimatur." Wenn also durch die Unfähigkeit der Schüler oder Studenten manches wohl verschleppt wurde, so entsprach das nicht dem Kunstideal.

Lang mahnt nachdrücklich, daß die Gesten dem Sinn des Gesprochenen entsprechen, und zwar in einleuchtender Weise, nicht gesucht

und gedrechselt, eingelernt wirken dürfen: "ut gestus omnes cum sermone, animoque conveniant, sine affectatione, vel nimis exquisito agendi
studio, quod Auditores offendit et gratiam perdit, quam quaerebat" (S.
54). Wie später Lessing verlangt er: "actio debet praecedere locutionem"
(S. 45). Die Geste bereitet die sprachliche Formulierung vor. "Antequam
Actor auditis alterius verbis respondeat, per Actionem id prae se ferat,
quod dicturus est: ita ut Spectator ex ipsa Actione statim colligere possit,
quid in animo ferat, et subsequentibus deinde verbis sit locuturus" (S.
46). Auch nach Beendigung seiner Rede müsse der Darsteller deren Gehalt im Gesicht nachwirken lassen und dürfe nicht aus der Rolle fallen,
unbeteiligt stehen oder das Publikum mustern. Das ist bei der Länge
der einzelnen Repliken und bei Schülern eine naheliegende Gefahr: "ne
Actor finito sermone statim ob omni affectu cessat et vel faciem totam
nihil agendo otiosam relinquat, vel ad curiose spectandos Auditores
evagari permittat vel subito in totum alium affectum transmutet, sed
continuandus aliquandiu sensus faciei est, quam exigit sermonis materia"
(S. 47). Hier wird zugleich der Grund für solch Mitschwingen des inneren
Dabeibleibens deutlich, es ist die Heftigkeit der Gemütsregung, die solches besonders dringlich erfordert. Denn das barocke Ich scheint uns
mit Explosivstoff geladen und rasch entzündet. "Sensus enim porta sunt
animi, per quam dum in cubile affectuum intrant rerum species, illi
excitati prodeunt ad nutum Choragi" (S. 52). Die Psychologie der Zeit
faßte das Innenleben des Menschen von der Seite der Affekte her. Auch
der Dramatiker richtete sein Augenmerk darauf. "Electo jam themate
affectum, quam intendit, velut scopum suffigat, in eoque oculos defixos
teneat", rät da Lang (S. 73) nachdrücklich. Am Rand vermerkt er eindeutig: "affectus primarius Dramatis pro scopo ponendus." Weil also alles
vom Affekt her motiviert ist, muß auch der Schauspieler seine Figur von
dort aus anlegen und ausgestlaten. Daher wird die gesamte Darstellung
etwas Erregtes, Gesteigertes gehabt haben, was sich in der sprachlichen Formulierung ausspricht. Läßt man sich vom Sinn und Ausdruck
des Textes tragen, so spürt der schauspielerisch Begabte recht deutlich,
wie es in ihm innerlich zu arbeiten beginnt und er in Erregung hinein-
gerissen wird. Mir wurde das beim Einstudieren immer wieder, oft mit
Staunen von den Spielern gesagt.

Der Dramatiker schildert das Wirken der Affekte, um dem Schauspieler bei der Versinnlichung zu helfen. So läßt Gryphius im "Papinian"
den Laetus beschreiben, wie die Königin, der er zur Rache ausgeliefert
ist, die Symptome der in ihr wütenden Blutgier zeigt. "Wie blinkert sie
so wild Auf dies', auf jene Seit' ... schaut, wie die Lippe zitter! Wie
sich die Grausamkeit auf jedem Haar erschütter, wie Arm und Hand
erbeb' und Knie und Fuß sich reg! Wie hitzig sich die Brust auf kurtze
Lufft beweg!" (III. A. v. 588 bis 596.) Die Wandertruppen machten Sensation eben durch das hemmungslose Ausspielen der Affekte. Das Blutige

spielte dabei eine besondere Rolle bis hin zum Einrennen des Kopfes an
der Wand. Wie dieser Effekt hervorgerufen wird, beschreibt die Anweisung der Tragikomödie (Liebeskampf Nr. 6): "Fellt in Verzweifflung,
laufft mit dem Kopf an die Wand, daß das Blut unter dem Hut herfür trin-
get, welches mit einer Blase gar wol gemacht werden kan" (Creizenach,
S. 221). Ebenso endet der "unzeitige Vorwitz" (Liebeskampf Nr. 7, Creizenach, S. 322).

Deshalb geht auch Lang auf die verschiedenen Affekte besonders
genau ein, auf ihre Äußerungen und die damit arbeitenden Darstellungs-
möglichkeiten! Die Tristitia verdeutlicht er durch eine Abbildung (Fig. 7)
der Klagegeste. Besonderes Gewicht legt er darauf, "ut ad alterutrum
latus... dirigantur junctae manus, non autem medio corpore teneantur"
(S. 49). Bei heftigem Schmerz mag man kurze Zeit das Gesicht mit ihnen
bedecken oder es zwischen den Armen verbergen. Jacob Ayrer (um 1600)
dagegen schreibt als Klagegeste stets vor: "schlegt die hend ob dem Kopff
zusammen, tut kläglich..." (z. B. S. 1088). Lang gibt in Figura 6 einen
Klagenden im zeitgenössischen Kostüm mit dem Dreispitz unterm linken
Arm; auch er hält dabei die verschränkten Hände seitlich etwas über
Gürtelhöhe. Ebenso klagt Aspasia auf Bild 2 (zu I, 4) im "Pharasmanes".
Gegenüber der Wanderbühne wird das Kunstdrama der Schlesier wie der
Jesuiten gravitätisch gemäßigt geklungen haben, schon wegen seiner
weitschwingenden Alexandriner und der Rhetorik seiner Sätze, auch
nicht zuletzt wegen der Metaphorik seiner Ausdrucksweise. Lang hat
wohl Grund zu der Mahnung (S. 52): "sicque variando situm corporis
varios etiam motus animi exprimat cum decoro et commendatione".
Das klingt doch wie ein bewußtes Abrücken vom auftrumpfenden Toben
bei den Wandertruppen.

Hauptsächlich macht Lang an der Figura 6 klar, in welcher Weise
der Schauspieler bewußt auf das Publikum Rücksicht nehmen muß. Er
hat zu bedenken, daß aus seinem Gesicht und seiner Geste sein Inneres
erschlossen und der Text verstanden werden soll. Deshalb ist sein Gesicht stets den Zuschauern zuzuwenden (S. 43). "Nam cum tota exhibitio
propter Spectatores fiat, eorum dignitas postulat (!), ut totus Actor illorum conspectui pateat." Im Affekt solle das erst recht beachtet werden,
weil er ja das Publikum mitreißen soll. "Id tunc necessarium magis,
quando vehementior calet affectus, qui exhibendus et imprimendus est
Spectatoribus; quod contingere nulla ratione potest, nisi integere illorum
oculis objiciatur Actoris facies et totius corporis compositio" (S. 43).
Die Abbildung zeigt keine Frontalstellung, sondern unter Mitwirkung
des vorgesetzten Spielbeins und der zur entgegengesetzten Seite verschränkten Hände eine Schrägstellung des Körpers, also eine Dreivier-
telwendung: "faciem tamen et vocem tamen et vocem ad eosdem dirigit".
Besonders sei auf den Mund acht zu geben, daß seine Worte deutlich zum
Publikum dringen. Denn auf ihren Gehalt kommt es schließlich beson-

ders an. Auf die geschickte, rhetorisch gewandte Deklamation legen die Schulen natürlich größtes Gewicht. Es war gewiß keine Kleinigkeit, die kunstvollen Perioden wirksam und eingängig zu Gehör zu bringen. Denn es handelt sich um ein repräsentierendes Spielen, keineswegs um ein beseeltes Darleben wie im späteren 18. und 19. Jahrhundert.

Aus diesen Erkenntnissen erhält eine weitere Illustration zur "Pietas victrix" Bedeutung (zu V, 1). Sie stellt die Kaiserin Helena dar. Ihr offenbart die Gottesmutter aus einer Wolkenmaschine die späteren Kaiser, besonders aus dem Hause Habsburg. Hier ist gerechtfertigt, daß die Knieende dem Publikum den Rücken zuwendet. Aber wir sehen ihren linken Arm weit seitlich ausschwingen. Damit treffen wir auf eine Gebärde, die in der Malerei sich häufig findet, und zwar für Heilige, die einer Begnadung gewürdigt werden und sie mit schwärmerischer Hingabe empfangen. Auch als szenische Anweisung läßt sich diese Geste belegen. Bei Jos. Simon findet sich mehrmals die Vorschrift: "extensis brachiis" oder "flexis genibus oculisque et manibus ad coelum sublatis". Aufschlußreich ist, zu beobachten, wie diese Geste zunächst in der Frührenaissance, noch eng, fast zaghaft die Hände nur leicht hebt; wie dann das Schwärmerische hinzutritt und besonders bei Signorelli die Gesamthaltung breiter und extravertierter wird und wie endlich im Barock die schwärmerische Ergebenheit ins Pathetische sich steigert und die Arme weit und gelöst schwingen macht (Georg Weise und Gertrud Otto: Die relig. Ausdrucksgebärden des Barock und ihre Vorbereitung durch die ital. Kunst der Renaiss. Stuttgart 1938, bes. S. 20 bis 27 und d. Abb. 24, 25, 26). Wenn man an den großen Monlog der Catharina zu Anfang des vierten Aktes denkt, in welchem die Gefangene Gott dankt und am Schluß ihre Bereitschaft beteuert, sich allem ihr Auferlegten darzubieten, dann glaubt man als zugehörige Gebärde diesen Gestus vor sich zu sehen, als gemäßen und sehr einprägsamen Ausdruck für die Worte: "Hab ich für Kicht' und Land denn nicht genug gewagt, Und willst du meine Leich: hier bin ich, Deine Magd." Vielleicht vermögen wir an dieser Stelle den Bewegungszug sogar zu erschließen. Da die Königin von sich spricht, mag sie mit einer Hand dies beteuert haben. Dann löste sich die Hand von der Brust im selben Schwung, so daß bei der Schlußhälfte des Satzes beide Arme in verschiedener Höhe die Geste völliger Hingabe vollzogen.

Diese neue Geste, die man als die der Beteuerung bezeichnen mag, findet sich ebenfalls auf zahlreichen Gemälden. Hier wird meist die rechte Hand auf die Mitte der Brust gelegt, der linke Arm schwingt wie bei der eben besprochenen Geste weit aus mit geöffneter Hand. Dazu gehört der andächtig-schwärmerische Blick mit einer Kopfbewegung nach oben. Man vermag hier dieselben historischen Etappen wie bei der Hingabegeste leicht festzustellen. Man vergleiche den sich weitenden Schwung aller drei Komponenten am selben Motiv des Heiligen Franciscus von Giorgione (Abb. 66), Perugino (Abb. 67), Guido Reni (Abb. 71) und die auffahrende Maria bei Rubens (Abb. 89) in der Abhandlung von Weise. Deutlich erkennt man die zunehmende Beseelung, Gelöstheit und Eindringlichkeit der Gebärde, die im pathetischen Schwung des Barocks kulminiert. Übrigens wurde gerade diese Geste der Beteuerung am frühesten und häufigsten in die Künste der nördlichen Länder aufgenommen (Weise, S. 70). Bei den Textilillustrationen der Stücke begegnet diese Gebärde öfter. Jedoch übersieht man sie leicht, weil sie nicht der Hauptfigur zugeteilt ist und deshalb nicht im Mittelpunkt des Bildes steht. Sie pflegt dem Untergebenen zuerteilt zu werden im Gespräch mit dem Herrscher. So sehen wir es ganz genau im "Pharasmanes" (Bild 13, III, 8); nicht so in die Augen fallend bei der knienden Gestalt rechts vor dem Throne auf Bild 15 (III, 12) wie auch in der Gruppe rechts in der Thronszene auf Bild 4 (II, 1). Die Geste paßt ausgezeichnet zum Text, und zwar zum Schluß der Rede des Ephranon als Gesandter (S. 29, V, 4 und 5); "...Dir solches anzuzeigen Und unterthangist uns für deinen Thron zu neigen!" Bei Gryphius wird auf Abbildung 4 (III, 3) der Augenblick festgehalten, wo der Schah die entscheidende Weisung gibt, die Imanculi wortlos hinnimmt (v. 457). Man könnte hier allerdings zweifeln, ob nicht der abgenommene Turban dem Arm dieses Herabsinken auferlegt, wobei das zeitgenössische Schwenken des Federhutes mitgewirkt haben könnte (vgl. meine "Barockkultur", S. 234, Abb. 167). Dann wäre dieser Gestus eigentlich einer weiteren Art zuzuzählen.

Es gibt nämlich noch jene Geste, bei welcher in scharfer Winkelung die Unterarme gekreuzt und die Hände auf die Brust gelegt werden. Das ist die Haltung der Devotion, der Unterwürfigkeit. Bei der eben betrachteten Audienz im "Pharasmanes" (Bild 4, II, 1) finden wir sie bei den drei Dienern hinter den beiden Gesandten rechts. In der religiösen Malerei ist sie geläufig. In der schwärmerischen Steigerung drückt sie Inbrunst aus (Weise, S. 28 ff., Abb. 27, 28).

Auf dem Titelblatt von Rists "Friedewünschendem Teutschland" (1647) wird die ausgeplünderte Germania kniend dargestellt mit abwehrend erhobenen Händen und Unterarmen, das Gesicht zum Himmel gewendet, "Friede" rufend (Abb. 73 auf S. 96 meiner "Barockkultur"). Dieselbe Geste, nur weiter ausladend, als schreckhafte Abwehr bei einer Fliehenden verwendet Burnaccini in einer Handzeichnung "Eifersüchtiger verfolgt Haremsfrau" (meine "Barockkultur", Abb. 286, S. 364).

Große Aufmerksamkeit widmet Lang der Hand. Nicht nur mahnt er, Gesicht oder Augen durch die Hände nicht zu verdecken, es sei denn als effektvolle Gebärde tiefsten Schmerzes. Man dürfe auch nicht vor Aufregung die Fäuste ballen. Nur um einen Bauern zu markieren, erlaubt er das. Dagegen zieme sich eine offenbar höfische Haltung der Finger. So tritt der Feldherr (Fig. 5) lebhaft mit vorgestreckter rechter Hand auf, "contractis aliquantum digitis" wie die Abbildung zeigt. Ebenso gezeichnet wird die sprechend erhobene Hand des in moderner Hoftracht kostümierten Kavaliers (Fig.4) sowie jene des Sprechenden auf Figura 8. Hauptsächlich aber geht Lang bei Figura 3 "de Brachiis, Cubitis et Manibus" auf die Haltung der Finger ein. Der Zeigefinger soll gestreckt gehalten werden, die andern sich zunehmend krümmen (S.30). Auf der Abbildung wird es an beiden Händen verdeutlicht. Es hängt dies mit der Sprachgebärde zusammen, weil ja der Sinngehalt so wichtig ist, dem Hörer gegenüber auf die geistige Bedeutsamkeit des Gesagten hingewiesen werden muß. Auf dem Titelkupfer zum Erstdruck von Baldes "Jephtias" schlägt die Tochter die Trommel selbst recht zierlich mit graziöser Fingerhaltung. Übrigens ist auch ihre Fußhaltung wie die des ihr entgegenschreitenden Vaters wohl gestellt, Fußspitzen korrekt nach außen. Selbstverständlich wirkt das höfische Zeremoniell mit. Aber die ganze Kultur des Barock ist in Deutschland von Anfang an höfisch ausgerichtet. Die übliche Bildungsreise führt den Adligen wie den Bürgerlichen nach Frankreich, um dort den rechten weltmännischen Schliff in Benehmen und Sprechen zu erlernen. Auch die Stücke der Wanderbühne enthalten stets Staatsakte mit allem zugehörigen Zeremoniell und der sprachliche Ausdruck in den Liebeswerbungen quillt über von gedrechselten Floskeln höfischer Galanterie. Sie lassen sich gar nicht anders sprechen als mit gravitätischer Gestik, die eben bis hinein in die Finger schwingt und sie krümmt in vorschriftsmäßiger Abstufung. Wenn Lang neun "vitia manuum et digitorum" (S.38) aufzählt, so verrät er wohl kein Geheimnis der Jesuitengymnasien, sondern der Anstandsunterricht wird überall diese Fehler besonders verpönt haben. Auch die Maler beachten die Fingerhaltung und selbst die Heiligen und Engel der großen Altaranlagen beherrschen und befolgen die wohlabgestufte Krümmung der Finger. Übrigens ändert das Rokoko diese Norm. Der Zeigefinder dominiert nicht mehr, er krümmt sich auch leicht, aber der kleine Finger spreizt sich nun kokett. So zeigt es die Graphik und Malerei, die Porzellanplastik und die Statuen der Altäre. Die Tracht ist anders; man spricht auch anders, ein anderes Menschenbild schwebt als maßgebend eben einer anderen Epoche vor.

Eine Zeit, in welcher der einzelne Mensch fest eingefügt war in dem größeren Ganzen des absolutistischen Staates, mußte selbstverständlich auf das Zusammenspiel Wert legen. Wie das auf der Bühne zu verwirklichen ist, darüber gibt wiederum Franciscus Lang uns erwünschte Auskunft. Die Figura 8 veranschaulicht Stellung und Benehmen von zwei Partnern. Er macht selbst auf die Schwierigkeit aufmerksam, die aus seiner Forderung entsteht, daß immer das Gesicht den Zuschauern dargeboten werden solle. Denn von Natur sei es üblich, daß die Sprechenden sich gegenseitig anschauen. Man möge dieser Tatsache insofern Rechnung tragen, daß zwar die Bewegung der Hände und auch der Körper dem Mitspieler zugewandt bleibe, das Gesicht und der Mund jedoch während der Rede sich zum Publikum wenden müsse. Vor und nach seiner Passage darf er auch das Gesicht seinem Partner wieder zuwenden. Lang betont, daß seine Abbildung zeige: "colloquens enim actionem et situm corporis vertit ad comitem, oculos vero et faciem exhibet spectatoribus." Als weiteren Kunstgriff empfiehlt er, daß der Sprechende einen Schritt zurücktrete, Bei der Replik muß der Partner dasselbe tun. Auf diese Weise wird der peinliche Eindruck vermieden, der Sprechende deklamiere direkt ins Publikum, ohne seinen Partner dabei zu beachten. Diese Stellung wird offenbar besonders für längere Reden gelten, wobei dann der einzelne Gelegenheit hat, seine Sprachgewandtheit glänzen zu lassen. Dagegen werden beim Ansteigen der Affekte die Entgegnungen immer kürzer, schließlich ein Disput in Schlagzeilen, ja Halbzeilen. Solche Stellen dürften eher mit einer gewissen Distanzierung der Partner verbunden gewesen sein.

Überhaupt liegt es dem extravertierten Ich und seinem Geltungsstreben, Abstand zum Du zu wahren. Tatsächlich baut das ganze System zeremoniellen Benemens und Komplimentierens sich auf solchem Distanzhalten auf. Die Illustrationen machen das besonders auffallend. Man möchte zunächst meinen, daß der Graphiker den Raum der Bühne zu weit und die Figuren zu klein eingezeichnet habe. Aber gleichviel, ob die Raumverhältnisse stimmen, jedenfalls wird er den Gesamteindruck richtig wiedergegeben haben; und nur darauf kommt es in diesem Zusammenhang an. Hinzu kommt, daß in den meisten Abbildungen kein vertrauliches Gespräch oder Kosen von Privatpersonen gegeben wird, sondern sie zeigen Standespersonen, meist von einigen Untergebenen begleitet. Was da auf der Bühne geschieht, ist eine Repräsentation! Daher findet sich häufig bei einem der Partner die Ergebenheitsgeste, beim anderen die Befehlsgeste, so bei Andreas Gryphius auf Bild 4 zur "Catharina" (III, 3) oder auf Bild 13 des "Pharasmanes" (III, 8). Der Titelkupfer zur Bearbeitung des "Cid" durch Isaak Claus (1655) (reprod. Arch. f. Theatergesch. II, 1905 und Nestriepke, Tafel 17) zeigt die männliche Figur kniend die linke Hand auf das Herz gelegt, die Rechte gesenkt mit dem Degen an der Spitze gefaßt; er bietet ihn also der Chimene an, ihn damit zu töten, was sie mit erhobener Rechten ablehnt. Die Stellung ist nicht nur wegen des Abstandes der beiden beachtlich, noch mehr deshalb, weil der Cid weiter hinten, die Frau merklich weiter vorn steht. Man hat den Eindruck, daß im Augenblick der Mann spricht, die Frau nur durch die Geste mitbeteiligt ist. Man könnte noch auf Burnaccinis Zeichnung und auf den Stich von Barthol. Kilian zur Oper "Ramira" (München) verweisen, wo in einem Liebesduett der Mann etwas zurücksteht mit gewinkeltem rechten Arm wieder in deutlichem Abstand zu der Frau, die mit ausgreifender Geste des rechten Armes antwortet. Da es sich auf Figur 8 bei Lang offenbar um Gleichgestellte handelt, wundert uns die Gebärde des Zuhörenden nicht, der in geduldigem Hinnehmen die rechte Hand auf das linke Handgelenk legt, während dessen Finger den Federhut halten.

Da in der barocken Tragödie die Hauptfiguren stets von hohem Stande sind, treten sie nie allein auf, sondern zumal Könige und Königinnen mit Gefolge. Auch die Personenverzeichnisse der Stücke nennen die Statisten. In die Handlung wird das vornehme Gefolge hineingezogen. Zwar haben sie meist wenig zu sprechen, mitunter äußern sie sich chorisch. So etwa in der "Catharina von Georgien" (IV,5) beim Abschied von der zur Hinrichtung schreitenden Herrin. Sehr wirksam gestaltet der große Schlesier in seiner letzten Tragödie (Papinian) eine Totenklage im Wechsel zwischen der Königinmutter und ihren Hofdamen. Das wird auch visuell wirksam gemacht worden sein. So ergibt sich aus der Handlung häufig eine Gruppenszene. Meist wird sie dem Inhalt nach eine Staatshandlung bedeuten, also etwa eine Audienz, eine Rats- oder Gerichtssitzung, auch eine Verschwörung oder Hinrichtung. Die Abbildungen verdeutlichen die Darstellung auf der Bühne. Da sehen wir auf dem dritten Kupfer zur "Catharina" den Perserschah auf dem Thronsessel von je drei Hofleuten flankiert, unter denen seine zwei Räte sich befinden, die zugleich richtige Sprechrollen innehaben. Ihm gegenüber stehen dem russischen Gesandten je zwei Begleitpersonen zur Seite, unter denen die beiden Georgier zugleich Sprechrollen sind. An der Eingangstür finden wir zwei Trabanten, welche wir auch bei dem nächsten Bild als Türhüter wiederfinden (III,3). Auf diesen beiden wie auf alle übrigen Bildern zu dieser Tragödie fällt die symmetrische Anordnung bei strenger Mittelperspektive besonders auf. Das gleiche zeigen die Kupfer zur "Pietas victrix", die ja zeitlich eng benachbart ist. Hier erscheint die höllische und die kaiserliche Staatsszene vollkreicher. Ebenso finden wir es beim "Pharasmanes", welcher sofort im "Königlichen Verhörsaal" beginnt, "worinnen unter einem Thronhimmel der König Pharasmanes mit den Reichständen, Hoffbedienten und der Leibwache umbegeben zu sehen ist". Ordnen sich hier die Gruppen rechts und links vom König ziemlich symmetrisch, so wird bei der Audienz in Colchis (II,1) der Herrscher auf einem Podest sitzend an die linke Seite gerückt, so daß die Gesandten ihm gegenüber rechts zu stehen kommen. Eigenartig berührt, daß die Prinzessin zusamt ihrem Gefolge von drei oder vier Damen vor den Stufen des Thrones steht. Der König sitzt deutlich so schräg, daß er dem Publikum ın Dreiviertelsicht zugewandt ist und auch die Verbeugung der Gesandten erfolgt in Dreiviertelsicht eher zum Publikum hin und nach vorn, statt genau zum Thron hin.

Die Mahnungen von Pater Lang galten also wirklich nicht nur für Jesuitenschüler. Auf Stichen, die nicht direkt zur Bühne Beziehung haben, findet sich seit dem letzten Viertel des 17. Jahrhunderts der Thron zunehmend an die linke Seite gerückt, beispielsweise beim Münchner Stecher Melchior Küsel. Doch bleibt für den Saal noch die symmetrische Mittelperspektive gewahrt. Auch die Schlußszene des Stückes zeigt diese symmetrische Ordnung noch, trotzdem der Ort "die große Gallerie in dem Königlichen Pallast darstellt, woselbst Pharasmanes auf einem Thron" rechts seitlich sitzt. Die einzelnen Kulissenstände, die Nebenhallen vorstellen, lassen sich ziemlich leicht verifizieren. Sie scheinen die übliche Querstellung gehabt zu haben, keine Schrägstellung, wie sie Andrea Pozzo (Puteus) in seiner "Perspectiva pictorum et architectorum" 1693 propagierte. Ein Teatro di Galleria bringt Fig. 41 mit prächtig gewundenen Säulen an der Seite. Die Soffiten stellen eine gewölbte Decke dar. Auch die Prospekte verwenden um 1700 gern eine diagonale Blickführung, und zwar nach beiden Seiten in schräggestellte fernere Säle oder Gänge bei Gärten. Es handelt sich nun stets um die Ausstattung von Prunkopern, deren Texte italienisch, seltener französisch abgefaßt sind. Gedrehte Säulen zeigt endlich auch der Tempel der Göttin in Colchis (8. Bild, Pharasmanes, II, 12). Auch hier steht der Thron vorn rechts in der ersten Gasse, während in der Mitte das Standbild der Göttin auf hohem Podest prangt. Sieben Priester verrichten davor wohl mit Tanzbewegungen die Anrufung, wobei ein "Chor der Colchier" mitwirkt, der hauptsächlich links aufgestellt ist. Rechts sitzt der König von seinen "Hoffbedienten und der Leibwache umgeben auf seinem Thron, wofür zwei Herolde stehen" (S. 44). Diese Szene schließt wie die Schlüsse aller Akte mit einem "Ballet", hier von den Priestern getanzt.

Ohne Musik und Tanz ist kein Stück des deutschen Barocks ausgekommen. Auch die Bühnen der protestantischen Gymnasien wie die der Jesuiten und sogar die Wandertruppen prunken mit solchen Darbietungen. Ja gerade sie begannen mit solchem Brauch. Sie brachten ein kleines Orchester mit und mindestens einen Kunstsänger, der zugleich auch Akrobat oder Artist war. Ihn den Jig (Gigue) in den Zwischenakten tanzen zu sehen, und am Ende das gesungene Nachspiel, das auch mit Tanz endete, das war ebenso neu und anziehend wie die blutrünstige Staatsaktion vorher. Die Schulbühne knüpfte an die Antike an mit gesungenen Chören. Sie wurden bald erweitert zu einer fürs Auge interessanten Szene, zum Zwischenspiel, das oft allegorische Personen und Handlungen verwendet. Aus der "Pietas victrix" zeigt der sechste Kupfer den Flußgott und in strenger Symmetrie nach hinten geordnet zwei Najaden und zwei Tritonen, sogar die beiden Seepferde, die die Muschel des Gottes ziehen, nehmen symmetrisch Stellung. Ein weiteres Beispiel bringt der fünfte Kupfer zur "Catharina von Georgien". Vorn streiten Liebe und Tod um den Vorrang, dahinter steht der Chor der Tugenden (IV. A, Ende). Nicht nur die streng symmetrische Aufstellung und die achsiale Perspektive verdient unsere Beachtung. Auch bühnentechnisch lenkt die Gruppierung des Chores auf den hinteren Raum unsere Aufmerksamkeit. Hier wird die "Mittelgardine" greifbar, die als ein Vorhang das Bühnenpodium in zwei Hälften unterteilte. Bei den Wandertruppen hielt sich diese schlichte Ausstattung noch länger. Sie flechten auch gelegentlich den Tanz als Teil der Handlung in das Stück hinein. In diesen Gruppen-

szenen beherrschen einzelne Hauptfiguren die Situation. Sie entstammen
dem zeitgenössischen höfischen Leben.

Doch es gab noch eine weitere Art des Massenaufgebotes, im Leben
wie auf der Bühne. Bild 10 (III,4) zeigt einen langen Aufzug, genau so wie
wie die szenische Anweisung ihn schildert (Pharasmanes, S.50): "Der
Schauplatz stellet eine lange Straße in Hamartin vor, die überall mit
Blumen, Cräntzen und Teppichen ausgezieret und in deren Mitten die
Ehrenpforte aufgerichtet ist, wodurch den Einzug nach dem königlichen
Pallast unter Pauken und Trompeten Schall geschiehet. Es machet ein
Trupp medianischer Lauffer den Anfang hiervon, und dießen folget ein
Theil der iberischen Militz mit klingendem Spiele, welchen die Hoffbedienten des Pharasmanes und letztlich der Londinen nachgehen. Hierauf
aber siehet man die Helffte der königlichen Leibwache nebst einem dar-
auf folgenden Kämmerling, der auf einem Küßen Krohn und Zepter träget,
und nach welchem Dajoces mit entblößtem Schwerd reitet." Dies bietet
das Bild ganz vorn. "Dießem folgen die Priester, so den güldenen Altar
mit dem heiligen Feuer tragen, nach welchem Pharasmanes... vor einer... Senffte... herreitet. Dieser nechst siehet man die Kämmerlinge,
Mohren und Verschnittene von Colchis, welchen die andere Helffte der
Leibwache nachfolgete, worauf endlich viele ausgeziehrte und mit dem
Brautschatze beladene Maultiere und Camele kommen, denen die übrige
iberische Soldaten nachgehen und den Einzug beschließen." Kurze Chor-
sätze werden dabei gesungen. Es dürfte wohl vermutet werden, daß die
den Anfang machenden Soldaten und Hofleute noch einmal als Abschluß
über die Bühne ziehen. Immerhin gehört ein beträchtliches Massenauf-
gebot für diesen Brautzug. Aber schon 60 Jahre früher wird für die
prunkvollen Schauspiele der Jesuiten in Wien vor dem Kaiser (die sogen.
ludi caesarei) mit großen Massen gearbeitet. In der "Pietas victrix"
macht die Schlußszene das sichtbar. Noch mehr erstaunen aber unter
diesen Kupfern die mehrfachen Kampfszenen. Das Kunstdrama der
Schlesier vermeidet nach antikem Muster dergleiche Schaustellungen.
In Wien jedoch gab es einen regulären Fliegerangriff (II,8), die Erstür-
mung einer Stadtmauer (III,4) und sogar die Marine (IV,9) wird bemüht.
Tatsächlich kommen diese Vorgänge alle in der Handlung des Stückes
vor. Ein Effekt, nämlich der Einsturz einer Brücke, wodurch der Tyrann
den verdienten Tod findet, wird nicht abgebildet. Die Wanderbühne verwendet denselben Trick und nutzt ihn durch Beteiligung von Hanswurst
komisch aus. Die Hauptfigur des Stückes Gordianus tritt (I,8) "mit seinen Soldaten" auf. "Gehet voran über die Brücken, welche hernach zerbricht. Hanswurst thut oft, als wolt er hineinspringen... Hanswurst
weigert sich, wird aber mit Gewalt von Octavio hineingezogen und haben
iren lazzo. Springt ins Wasßer." (Wiener Haupt- und Staatsaktionen,
Bd.1, S.15 f.) Bei den Wandtruppen sind Kampfszenen seit alters beliebt. Aber statt Massenaufgebotes werden Einzelgefechte vorgeführt.

Auch in der "Pietas victrix" wird ein Schwerterkampf (II, 2) von nur vier
Fechterpaaren ausgeführt, wahrscheinlich weil zu solcher Darbietung
lediglich gut ausgebildete Schüler herausgestellt werden konnten, deren
Können vor den sachverständigen hohen Zuschauern zugleich die Voll-
wertigkeit der Erziehung für den Hof- und Staatsdienst deutlich machte.
Im "Königssohn aus England", einem Repertoirestück aus der Sammlung
von 1620 heißt es: "Alsbald wird an zweien Orten geblasen, und kommen
immer zween und zween heraus, die da fechten mit Schild und kurzen
Schwertern, wovon dann einer liegen bleibet. Nach diesen allen kömt
der König von England mit bloßem Gewehr heraus; auf der anderen Seiten
der König von Schottland und ein jeglicher Volk bei sich." Hier macht
sich offenbar die geringe Mitgliederzahl der Truppen hemmend bemerkbar. Noch die späte Staatsaktion vom Tode Karl XII. von Schweden (Hs.
v. 1724) begnügt sich mit der Andeutung des dänischen und des schwedi-
schen Heeres durch je zwei Offiziere, die mit gezogenem Degen nacheinander aus der Kulisse treten, aber mit einer Zeile Text dort stehen bleiben und sich nur stichomythisch aber nicht mit Waffen bekämpfen, vielmehr schließlich bei ihrer Kulisse wieder abgehen (Neudr. S. 41/44).
Beim "Pharasmanes" hingegen treten sich je ein "Trupp Soldaten" gegenüber, auch ohne daß es eigentlich zum Kampf kommt. Im allgemeinen
werden die Kampfszenen voll lebhafter Bewegung erfüllt gewesen sein.
Darauf deuten solche Anweisungen, wie "Jagen den Prinzen übers Theatrum" oder "jaget ihn fechtens ab". In "Perseus und Andromeda" (Handschrift des F.E.Paulsen von 1700) geschieht die Befreiung der am Felsen Gefesselten in aller Ausführlichkeit. Da heißt es erst "der Drache
läßt sich sehen, Perseus auf einem geflügelten Pferde"; später "Perseus (streitet mit dem Drachen und erlegt Ihn)". Ebenso eindrucksvoll
wie rabiat ist die Geste des Sieges im "Verirrten Liebes-Soldat" (1689).
Die verkleidete Kaiserstochter Aribane trifft auf den Perserkönig Selim.
Die Anweisung lautet: "Aribane kommt ihm entgegen mit bloßem Säbel...
fechten, Selim läßt den Säbel fallen und stürzt zu Boden, Aribane trit
ihm auf den Leib." Doch sie kann sich ihres Triumphes nicht freuen,
denn sein Sohn, der "verirrte Liebessoldat" "kombt und errettet ihn,
nimt A. gefangen und bindet sie". Recht anschaulich können wir die einzelnen Phasen der Katastrophe bei der Staatsaktion "die Enthauptung
des Weltberühmten Wohlredners Ciceronis" (Handschrift von 1724; Wiener Staatsaktion, Bd. 1, S. 89 bis 92) verfolgen. Auf der Flucht wird
Cicero von zwei Trägern "in ein Sesl getragen" auf die Bühne gebracht
(V, 13). In der nächsten Szene kommen "Marcus Antonius mit seinen
Zusammengeschworenen vermasquiert und gleich Hanswurst von ferne,
er versteckt sich und schaut öfters heraus". "Marc. Antonius springet
herzu mit seinen Verräthern, die zwei Trager lauffen darvon" (S. 91).
Nach langer Alexandrinerrede Ciceros (S. 92) vollzieht sich die Enthauptung: "Sie lauffen hinbey, und Cicero gibt ihnen aus dem Tragsesel den

Cörper zum Fenster mit dem Kopf, alwo sie ihm solchen abschlagen. Es kan nach eines Direktors Belieben gemacht werden. Hanswurst kann seine lazzi haben." "Die Masquierten tragen den Sesel weg." Hinrichtungen und Ermordnungen sind häufig. Da heißt es dann etwa: "und lauffen mit entblöstem Gewehr auf ihn zu", "Hanswurst lazzi auch unter wehrender Ermordung; wird endlich der Körper weggetragen" (Pelifonte, Wiener Staatsaktionen, Bd.1, S.322). Abgeschlagene Köpfe gehören zu den notwendigsten Requisiten. Bereits Gryphius verwendet das Haupt der toten Catharina. Bei den Wandertruppen wird als besonderer Effect "in einer schüssel Archilusches Haubt" aufgetragen (Amor Tyrann, III, 5), gelegentlich beginnt solch Kopf in der Schüssel auch zu sprechen, wobei der Schauspieler durch das weit herunterhängende Tischtuch verdeckt ist. In wortlos unheimlicher Stille vollzieht Titus Andronicus seinen Racheschwur: "Jetzt gehet Titus Andron: auff die Knie sitzen, und fangen an ein Klagelied zu spielen (d.h. hinter der Bühne), die andern alle (sein Bruder und sein Sohn) gehn umbher sitzen da die Häupter liegen. Titus nimpt seine (abgeschlagene) Hand, helt sie und siehet gen Himmel, seuffzet, schweret heimlich, schläget sich für die Brust, leget nach vollendung des Eides die Hand weg, darnach nimpt er das eine Häupt, darnach auch das ander, schweret bey einem jeglichen besondern, zu letzt gehet er zu der (geschändeten) Andronicam auch, die auff die Knie sitzet, schweret bey derselben auch, wie er zuvor bey den andern, darnach stehen sie sämptlich wieder auff" (Creizenach, Schauspiele d. engl. Kom., S.36).

Diese Gruppen- und Massenszenen erfordern nicht allein für die darin vollzogenen Bewegungen einen Raum von beträchtlicher Breite wie auch Tiefe. Er muß auch entsprechend ausgestattet, wirkungskräftig ausgemalt sein. Der sich öffnende Vorhang gibt ein Schaubild frei, in welchem die Personen einbegriffen sind. Die enthüllte Dekoration repräsentiert eine Situation, die für das im Stück sich vollziehende Geschehen bezeichnend ist. Dafür liefert der Raum nicht einen äußerlichen Rahmen, er wird Echo des Spiels. Die ausgreifende Gestik der Schauspieler verlangt Bewegungsfreiheit, "Spielraum". Die Gänge, der passus scenicus mißt den Raum in Breite und Tiefe aus, erfüllt ihn mit den Ausbrüchen der Affekte. Ihre Aktion durchstrahlt den Raum, und dieser wiederum hält ihre Beweglichkeit zusammen, daß sie sich kondensiert, ihn mit Lebensfludium erfüllt. So gehören Schauspieler und Schauraum als eine Einheit zusammen. Dasselbe Grundprinzip des Schaubarmachens durchwaltet sie, und zwar in weitschwingender Pathetik, in bewegter Leidenschaftlichkeit mit einem Hang zum Gesteigerten, Maximalen (Über "Schauraum" und die den anderen Epochen gemäßen weiteren Raumarten vgl. meine Abhandlung Funktionstypen dramatischen Raums. 9.R. M., N.F. Bd.20, 1970, S.55 ff.)

Zusammenfassung

So ergibt sich uns ein Bild von eigentümlicher Fülle, ja scheinbar gegensätzlicher Vielfältigkeit. Bald gravitätische Dehnung in dem Geschen des Stückes und demgemäß pathetisches Gehabe in breiter Entfaltung, dann wieder jäher Zusammenprall, aufbrausendes Toben, Mord und Hinrichtung. Stete Umschläglichkeit wie bei den Affekten scheint die hauptsächlichste Art des Fortgangs. Doch alles wird von einer geheimen Gemeinsamkeit durchwaltet, die mehr ist als äußerliche Gleichzeitigkeit, die vom Zeitgenössischen getragen wird. Barockes Menschentum liegt zugrunde, aus diesem Wurzelboden sprießt auch das schauspielerische Gestalten. Was sich auf der Bühne in oft so grausiger Anschaulichkeit vollzieht, entspringt nicht bloßer Effekthascherei. Gewiß ist alles, was und wie es getan wird, auf das Publikum gerichtet und will Wirkung, möglichst starke Wirkung erzielen. Aber die tief pessimistische Lebensstimmung und die bedrohliche Existenznot der Epoche durchklingt alles und drängt in die unmittelbare Sichtbarkeit der Bühne. Das Spiel der Schauspieler verhilft dem zum Leben in imposantem Glanz und grausiger Vergänglichkeit zugleich. Das Erschauern darüber rüttelt die Menschen auf, warnt und mahnt an gesteigerten Vorbildern im Guten wie Bösen. Gesteigert ist das Geschehen der Stücke und der Figuren, dem entsprechend auch das Gestalten ihrer Darstellung. Intensität, Steigerung, Kontrast wird beabsichtigt vom Autor wie vom Darsteller und erwartet vom Zuschauer. Wucht und Prunk heißt das Ergebnis bei der Konkretisierung durch die Vorstellung. Eine Terrassendynamik läßt sich beobachten wie bei der Cembalomusik; kein Nuancenreiches Entfalten und Umfärben, nein, das Gegeneinander großer Licht- und Schattenmassen, ein jähes Umspringen in eine andere Tonart. Das Toben der Affekte tritt neben das Bedenken des Notwendigen, die Dämonie des Egoistischen trifft auf die ewigen Normen und Ordnungen, die vom Gott gesetzt und gefordert werden. Die Gesten tragen diesen beiden Dimensionen das Daseins voll Rechnung. So offenbart sich das zeitcharakteristische Menschentum und seine Weltanschauung auch in der Schauspielkunst des Jahrhunderts, gibt ihr Einheitlichkeit und inneren Sinn, schafft einen Epochalstil, wodurch sie sich als eigenartig von allen vorherigen und späteren Ausprägungen als barock abhebt.

Aus "Maske und Kothurn". 1.Jg. 1955, S.109 - 139, ohne die Abbildungen. Francius Lang, Fig.2 u. 4 in Kindermann Europ. Th.gesch. Bd. III, S.481 u. meiner Barockkultur, S.22 Abb.21. Das Gemälde von Frans Hals, Abb.5, Courage, Abb.6, Opitz, Abb. 10 u. andere.

Deutsches Barockdrama als Beginn
des Moskauer Hoftheaters (1672)

Seit langem bekannt und aufmerksam beachtet ist der Beginn eines
Hofthaters am Zarenhof zu Moskau. Es handelt sich um die Jahre 1672
bis 1675. Denn rasch machte der Tod dem allem ein Ende: der Zar Alexej
Michailowitsch starb am 28. Januar 1676, und der Verfasser der Texte
und Leiter der Aufführungen, Johann Gottfried Gregorij, war schon am
16. Februar 1675 von einer Krankheit dahingerafft worden.

Der Zar Alexej (geb. 1629) hatte in zweiter Ehe die erst 20jährige
Nathalie Maryschkina am 22. Januar 1971 geheiratet[1]. Sie war schön,
aber auch angeregt. Früh verwaist, war sie im Palast ihres Oheims
aufgewachsen, der ein Freund der westeuropäischen Barockkultur und
ein Mäzen der Deutschen im besonderen war. Dieser aber war der Bojar
Artamon Matwejew, der als vertrauter Ratgeber des Zaren die Funktion eines Außenministers ausübte. Die wohlwollende Art des Herrschers
war einer maßvollen Annahme ausländischer Zivilisation zugeneigt. Zudem war der polnische Hof mit der Nachahmung von barocken Hoffesten
schon längst vorangegangen. So genügten jetzt die einheimischen Spaß-
macher und Sänger in Art der Skomorochi, die Seiltänzer und Akrobaten,
die Tänzer und Lautenschläger nicht mehr. Bei den Hofgesellschaften,
die leicht in Gelage ausarteten, spielten deutsche Trompeter und ein
deutscher Organist. Da außerdem der Fremdenhasser, der Patriarch
Nikon, 1667 abgesetzt und verbannt war, stand einer moderneren Ausgestaltung des Hoflebens nichts im Wege. Dazu gehörten auch prunkvolle
Theateraufführungen. Auf Anregung der lebensfreudigen jungen Zarin
hatte Matwejew seinen Freund, den Obersten Nicolas von Staden, auf
die Reise nach Kurland, Schweden und Preußen gesandt, um Musiker,
Tänzer und Schauspieler zu engagieren. Aber das zog sich hin und brachte wenig Erfolg. Inzwischen war das freudige Ereignis eingetreten, daß
der Zarewitsch Pjotr (der spätere Peter der Große) geboren war (30. Mai
1672). Wohl in Freude darüber verlangte der Zar nach einem Festspiel.
Sein Beichtvater hatte ihm ausdrücklich erlaubt, dergleichen abhalten
zu lassen. Da wagte man den Versuch, im Lande ein solches Stück in
Auftrag zu geben. So beauftragte man einen Pfarrer der deutschen Vorstadt, Johann Gottfried Gregorj - oder wie das Dekret des Zaren vom
4. Juni 1672 ihn nennt: den Magister Jagan Gottfried -, "ein Schauspiel
zu verfassen, dessen Handlung der Bibel aus dem Buch Esther entnommen sei, sowie um es darzustellen, ein Bauwerk neu aufzuführen". An-

---

1 Für das Zeitgeschichtliche: W. Kliutschevskij, Geschichte Rußlands, Bd. 3 und 4, 1925
(übers. v. Reinhold v. Walter). Valtentin Gitermann: Geschichte Rußlands, Bd. 2. Hamburg 1949.

scheinend ohne vorher irgendwie zu verhandeln oder anzufragen, wurde der Pastor einfach dazu bestimmt. Und er fand sich rasch und gut in die neue Aufgabe. Bereits nach vier Monaten, am 17. Oktober 1672, fand vor dem Hof die Aufführung des Schauspiels "Artaxerxes" durch Schüler der deutschen Schule statt. Die Einübung erforderte drei Monate. Das Stück war also in einem Monat zum mindesten soweit gediehen, daß mit der Einübung begonnen werden konnte. Beides war eine beträchtliche Leistung, denn es wurde von den Deutschen in russischer Sprache gespielt. Und es glückte. Eine Wiederholung scheint zu Pfingsten 1673 stattgefunden zu haben. Der Erfolg bestand darin, daß Gregorij und seine Spieler vom Zaren Geschenke erhielten und einen Festschmaus. Auch wurde eine Art Theaterschule gestiftet, jedenfalls Mittel zugesagt für die Ausbildung von Schülern nach dieser Richtung. Vor allem aber wurden weitere Stücke von Gregorij gefordert und tatsächlich auch geliefert. Eine "Judith" führte er Anfang Februar des nächsten Jahres auf und im November schon den "jungen Tobias". Wann das "Schauspiel von Adam und Eva" gezeigt wurde, steht nicht fest, vielleicht 1674, wo auch Wiederholungen von "Judith" und "Artaxerxes" im November belegt sind. "Bajazet und Tamerlan" wurde im Karneval (1. bis 14. Februar) 1675 vorgeführt und schließlich noch ein "Joseph". So sind es also sechs figurenreiche Schauspiele, die der Pastor in dieser kurzen Zeit für den Zarenhof in Moskau verfertigte.

Diese Stücke bedeuteten den Ansatz zu einem Kunstdrama, denn sie wurden ja in russischer Sprache aufgeführt. Damals war diese noch nicht als eigentliche Literatursprache durchgebildet und gefestigt. Daher störten auch nicht die vielfachen Wendungen aus der Umgangssprache, es ärgerten wohl auch nicht die häufigen Germanismen und selbst Polonismen. Es sind nämlich die Texte erhalten, bekannt und untersucht. Nur das Stück vom jungen Tobias fehlt noch.

Bislang vermißte man besonders den Text des Erstlingsdramas, vom "Artaxerxes". Jedoch wurde er kürzlich aufgefunden, und zwar sind es gleich zwei Handschriften, die an weit auseinander liegenden Orten auftauchten. Allein ein russischer Text wie bei den vier übrigen Stücken fand sich in der Bezirksbibliothek von Vologda (jetzt Moskau, Lenin-Bibliothek). Diese zwar lückenhafte Handschrift wurde mit umfänglicher Einleitung herausgegeben von J. M. Kudrjavcew in Akademija Nauk SSSR, Institut russkoj literatury, 1957. Weit aufschlußreicher ist das andere Manuskript, weil es zweisprachig ist, nämlich deutsch und russisch. Damit wird die naheliegende Vermutung bestätigt, die schon 1889 P. O. Morozov (S. 163 ff.) äußerte, daß der Pastor seine Stücke zunächst in Deutsch schrieb und daß sie dann ins Russische übertragen wurden. Offensichtlich war Gregorij sprachbegabt, seine Gewandtheit als Kanzelredner ist belegt, das Stück selbst bestätigt es, aber für das Russische reichten seine in den zwölf Jahren seines Aufenthaltes erworbenen Kenntnisse doch wohl nicht ganz aus. Da er aber die ganze Zeit hindurch zugleich Lehrer und Leiter der deutschen Schule war, bekam er von dort her Unterstützung. Es handelt sich um seine beiden deutschen Kollegen. Johann (Jagan) Palzer half ihm als Abschreiber bei den drei Stücken "Artaxerxes", "Judith" und "Tobias". Der andere war Lehrer für Russisch und hieß Georg Hübner; er nannte sich später Jurij Michajlov und wurde 1679 als Dolmetscher im Dienst des Auswärtigen Amtes (Possòlskij Prikàs) zugelassen. Daher erklärt sich das etwas krampfige Russisch mit den Germanismen. Diese beiden halfen wohl auch beim Einstudieren. Für die Regie stand besonders Lorenz Rinhuber zur Verfügung. Er war eigentlich als Hauslehrer nach Moskau mitgenommen worden und jetzt ebenfalls als Lehrer an der deutschen Schule eingesetzt. Zugleich ist er für uns die entscheidende Quelle. Ein Blatt mit der Personenbesetzung und einem Überblick über die Hauptszenen eröffnet die Handschrift. Daraus läßt sich folgern, daß er sie mit sich führte und bei einem Aufenthalt in Frankreich (1678 oder 1681) dem bekannten Gelehrten und Büchersammler P. Menestrier S. J. verkaufte oder verehrte. Aus dessen Nachlaß kam sie in den Besitz der Stadtbibliothek Lyon, wie die Bemerkung auf dem Vorsatzblatt ausweist: "Ex dono P. Menestrier Soc. Jes." Ein marmorierter Umschlag, wie er im 17. Jahrhundert für solche Texte üblich ist, umschließt 177 erhaltene Blätter und die Reste von 16 herausgeschnittenen. Es ging damit der ganze zweite Akt verloren. Alle Blätter sind beidseitig beschrieben, und zwar entweder deutsch oder russisch. Auch hinsichtlich des Papiers unterscheiden sie sich. Sie folgen sich abwechselnd so, daß sich die beiden Sprachen stets gegenüber stehen. Eine sorgfältige Ausgabe veröffentlichte 1954 das Institut d'Etudes slaves de l'Université de Paris (Bibliothèque russe tome XXVIII). Dr. Frédéric Cocron betreute besonders den deutschen, Prof. André Mazon den russischen Text vorbildlich. Die Einleitung orientiert über Gregorij, und sprachliche Erläuterungen wurden angefügt. Es handelt sich aber um Abschriften, nicht etwa um das Original des Pastors. Von diesem stammt jedoch das Blatt 6 mit dem Prolog, wie ein Vergleich mit einem Gelegenheitsgedicht (Stuttgart 1667, S. 24) beweist. Das erste Blatt mit der Überschrift und den Personen scheint Rinhuber geschrieben zu haben. So besitzt also das Manuskript doch große Nähe zum authentischen Text, obwohl weder der Titel noch der Verfasser angegeben ist.

Wer war nun dieser Johann Gottfried G r e g o r i j[2]; was wissen wir von ihm? Er wurde am 15. Mai 1631 in Merseburg geboren als Sohn des

---

2 Der Name Gregori wie Jacobi Josephi ist noch heute in Mitteldeutschland verbreitet, auch mit der Schreibung -y. So schreibt sich der Pastor selbst in einem Dokument (Voyage, S. 10) und auf dem Faksimile seines Abschiedsgedichtes, Stuttgart, 10. Oct. 1667 (Artaxerxes, S. 24). Rinhuber (Voyage, S. 27, 43, 50) schreibt ihn -ij wie auch der Porträtstich (1667) und sämtliche russischen Dokumente (Voyage, S. 17 (= 1667),

Arztes Victrinus Gregorius, Lizentiat der Medizin. Seine Mutter Anna
Maria war die Tochter des Bürgermeisters Donat. Er stammte also
aus dem gehobenen Bürgertum und wird den üblichen Bildungsweg über
das Gymnasium zur Universität gegangen sein. Es liegt nahe, bei ihm
das Studium der Theologie zu vermuten, und zwar in Jena. Ob er auch
an weiteren Universitäten studierte, ist nicht klar. Der Tod des Vaters
zwang ihn wohl, das Studium abzubrechen, und der ausgebrochene Nordische Krieg zog den Unternehmungslustigen in seinen Bann. Das ist
nicht ungewöhnlich, wissen wir doch von Caspar Stieler das Gleiche.
Er war nur ein Jahr jünger und trat in Königsberg wohl 1655 in ein bran-
denburgisches Dragonerregiment (bis 1657). Gregorij soll zunächst bei
den Schweden gedient, dann einem polnischen Reiterregiment angehört
haben. Dabei dürfte er mit dem General Nicolas Baumann bekannt geworden sein. Nach der Schlacht von Warschau (1658) begab er sich im
Oktober dieses Jahres nach Moskau. Dort gab es eine besondere Vorstadt (Njemjezkaja Sloboda), die vorwiegend von Deutschen bewohnt war.
Sie besaßen zwei eigene Kirchen und eine Schule, beides lutherischer
Konfession[3]. Den Pfarrer, Fadenrecht, hatte seinerzeit auch Olearius
auf seiner berühmten Reise nach Persien, an der ja auch Paul Fleming
beteiligt war, aufgesucht. An der Schule wurde Gregorij als Lehrer beschäftigt. Bald wurde er auch zum Gottesdienst als Hilfsprediger herangezogen. Seine Auslegungen der Bibel fanden großen Beifall. Es existier-
te nämlich eine weitere Gemeinde, die sich gegenüber der älteren (Alt
Teutsche) als Sachsenkirche oder "Officir Kirch" bezeichnete und nun
nach Kriegsende stärkeren Zustrom erhielt. Da hinein paßte Gregorij
besonders gut, und der General Baumann führte den Vorsitz im Gemein-
derat. Aber um als Prediger angestellt zu werden, genügte seine Begabung als Redner nicht. Sein Studium war ohne Abschluß geblieben. So
erwirkte der General ihm einen Urlaub nach Deutschland. Am 12. August
1661 wurde Gregorij in Jena immatrikuliert. Schon nach einem halben
Jahr erwarb er die Würde eines Magisters und war damit für den Gym-
nasialunterricht ausgewiesen. Im Frühjahr 1662 bestand er die Theolo-
gische Prüfung vor dem Oberkonsistorium in Dresden und wurde ordi-
niert, und zwar in Gegenwart des Kurfürsten. Er hatte es offenbar ver-

19 (1968); das entspricht der russischen Schreibart, entsprechend dem geläufigen
   Vornamen Grigorij. Von den deutschen Lokalforschern wie A. W. Fechner und Ernst
   Koch wurde das entsprechend der Schreibung bei lateinischen Wörtern jener Zeit
   ij als ii gelesen und gedruckt und als patronymer Genetiv von Gregorius gedeutet.
   Rinhuber schreibt im lateinischen Text gelegentlich auch Gregorius (Voyage, 28 f.).
   Nic. Evreinoff und andere schreiben "Gregori".
3 A. W. Fechner: Chronik der Evangelischen Gemeinden in Moskau, 1. Bd. Moskau 1876.
   Vor dem Titel befindet sich ein Ortsplan. Ernst Koch: Die Sachsenkirche in Moskau
   (Neues Archiv für sächsische Geschichte. Bd. 32 (1911), S. 270-316. Beschreibung der
   deutschen Siedlung. S. 271.

standen, auf sich und seine russischen Beziehungen aufmerksam zu machen, denn er erhielt auch einen lateinischen Empfehlungsbrief (datiert vom 16. April 1662) an den Zaren vom Kurfürsten und einen vom Herzog (datiert vom 23. Mai 1662) aus Merseburg. Er hatte seine Heimat also besucht und dann seine Mutter, die mit dem Stadtphysikus Blumentrost in Mühlhausen in zweiter Ehe lebte. In Deutschland ließ er auch ein Lobgedicht auf den General Baumann drucken, der sich beim Einfall der Tartaren ausgezeichnet hatte. Aus Angst vor den heranbrausenden Reiterscharen war damals die Hauptstadt in Verteidigungszustand gesetzt und dazu die Vororte zerstört worden. Nun galt es, auch die Kirchen neu aufzubauen. Notbauten mußten da zunächst helfen, doch um sie durch massive Gebäude ersetzen zu können, fehlten die Mittel. Diese zu beschaffen, kam der General Baumann auf den Ausweg, Gregorij erneut nach Deutschland zu schicken, nunmehr offiziell. Er verschaffte sich durch seine guten Beziehungen zum Hof zwei offizielle Schreiben, die auf jene von Gregorij mitgebrachten Bezug nahmen. Auf diese hin hatte man schon die "Kirka" der Offiziere in "Sachsenkirche" umbenannt, und Gregorij war ja ihr Pfarrer. Nun kehrte er im Frühjahr 1667 in offizieller Mission nach Dresden zurück und wurde hier wie an anderen Höfen Mitteldeutschlands in Audienz empfangen. Er hatte vollen Erfolg. Sein Portrait wurde sogar in Kupfer gestochen (Bild zu Beginn der Publikation des Artaxerxes). In einem Dankgedicht an J. Chr. Keller, den Staatssekretär des Großherzogs Eberhard von Württemberg in Stuttgart, preist er den Zaren, der die Deutschen begünstigte (Abbildung Artaxerxes, S. 24). Tatsächlich hatte er auch den Auftrag, tüchtige Fachkräfte mitzubringen. Jedenfalls nahm er nun seinen Stiefvater und dessen Sohn mit, und zwar als Hofmedikus des Zaren. Wir sehen also: typisch barock ist dieser Mann, der alles andere war als ein stiller Gelehrter in der Studierstube, vielmehr ein redegewandter Weltmann voll Unternehmungsgeist und auch wohl Geltungsbedürfnis; rastlos und geschickt, zugleich begabt und gebildet. An Neid und Verleumdung fehlte es nicht, aber auch nicht an Erfolg und Anerkennung.

Sicherlich war der Gipfel seines Lebens der Auftrag vom Zaren, Schauspiele für den Hof zu schreiben und aufzuführen. Wieder hatte der General Baumann dabei die Hand im Spiele. Unklar ist, ob die Wahl des Themas auf Vorschlag und mit Vorwissen des Pastors erfolgte. Jedenfalls fand sich der Autor sehr gut damit ab, nutzte es sogar echt barock zu einem aktuellen Bezug aus. Der Prolog schließt nämlich mit den Versen: "Schickt aber Gott es so, daß unser schwaches Lallen / Kann Deiner Majestät höchst-gnädigst wohl gefallen, / so wirff auf Persien nicht deinen Gnaden-Schein, / laß Ahasverus Volk alsdann nur Teutsche sein!" Zunächst hatte die letzte Zeilen geheißen: "Ach, laß den Ahasver doch einen Teutschen sein!" Der wohlratende Gottesfürchtige war wohl zu sehr Einzelfall, das Stück sollte aber der ganzen deutschen Gemeinde zugute kommen. So ganz an den Haaren herbeigezogen ist diese Analogie nicht. Denn 1643 hatte der Zar Michael Fedorovitsch dem Verlangen der orthodoxen Geistlichkeit nachgegeben und die Zerstörung der drei deutschen Kirchen innerhalb von Moskau angeordnet, und auch der neue Zar, eben Alexis, hatte zu Beginn seiner Regierung 1649 diese Politik des Mißtrauens fortgesetzt, ja er hatte (1652) noch energischer die Ansiedlung der Deutschen in einem besonderen Vorort außerhalb der Stadtmauern vorgeschrieben. Dann aber änderte er seine Einstellung, wohl im Zusammenhang mit Erfahrungen im Nordischen Krieg. Dieser Umschwung fiel gerade mit dem ersten Auftauchen von Gregorij zusammen oder hatte es direkt veranlaßt. Und das eben klingt im Schluß des Prologs an. Solcherlei Aktualisierung war im Barock durchaus üblich, ja geradezu Pflicht. Aber dieser Stoff bot tatsächlich eine Fülle von analogischen Bezügen. Sie betreffen alle drei Hauptpersonen des Stückes, außer dem König vor allem Esther und Mardochai. Denn wie einst Ahasver hatte der Zar ja unlängst die junge schöne Natalja geheiratet. Sie erinnerte an Esther und setzte sich wie jene beim Herrscher für die bedrohten Fremdlinge ein. Bezeichnenderweise umgab den eben geborenen Zarewitsch Peter bald allerhand Spielzeug aus Deutschland, auch trug der Knabe bald gern deutsches Gewand. Überhaupt hatte er wie seine nur ein Jahr jüngere Schwester sich in der hübschen deutschen Vorstadt eifrig umgesehen, auch wohl den Handwerkern dort zugeschaut. Natalja war ja Pflegetochter von Matwejew und in seinem Haus. Dieses war nach westlichem Muster eingerichtet. Die Hausherrin war Schottin, eine geborene Hamilton. In ihrer Gegenwart fanden Empfänge statt, bei denen kultivierte Salongespräche geführt wurden, wie es etwa Harsdörfers Frauenzimmer-Gesprächsspiele vorbildlich darstellten. In der Bibliothek des Hausherrn fanden sich 63 Werke ausländischen Ursprungs, außer 42 lateinischen 12 deutsche und ein holländisches neben 3 französischen und 4 polnischen. Daneben waren damals viele handschriftliche Übersetzungen bei aufgeschlossenen Adligen vorhanden. Der Sekretär einer kaiserlichen Gesandtschaft, Adolf Lyseck, berichtet über 1675, allein Matwejew machte auf ihn den Eindruck, daß er das russische Wesen abgelegt habe, er sei ein großer Gönner der Ausländer, und die Deutschen nannten ihn ihren Vater[4]. So lag die Analogie zu Esther und Mardochai nahe. Auf der anderen Seite auch noch jene zu deren Gegenspieler Haman. Sein Sturz dürfte die Hofgesellschaft an jenen des Patriarchen Nikon 1667 erinnert haben, diesen hassenden Bekämpfer alles Ausländischen überhaupt. Er hatte ja die Aussiedlung der Deutschen aus den Mauern von Moskau veranlaßt sowie die Zerstörung ihrer Kirchen.

Derlei naheliegende Assoziationen mögen dem Pastor gerade diesen Stoff nahegelegt haben, so daß er ihn seinen Gönnern zuflüsterte. Daß

---

4 Fechner: S. 368; Adolph Lyseck: Relatio ... Salzburg 1676. S. 122.

ihm das Wohlwollen der Hofkreise gegenüber den Deutschen und gar die Gönnerschaft des Zaren speziell am Herzen lag, das erweist auch sein in Stuttgart verfaßtes Gedicht (S. 25), in welchem er Alexej preist: "Der unser Teutsches Volk mehr als die Russen liebt / Und ihnen Kirch und Sitz, Sold, Ehr und Schätze giebt." Das sind Formulierungen, die nicht nur äußerlich im Ausdruck ("mehr als") echt barock klingen, auch inhaltlich dem barocken Wertsystem entsprechen. Dem nach Geltung strebenden Ich steht der Sinn nach Ruhm und Einfluß, auch nach Geld und Genuß: "Sold, Ehr und Schätze!" Das vermag allein der Monarch zu geben, sein "Gnaden-Will". Es gilt deshalb, der "Majestät höchst-gnädig wohlgefallen" zu erringen, auf daß dieser Sonne "Gnaden-Schein" sich dem "in Demuth", "in Dienst und Schuldigkeit" vor seinen "Gnaden-Füßen" Knieenden zuwende. Hier spricht sich nicht so sehr eine kriecherische Bettelei aus als die religiös fundierte Staatstheorie des Gottes-Gnadentums. Denn auch Gottes Liebe erzeigt dem sündhaften Menschen eben Gnade und erlöst ihn dadurch. Uns ziemt deswegen Demut, obwohl das machthungrige Ich des Barockmenschen so sehr zum Hochmut neigt. Aber Leben und Geschichte zeigen: "wie Hochmuth wird gestürzt, was Demuth kriegt zum Lohne", wie es im Prolog heißt. Damit spricht der Autor den Sinngehalt seines Stückes aus. Er zeigt, "wie wechselwunderlich das falsche Glükke spielt". Das warnt und mahnt, wie "Vasthi träget Schmach, die Esther eine Krohne / der freche Haman wird der Hoffahrt eine Lehr". So gibt die Handlung ein "kaum erhörtes Beyspill", wie Andreas Gryphius (Vorwort zur "Catharina") definiert, und schon nach Opitz (Vorrede zur "Judith") sollte die "Vorstellung solcher Exempel in Glück und Unglück" die Zuschauer veranlassen, "das geschehene nützlich (zu) betrachten". Denn alle Poesie solle "eine Lehrerin der Frömmigkeit... eine Mutter der Tugenden, eine Geleitsmännin der Weissheit und ein Quäll der guten Künste und Sitten" sein. Nachdrücklich betont der Pastor den religiösen Ertrag seines Stückes: "wie wunder-wunderlich / kann Gott des Menschen Rath doch treiben hinter sich!" Die Unsicherheit der irdischen Verhältnisse, die Unzuverläßigkeit alles irdischen Wohllebens hatte die Zeit seit dem großen Kriege immer wieder erlebt: das "Spiel des falschen Glücks". Aber die Frömmigkeit glaubte darüber Gottes Vorbestimmung am Werke. Auch Gregorij schreibt im Prolog: "So spielt das Glükke zwar, doch nicht ohn Gottes Schikken, / Gott ist es, der dem Glück kann leicht das Ziel verrücken." Das eben zeigt die Schicksalswende in dieser Handlung: "Ist dem Volk Israel der Tod schon zuerkannt, / in Jahresfrist hat Leid in Freude sich gewandt." So erhält das Geschehen auf der Bühne eine tiefere Bedeutsamkeit: "Von solchem Gottes-Werk, von solchen Wunderdingen / soll Ahasverus nun lebend'gen Nachricht bringen."

Der Name Ahasverus für den König der Perser weist darauf hin, daß Gregorij die Bibelübersetzung Luthers als Quelle benutzte. Der rus-

sische Text dagegen schreibt stets Artaxerxes gemäß der Vulgata. Die
Übersicht von Rinhuber notiert ebenfalls diese Namensform, während
er die Form Haman beibehält, die im Kontext stets Aman wie im Lateinischen lautet. Darin liegt bereits der Hinweis, daß die zeitgenössischen Stücke der Jesuitengymnasien nicht die Vorlage für dieses "Schauspiel von Artaxerxes", wie die russische Bezeichnung lautet, geliefert
haben werden, zumal sie ja ungedruckt blieben. Wenn in Augsburg 1652
ein "Aman", 1660 in Prag und 1666 in Burghausen eine "Esther", in
Graz 1673 "Mardochaeus" gespielt wurden, so zeigt das nur, wie geeignet für die Schulbühne der Barock diesen Stoff empfand. Jedoch das neue
deutsche Kunstdrama, nicht einmal Christian Weise griffen die Geschichte der Esther auf. Sie bot ihnen nicht, was sie für eine Tragödie uner-
läßlich fanden: die jähe katastrophale Schicksalswende als Sinnbild der
Vergänglichkeit und Vergeblichkeit alles Irdischen und als Gegengewicht
das sich dennoch behauptende Ich. Gregorij betonte in seinem Prologus
zwar das "Spiel des falschen Glücks" und damit die Unzuverlässigkeit
des Irdischen. Er deutet das Geschehen aus barocker Sicht; aber eine
tragische Hauptperson konnte er nicht schaffen. Damit rückt er von Gryphius und auch von seinem Generationsgenossen Lohenstein ab, nähert
sich den Jesuiten, deren große Schaustücke die exxlesia trimphans mit
allen Mitteln der Bühnentechnik demonstrieren. Daraus ergab sich für
die Ordensdramen eine Zweiteilung des Titels, die den Gehalt gern vor-
anstellt (Pietas victrix sive Constantinus Magnus de Maxentio victor).
Gregorij dagegen nennt allein Artaxeres, nicht etwa Esther, wie es die
meisten Stücke tun. Ihre Erhöhung und die daraus folgende Errettung
der Juden nahmen die Autoren des 16. Jahrhunderts als Lehrbeispiel für
Gottes Hilfe gegenüber seinen Gläubigen. "Von solchem Gotteswerk" will
der Pastor in Moskau wie jene früheren in Deutschland zwar auch zeugen,
eben als eifriger Lutheraner. Jedoch schreibt er ein Schauspiel mit den
modischen Mitteln seiner Zeit, soweit er sie eben kannte. Die Stücke
des vorigen Jahrhunderts waren verschollen, und gar Hans Sachs, der
zweimal den Stoff aufgriff, galt als albern. Auf den ersten Blick besticht
die gleiche anomale Zahl von sieben Akten wie bei der "Hester" (1559)
des Nürnberger Meistersingers. Doch ist die Aufteilung des Stoffes ganz
verschieden und beweist gerade Gregorijs Selbständigkeit und Unkenntnis
von irgendwelchen Fassungen des 16. Jahrhunderts. Aber auch zu dem
Stück der Englischen Wandertruppen (Comedia von der Königin Esther
und dem hoffärtigen Haman) bestehen keine direkten Beziehungen. Der
Auftrag des Zaren kommt eben doch unvorhergesehen. Fern allen deutschen Bibliotheken bleibt keine Zeit zu verlieren, die Bibel als Quelle
genügt. Was zu Gebote stand, war die vorhandene Bildung und Begabung.

   Tatsächlich, seine Bildung macht sich deutlich bemerkbar. Als
lutherischer Theologe nutzt er nicht allein Luthers Bibelübersetzung,
sondern kennt auch den hebräischen Urtext so gut, daß er ihn zitiert bei

der großen Klage der Juden im IV.Akt, Szene 3 (S.154-156). Auch er
wohl und nicht nur der Übersetzer benutzt die russische Bibelübersetzung. Ihr sind auch die Namen Artaxerxes und Estra, Aman entnommen.
Anklänge an die Psalmen in Luthers Fassung finden sich häufig und an
das Kirchenlied. Eindeutig ist auch der Zusammenhang mit der deutschen Barockdichtung seiner Zeit. Der Alexandriner wird gewandt ge-
handhabt. Versfüllung und Reimtechnik entsprechen den Grundregeln,
wie sie Opitz durchsetzte. Die Strophenformen, die Bilder und Vorstellungen des weltlichen wie des geistlichen Liedes lassen sich greifbar
wiederfinden, sogar schäferliche Motive (S.184). Jedoch ist eine Benutzung von Opitz' "Judith" oder eines Dramas von Andreas Gryphius nicht
zu erweisen. Hinsichtlich der Antike dagegen besagt allein schon der
Name Thraso die Kenntnis der römischen Komödie. Der großsprecherische Offizier aus dem "Eunuchus" des Terenz (Thraso) ist so recht nach
dem Geschmack des Barocks überhaupt und findet sich deshalb nicht nur
in Gryphius' "Horribilicribrifax" variiert, er entsprach wohl auch den
persönlichen Erfahrungen des Pastors, der ja Pfarrer der "Kirka der
Officirs"-Gemeinde war und nachweislich die ehrenrührigen Gerüchte
über sein Überläufertum als Reiter zu bekämpfen hatte. Kann man sich
also vorstellen, daß Terenz und auch wohl Plautus in seiner Bibliothek
neben den theologischen Werken standen, so ist von Seneca so wenig eine
Spur wie von Sophocles zu finden. Ebenso Opitz mit seinen beiden Übersetzungen (Troades von Seneca und Antigone von Sophocles) stand nicht
auf seinem Bücherbrett. Er wollte ja auch gar keine Tragödie schreiben,
sein "Artaxerxes" gehört einem anderen Formtypus an: dem Schaustück
mit Festspielcharakter. Aus ähnlichen Verhältnissen und Absichten hatten auch die Jesuitengymnasien Schaustücke erstellt, die jedoch einen
anderen Typus bei stets lateinischer Sprache ergaben. Er hat sie nicht
gekannt, weder als Buch noch als Aufführung. Aber auch in den zahlreichen kleinen Residenzen Mitteldeutschlands hatte das Gymnasium als
Pflanzstätte des Beamtentums analoge Aufgaben. Gleichzeitig blühte
dort die Pflege der Musik an Schule und Hof, und gesinnungsmäßig war
Frömmigkeit und Vorstellungskreis des Luthertums das tragende Fundament. Merseburg war damals noch eine kleine Residenz, und so könnten schon aus der Schulzeit her Anregungen und Eindrücke bei Gregorij
vorhanden gewesen sein. Außerdem führte ihn 1667 seine Reise als
Sammler für den Kirchenbau durch den mitteldeutschen Kulturkreis,
zu dem außer Thüringen und Sachsen auch Württemberg sowie die reichen Städte Ulm, Nürnberg, Augsburg gehörten. Sie alle pflegten damals
die Oper in einer deutschen Sonderform, abweichend von Italien und
Frankreich. Kein geringerer als Heinrich Schütz machte ja mit der
"Daphne" in Opitzens Fassung 1627 den Anfang. Manuskripte der Blüte-
zeit sind erhalten seit 1652 in Altenburg, in Weimar seit 1662, in Rudolstadt seit 1665, in Merseburg erst seit 1672, aber in Gotha seit 1662.

Dort erhielt unser Pastor am 4. Januar 1668 von Herzog Ernst dem
Frommen bare 200 Taler. Kurfürst Johann Georg II. von Sachsen ver-
sprach ihm 1000 Taler; er hatte kürzlich (am 27. Januar 1667) das von
Klengel (seit 1664) in Dresden gebaute Opernhaus eingeweiht[5]. Am aufschlußreichsten aber ist Jena, das damals nicht nur Universitäts-, sondern auch Residenzstadt war. Vom Rektor der Domschule (Gymnasium),
Joh. Georg Albin, ist sogar ein Stück (Eumelio) 1657 im Druck erschienen. Man rechnet auch mit studentischen Aufführungen, bei denen das
Musikalische mehr oder weniger stark verwendet wurde. Daneben steht
die höfische Richtung unter dem tüchtigen Adam Drese, der nach der
Auflösung der Weimarer Kapelle (1662) zwanzig Jahre als Hofkapellmei-
ster in Dresden wirkt und komponiert. So kann Gregorij schon als Student Stücke mit biblischen Themen, später auch höfisches Festspiel hier
kennen und schätzen gelert haben. Beispiele für die gepflegte und ge-
haltene Form des Festspiels bieten die sechs in Rudolstadt aufgeführten
und sie fallen noch dazu genau in die Zeit von 1665 bis 1667. Das letzte
zur Taufe des Thronfolgers wurde am 4. November 1667 aufgeführt. Es
sind Schauspiele mit musikalischen Zwischenspielen. Schauspielmanus-
kripte waren seit 1661 erhalten[6].

Zum mindesten vergleichsweise wäre auch heranzuziehen, was in
Leipziger Studentenkreisen geschah. Joh. Georg Schochs "Comoedia vom
Studentenleben" (1657) zeugt von Aufführungen und läßt die Form und
Ausstattung der Bühne deutlich erkennen. Sie ist weit schlichter gegen-
über der Art von Christopher Kormart, dessen seit 1669 gedruckte Stük-
ke "auff der Schaubühne einer studierenden Gesellschaft in Leipzig ehe-
mals aufgeführet" wurden, wohl bevor der Autor Magister wurde (1665).
Sind es auch keine eigentlichen Originale, so sind sie "auf Anleitung
und Beschaffenheit der Schaubühne einer Studierenden Gesellschaft in
Leipzig" zugeschnitten und eingerichtet. Auf diesen Brettern hat der
Studiosus Velten seine ersten Lorbeeren gepflückt, und zwar als Polyeuct
in Kormarts Stück. Auf dem Spielplan Veltens finden sich Stücke aus
biblischen Stoffen, so 1678 in Dresden eine dreiteilige Geschichte vom
Erzvater Jakob, oder 1688 in Hamburg "Die Rache der Gibeoniter" nach
Samuel 21 und Josua 9, auch ein "Spiel von Adam und Eva" im selben
Monat. Dasselbe Thema behandelte auch Gregorij wohl 1674. Wie die
literarisch interessierten Gebildeten an den Stücken der großen Truppen Anteil nehmen, erweisen die Aufzeichnungen des Danziger Ratsherrn
Schröder vom Jahre 1669. So wäre eine Kenntnis des Moskauer Pastors
von der deutschen Wanderbühne nicht verwunderlich. Tatsächlich ver-

---

5 Fechner: S. 316; Hans Schnorr: Dresden, 400 Jahre der Musikkultur. S. 56.
6 Erdmann Werner Böhme: Die frühdeutsche Oper in Thüringen. Diss. Greifswald 1931.
   S. 13. Außerdem meinen Abdruck des Festspiels "Die Wittekinden" in der Smlg.: Dt.
   Lit. in Entwicklungsreihen: Reihe Bar. Drama, Bd. 6. S. 209-308.

wendet er auch ein Zwischenspiel, das in vier Teilen um Mops als Hauptfigur gruppiert ist. Das erinnert an jenes von Hans Knappkäse in der "Comedia von der Königin Esther und hoffärtigen Haman". Jedoch stand deren Druck in den "Englischen Comedien und Tragedien" sicher nicht auf dem Bücherbrett der Studierstube in Moskau; sind doch gar keine Übereinstimmungen mit diesem Stück der Sammlung von 1620 bei "Artaxerxes" zu entdecken. Auch das Stück von "Bajazet und Tamerlan", das in Moskau zum Karneval Februar 1675 aufgeführt wurde, läßt sich nicht auf der Wanderbühne jener Zeit nachweisen. Jedenfalls zeigt Gregorijs Text keinen Zusammenhang mit Marlowes "Tamburlaine the Great" (1578). Der Stoff ist späer als Oper belegt, aber erst zu Anfang des 18. Jahrhunderts bei den Wandertruppen. So besteht also keine Abhängigkeit von der Wanderbühne.

Immer wieder sehen wir die Selbständigkeit in der Durchführung bei Gregorij, zugleich aber auch seine Bildung, zuletzt seine lebhafte Verknüpfung mit der Zeit, ihrem literarischen und theatralischen Betrieb.

Betrachten wir nun, was das S t ü c k selbst bot. Dabei helfen uns außer dem Text die Sprecher, deren Namen übrigens nur im russischen Teil angegeben werden, sowie eine Anzahl von Angaben. Auch sie befinden sich nur auf der russischen Hälfte und stehen dann in der Überschrift der Szene, wo stets die beteiligten Personen genannt werden. Außerdem gibt es noch zusätzliche Bemerkungen in lateinischer Sprache. Sie stimmen zu den beiden ersten Blättern vor dem Text des Stückes in Schrift und Art, und dürften von Rinhubers Hand stammen[7]. Er hatte ja die Aufsicht, war wohl auch der Einstudierer. Außer dem Personenverzeichnis mit der Besetzung auf der einen Hälfte (S.54) bietet die andere (S.54) eine Übersicht über die Abschnitte des Vorgeführten (es sind 14) und danach die szenischen Effekte zu jedem der sieben Akte, worauf also der Leiter zu achten hatte. Alles wiederum in lateinischer Formulierung. Dadurch vermögen wir uns den Verlauf der Aufführung, nicht nur den Gang der Handlung zu vergegenwärtigen.

Der Prolog schloß dem Wortlaut nach mit einer Huldigung an den Zaren: "Schau doch wie Ahasver alhier nun offenbar / den Zepter niederlegt vor deinen Gnaden-Füßen, / wie Esther ist bemüht, in Demuth dich zu grüßen, / wie alles Königsvolk sich dir macht unterthan..." Dazu vermerkt Rinhuber am Anfang seiner Überschrift: "Tzarem adorant Artaxerxes et Estra" (S.54). Nun beginnt der Text des Stückes (S.63) mit der Überschrift "Epulum Artaxerxes". Lateinisch folgt dann über-

7   Rinhuber: Voyage en Russie fait en 1684 par Laurent Rinhuber. Berlin 1883 (nach den Manuskripten der Herzoglichen Bibliothek in Gotha).
    P.Pierling: Saxe et Moscou. Un médecin diplomate. Paris 1893. Alexander Brückner: Beiträge zur Kulturgeschichte Rußlands im 17.Jahrhunderts. Leipzig 1887. S.213-277.

sichtlich die Personenfolge: "Artaxerxes cum VII Consiliariis et VII Camerariis, et binis Pagis, et IV Trabant." Die russische Überschrift notiert: "Herauskommen Zar Artaxerxes" und zählt dazu die Namen von fünf Räten und einem Kämmerer auf; die übrigen sind also stumm. Weiter heißt es: "...und setzt sich der Zar Artaxerxes mit jenen seinen Fürsten und sie beginnen zu sprechen." Hinzu zu nehmen ist der Vermerk der lateinischen Überschrift "Actus I. Scen. 2 epulum incip. cum tubis". Nicht allein bei der Wanderbühne, sondern beim realen Hofzeremoniell war der Eintritt des Fürsten in den Saal mit Fanfarenmusik begleitet. Es wird auf der Bühne offenbar ein Tisch mit Stühlen vorhanden gewesen sein. Die Szene endet damit, daß der König zu seiner Frau Vasthi die Kämmerer schickt, um sie herbeizuholen. Der mit Namen genannte Mehuman geht mit Gefährten, wie aus der pluralischen Anrede des Textes hervorgeht. Nur zwei werden als Sprecher neben Mehuman in lateinischer Randnotiz verwertet. Die neue Szene hebt an (S. 66) mit dem Auftreten der Königin. Es heißt in russischer Überschrift: "Es kommt heraus Zarin Astin, 'Naemi, Dina." Rinhuber nennt auch die dritte Hofdame, "Susa", entsprechend dem Personenverzeichnis. Vor wegnehmend schließt die Szenüberschrift: "Später kommen zum Zaren Mehuman mit den übrigen genannten." Diese werden zuerst von Dina erblickt, und Susa erkennt sie als die königlichen Kämmerer. Mehuman aber sagt zu seinen Begleitern: "Die Königin hält Tafel drinne" (S. 70). Dem entspricht die Notiz in der Überschrift: "Scen. II Vasthi convivans" (S. 54). Hier deutet sich eine Bühnenform an, bei der Vorder- und Hinterbühne unterschieden sind. Noch weitere Belege dafür werden sich uns darbieten. Die Königin weigert sich, zu folgen. Das geschieht in einem längeren Disput (S. 70-73), auf dessen leidenschaftliche Ausgestaltung wohl der lateinische Eintrag der ersten Seite "Vasthi superbia" hinweist. Die Kämmerer gehen unverrichteter Sache fort (S. 74).

Für die dritte Szene gibt die Randnotiz an "Artaxerxes cum Consiliariis et Camerariis", die russische Überschrift: "Artaxerxes, Mehuman mit den anderen Königlichen ohne die Diener." Nichts verlautet darüber, ob sie schon da sind oder wahrscheinlich auftreten. Jedenfalls ist der Kammerherr Mehuman von Vasthi zurückgekehrt und hat ihre Weigerung überbracht. Das erste, was gesprochen wird, ist der Zornausbruch des Königs. Er fordert seine Räte auf: "sezzet euch" (S. 76), und nun wird eine Ratssitzung gehalten über die widerspenstige Königin. Ihre Absetzung und Verstoßung wird als Urteil ausgeschrieben und soll ihr durch die Kämmerer überbracht werden. Das ist bereits geschehen, als die 4. Szene beginnt. Die lateinische Randnotiz nennt die beteiligten Personen: "Vasti cum Camerariis et Naemi et Dina", die russische Szenenüberschrift gibt den Inhalt des Geschehens: "Die Verstoßung der Zarin Astin" (S. 83). Der Dialog mit den sieben Kämmerern macht Vasthi die Unwiederbringlichkeit des Verscherzten deutlich. Sie fordern ihr schließlich die Krone ab und gehen damit fort. Als Effekt notiert die Übersicht (S. 54), "Corona Vasti rapitur", und als Abschnitt der Handlung: "Vasti perturbatio et lamentatio." Auch die russische Überschrift kündigte jetzt an: "Wehklage der verstoßenen Astin" (S. 87). Die dreiteiligen Strophen (drei an der Zahl) sind wohl als Arie gedacht. Zuletzt mahnt Naemi: "Geht, Königin, ein", und nach der zweiten Mahnung folgt dann Vasthi ("ich geh..."). Damit wird die Bühne leer (S. 88). So endet die Handlung des ersten Aktes. Den Einschnitt betont ein Zwischenspiel, in welchem Mops mit seiner widerborstigen Frau Elena agiert. Wichtig ist die lateinische Anweisung: "Sequitur musicam (dem Klagegesang der Vasthi) mutatio Theatri et Interscenium primum. Post (= danach) mutatio Theatri in Palatium."

Der zweite Akt ist im Lyoner Manuskript herausgeschnitten, so daß der deutsche Text fehlt. Wir besitzen nur die russische Fassung sowie Angaben in der Überschrift (S. 54). Fünf Szenen führen geschickt zur Krönung Esthers hin in deutlicher Stufung. Zunächst entschließt sich der König, aus den Mädchen des Landes die Schönste zu wählen. Danach nimmt Mardochai Abschied von Esther, und gesprächsweise werden die Zukunftsaussichten erörtert als Hinweis auf den Fortgang der Handlung. Die vierte Szene spielt wieder im Königlichen Saal. Die Dienerinnen verheißen Esther das große Glück. Hegai, der "Vorsteher des Königlichen Frauen-hauses", "Esthram in Solio (= Thron) collocat", notiert die Übersicht (S. 54) mit dem bezeichnenden Zusatz über Esthers Reaktion: sie singt die "Aria. Ermuntre denn nun". Darauf wird als Zwischenszene eingeschoben (S. 52), wie Mardochai seinen beiden Freunden einen Traum voller Zukunftsvordeutung erzählt. Damit ist der Zuschauer ausreichend vorbereitet und gespannt auf den großen Effekt der Schlußszene: "Esthra coronata." Wie das vor sich geht, wird festgelegt: "Scen. VI. Artax. in solio ab penes ipsum solium Hegai sistit Estram facie velata. Rex sedare jubet. Esther coronatur sceptroque donatur" (S. 54). Rückblickend fällt uns die Szenenfolge auf durch den regelmäßigen Ortswechsel zwischen Palast (Sz. 1, 4, 6) mit Mardochai, dessen Aufenthaltsort leider nicht genau definiert ist. Jedoch scheint (Sz. 2) er die Jungfrau zum Palast hin geleitet zu haben und verbleibt nun vor dessen Tor.

Waren die beiden ersten Akte getreulich dem biblischen Bericht gefolgt, so weicht auch der dritte Akt davon nicht ab, doch verschränkt er die Geschichte, nämlich die Verschwörung, ihre Belauschung durch Mardochai, Entlarvung und Verurteilung (Sz. 1, 3, 4) mit der Rangerhöhung Hamans (Sz. 2), seinem Zusammenstoß mit Mardochai (Sz. 5) und der Vollmacht zur Judenverfolgung (Sz. 6). Zur "Exaltatio Hamanni" erscheint "Artaxerx cum Consiliariis et Haman" nach der Randnotiz, während eine russische Angabe diesmal fehlt. Dem Eintrag in die Übersicht (S. 54). "Artax. Hamannum secum in sella jubet sedere et lauro eundem donat" entspricht im Text: "sein Stuhl soll meinem Thron allzeit zur Seite stehn" (S.102,2). Der Erwählte legt Helm und Säbel zu Boden (102,17) und erhält schließlich den Lorbeerkranz (106 oben), "laurum accepit", steht am Rand des russischen Textes (107). Eine weitere Staatsszene ist die Verhandlung gegen die beiden Verschwörer (Sz.4). "Examinatur facinus Theres et Bugathan", steht als Randbemerkung und über dem russischen Text. Esther hat dem König das Vorhaben der beiden berichtet. Diese kommen von Hatach geführt und fragen, was das zu bedeuten habe. Sie scheinen nicht im Zimmer des Königs, sondern davor aufzutreten und werden dann zu ihm geführt, wobei sie von Cambyses, der als Centurio im Personenverzeichnis bezeichnet ist, aufgefordert werden, die Waffen abzulegen. Durch Hatach werden sie überführt, indem ihnen Dolch, Schlüssel, Gift und Brief abgenommen werden. Auch die Übersicht nennt Clavis, Literae, Venenum. Schon in der ersten Szene waren diese Requisiten verwendet worden; dies spielt wie auch III,5 vor dem Palasttor, vor dem Schlosse (S.124). Jetzt erfolgt Mardochais Weigerung, vor Haman die Knie zu beugen, weil das allein vor Gott geschehen darf (S.126). Da der Alte durch seine Kleidung als Jude ausgewiesen ist (S.124), erwacht der alte Haß in Haman. Interessant ist der daran schließende Effekt. Es werden die beiden zum Tod verurteilten Verschwörer in einem Wagen (S.128: "Hier sizzen die Verräther drinnen") vorbeigefahren und bitten Haman vergeblich um Hilfe. Die Vorderbühne als Ort dieser Szene scheint ziemlich lang gewesen zu sein. Der folgende Auftritt spielt wieder im Palast. "Artaxerx cum consulariis" heißt es auch diesmal in der Randnotiz. Cambyses mit der Wache erhält die Weisung, niemand ohne Hamans Erlaubnis vor den Herrscher zu lassen. Hauptsache ist, daß Haman den Siegelring des Königs (S.147) und damit freie Hand gegen die Juden erhält. "Artaxerx annulum dat Aman", vermerkt die Übersicht (S.54). Damit schließt der dritte Akt. Den Einschnitt markiert das zweite Zwischenspiel, in welchem der renommierende Thraso an Hamans Überheblichkeit erinnert. Rein bühnlich zeigt der dritte Akt einen stetigen Wechsel von Vorder- und Hinterbühne, wobei die Vorderbühne immer den Platz vor dem Palast (Sz.1, 3,5), die Hinterbühne Artaxerxes im Palastsaal darstellt (Sz.2,4,6).

Den vierten Akt kennzeichnet die Übersicht (S.54) und durch den Effekt "Judaeorum lamentatio". Die dritte Szene wird durch die Randbemerkung "Lamentiones Judaeorum" und die russische Überschrift "Wehklage des Mardochai mit den Juden" (S.155) ausgezeichnet. Als Ort wird zweimal (S.158 und 164) "vor des Königs Tor" angegeben. Mardochai ist im "Sack" als Trauergewand gekleidet und lehnt ein persisches Kleid, das die beiden Dienerinnen von Esther ihm bringen ("Sua Mardochaeo vestem", S.54) nachdrücklich ab. Die erste und fünfte Szene gehören als Vorbereitung und Folge zu dieser, so daß also alle um Mardochai gruppierten Auftritte auf der Vorderbühne spielen. Am Ende der dritten Szene verlassen Mardochai und seine beiden Gefährten die Bühne.

Es folgt die "Wehklage der Esther und der Jungfrauen" (russische Überschrift) entsprechend der Randbemerkung "Esthrae Lamentatio cum
Choro Virginum". Die Übersicht (S.54) ergänzt dazu: "Ariae binae. 1.
Gott, der du Einig all. 2. O Unschuld, flieh'!" Das Ende der Szene
macht einen Innenraum höchst wahrscheinlich. Hatach, einer der Gönner
der Esther, kommt und berichtet, der König sitze allein auf dem Thron.
Da entschließt sich Esther, zu ihm zu gehen, obwohl sie nicht befohlen
ist, also dadurch ihren Kopf riskiert. Die Ausführung dieses Entschlus-
ses bringt die Schlußszene (Sz.6). Sie zeigt "Artaxerx cum consiliariis".
Der Kämmerer meldet das Nahen von Esther, die zwei Zeilen beim Auftreten für sich spricht, also wohl über die Vorderbühne kommt. Die
zweite Szene dürfte kaum als Innenraum vorgestellt, sondern vor dem
Palast gemeint sein. Haman erteilt einem Kämmerer den Auftrag, den
Blutbefehl zur Judenverfolgung anzuschlagen und überall hin zu versen-
den (S.159).

Handlungsmäßig gehört der fünfte Akt eng zum vorhergehenden.
Er zeigt "Artaxerx. Esther Haman in convivio" (S.187). Offenbar sitzen
sie schon beisammen, bieten sich also als fertiges Bild dar. Nach vielerlei gegenseitigen Galanterien endet die Szene mit dem Abgang der
beiden Gäste. Aber Haman kommt auf die Vorderbühne mit einem kurzen Monolog, dann sieht er Mardochai nahen. Dem Betrübten (S.194 v.
15 und 18) bietet er seine Hilfe und Rettung an, falls dieser ihm jetzt
kniefällige Verehrung zollt, was der Alte natürlich von sich weist, so
daß es zu neuem Streit und verstärktem Haß des Zurückgewiesenen
kommt. Haman geht drohend ab. Die dritte Szene (S.197) enthält ein
Gespräch Hamans mit Frau und Sohn voller Ruhmredigkeit, der Gipfel
von "Amanni superbia", wie die Übersicht formuliert (S.54). Es folgt
als vierte Szene (S.205) ein klagender Monolog von Mardochai. In der
fünften Szene erscheint Artaxerxes auf dem Ruhebett, also in seinem
Zimmer, und zwar als Bühnenbild. "Artaxerx solus cum Sethar et 2
Pagis" (S.205), was noch durch die Übersicht (S.54) genauer ausgeführt
wird: "Artax. super lectum. Sethar legit." Es wird also der König auf
dem Bett enthüllt als fertiges Bild. Er läßt sich aus seiner "Reichs Geschichten" (S.204) vorlesen und wird dadurch an Mardochais noch unver-
goltenen Dienst der Entlarvung der Verschworenen erinnert. Die Art
und Weise, wie Haman zu ihm kommt, ist sehr aufschlußreich. Der
König fragt: "wer geth im Hoff" (S.210). Nun hält Haman einen kurzen
Monolog; er will vom König die sofortige Ermächtigung zum Judenmassa-
ker erlangen. Jetzt wird Haman dem König gemeldet, der darauf den
Befehl gibt: "Ruff ihn!" Der Page geht zu Haman und beordert ihn, worüber dieser fröhlich ist. Der König fordert ihn auf: "Mein Freund, tritt
doch was näher!" Damit ist deutlich die Trennung der als Zimmer de-
korierten Hinterbühne von der als "Hof" bezeichneten Vorderbühne bewiesen. Auch der Abgang Hamans ist durch den inhaltschweren kurzen

Monolog (S. 214) als über die Vorderbühne geschehend gekennzeichnet. "Ich gehe denn", damit verläßt er den Herrscher. "O Götter! Ach!...", diese vier Zeilen zeigen die ganze Qual darüber, daß er in seiner Verblendung selber vorschlug, was nun nicht ihm, sondern den verhaßten Juden an Ehrung geschehen soll, und zwar durch ihn selbst. Auch dem König fiel Hamans "Herzenspein" auf. Um sich ankleiden zu lassen, geht der Herrscher wohl ab und der Raum wird durch einen Vorhang verhüllt, so daß sofort auf der Vorderbühne der "Triumphus Mardochei" (S. 215) vorgeführt werden kann. Die Übersicht notiert (S. 54): "Mox triumphus Mardoch, qui in equo vehitur, veste et corona Regia ornatur." Die russische Überschrift besagt (S. 215): "Kommt heraus Aman und führt des Mardochai Roß am Zügel und gibt bekannt." Durch Hagai wird dieses Geschehen als Gottes Hilfe interpretiert. Als Abschlußszene (Sz. 6, S. 216-225) sehen wir Haman seiner Frau das Mißgeschick klagen und drei Sterndeuter befragen, die seinen Fall voraussagen. Am Schluß wird er zum Gastmahl bei Esther vom Kämmerer abgeholt. Das dritte Interszenium betont den Abschnitt der Handlung.

Hamans Fall entsprechend dem 7. Kapitel des biblischen Buches behandelt der s e c h s t e Akt (S. 224-39). Die Hauptszene steht in der Mitte (VI, 2) und zeigt ihn mit dem König bei Esther "in convivio", wie die Randbemerkung besagt, während in der Übersicht (S. 54) noch zugesetzt wird, "ubi Hamani confusio". Esther bittet um ihr Leben und das ihres Volkes, das durch Haman bedroht sei. Der König verstößt ihn daraufhin und verläßt die Bühne. Vergeblich fleht der Gestürzte Esther um Gnade an. Artaxerxes kommt mit dem Kämmerer Charbona und Trabanten zurück und befiehlt, den Übeltäter an den für Mardochai hergerichteten Baum zu hängen. Die anschließende Szene (VI, 3) mit dem Henker ergänzt die Übersicht durch die Angabe: "Suspendium. Soldati cum tympano." Der Text trieft von moralischen Betrachtungen über "des falschen Glükkes Ränken" (S. 238) und Warnungen vor dem "Hochmuth". Ob und wie die Exekution vorgenommen wurde, ist nicht ersichtlich. Die Notiz in der Übersicht (S. 54) "Hammanum sub patibulo (Galgen) ridet Mops" scheint anzudeuten, daß man die Hinterbühne enthüllte und eine am Galgen hängende Puppe zeigte, mit der der Clown (Mops) seine Possen trieb. Dazu würde stimmen, daß die Anfangsszene des letzten Aktes wie die des sechsten Aktes auf der Vorderbühne spielt, wo Mardochai von Hegai Nachrichten erhält. Auf die Kunde vom Fall Hamans erfolgt zu Beginn des s i e b e n t e n Aktes eine "Aria Judaeorum", wie die Übersicht angibt, russisch einfach als "Lied" bezeichnet (S. 241), sicher auf die Melodie eines Kirchenliedes. Nach Hegais Vorankündigung erscheinen zwei Räte vom König, um den Alten abzuholen, ihn in Purpur zu kleiden und zum König zu bringen (S. 248). Diesen enthüllt die nächste Szene mit Esther "in solio", wie die Übersicht verdeutlicht (S. 54). Ein Kämmerer kündigt Mardochai an, der wohl über die Vorderbühne feierlich geleitet wird, "adducitur vestibus novis ornatur", laut der Übersicht. Es geschieht nun "Mardochaei exaltatio" als großer Staatsakt. Der Greis kniet nieder (S. 250), steht dann auf, erhält den Ring. Esther dankt dem Herrscher durch einen Fußfall (S. 252) und erbittet einen Gegenbefehl zu Hamans Edikt. Dessen Inhalt wird verlesen, "Legitur ex schedula" (S. 257), russisch "Befehl". Dann erfolgt die "Coronatio Mardoch" (S. 258), die "pileo regio" geschah, wie die Übersicht besagt. Die Schlußszene (VIII, 3) hat musikalischen Charakter. "Mox conjungenda cum Musica" (S. 258) steht am Rande. Cambyses, der Centurio (Personenverzeichnis S. 55), spricht vier Alexandriner, die ein lebendes Bild deuten, nämlich die "repraesentatio cladis", wie die Randbemerkung (S. 258) besagt. Es wird also der Sieg der Juden über ihre Feinde, über Hamans Stamm gezeigt. Darauf bezieht sich wohl die Angabe der Übersicht: "Mardoch in solio cum Judaeis" (S. 54). Wieder vier Alexandriner fordern zum Danklied als Schlußchor auf. Das so markante Strophenschema läßt das schöne Lied von Paul Gerhardt als Melodie erkennen: "Die güldne Sonne..." Wirklich ist diese beschwingte Weise als Dank- und Triumphgesang recht wohl geeignet.

Dieser Endeffekt bestätigt, was sich uns bald schon enthüllte, Gregorij benutzte nicht ungewandt die Möglichkeiten, die er von Deutschland her kannte, die moderne V e r w a n d l u n g s b ü h n e. Diese aber wurde im 17. Jahrhundert auf verschiedene Weise ausgestattet. Gregorij schwebt deutlich ein ganz bestimmter T y p u s vor. Ihn charakterisiert besonders die Art und Verwendung der Vorderbühne. Offenbar nimmt sie am Dekorationswechsel nicht teil, sondern behält den Charakter des Schloßplatzes, durch den zugleich die große Straße läuft, so wie man es ja in Deutschlands Residenzen überall fand. An diesem Ort hält sich Mardochai auf, was den biblischen Angaben (cp. 2, 5, 11, 19, 21, cp. 3, 2 ff., cp. 4, 2, cp. 5, 9, cp. 6, 12) entspricht. Dort geschah die Belauschung der Verschwörer und vor allem der Zusammenstoß mit Haman, genau nach dem Bericht der Bibel in den "Hof am Hause des Königs" (cap. 5, 1) verlegt, so daß also Gregorij schon von der Quelle her eine Ortsvorstellung übermittelt wurde, die diesem Bühnentypus stark entgegenkam. Für den Dramatiker brachte er noch eine weitere Folge mit, eine Hilfe und einen Zwang. Er konnte anscheinend nicht rasch verwandelt werden. Die Hinterbühne stellte nur Innenräume dar, die Vorderbühne blieb das ganze Stück hindurch unverändert. Das ließ sich gelegentlich zu dem Effekt ausnutzen, daß ein neu Ankommender als außerhalb des Zimmers betrachtet wurde, wie Esther in IV, 6, und besonders Haman in V, 5 (S. 210), aber auch schon I, 2 (S. 70 oben). Nach dem Verlassen des Innenraums konnte man sofort auf der Vorderbühne weiterspielen wie im Anfang von V, 2 (S. 194). Deutlich läßt sich der Innenraum stets auf der Hinterbühne lokalisieren. Da mehrere Gemächer verwendet werden, muß die Dekoration gewechselt haben. Das bestätigt auch der Eintrag

(S. 89 unten) "Post mutatio Theatri in Palatium". Das ist kein klassisches Latein, denn "post" heißt "danach". Dem geht noch ein Satz voraus: "Sequitur musicam mutatio Theatri et Interscenium primum." Die Musica ist die gesungene "Wehklage der verstoßenen" Vasthi. Diese große Arie wird wohl auf der Vorderbühme stattgefunden haben, nach dem Verlassen des Gemaches, wodurch die Verstoßung besonders augenfällig gemacht wurde. Auch das nun folgende Komische Zwischenspiel erfolgte auf der Vorderbühne, so daß genügend Zeit blieb, um währenddessen die Hinterbühne auszustatten mit dem Thron (Solium). Damit wird deutlich, wozu ein Weitergehen der Handlung auf der Vorderbühne gut war, nämlich zur Entlastung der Bühnenarbeiter. Auf diese Weise wird zugleich die Ausstattung des Innenraumes mit Versatzstücken betont. Von hier aus erklärt sich wohl, daß die Szene der Vasthi (I, 2) ebenfalls als convivium, also am Tisch sitzend, wie vorher der König, dargestellt wurde (S. 70 oben: "Die Königin helt Taffel drinne"). Dazu stimmt, daß zu Beginn der Szene der russische Text das Auftreten der Königin mit ihren drei Hofdamen vorschreibt ("Kommt heraus", S. 67). Sie setzen sich demnach an den stehengebliebenen Tisch der vorigen Szene. Die Dekoration jedoch hat gegenüber dem Zimmer des Artaxerxes sich verändert. Der Innenräume sind wenige. Für Artaxerxes scheint neben dem großen Saal auch ein privates Zimmer erwünscht, zumal für die Szene auf dem Bett (V, 5). Der Raum der Vasthi wird später der Esther zugewiesen. Dann braucht Haman noch ein Zimmer für V, 3 und 6. In diesem standen keine Möbel. Dagegen mußte zum mindesten des Königs Liege von V, 5, abgeräumt werden. Dafür wurde Zeit geschaffen, indem der "Triumphus Mardochaei" auf der Vorderbühne eingeschaltet wird. Seit dem zweiten Akt wird der Wechsel von Vorder- und Hinterbühne immer deutlicher, weil dem Verfasser das technisch Mögliche immer zwingender zum Bewußtsein kam. Er versteht, das Erreichbare wirksam auszunutzen. Selbst als eine Kürzung vorgenommen wird, bleibt diese typische Abfolge gewahrt. Denn die "superbia" Hamans (V, 3) sei "omittenda", wie eine Randbemerkung besagt. Die folgende Klage Mardochais (V, 4) wird an seine vorige Szene (V, 2) herangeschoben, so daß aus zwei kurzen eine längere Szene entsteht, die im Druck immerhin nicht mehr als zwei Seiten umfaßt. Da die Ruhmrederei Hamans wichtig und biblisch belegt (cap. 5, 10-14) ist, bleibt für deren Streichung nur der technische Grund, daß für die Herrichtung des Schlafgemaches (V, 5) der kurze Klagemonolog Mardochais von einer halben Seite nicht ausreicht. Die Fügung der Szenen entspricht also nicht allein dem biblischen Bericht, sie nimmt geschickt auf die bühnlichen Möglichkeiten Rücksicht und verrät dadurch die Zugehörigkeit zu einem ganz markanten Bühnentypus.

Es fragt sich nun, ob dieser sich auch sonst noch in Deutschland findet.

Altem philologischem Brauch gemäß wird man nun suchen nach zeitgenössischen Bearbeitungen dieses Stoffes, um dabei etwa die Vorlage,
jedenfalls ein Vergleichsobjekt zu finden. Jedoch das gleichzeitige barocke Kunstdrama hat die Geschichte des Buches Esther nicht verwertet,
vielleicht weil es im 16. Jahrhundert zu stark abgenutzt war. Es bleibt
allein die Fassung der frühen Wandertruppen, wie sie im Druck 1620
(2. Auflage 1624) erschien als erstes Stück der "Englischen Comedien
und Tragedien". Wenig wahrscheinlich ist es zwar von vornherein, daß
Gregorij diesen Band zur Hand gehabt hat, als er ganz unvermutet den
Auftrag zu dem Stück erhielt. Nimmt man selbst an, daß er den Stoff
vorgeschlagen oder doch irgendwie darauf aufmerksam gemacht hat, so
kaum weil er den vor 50 Jahren erschienenen Text besaß oder auch nur
an ihn genaue Erinnerungen hatte. Die andere Möglichkeit liegt näher:
eine Aufführung könnte Eindruck gemacht und nachgewirkt haben. Dafür
scheint die Verwendung des komischen Zwischenspiels zu sprechen und
direkt auf die Wanderbühne, ja auf den Hans Knapkäse jenes Stückes hin-
zuweisen. Daß er das Stück in seinen Schul- oder Studentenjahren gesehen
hätte, dafür gibt es keinen Anhaltspunkt. Wahrscheinlicher wären frische
Eindrücke, also aus den beiden Aufenthalten der Sechziger Jahre. Tatsächlich sind Vorstellungen dieses Stückes belegt in Lüneburg 1660 und
ungefähr um diese Zeit auch für Güstrow und dann 1665 für Dresden.
Alle diese hat Gregorij sicher nicht gesehen, weil er in diesen Jahren
nicht in Deutschland war. Immerhin könnte man vermuten, daß ein oder
zwei Jahre später dieses Stück auch noch gezeigt wurde. Dabei wird es
sich für Dresden wohl um die tüchtigste Truppe der Zeit gehandelt haben,
die von Carl Andreas Paulsen, der sich der junge Magister Velten um
1670 anschloß. Was man damals dem Publikum bot, dürfte sich jedoch
nicht unbeträchtlich von dem alten Text unterschieden haben. Zwar wurde
aus dem biblischen Stoff geschickt ein rasch ablaufendes Geschehen in
vier Akten zurechtgeschnitten, doch macht es einen ganz anderen Eindruck als die breiten sieben Akte von Gregorij. Das rührt hauptsächlich
von der Ausgestaltung der Szenen her. Das alte Stück besitzt solche
Unterteilung weder drucktechnisch noch der Sache nach. Bei ihm reihen
sich während eines Aktes viele kleine Schritte des Geschehens aneinander ohne merkliche Steigerung oder Stufung. Das ist Art des 16. Jahrhunderts. Solch additive Klein- und Vielfältigkeit als Kompositionsprinzip entspricht dem Manierismus in den Bildkünsten. Ganz im Gegensatz
dazu steht die Ganzheitlichkeit des Barocks mit ihrer Über- und Unterordnung. Dem gemäß verhält sich Gregorij. Bei ihm besitzt ein Akt nie
mehr als sechs Szenen, die miteinander in Sinnzusammenhang stehen,
wie die Akte ihrerseits geistige Bedeutsamkeit besitzen. Es herrscht
hier nicht allein ein anderes Bauschema, sondern eben ein anderer Geist,
der Zeitgeist des Barocks überhaupt. Daher diese Steigerungen und
Schwünge, diese Kontraste von lyrisch-opernhaften Lamentationen und

prunkhaften Staatsszenen. Auch die zugehörige Bühnenform ist grundverschieden. Das alte Stück zeigt keine Spur eines Wechsels von Vor-
der- und Hinterbühne. Nein, es fehlt überhaupt jegliche Zweiteilung des
Spielplatzes, wie sie der späteren Wanderbühne so geläufig ist. Mardochaeus bleibt also nie auf der Bühne, etwa auf dem vorderen Teil seitlich; stets muß er abgehen und erneut auftreten, sobald er gebraucht
wird. Im dritten Akt wirkt das ganz besonders ungeschickt. In der Mitte
des Verlaufes (Ausg. Tittmann, S.31) heißt es: "Kömt Mardocheus."
Er spricht zwei Zeilen betend. Er kniet wohl und "legt sein Angesicht
auf die Erden". "Kömt Esther, geht vor ihm." Eine Seite lang umfaßt
der Dialog der beiden und das ist viel. Als Ende steht: "Gehen hinein.
Kömmt Mardocheus mit Vermummten wieder." Der Alte mahnt die wenigen Juden, für Esthers Vorhaben zu beten, was sie tun. Nur er betet
laut. "Sie murmeln, gehen hinein. Kömt Esther." Sie sagt, daß sie drei
Tage gefastet habe und nun zum König gehen will. "Aber da sehe ich das
Angesicht des Königes" (Kömmt der König und Haman...). Diese Art
der Handlungsführung gibt dem ganzen Stück seine eigentümliche Form
und Wirkung. Würde nicht eine Reihe von Stellen auf englichen Urtext
hinweisen, könnte man an einen älteren deutschen Text denken. Aber
diese sind ja alle wie schon der von Hans Sachs 1536 in Knittelversen
gereimt und machen dadurch wieder einen beträchtlich verschiedenen
Eindruck. Gregorij hat sie alle nicht gekannt, ebensowenig wie die frühen lateinischen Bearbeitungen.

Selbst das schlagkräftige Zwischenspiel von Hans Knapkäse scheint
Gregorij nicht bekannt geworden zu sein. Es wurde ja innerhalb der Wanderbühne noch mehr benutzt (Tittmann XXIII f.). Das Reizvolle liegt in
der Verknüpfung mit der Haupthandlung, einmal mit dem Manifest des
Königs in Zusammenhang mit der Verstoßung der unbotmäßigen Vasthi,
sodann mit dem von Haman in Auftrag gegebenen Galgen. Dagegen be-
handelt Gregorij das Hängen ganz ernsthaft und bemüht einen besonderen
Carnifex. Ganz äußerlich wird dann hinzugesetzt: "Hamannum sub pati-
bulo ridet Mops" (S.54). Vielleicht wird der Galgen auch benutzt am
Schluß des IV.Intersceniums: "Mops strangulat Muischelowum." Was
Mops et Elena amorosi treiben, scheint nicht dem Ehezwist von Hans
Knapkäse und seiner Frau zu entsprechen. Daß Thraso als weiterer
Partner in dem Zwischenspiele genannt wird, weist auf die Lateinbildung
des Pastors hin. Das ist ja der bramarbasierende Offizier aus dem
"Eunuchus" des Terenz. Jedoch von der sogenannten "Terenzbühne" ist
nichts zu merken. Bei Gregorij handelt es sich hier um Liebeswerben,
sicherlich nicht ohne Eifersucht, und dahin deutet wohl auch der Name
Myschelow (Mäusejäger) vielleicht eine Übersetzung von Rattenfänger.
Der Vollständigkeit halber sei der Hinweis nicht unterdrückt, daß der
bekannte Jesuitendramatiker Jacob Masen auch den Namen Mopsus verwendete, und zwar für die Hauptperson seiner Komödie "Rusticus

imperans" (in Bd. 3 seiner Palaestra eloquentiae ligatae, Köln 1654). Hinsichtlich der Handlung besteht offensichtlich keinerlei Zusammenhang mit Gregorijs Zwischenspiel. Immerhin brauchen wir uns das Bücherbrett des Pastors nicht gar zu ärmlich vorzustellen. Denn in seinem nächsten Schauspiel, der "Judith", verwendet er zwar auch wieder die Bibel als Grundlage, aber die Modernisierung durch Arien und Chorlieder macht doch direkte Anleihen an das modische Vorbild, an die Fassung von Martin Opitz. Übrigens wird auch hier wieder die komische Person zugesetzt in Gestalt eines persischen Soldaten (Sussakim) und seines weiblichen Gegenstücks, der Abra, Judiths Magd. Den Zusammenhang mit der barocken Zeitmode beweist auch das Singeballett, das im Februar 1673 (gegen Ende der Butterwoche) vor dem Hof ausgeführt wurde. Gregorij verwendete dabei den von August Bücher bearbeiteten Text des "Orpheus", zu dem ja Heinrich Schütz (1638) die Musik geschrieben hatte. Er hielt sich also an die opitzianische Richtung. Das Huldigungslied an den Zaren ist erhalten (S. 306 f.) und zeigt die harmlose Gewandtheit des pastörlichen Poeten.

Am nächsten dürfte die Vermutung liegen, Gregorij habe bewußt oder unwillkürlich sich nach dem berühmtesten Dramatiker des deutschen Barock gerichtet und seinen Bühnentyp verwendet. Die beiden Ausgaben von Andreas G r y p h i u s von 1657 und 1663 waren weit verbreitet und konnte er bei einem seiner Aufenthalte leicht erwerben. An und für sich hätte Themenstellung und Ausführung, Ethos und Diktion des großen Schlesiers ihm imponieren müssen. Jedoch lassen sich irgendwelche Entlehnungen wie etwa bei Hallmann oder Haugwitz nicht finden. Dabei kennt er Opitz, zumal die Oper "Judith", und selbst von dessen Freund Aug. Buchner das Singspiel "Orpheus". Alle diese Stücke setzen die Verwandlungsbühne mit Kulissen voraus. Sie wurden ja für höfische Feste geschrieben und aufgeführt, und die Bühnen der Gymnasien in den kleinen Residenzen Mitteldeutschlands übernahmen diesen Typus. Eine Staffelung in die Tiefe war ebenfalls vorhanden. Besonders deutlich zeigen die Stücke von Andreas Gryphius den Wechsel von Szenen auf flacher mit solchen auf tiefer Bühne. Sie folgten rasch aufeinander, da die Kulissen und der Prospekt sich maschinell schnell verschieben ließen. Besonders eindrucksvoll versteht Gryphius in "Cardenio und Celinde" diese Fähigkeit seines Bühnentypus auszunutzen, um die entscheidende Szene (IV, 5) auch hinsichtlich ihres Sinngehaltes deutlich zu machen. Das Grunderlebnis der vanitas mundi wird schaubar, indem sich der Lustgarten "plötzlich in eine abscheuliche Einöde" verwandelt wie auch die verhüllte Gestalt der vermeintlichen Geliebten in ein "Totengerippe, welches mit Pfeil und Bogen auf den Cardenio zielet". Dergleichen findet sich nirgends in den Moskauer Stücken, der Pastor verwendete eine solche leicht bewegliche Ausstattung nicht. Bei Gryphius wird auch die Vorderbühne schnell und mehrfach in verschiedene Örtlichkeiten verwandelt,

eben weil sie mit Kulissen und beweglichen Prospekten ausgestattet ist.
Die Bühne ist immer, auch in Verkürzung auf den vorderen Abschnitt,
stets Schauraum. Gegenüber solcher Homogenität blieb bei Gregorij
grade die Vorderbühne gleich und besitzt überhaupt keine ganz genaue
Ausstattung. Sie entspricht also nicht diesem hochentwickelten Typus
bei Gryphius, der hauptsächlich der Oper zugehörte. Dennoch lassen
sich bei zeitgenössischen Produktionen auffallende Analogien für Gregorijs Bühnentyp finden. Da ist etwa "Maria Stuart oder gemarterte
Majestät, nach dem Holländischen Jost van Vondels, auf Anleitung und
Beschaffenheit der Schaubühne einer Studierenden Gesellschaft in Leipzig
ehemals aufgeführet von Christophoro Kormarten, Lips", erschienen
1672 in Halle. Dort befand sich zwar noch keine Universität, doch war
es damals wichtige Residenz mit nachweisbarer Musik- und Theaterpfle-
ge. So ist eine Singspieloper von Phil. Stolle "Charimunda" von 1658
erhalten. Zur Hochzeit des späteren Gothaer Herzog Friedrich I wurden 1669 hier drei Stücke, die erhalten sind, aufgeführt: eine Oper in
Singspielform, ein Singeballett in fünf Aufzügen - man denke an Gregorijs
"Orpheus" - und ein Schauspiel (Tuisco) mit gesungenen Chören. Hier
glaubten offenbar Verfasser und Verleger für dergleichen Veröffentli-
chungen Interesse und Absatz zu finden. Es war wohl keine Fehlspekula-
tion, denn drei Jahre früher schon hatte Kormart im gleichen Verlag
(mit Ortsangabe Leipzig und Hall in Sachsen) sein erstes Stück erscheinen lassen "Polyeuctus oder christlicher Märtyrer, meist aus dem Französischen des H. Corneille ins Deutsche gebracht mit sich fügenden neuen
Erfindungen vermehret und vor weniger Zeit in Gegenwart und Versam-
lung hoher Häupter E.Hochlöbl. Universität u. E.Ed.Hochweisen Raths
in Leipzig durch ein öffentliches Trauer-Spiel nach anderer dergleichen
Aufführung auf geschehenes inständiges Ansuchen einer Studierenden
Gesellschaft vorgestellet von Christophoro Kormarten, Lips." Am Schluß
seiner Vorrede "an den Hoch-geneigten Leser" weist er noch auf eine
Anzahl von Stücken hin, die er "schon vor etlichen Jahren verfertiget",
und nennt als erstes "die Mariam Stuart" und auch noch andere von Vondels Werken. Damit ist jedenfalls gesichert, daß in Leipzig eine Studen-
tenbühne öffentliche Vorstellungen gab, zum mindesten in der zweiten
Hälfte der 60er Jahre, also auch in den Jahren 1667 und 1668, wo Gre-
groij seine Sammelaktion in Deutschland unternahm. Wenn auch für 1667
kein Aufenthalt in Leipzig, wohl aber in Dresden nachweisbar ist, so
doch für Anfang 1668. Sein Stiefvater Dr.Blumentrost engagierte sich
dort ja als Famulus und Hauslehrer für seinen Sohn R i n h u b e r. Beide
wirken bei der Aufführung des "Artaxerxes" mit: der junge Blumentrost
an hervorragender Stelle und Laurent Rinhuber nicht nur als dessen In-
struktor, sondern der Spielerschar überhaupt, war er doch als Lehrer
an der deutschen Schule seit 1671 eingesetzt. Er berichtet selbst (Voyage
S.51): "Vom Majo aber 1672 bis Oktober habe ich auf Ihr. Zaarisch Mayt.

befehl in der Schulen die künftig agierenden Knaben in Exercitio Comico unterweisen müssen." In einer lateinischen Version (S. 29) sagt er noch genauer: "scripsit (= Gregorij) ergo me socium sibi adjungens Tragico-Comoediam Ahasveri et Esthrae, quam et Germania et Slavonice trium mensium spatio pueros edocui agentes." Demnach wäre Rinhuber nicht allein für die Einstudierung, sondern auch bei der Ausarbeitung beteiligt. Warum denn grade dieser und nicht Hübner, der doch für die russische Fassung sichtlich mithalf, oder Johann Palzer, der nur die Abschriften besorgte? Offenbar wußte Rinhuber mit dem Theatralischen Bescheid, vielleicht war er wie Velten gar Mitglied jener studentischen Spielschar? Damit wäre sogar eine gewisse Kenntnis, zwar nicht der Drucke, aber vielleicht sogar der Texte, zum mindesten der Aufführungen des "Polyeuctus" und womöglich auch der "Maria Stuart" wahrscheinlich. Jeden-falls dürfte ihm der Bühnentypus geläufig gewesen sein und die dazu ge-hörige dramaturgische Praxis der Szenenfügung: prunkvolle Staatsszenen auf der Hinterbühne als die markanten Schritte der Handlung und dazu auf der Vorderbühne verbindende Gespräche, vorbereitend oder nach-klingend. Deshalb brauchte auf deren Ausstattung keine Mühe verwendet zu werden, wohingegen jene markanten Szenen breit und prunkvoll ge-staltet wurden. Da gab es viel zu sehen, der Ort wurde als Schauraum gemeint und ausgeschmückt. Dagegen diente er bei den Auftritten auf der Vorderbühne nur dem Dasein und Sprechen der Personen, und es genügten einige Andeutungen im Gespräch, um den Zuschauer aufzuklä-ren. Besonders in der "Maria Stuart" fällt die Farblosigkeit der Lokali-tät bei der Vorderbühne auf, während doch das Gefängnis der Schotten-königin genau charakterisiert ist. Da wird der Tisch als "Trauer-Taffel" mit schwarzem Tuch verkleidet (I, 1); dazu gibt es drei Stühle und ein Ruhebett. Mehrfach wird das Fallen der "inneren Tappeten" oder der "inneren Gardiene" am Schluß einer Scenenreihe im Kerker vorgeschrie-ben (III, 3, und III, 6). Höchst bezeichnend heißt es bereits am Ende der ersten Auftrittskette (I, 1-5): "das Gefängnis aber wird mit der inneren Gardine zur Zubereitung des Gerichts verzogen." Von den beteiligten Personen aber bleiben Burgon und Kenede, die auf der Vorderbühne ihr Gespräch halten (I, 6). Die Gerichtsszene erfolgt erst I, 9, so daß also drei Szenen auf der Vorderbühne für deren Herrichtung die notwendige Zeit schaffen. Damit ist die Möglichkeit gegeben, Anfang und Schluß sol-cher auf der Hinterbühne spielenden Szenen mit einer gestellten Gruppe von Personen zu enthüllen und zu verhüllen. Das geschieht tatsächlich bei den Gefängnisszenen, wenn als Anfang vorgeschrieben wird: "Maria Stuart sitzet..." (I, 1) oder "...schläffst auf ihrem Ruhebette" oder als Schluß: "Maria Stuart wird auff das Ruhe Bette geführet und fällt die Innere Gardiene" (III, 6). Sogar eine Staatsszene kann mit einem Bühnen-bild schließen (IV, 6): "die innere Gardiene fällt im sitzen der Königin." Ganz dieselbe Praxis befolgt Kormart auch im "Polyeuctus". Es heißt da beispielsweise zu Beginn einer großen Staatsszene (III,6): "Das Theatrum zeiget den grossen Audientz-Saal, auf welchem sich in Erhebung der innersten Tappeten der hohe Rath versamlet." Die Sitzung endet mit dem Abgang der meisten Personen; "damit fällt die innere Gardiene, v o r welcher Brutus und Seleucus stehen bleiben" (S.129). Sie sprechen noch einiges miteinander. Es folgt dann ein weiteres Gespräch durch Hinzukommende. Diese beiden Auftritte umfassen volle drei Seiten, und bieten Zeit, um das Theatrum in einen "großen Richtplatz" umzuwandeln (III,9). Der Ausdruck "Verwandlung" wird gelegentlich direkt gebraucht: "Die Verwandlung ist der Wald, Landschaften und das Meer" (II,1). Die Ausstattung mit Kulissen und bemaltem Hintergrund wird deutlich. So heißt es (IV,1): "Die Scenen stellen ein dunkles Gefängnüß vor." Noch der junge Lessing verwendet in der "Miß Sara Sampson" diesen Terminus (Scenen) für Kulissen (III,3: "zwischen der Scene"; IV,1: "bis an die Scene begleitet"). Nachdem Kormart den auf einem Stuhle schlafenden Polyeuctus vorgeschrieben hat, gibt er auch Anweisung für den Prospekt: "im Perspective ist... abgebildet."

Ganz entsprechend beobachteten wir im "Artaxerxes", wie Haman (V,2) nach dem Gastmahl bei Esther auf der Hinterbühne (V,1) nun vorn seinen Monolog hält, ganz ähnlich im selben Akt (V,5), wo Haman zunächst vorn auftritt, zum König auf die Hinterbühne geholt wird und nach dem Ende des Gespräches wieder vorn einen kurzen Monolog hält. Bereits im 1.Akt war die Verstoßung der Vasti (Astim) aus ihrem Gemach durch die lamentatio auf der Vorderbühne eindrucksvoll gestaltet. Nur war das Fallen der mittleren Gardine von Gregorij nicht direkt vorgeschrieben worden. Ihre Existenz jedoch machte sich deutlich geltend. Die "mutatio Theatri" ist ja belegt (Ende 1.A.).

Bei der offenbar großen Aufgeschlossenheit von Gregorij war er wohl nicht allein auf Rinhubers Erfahrungen angewiesen. Dieser Bühnentypus war keine neue Erfindung in jenen Jahren, etwa gar von Kormart, er war auch sonst verwendet und schon früher bekannt. Bereits in der "Comoedia vom Studentenleben" von Johann Georg Schoch, die 1657 in Leipzig gedruckt erschien und wohl auch aufgeführt worden ist, wird ebenfalls die Vorderbühne dramaturgisch und theatralisch in analoger Weise von der Hinterbühne abgehoben. Da heißt es (V,1) bei einem Mahl am gedeckten Tisch als Abschluß: "Floretto bleibt bey der Frau Doctorin allein sitzen... Die Teppiche fallen in der innern Scene, die Tischpursche (die am Ende des Essens aufgestanden waren) schreyen, juchsen, scherffen haussen und fordern die Wache heraus", natürlich auf der Vorderbühne. Diese hat immer wieder einen ziemlich neutralen Charakter, bedeutet ein Draußen. Auch in den Zwischenspielen ist das so. Man trifft sich auf der Straße und es wird gesagt, wo das eigentlich ist, entweder auf dem Weg zur Stadt, also der Landstraße, oder in der Stadt wie im IV.Akt; und dann heißt es: "laßt uns in dies Haus hiereingehen", worauf bald die Anweisung steht: "sie gehen mit einander hinein, lassen sich Wein langen, trinken stark herumb und fangen an lustig zu seyn." So konnte also Gregorij schon in seiner Studentenzeit diesen Typus kennengelernt haben.

Es fragt sich nun, wie das im Text Angelegte oder bei der Niederschrift nur Vorschwebende in die Wirklichkeit übersetzt, ausgeführt und vorgeführt wurde. Matwejew war ja der Verantwortliche, und an ihn gingen die Rechnungen[8]. Der Zar selbst interessierte sich für den Fortgang der Arbeiten. So fehlt es nicht an Belegen, meist Rechnungen, und einigen Verfügungen. Am 4. Juni 1672 wird der Befehl erteilt, in der Sommerresidenz Preobrajenskoie einen Komödiensaal als besonderes Gebäude zu errichten, also einen Saaltheaterbau ähnlich dem später in Drottningholm errichteten Schloßtheater. Vom Militär werden die Zimmerleute zur Verfügung gestellt und arbeiten unter der Aufsicht des Centurio Daniel Kobylin. Natürlich benutzt man das landesübliche Baumaterial: Holz, was für die Akustik ja besonders günstig ist. Seit dem August beginnen die Einkäufe für die Innenausstattung, man spart nicht. Die Wände werden innen mit Filz gedichtet und mit Stoff bespannt, wozu hamburgische und englische Gewebe in grün und rot eingekauft wurden. Der Fußboden ist mit einem dicken Teppich belegt, auf dem der Sessel des Herrschers steht in scharlachroter Farbe. Der Hochadel muß sich mit hölzernen Bänken begnügen, die wohl mit Polstern belegt wurden; so war es auch in Drottningholm. Dahinter saß die Zarin in einer erhöhten Loge und war durch ein Holzgitterwerk davor den Blicken des Publikums entzogen. Große Leuchter mit dicken Kerzen erleuchteten zugleich Zuschauerraum und Bühne, die außerdem Rampenlicht besaß. Leider fehlen Zeichnungen und Abbildungen, auch genaue Angaben über Maße. Viel Arbeit und Geld wird an die Ausstattung der Bühne gewandt. Die Hauptverantwortung trug der Dekorationsmaler Peter Engler. Er stammte aus Hamburg und wohnte in der deutschen Siedlung nachbarlich neben dem General Baumann. Ein weiterer deutscher Maler Johann Wander unterstützt ihn bei der Ausführung der Dekorationen nach den Regeln der Perspektive. Zu ihrer Hilfe werden vier Russen abkommandiert. Sie erhalten den doppelten Lohn, wie er an bloße Grundierer ausgezahlt wird, so daß man sie für Ikonenmaler halten darf. Die Zeit drängt, und so wird auch bei Kerzenschein abends, schließlich wohl die Nacht hindurch gearbeitet. Da auch für die späteren Vorstellungen gleichartige Malerarbeiten geleistet werden, sind wir mitunter ganz genau über Einzelheiten unterrichtet wie über den Einkauf der Farben und der Bindemittel, auch über die Pinsel und Quasten, mit denen man sie aufträgt.

---

8   Nicolaus Evreinoff: Histoire du Théâtre Russe. Paris 1947. S. K. Bogojavlenskij: Moskowskij teatr pri Aleksee i Petre (Moskau 1914), grundlegende Sammlung von Urkunden.

Wichtig sind die Rechnungen über Stoffe. Da erfahren wir, daß für den "Artaxerxes" 500 Ellen (archines) unbemalter Leinwand für den Himmel erworben wurden. Es scheint also der ganze Bühnenraum oben gleichmäßig mit diesem Gewebe einheitlich überspannt und nicht durch Soffitten abgeschirmt gewesen zu sein, was aus akustischen Gründen dringend notwendig war. Ich habe bei meiner Probebühne die Richtigkeit, ja die Notwendigkeit einer solchen Maßnahme selbst erfahren. Man könnte sich das etwa so vorstellen, daß eine Bahn des Stoffes immer über eine Gasse zwischen den Kulissen sich erstreckte. Die Kulisse bestand aus einem Rahmengestell von Lindenholz, über das die perspektivisch bemalte Leinwand gespannt war. Sie werden deshalb als "Rahmen der perspektivischen Malerei" bezeichnet. Als der Zar dann im Kreml einen Theatersaal über die Hofapotheke herrichten ließ, um auch im Winter dieses Vergnügen zu genießen, konnte man die mittleren und großen nicht durch die Türen bringen und mußte sie auseinandernehmen und wieder zusammenfügen, wofür 100 Scharniere und 200 Eisenklammern in Rechnung gestellt wurden. Zum Transport (23.1.73) dienten 10 Wagen, und zwar für 36 Rahmen. Für sie waren 700 Ellen Leinwand und dann noch einmal die gleiche Menge gekauft worden. Darf man daraus auf zwei deutlich verschiedene Örtlichkeiten, also etwa Audienzsaal des Kaisers und Frauengemach, schließen? Es scheint auch der Fußboden dieses Raumes mit Stoff bespannt gewesen zu sein. Da man in Moskau bei dem einmal eingeführten Bühnentyp blieb, dürfen wir Angaben von 1702 zur Ergänzung heranziehen. Damals erstellten vier Maler 8 große Perspektive, auf beiden Seiten bemalt im Format 4 1/2 Ellen hoch und 4 Ellen breit, und dazu 12 kleine von 4 1/2 Ellen Höhe und 3 Ellen Breite, die nur von einer Seite bemalt waren. Dies sind offenbar die Kulissen, die anderen die Hintergründe. Ihre Konstruktion entspricht noch dem bei Jos. Furttenbach beschriebenen "Schnurrahmen". Sie wurden wie Schiebetüren auseinandergezogen und ihre beiden Flügel wieder zusammengeschoben, gegebenenfalls nachdem sie umgedreht waren. Sie liefen nämlich in hölzernen Schienen unten und oben. Auch bei den Theatergrundrissen begegnen wir diesem Mechanismus, wobei die auseinandergezogenen den Blick freigaben auf dahinter schon fertig stehende, die ihrerseits später durch die davor zusammengeschobenen verdeckt wurden. Das konnten natürlich neu eingesetzte sein. Die 12 Kulissen dürften zu einer einzigen Dekoration gehören, so daß an jeder Seite 6 standen. Das ergäbe eine Tiefe von 5 bis 6 m bei einer Breite des Prospekts von 8 archines (je 70 cm), also 5,60 m, und einer Höhe von 3,15 m. Rechnet man noch, wieviel Stoff eine Dekoration erforderte, so erhält man rund 200 archines. Dabei ist zu bedenken, daß die Bahnen des sicher nicht breiter als eine archine liegenden Gewebes erst zu einer glatten Fläche verbunden werden mußten und dazu wohl mit den Rändern übereinander lagen, so wird der Verbrauch von 300 a. oder noch etwas mehr verständlich. Die gekauften 700 a reichten also grade für die beiden wichtigsten Räume: für den Thronsaal und für das Frauengemach. Man erwarb aber noch einmal (25. August) die gleiche Menge, offenbar für wiederum 2 Dekorationen, also für den 5. Akt, Hamans Zimmer und des Königs Schlafraum. Die Vorderbühne war nicht ebenso ausgestattet. Seitlich begrenzten sie grüne Tannen und mit rotem Stoff behängte Gestelle. Interessant sind die Ausgaben hinsichtlich der Vorhänge. Wir hören von starkem Eisendraht und 60 Kupferringen. Wenn man sie zieht, also den Vorhang auseinanderschiebt, dann klingen sie auf der Eisenstange, die offenbar hohl war. Im Jahre 1702 werden 110 archines grüner Taft für den Vorhang gekauft. Es wird sich dabei wohl um den vorderen Vorhang handeln. Für die Mittelgardine fehlt ein Terminus, man verwendet das deutsche Wort "Spalier", das der Konstruktion entlehnt ist. Es handelt sich demnach um ein Lattengerüst als Träger der Stange.

Größter Wert wurde auch auf prächtige K o s t ü m i e r u n g gelegt. Sofort wird die beträchtliche Summe von hundert Rubel bewilligt für Ausstattung und Stoffe der Spieler. Die Schneider sind wiederum Deutsche. Da lesen wir von 140 archinen farbigen Glanzleinen, von persischen Seidenstoffen, von Klöppelspitzen und von vielem Blattgold, auch Silberblatt für die Gewänder. So trug Esther ein weißes Kleid mit Goldstreifen. Sogar 7 deutsche Federhüte wurden angeschafft, dazu mancherlei Felle, für den Königsmantel des Artaxerxes dienten wohl die Iltisschwänze. Selbst die "Judenbärte" sind verzeichnet. Bemerkenswert ist noch ein Zicklein aus Wolle. Für spätere Stücke war der Kopf des Goliath aus Wachstuch mit Haar und Bart notwendig, Flügel aus Fischbein für Engel, und schließlich ein Drache für den St. Georg. Für das Paradies war der Baum mit Papierblättern und Wachsäpfeln ausgestattet. Im "Artaxerxes" brauchte man nur den Galgen als Setzstück.

Für die Musik hatte Matwejew sein Hausorchester, also ausgebildete Sänger, zur Verfügung gestellt, wie auch noch für die späteren Stücke. Es unterstand der Leitung von Timotheus Hassenkruch, dem Organisten an der "Sachsenkirche". Sogar die transportable Orgel stellt der Minister aus eigenem Besitz, wie aus einer Repartatur (24. 2. 74) zu ersehen ist. Daher sind auch die Melodien den lutherischen Kirchenliedern entnommen, so daß wohl auch die Sänger Deutsche waren. So bot diese Aufführung vom 17. Oktober 1672 ein glanzvolles Bild und machte großen Eindruck. Rinhuber berichtet, daß der Zar der zehn Stunden dauernden Vorstellung unentwegt beigewohnt habe.

Nicht vergessen sei auch die R o l l e n b e s e t z u n g. Die Aufführung war zugleich Sache und Triumph der deutschen Schule. An ihr hatte ja Gregorij einst begonnen und wohl auch jetzt noch zu tun. Immerhin waren dort als Lehrer tätig Laurentius Rinhuber, den Gregorijs Stiefvater, Dr. med. Blumentrost, als Hauslehrer für seinen Sohn mitgebracht hatte. Ausdrücklich berichtet Rinhuber (Voyage S. 51): "Vom Majo aber 1672

bis Oktober habe ich auf Ihr. Zaarisch Mayt. befehl in der Schulen die
künftig agierenden Knaben in Exercitio Comico unterweisen müssen."
Dabei wird ihn der Lehrer für Russisch, Juri Michailoff, unterstützt
haben, der sicherlich auch bei der Übersetzung des Textes mitgeholfen
hat. Er ist kein Russe, sondern der aus Kursachsen stammende Georg
Hübner, der später als Dolmetscher im Auswärtigen Amt (1679) verwendet wurde. Nach einem russischen Aktenstück betrug die Zahl der auf
der Bühne erscheinenden Personen 64. Dabei wurde Prolog und Epilog
als eine Person gerechnet, was in Hinsicht auf die Kostümierung gerechtfertigt ist. Aber so viele Schüler abzurichten, wurde doch nicht
gefordert, denn es wurden eine ganze Anzahl mit mehreren, selbstverständlich kleinen Rollen betreut. Wir besitzen nämlich das Personenverzeichnis mit den Darstellern, das dem Lyoner Text vorgeheftet ist (S.55)
und wohl von Rinhuber verfaßt ist. Darin sind nur die Statisten nicht bezeichnet, also vier Trabanten, die Schloßwache (Cambyses, Centurio
und "geringere Soldat"), Tympanarius (für die Hinrichtung Hamans),
ferner die acht Hofdamen der Esther sowie die beiden Hauptpersonen
des Zwischenspieles (Mops und Elma). Es bleiben immer noch 35 namentlich Genannte, die nach Meinung der Chronik (Fechner, S.351) keine
Russen, sondern "Söhne deutscher Offiziere und Kaufleute" waren. Dazu
stimmen die Namen, bei denen auch einige niederdeutsche begegnen:
Tomson, Hindrichson, Snewins und Snikkert, der auch Schnikkert (3
Rollen) geschrieben wird. Die Menge der Figuren rührt von den Staatsszenen her, die einen höfischen Eindruck machen mußten. Artaxerxes
ist von 7 Consiliari und 7 Camerari umgeben, wozu noch 2 Pagen und
und 4 Trabanten kommen. Auch zu Esther gehören 8 Virgines. Als Tor-
wache hat der Centurio noch 5 Soldaten, sogar Haman benötigt außer
Frau und Sohn 3 Sterndeuter, und selbst Mardocheus hat 3 Juden, die ihn
beim Vortrag der Klagepsalmen unterstützen. Die Frauen werden alle
von Männern gespielt. Am besten wirkte Rinhubers Zögling Laurentius
Blumentrost, "qui in actione primas tenens excellenter se prae reliquis
pueris praestiterat" (Voyage 30). Er trat als Prologus und Epilogus auf
und stellte den Mardochaeus dar. Er stand damals im 18.Lebensjahr
(getauft 1.1.1655) und bereitete sich auf das Medizinstudium vor, das er
1676 in Deutschland begann. Zum Zeichen, daß er nicht mehr Schüler
war, steht vor seinem Namen ein M., das vielleicht Monsieur bedeutet;
dasselbe findet sich beim Darsteller der Esther (M.Berner), des Hegai
und des ersten Kämmerers, während beim ersten Rat "Mons. Hothon"
steht. Man sieht daraus, daß die wichtigsten Sprechrollen mit fortge-
schrittenen Älteren besetzt waren.

Der Erfolg war groß und nachhaltig. Die Belohnung blieb nicht aus.
Auf Befehl des Zaren erhielt der Pastor im Januar 1673 vom Auswärti-
gen Amt (Gesandtschaftskanzlei), also über Matwejew 40 Zobelfelle im
Werte von 100 und 2 im Wert von 8 Rubeln. Das kam ihm sicher sehr

recht, denn seine Bezüge waren gering. Noch unter dem 31. Januar 1672 schrieb ein Hamburger Kaufmann an seinen Vetter, Kirchenrat in Gotha, über die Armut Gregorijs, der kaum ein gutes Kleid besäße; er lobt ihn dabei als Prediger und Schulhalter (Fechner, S. 351). In der Osterwoche, am 6. April 1673, wurden der Pastor, der Lehrer Juri Michailow (Hübner) und die Spieler zum Handkuß zugelassen. Das war eine große Gnade und erstaunliche Neuerung, denn "früher sind Pastor und Kinder von Ausländern nie bei Sr. Maj. zum Handkuß gewesen", wie der Chronist bemerkt (Fechner, S. 354 f.). Nach der Audienz erfolgte eine festliche Bewirtung. Rinhuber hatte die Gelegenheit benutzt und bei der Vorstellung noch die Beziehung zu einem vornehmen Schotten aufgenommen, der vom Zaren zum Führer einer Gesandtschaft nach Dresden, Wien, Rom, Venedig bestimmt war, und begleitete ihn als Sekretär. Daher rühren die so wichtigen Aktenstücke, zumal in Gotha. Dies Hinüberwechseln in den Staatsdienst, in die politische Laufbahn, ist echt barock, man denke an Opitz.

Die Gunst des Zaren ging noch weiter. Er forderte nicht nur neue Stücke, er ließ im Kreml die Räume oberhalb der Apotheke zum Komödiensaal einrichten und die Dekorationen aus dem Theatergebäude in Preobrahensk auf Schlitten dorthin bringen und da nicht ohne Mühe einpassen. Schon in der Butterwoche (2. bis 9. Februar 1673) wurde darauf das neue Stück, eine "Judith", aufgeführt. War es nun, um die deutsche Schule zu entlassen, oder war das Russisch der deutschen Schüler doch so schlecht, jedenfalls erhielt am 16. Juni 1673 Gregorij den Auftrag, eine Theaterschule einzurichten. Dazu wurden ihm 26 Kinder von russischen Kleinbürgern zugewiesen. Sie werden sich wohl schon im November dieses Jahres im "Jungen Tobias" gezeigt haben, sicher ist es für die später einstudierten Stücke "Joseph" und "Bajaset". Wie weit sie auch für tänzerische und gesangliche Darbietungen geschult wurden, ist unklar. Aber die Aufführungen von 1675 schlossen mit einem Ballett. Jedenfalls wird Michailow (Hübner) tüchtig zu tun bekommen haben, der als Regisseur nun belegt ist. Gregorij starb in der ersten Hälfte des Jahres (?16. Februar) 1675, kaum 44 Jahre alt. Ein Russe (Stefan Tschijinsky) übernahm nun die Theaterschule. Doch nur einige Monate bestand diese noch, da der Zar schon am 28. Januar 1676 starb und Matwejew in die Verbannung geschickt wurde.

Damit waren die Nachwirkungen dieses ersten Hoftheaters in Rußland nicht vorüber. Gleich die erste Aufführung löste beim Hofadel, der ja das Publikum ausmachte, große Begeisterung aus. Man beglückwünschte Matwejew, daß er diese Art von "Ergötzlichkeiten" durchzusetzen vermochte. Manche ließen sich ebenfalls einen Theatersaal einrichten, übersetzten ausländische Lustspiele und führten sie auf. Dabei spielten die vornehmen Leute selbst mit. Begabte Kinder der Leibeigenen wurden musikalisch und tänzerisch ausgebildet und dabei eingesetzt.

Zu den Theaterfreunden unter dem Hochadel gehörte neben den Dolgorukij
und Scheremetjew auch der bekannte Fürst Golizyn, dessen imposante
Reformprojekte Aufsehen im Ausland erregten. Die fremden Diplomaten
bewunderten, wie bei Matwejew, seine umfassende Bildung; auch sein
Palais glich den prächtigen westlichen Steinbauten. "Alles wirkte", so
berichtete ein französischer Besucher (La Neuville), "als befände ich
mich am Hofe eines italienischen Fürsten."

Zar Peter sowie seine nur ein Jahr jüngere Schwester hatten von
ihren Eltern die Freude am Theater geerbt. Zwar erst 1702 engagierte
der junge Herrscher eine deutsche Truppe unter einem gewissen Joh.
Chr.Kunst als ständiges Hoftheater. Sie mußte zunächst im vorhandenen
Theatersaal im Kreml spielen. Doch fand man ihn zu klein, und es wurde
außerhalb jenes durch die Kirchen geheiligten Bereiches ein Komödien-
haus erbaut, an dem weiten Roten Platz. Ende des Jahres 1703 wurde
es eröffnet, doch war die Bühneneinrichtung im Prinzip der früheren
gleich. Für unsere Betrachtung hier ist die kurze Dauer (bis 1706) dieses Hoftheaters verhältnismäßig unwichtig. Kunst starb bereits 1703 und
wurde durch Otto Fürst ersetzt. Beachtung dagegen verdient, was man
mit den zahlreichen alten und neuen Dekorationen tat. Sie wurden aus-
geliehen. Schon jene des früheren Fundes dienten gelegentlich zum
Schmuck eines Triumphbogens. Bedeutsam ist, daß Peters Schwägerin,
die Witwe seines Stiefbruders Iwan, in ihrer Residenz zu Izamailowo
sich ein Privattheater einrichtete und dafür Dekorationen aus dem alten
Bestand entlieh. Das höfische Saaltheater gedieh also in der alten Weise
weiter. Das zeigt auch Zar Peters Schwester Natalia. Sie hatte schon
in der Jugend enge Beziehungen zur deutschen Sloboda. Sie belebte in
Preobrajenskoje den alten Theatersaal von Gregorij sehr zur Freude
ihres Bruders. Denn ihre Mutter hatte ja in diesem Dorf ihren Witwen-
sitz aufgeschlagen, und die Kinder fanden dort eine Heimat. Dazu dienten natürlich vorhandene alte Bestände. Später übersiedelte die Prinzessin nach Petersburg und schuf dort in ihrem Palais eine Bühne, auf welcher zehn Personen, alles Russen, eifrig spielten. Sie selbst verfaßte
auch einige Stücke. Es fanden sich ausgeschriebene Rollen von 13 Stük-
ken, die dort aufgeführt wurden. Gastfrei öffnete sie die Vorstellungen
dem Publikum und ergänzte so den Bruder, der für den Bau eines öffentlichen Theaters in seiner neuen Hauptstadt kein Geld übrig hatte. So
wirkte der Ansatz von 1672 über 50 Jahre anregend fort.

Aus Maske und Kothurn IV. Jg. 1958, S. 97 - 127.

Weitere Veröffentlichungen des Verfassers
zu diesem Zeitraum

Andreas Gryphius und die Bühne. 1921.
Geschichte des Jesuitentheaters in den Landen deutscher Zunge. Schriften der Gesellschaft für Theatergeschichte. Band 32. 1923.
Der Wandel des Naturgefühls vom 15. zum 18. Jahrhundert. 1931.
Das Barockdrama. 6 Bände. Deutsche Literatur in Entwicklungsreihen (Reclam). 1930-1934. Repro-Ausgabe Hildesheim 1965.
Deutsche Kultur im Zeitalter des Barocks. Handbuch für Kulturwissenschaft. 1937-1938. 2. Aufl. 1960.
Die deutsche Barockzeit. Sammlung Schaffstein. 1940.
Andreas Gryphius - Eine Monographie. Stuttgart 1965.

Beiträge in:

Reallexikon der deutschen Literaturgeschichte: Englische Komödianten - galante Dichtung - Gesellschaftslied - Hanswurst - Jesuitendichtung - Schimpfspiel - Schlesische Schule.
Annalen der deutschen Literatur: Kapitel Barock. 1951, 1971.
Deutsche Wortgeschichte. Band 2. 1943, 1958.
Neue deutsche Biographie. 1953.
Die Religion in Geschichte und Gegenwart. 1956.

Ausgaben

Gryphius' Catharina von Georgien. Krit. Ausgabe. 1929, 1951, 1955, 1968.
Handschrift "Jeronimo Marschalk in Hispanien". Hildesheim 1973.
Joh. Georg Schoch: Comoedia vom Studentenleben (1657). Wiener Neudrucke 9. 1975.
Nicola Sabbatini: Practica di fabricar Siene (1638). Mit Übersetzung. Gesellschaft der Bibliophilen. 1926.

Abhandlungen

Der Sieg der Kulisse. Theatergeschichtliches Jahrbuch. 1923.
Licht und Beleuchtung der Barockbühne. Die vierte Wand. 1927
Das Oberammergauer Passionsspiel in theatergeschichtlicher Sicht. Zeitschrift für Deutschkunde. 1925.
Die beiden Bühnentypen in den Dramen des Herzog Heinrich Julius von Braunschweig. Festschrift für Dr. Ernst Reclam. Lebendiges Erbe. 1936.
Rostocker Dichter in alter Zeit (= Lauremberg). Rostocker Jahrbuch. 1938.
Die deutsche Barockdichtung. Von deutscher Art in Sprache und Dichtung. Band 2. 1941.
Der Mensch des deutschen Barock. Der Deutschunterricht. 1955.
Die barocke Schulbühne. Die pädagogische Provinz. 1956.

DEUTSCHE STUDIEN

Herausgegeben von Willi Flemming, Kurt Wagner †
und Walter Johannes Schröder

Band
10 Dieter Breuer
Der ‚Philotheus‘ des Laurentius von Schnüffis
Zum Typus des geistlichen Romans im 17. Jahrhundert
1969 – VIII, 257 Seiten – broschiert 38,– DM – ISBN 3-445-00677-6

11 Norbert Neudecker
Der ‚Weg‘ als strukturbildendes Element im Drama
1972 – VI, 211 Seiten – broschiert 43,– DM – ISBN 3-445-00838-8

12 Rudolf Voß
Der Prosa-Lancelot
Eine strukturanalytische und strukturvergleichende Studie auf der
Grundlage des deutschen Textes
1970 – VIII, 106 Seiten – broschiert 19,20 DM – ISBN 3-445-00728-4

13 Wolfgang Müller
Rainer Maria Rilkes „Neue Gedichte"
Vielfältigkeit eines Gedichttypus
1971 – X, 225 Seiten – broschiert 37,50 DM – ISBN 3-445-00790-X

14 Ulrich Böhme
Fassungen bei Ernst Jünger
1972 – X, 159 Seiten – broschiert 29,70 DM – ISBN 3-445-00902-3

15 Edda Kühlken
Die Klassiker-Inszenierungen von Gustaf Gründgens
1972 – XII, 239 Seiten – broschiert 43,– DM – ISBN 3-445-00861-2

16 Renate Schmitt-Fiack
Wise und wisheit bei Eckhart, Tauler, Seuse und Ruusbroec
1972 – VI, 99 Seiten – broschiert 24,– DM – ISBN 3-445-00931-7

17 Dieter Welz
Selbstsymbolik des alten Goethe
1972 – VI, 88 Seiten, 1 Falttafel – broschiert 19,80 DM – ISBN 3-445-00887-6

VERLAG ANTON HAIN · 6554 MEISENHEIM

DEUTSCHE STUDIEN

Herausgegeben von Willi Flemming, Kurt Wagner †
und Walter Johannes Schröder

VERLAG ANTON HAIN · 6554 MEISENHEIM